JN272923

戦略サファリ 第2版
戦略マネジメント・コンプリートガイドブック

ヘンリー・ミンツバーグ
ブルース・アルストランド
ジョセフ・ランペル●著
齋藤嘉則●監訳

Strategy Safari
Your Complete Guide through
the Wilds of Strategic Management

Henry Mintzberg
Bruce Ahlstrand
Joseph Lampel

東洋経済新報社

Original Title
STRATEGY SAFARI:
THE COMPLETE GUIDE THROUGH THE WILDS OF STRATEGIC
MANAGEMENT, 02 EDITION
by Henry Mintzberg, Bruce Ahlstrand & Joseph Lampel

© Henry Mintzberg, Bruce Ahlstrand and Joseph Lampel 1998, 2009
Japanese Translation © Yoshinori Saito
This translation of STRATEGY SAFARI: THE COMPLETE GUIDE THROUGH THE WILDS OF STRATEGIC MANAGEMNT, 02 Edition is published by arrangement with Pearson Education Limited through Tuttle-Mori Agency, Inc., Tokyo.

監訳者からのメッセージ（第2版に寄せて）

　本書は、ヘンリー・ミンツバーグ等による*STRATEGY SAFARI SECOND EDITION*, 2009の邦訳である。同著第1版の邦訳『戦略サファリ』を上梓した1999年当時から比べると、ミンツバーグの日本国内での知名度は格段にアップしている。『戦略サファリ』自体が日本の大学の経営学部や大学院で教科書や副読本として取り上げられるようになり、他の翻訳本も増え、『ハーバード・ビジネス・レビュー』日本語版にも何度も登場している。

　ミンツバーグは、MBA信奉を否定している。マイケル・ポーターに代表される、欧米型のサイエンス偏重の純理論的な経営理論を徹底的に批判し、「よきマネジャーは決して教室では育成されない」と主張。経営における芸術的要素・右脳的要素の重要性を問い続ける。したがって、机上の経営理論で武装した頭でっかちなMBAを量産することに関心はなく、独自のマネジャー育成の教育プログラムを立ち上げるとともに、実業以外の政府公共分野などに対しても積極的な言論活動を続けている。彼の説はある意味正しい。なぜならMBA信奉は、フレームに当てはめることを自己目的化した、セルフィッシュでモノゴトの本質を本当には深く考えないマネジャーを、大量生産しているからである。それは、"見えるものしか見ない"ようにするという意味では、リスクを嫌う経営者にとっても楽な選択だからかもしれない。

　ミンツバーグは、常に実践を重視し、アート（直感）とクラフト（匠の技）とサイエンス（科学）のバランスを非常に大事にしている。その研究は一言で言うと、アンビバレント（両義性）なカラーがとても強い。経営の本質とは一義的なものではなく、常に矛盾を抱え、二元論（白黒、是非、善悪）や要素還元主義（現象を細分化により分析）では決して捉えきれないという考え方に基づいている。そのため、いわゆる科学的アプローチを好む純粋な理論家とは一線を画し、文脈やニュアンスを重要視するため難解なイメージがつきまとう。

さて今回の改訂版は、実際にはそれほど大きな改訂ポイントはない。著者たちの前書きにもあるように、リアル・オプション理論、ダイナミック・ケイパビリティ、実践としての戦略などの追記はあるものの、大筋の捉え方としては第1版と大きく変わる点はない。ただし、随所で細かい修正を加えており、研究が漸進的に少しずつ変化しながら続いていることを物語っている。これは、変革に対する彼らの考え方と相通ずるものがある。

一方、読み手の状況は大きく異なっている。21世紀を迎え、9.11、リーマンショック、そして3.11といった社会経済や価値観に大きな影響を与える不連続で破壊的な事件や災害、さらには中東情勢の変化、BRICsや新興アジア圏の台頭、そしてアメリカの凋落、ヨーロッパの信用不安など、次々と変化がもたらされている。また、国内における超高齢化社会への急速なシフトや世代を超えたIT情報化によって、日本人の価値観や市場構造は大きく変化している。この序文を書いている最中にも、さまざまな企業の栄枯盛衰や突然の凋落を日々耳にする。

今あらためてこの『戦略サファリ』の10のスクールそれぞれが放つメッセージの随所に、現在そして将来を読み解くためのヒントが数多く隠されていることに気づく。読者の皆さんには、どこにそうしたメッセージが込められているのか読み解いてほしい。

特に、今ミンツバーグが問いかけていることは、日本のマネジメント・スタイルとは何か？ これからどうあるべきなのか？ ということだ。本来の『知恵と度胸』を取り戻し、再度、企業に変革と安定をもたらす暗黙知と身体知を復活させるにはどうすればよいのか？ 長期雇用が崩壊し、コンセンサスによる意思決定や、責任の共有、ゆっくりとした昇進といった、ある意味では相互に尊敬しあう"日本の曖昧さ"のポジティブな側面が、分析によって失われてしまったとも言える。例えば、曖昧であることと、結論を先延ばしにすることが同義で語られることが多いが、本当にそうなのか？ 効率論の中で、多様な解釈や、豊かな人間関係、矛盾の中での共存という良い側面が見えなくなってしまったことは、ミンツバーグが言うようにアングロサクソン的マネジメントの限界に直面しているとも言える。

現実の企業経営や組織運営は、学問体系とはまったく異なるものであり、総合的、複合的かつ複雑だ。つまり、理論や方法論だけでモノゴトがすべて解決できると考えるのは危険であり、幻想にすぎない。効率化に夢中になりすぎると、効果を忘れ、人間のやる気を削いでしまうこともある。計算できない価値を無理やり「見える化」や「外部経済」などという表層的な言葉で片づけてはならない。"見えるものしか見ない"、"数値化できるものしか分析しない"がもたらす弊害に気づくときである。企業のバランスシートや損益計算書には載らない人間の心理的側面や、組織の無形資産であるソーシャルキャピタル（人間関係）、ソーシャルネットワーク（人脈）の重要性を再度認識し、いかに効率的に経営するかより、いかに人材ポテンシャルを引き出して効果的経営を行うのかが問われている。

　物事はおしなべて「アンビバレンス」（両義性）を備えており、それゆえ矛盾していたり、逆説的であったりしても、これを受け入れる姿勢が必要である。アメリカ型経営をグローバル・スタンダードとし、行き過ぎた合理主義、功利主義、唯一最善解を求める理性や論理などにミンツバーグは挑戦し、警鐘を鳴らし続けているのだ。優れた戦略と戦略家の条件とは何か？　今こそ本書が、日本の新たな戦略の在り方と経営モデルを考えるきっかけになれば幸甚である。

　最後に、あきらめずに粘り強く改訂作業に携わってくれた東洋経済新報社出版局の黒坂浩一氏に感謝の辞を捧げる。

2012年　初冬

株式会社ビジネスコラボレーション
代表　齋藤　嘉則

監訳者からのメッセージ（第1版）

「戦略は優れた実践を導く。そして、実践から優れた戦略が形成される」。新たな成長に向けての戦略シナリオを描こうと苦悩する経営者やマネジャーにとって、成長の軌跡、1980年代の日本を振り返っても、そこからは回復のための完全な条件は見えてこない。何かが欠落しているのだ。さらに、すべての企業にとっての普遍的な必要十分条件などというものも、もはや"時代的"にあり得ない状況になった。

しかし、逆に今こそ、企業の戦略と実践とのギャップ、そして戦略と実践の相互関係を、自らもう一度ゼロベースで、謙虚に捉え直して見るべきである。なぜなら、戦略とは実践されなければ価値がないということを、忘れてはいないだろうか？　あるいは、ある１つの実践が、のちに大きな戦略パターンを創発するということを、見逃してはいないだろうか？　日本企業の中にも、元気印は厳然と存在するのである。つまり、今このタイミングこそが、「戦略の本質」を見直す絶好の機会なのである。そして、本書『戦略サファリ』は、そのための素材としては、ほぼ完全に近いものを提供してくれるはずである。

● ─── なぜ、これから"ミンツバーグ"なのか？

本書『戦略サファリ』は、カナダのマギル大学経営学教授ヘンリー・ミンツバーグを中心に、トレント大学経営学教授ブルース・アルストランド、スコットランドのセント・アンドルーズ大学経営学助教授ジョセフ・ランペルによる STRATEGY SAFARI: A Guided Tour Through the Wilds of Strategic Management, The Free Press, 1998の邦訳である。

ヘンリー・ミンツバーグといえば、日本では一般には馴染みが薄いが、欧米での実績・知名度においてはマイケル・ポーターと並ぶ、いわゆる経営学のグル（世界的権威）の一人である。カナダのマギル大学クレグホーン寄付講座教

授として経営学を教える傍ら、フランスのフォンテンブローの欧州経営大学院（INSEAD）の経営学教授を兼務。全般的経営管理、戦略形成過程、組織理論などを専門領域としている。

　彼の著書は、日本でこれまでに3冊紹介されている。『マネジャーの仕事』（白桃書房、1993年）、『人間感覚のマネジメント』（ダイヤモンド社、1991年）、『戦略計画―創造的破壊の時代』（産能大学出版部、1997年）である。『戦略計画―創造的破壊の時代』は、原書タイトル The Rise and Fall of Strategic Planning で、1995年の発売以前から、広く欧米圏でいわゆる「ミンツバーグ旋風」を巻き起こし、1996年12月9日付の『フィナンシャル・タイムズ』で、過去の全書籍の中から「最良のビジネス書50冊」の1つに選ばれている。また、1995年には最優秀経営学書に与えられるジョージ・R・テリー賞を受賞し、他にも『ハーバード・ビジネス・レビュー』に掲載された論文が過去に2度、マッキンゼー賞を受賞するなど、輝かしい業績を残している。日本でもよく知られた『エクセレント・カンパニー』の著者の1人、トム・ピーターズとも交流が深く、彼は何度もその著書の中でミンツバーグの功績を称え、世界で最も優れた経営思想家と絶賛して止まない。

　しかし、なぜこれまで日本の経営の実践の場でミンツバーグが大きく取り上げられてこなかったのか。欧米ではグルの1人に名前をつらね、抜群の知名度があるにもかかわらず、日本では一部の研究者を除いてはあまり知られていない。また、名前を知っていてもミンツバーグの業績については、実はよく知らないという人がほとんどなのはなぜか。

　ミンツバーグの著書は、本書の参考文献一覧を見ただけでもわかるように、引用がかなりの数に及び、極めて緻密で執拗な調査・研究に基づいている。さらに、経営をさまざまな視点から広範囲にわたって捉えるため、まるで読む人間の教養の幅が試されるように、生物学、心理学、数学、歴史、宗教、情報工学等ありとあらゆる分野に及ぶ。要するに、やや難解な部分があるのは確かだ。しかし、日本でミンツバーグが知られていない最大の理由は、実は本書『戦略サファリ』の中に存在する。

　学問としての経営学が未成熟な日本においては、経営学、ことに戦略というと、ポーターそのものであると捉える傾向が非常に強い。ポーターが「日本企

業には、ほとんど戦略がない」と一言発すると、経営企画スタッフはくしゃみをして風邪をひいてしまうのだ。もちろんポーターの実績は、ミンツバーグ自身も本書の中で認めているように、今日の経営の学問的分野においてはずば抜けている。そして彼の理論は、分析的であるが故に、わかりやすく使い勝手もよい。しかし欧米諸国では、決してポーターだけが経営学のグルと捉えられている訳ではない。ところが、日本では"知識の輸入"が偏ってしまったためか、マーケティングといえばコトラーとすぐに反応するように、戦略に関してはポーター信仰がかなり広く蔓延している。

『戦略サファリ』を読むと、その過度な偏重が即座に理解できる。戦略マネジメントの分野がいかに広く、いかに多種多様に富んでいるのかが実感できるのだ。要するに、ポーターと言えども、戦略マネジメントの1つの要素（確かに大きな要素ではあるが）に過ぎない。

●――「戦略サファリ」は、何の役にたつのか？

この『戦略サファリ』は、戦略マネジメントを10のスクール（学派）に分類している。ポーターはその中の1つのスクール「ポジショニング・スクール」を代表する人物となる。そして、本著者のミンツバーグは、特にどのスクールということではなく、戦略マネジメント全体を過去から現在にいたるまで体系的に捉え、かつ現代に通じるメッセージを、さまざまなスクールの中で主張している。特に10番目の「コンフィギュレーション・スクール」は、彼の同僚のダニー・ミラーと行った研究が大きな位置を占めるが、ミンツバーグを強いてどれかのスクールに当てはめるとすれば、この「コンフィギュレーション・スクール」が妥当であろう。「コンフィギュレーション・スクール」自体が、他の9つのスクールをコンフィギュア（配置・構成）し、変革に向けての戦略をいかに考えるべきかを示しているという意味では、すべての戦略マネジメントの基礎をなすスクールである。

またミンツバーグは、従来の分析的アプローチを偏重する戦略マネジメントの分野に、実践に基づく創発的戦略と組織学習の重要性をことさら強調している点においては、6番目の「ラーニング・スクール」も重要視している。

私自身マッキンゼー社時代には、経営コンサルタントとして、さまざまな分

野の経営戦略からマーケティング・販売戦略などを手がけた。現在はビジネスコラボレーションの代表として、戦略コンサルティングと戦略スキル・トレーニングの両面から、企業全体を巻き込む形で、企業の戦略プラットフォームの基盤強化のお手伝いをしている。その傍ら、『問題解決プロフェッショナル思考と技術』（ダイヤモンド社、1997年）や『戦略シナリオ』（東洋経済新報社、1998年）といった著書による啓蒙活動も同時に行っている。ミンツバーグの分類によれば、私自身のマッキンゼー社時代はどちらかといえば、ものごとを規範的に捉える「デザイン・スクール」、「プランニング・スクール」、「ポジショニング・スクール」を基盤としながら、実践的なアプローチを試みてきた。分析データから、企業の戦略的ポジションを包括的に捉え、即座に解決策を講じていくというやり方は、ある意味で非常に効率的で、スケール性も高く、特に1980年代の日本市場にはわかりやすくフィットした方法論であった。

　しかし現在は、本書の「アントレプレナー・スクール」や「ラーニング・スクール」それに加えて「パワー・スクール」といった規範的ではないスクールの考え方が重要性を増している。本書を読む以前に、あれこれ言ってもなかなか伝わりにくいという点はあるが、この3つのスクールはそれぞれ、起業家精神、創発的戦略と組織学習、影響力の行使といった側面を重視するスクールである。つまり変革の時代に直面し、新たな方向を決定しなければならない日本の企業にとってのチャレンジは、過去のやり方の一つである「形式的な戦略計画」や「分析によるポジショニング」を脱却して、新たな戦略形成の場を見つけることにある。そうした前向きな経営者、マネジャー、企画スタッフ、コンサルタント（自戒も込めて）にとって、本書は多くのひらめきを与えてくれると確信している。何しろ私自身が、監訳者として本書に触れて、新たにさまざまなインサイトを得られたことは事実である。

　ミンツバーグは、この『戦略サファリ』構想を何年も温めてきたと思われる。事実『人間感覚のマネジメント』や『戦略計画』の中に、すでにその片鱗がうかがえる。ちなみに『戦略計画』は、本書でいうと「プランニング・スクール」にフォーカスした話である。それだけに、本書の中でも厚みのある章であり、実際ページ数も多い。

　特にこの『戦略サファリ』は、戦略マネジメントのこれまでの歴史を踏まえ

ながら話を展開している。ある意味では、20世紀の戦略マネジメントの集大成という意味合いもあり、ミンツバーグの文体が時には唸りながら叙事詩的な様相も見せる。それほどこの本への思い入れ、また戦略マネジメントの分野に対する思い入れが深く、ある意味では彼の後に続く若き経営学者や経営者たちへの熱いメッセージに満ち溢れている。

そうした意味では、従来ながらの"ハウ・ツー"を求める読者にはまったく向かない本であるのは確かだ。規範的な方法論で包括的に物事を捉える限界を随所で指摘しているように、それほど親切な本ではない。つまり、読んで"自分で考えなければならない"本の仕立てなのである。しかし、本の厚さや独特の言いまわしに戸惑うことなく本書を読み進めていただければ、必ずページのそこかしこに有効なインサイトがあるということを、忘れないで欲しい。それは、まるで宝さがしである。そして、宝をまさに宝として見つけられるのか、あるいは、実際は宝に遭遇しているのに鉄クズにしか見えないかは、読み手の考える力に比例して決まる。発見が増えるたびに、それは読み手の実力が以前に増して高まったことになるのだ。

●────**本書の構成と読み方は？**

本書の構成は、第1章のサファリ・ツアーのねらいと構成、第2章から第11章までの10スクールと、最終章の全12章から成り立っている。全スクールを頭から読む必要はないが、必ず第1章は熟読して欲しい。第1章はイントロダクションであると同時に、全スクールを網羅し全体像を示す鳥瞰図となっているからだ。

各章の最初のページには、「監訳者ツアーガイド」という導入部をつけた。これは各スクールのサマリーというよりは、あくまでも私が皆さんに読んで欲しいポイントを強調して書いたものである。このツアーガイドにまず全部目を通して、興味を持ったスクールから読んでみる。そして次にまた別のスクールを読んでみる。という具合に、いつかは最初から最後まで通して読んでみる。そして、また気にいったスクールを読む。というような読み方でも十分役に立つ本だ。とはいっても、最初から最後までじっくり読むほうがわかりやすいという方もいるだろう。別に私はどこからどう読んだほうがよいと決めつけるつもり

はない。そういうことを細かくガイドすることこそが、従来型の規範的なやり方で、創発的学習を阻害することになる。ともかく、是非楽しんで読んで欲しい。

なお翻訳にあたっては、学術書的にならないように、なるべく平易な表現を用いるよう努めたつもりである。また、ところどころ顔をだすミンツバーグ独特の叙事詩的でわかりにくいところは、監訳者の責任で言葉を補足している。それでもこうして原稿を読み返してみると、まだまだわかりやすい日本語になっていないところも多く、英語と日本語の言葉の壁を随分感じた。ところによっては、日本語よりも英語のほうがわかりやすいところもある。これからのボーダレス社会を考えると、この日本語翻訳というワン・クッションを置くやり方は、内容的にも時間的にも限界がありそうだ。"ミンツバーグ"に直接触れたい方には、原書で読むことをお勧めする。

また、表記に関してつけ加えると、従来型の学術書の慣行にとらわれず、すべて参考文献ナンバーで表記することにした。つまり文章の肩に小さくついているナンバーと、巻末の参考文献ナンバーを照らし合わせていただければ、誰の何という文献から引用したものかがわかる。これは、本文を読むリズムを邪魔したくなかったこと、つまり誰が何を何年に言ったのかという事実よりも、要するにミンツバーグたちが何を言わんとしているのか、ということに考えるエネルギーをフォーカスしてもらいたかったからである。

このような経営マネジメントを戦略形成という視点から集大成した本は、他に類を見ない。そして集大成したことに意義があるだけでなく、これからの企業の生き方に大いに参考になる数多くのテーマや素材を与えてくれたミンツバーグたちに感謝すると共に、このような機会を与えてくれた東洋経済新報社出版局の大貫英範、遠藤康友両氏に感謝申し上げたいと思う。

また、この場を借りて、雑多な調査を心よく引き受けてくれた原田亜子さん、遠藤紀子さんにも感謝申し上げたいと思う。

最後に、日本の読者へ。ミンツバーグとともに次の言葉を捧げたい。
THINK & FEEL!　　　これは私も大好きな言葉である。

1999年　初秋

株式会社ビジネスコラボレーション
代表　**齋藤嘉則**

contents

- i 監訳者からのメッセージ(第2版に寄せて)
- iv 監訳者からのメッセージ(第1版)
- xix 「戦略サファリ」ツアーへようこそ

第1章
001 サファリ・ツアーのねらいと構成
[さあ皆さん、戦略マネジメントという獣の登場です!]

- 004 なぜ10なのか
- 005 各スクールの見解
- 008 分野のレビュー
- 010 戦略の5つのP
  - 010 プランとしての戦略とパターンとしての戦略
  - 012 計画的戦略と創発的戦略
  - 013 ポジションとしての戦略とパースペクティブとしての戦略
  - 016 すべてのP
- 017 戦略には"優位性"と"欠点"が常に同居する
- 020 クラスルームの中での戦略マネジメント

第2章
023 デザイン・スクール
[コンセプト構想プロセスとしての戦略形成]

デザイン・スクールへの監訳者ツアーガイド

- 027 デザイン・スクールのはじまり
- 028 デザイン・スクールの基本モデル
- 034 デザイン・スクールの前提条件
- 038 デザイン・スクールの批評
  - 039 強みと弱みの評価:学習することを回避する
  - 041 組織は戦略に従う……右足が出ると左足が続くように
  - 041 明確な戦略を打ち出す:柔軟性を排除する
  - 043 戦略策定と実行を分ける:思考と行動の分断
- 050 デザイン・スクールの文脈と功績

第3章 プランニング・スクール
055
[形式的策定プロセスとしての戦略形成]

プランニング・スクールへの監訳者ツアーガイド

- 059 **戦略計画の基本モデル**
  - 061 目標設定ステージ
  - 061 外的監査ステージ
  - 062 内的監査ステージ
  - 062 戦略評価ステージ
  - 062 戦略運用ステージ
  - 063 プロセス全体のスケジュール化
- 065 **階層の整理**
- 068 **プランニング・スクールの前提条件**
- 069 **最近の新しい動き**
  - 069 シナリオ・プランニング
  - 073 リアル・オプション
  - 074 戦略コントロール
- 078 **プランニングの予期せぬ問題**
- 082 **戦略計画に関する誤った考え**
  - 082 事前決定の誤り
  - 083 分離の誤り
  - 085 形式化の誤り
  - 088 「戦略計画」の大きな誤り
- 091 **プランニング・スクールの文脈と功績**

第4章 ポジショニング・スクール
095
[分析プロセスとしての戦略形成]

ポジショニング・スクールへの監訳者ツアーガイド

- 098 **ポーターの登場**
- 099 **ポジショニング・スクールの前提条件**
- 102 **第一の波：軍事格言に見る起源**
  - 102 『孫子の兵法』
  - 104 クラウゼヴィッツの『戦争論』
    - 今日におけるクラウゼヴィッツ
- 109 企業戦争を闘う

111	格言に関する格言
112	**第二の波：コンサルタントにとっての規範**
112	BCG：成長率・市場占有率マトリックス
116	BCG：経験曲線の活用
117	PIMS：データから格言へ
119	**第三の波：実証的提案の発展**
120	ポーターの競争分析モデル
122	ポーターの基本戦略
124	ポーターの価値連鎖（バリュー・チェーン）
126	4種類のポジショニング・スクールに関する研究アプローチ
	静的単一型／静的クラスター型／動的単一型／動的クラスター型
129	**ポジショニング・スクールに関する批評**
133	集中に関する懸念
134	状況に関する懸念
137	プロセスに関する懸念
138	戦略に関する懸念
141	ポーターによる「戦略の本質」がなぜ戦略ではないのか
143	**ポジショニング・スクールの文脈と功績**

第5章

149　アントレプレナー・スクール
[ビジョン創造プロセスとしての戦略形成]

アントレプレナー・スクールへの監訳者ツアーガイド

156	**経済学における起源**
158	**アントレプレナー・スクールの文献**
160	一般誌における偉大なリーダー
160	起業家的人格
164	**ビジョナリー・リーダーシップ**
167	ドラマとしてのビジョン
170	スーパーマーケット・チェーンにおける起業家的戦略
171	下着メーカーにおける新ビジョンの展開
174	**アントレプレナー・スクールの前提条件**
176	**アントレプレナー・スクールの功績、批判、文脈**

第6章 コグニティブ・スクール
[認知プロセスとしての戦略形成] 181

コグニティブ・スクールへの監訳者ツアーガイド

- 185 **偏向する認知**
- 190 **情報処理としての認知**
  - 191 注意の喚起
  - 191 符号化
  - 192 保持／検索
  - 192 意思決定
  - 192 結果
- 195 **マッピングとしての認知**
- 199 **概念達成としての認知**
- 202 **構成としての認知**
  - 206 「環境」は解釈の結果構成されるものなのか
  - 208 競争と認知
- 210 **コグニティブ・スクールの前提条件**
- 212 **コグニティブ・スクールの批評、功績、文脈**

第7章 ラーニング・スクール
[創発的学習プロセスとしての戦略形成] 215

ラーニング・スクールへの監訳者ツアーガイド

- 219 **戦略は「形成される」vs 戦略を「策定する」**
- 221 **ラーニング・モデルの出現**
  - 221 非連結的漸進主義
  - 222 論理的漸進主義
    - 進化論
  - 228 戦略ベンチャリング
  - 232 創発的戦略
  - 234 回顧的意味づけ
    - 創発的意味づけ
  - 238 ホンダにおける間違いからの学習
    - BCGの説明／ホンダのマネジャーの説明／論争
- 244 **ラーニング・スクールの前提条件**
- 245 **ラーニング・スクールの新たな方向**

246	コア・コンピタンス
248	戦略的意図（ストラテジック・インテント）
249	ストレッチとレバレッジ

252 組織学習から学習する組織へ

253	知識創造としての学習
257	組織のダイナミック・ケイパビリティ
261	学習を超えてカオスへ

264 ラーニング・スクールの批評

264	戦略がない場合
266	失われた戦略
267	間違った戦略
267	学習の注意

268 ラーニング・スクールの功績と文脈

第8章
273 パワー・スクール
[交渉プロセスとしての戦略形成]

パワー・スクールへの監訳者ツアーガイド

278 ミクロ・パワー

279	政治的なプロセスとしての戦略作成
	政府による政策決定
284	政治的戦略の出現
286	政治のベネフィット

289 上層部のセオリー：トップにとっての戦略マネジメント

290	ミドルアップダウンにおける戦略

291 マクロ・パワー

291	組織による外的コントロール
295	ステークホルダー分析
296	戦略的画策
300	協力的戦略作成
	ネットワーク／集合的な戦略／戦略的アライアンス／戦略的ソーシング／アライアンスは政治的か？

306 パワー・スクールの前提条件
306 パワー・スクールの批評、文脈、功績

第9章 カルチャー・スクール
[集合的プロセスとしての戦略形成]

カルチャー・スクールへの監訳者ツアーガイド

- 314 **カルチャーの本質**
- 318 **カルチャー・スクールの前提条件**
- 319 **カルチャーと戦略**
  - 320 意思決定スタイル
  - 320 戦略的変革への抵抗
  - 321 戦略的変革に対する抵抗の克服
  - 323 支配的な価値観
  - 323 カルチャーの衝突
- 324 **カルチャー・スクールに関するスウェーデン派の見解**
  - 327 実践としての戦略：戦略プロセスを深堀する
- 329 **競争優位の基盤としての資源**
  - 329 物質文化
  - 330 なぜ企業は多角化するのか？
  - 331 リソース・ベースト・セオリー
  - 335 重要な資源としてのカルチャー
  - 336 リソース・ベースト・ビューはどこへ向かうのか？
- 338 **カルチャー・スクールの批評、功績、文脈**

第10章 エンバイロメント・スクール
[環境への反応プロセスとしての戦略形成]

エンバイロメント・スクールへの監訳者ツアーガイド

- 349 **エンバイロメント・スクールの前提条件**
- 349 **条件適応の見解**
- 351 **組織エコロジーの見解**
  - 354 誰が適応しなければならないか？
- 355 **制度上の圧力による順応**
- 357 **エンバイロメント・スクールの批評、文脈、功績**
  - 358 行動する以外に選択の余地はない
  - 360 制約の中での選択

第11章
363 コンフィギュレーション・スクール
［変革プロセスとしての戦略形成］

コンフィギュレーション・スクールへの監訳者ツアーガイド

- 366 コンフィギュレーションとトランスフォーメーション
- 368 細分派と併合（統合）派
- 370 コンフィギュレーション・スクールの前提条件
- 371 **コンフィギュレーションの研究**
  - 371 マギル大学におけるコンフィギュレーションの研究
  - 377 コンフィギュレーションに関するミラーの功績
    原型／量子的変化に関する見解／変化は革命的か、漸進的か／"超優良"と"超優良"の危険
  - 384 コンフィギュレーションの探究
    戦略と組織構造／探索型と防衛型／合理的、官僚的、政治的行為者
  - 389 変遷期の探究
- 392 **組織をトランスフォームする**
  - 393 何を変えるか
  - 396 変革のマッピング・プロセス
  - 398 包括的変革のプログラム
    マッキンゼーの変革プログラム／トップ・ダウン型変革：GEの変革プロセス／ボトム・アップ型変革
- 409 **コンフィギュレーション・スクールの批判、文脈、功績**
  - 409 マギロマニア
  - 412 併合の必要性
  - 412 境界の重要性

第12章
415 新たなるパースペクティブ
［皆さん、ちょっと待って。まだ獣全体に出会った訳ではないのだから。］

- 417 **尻尾と牙、そしてプランとパターンについて**
  - 417 各スクールを象徴する獣たち
  - 418 10スクールの進化
  - 420 各スクールの特徴
- 421 **戦略マネジメントの野獣を飼いならす**
  - 421 複雑さに関する問題
  - 422 統合化に関する問題
  - 422 包括性に関する問題

424	コントロールに関する問題
424	集合に関する問題
425	変化に関する問題
427	選択に関する問題
428	思考に関する問題

429　獣全体を見るにあたって

431	各スクールをマッピングする
433	組織の発展段階における戦略形成としてのスクール
	初期の発展段階／プロフェッショナル組織の成熟化／アドホクラシー組織におけるリニューアルとしての成熟化／機械的組織における成熟化／機械的組織におけるトランスフォーメーションを通しての停滞とリニューアル
439	各スクールの細分化
444	部分を超えて

446　戦略マネジメントを追え

452	**謝　　辞**
456	**参考文献**
479	**索　　引**

〈本書の注について〉
＊印がついている注は監訳者注である。＊印がついていない注は原注である。

カバーデザイン：遠藤陽一
本文デザイン：福田恵（デザインワークショップジン）

動物園へ行くとみんなは、
「入口」からはじめて、
足早にすべての檻を通り過ぎ、
「出口」をめざしていくんだよね、
でも、一番素敵なのは
お気に入りの動物のところへまっすぐ向かって、
そこでたたずんでいる人たちだね。
(A.A.ミルン作「ウィニー・ザ・プー」前書きより)

鍵の掛かった檻よりも、
開かれた原野に興味がある、
そんな人たちに本書を捧げます。

「戦略サファリ」ツアーへようこそ

　このツアーの発端は、ヘンリー・ミンツバーグが書いた『戦略形成─思考のスクール』という論文だ。この論文は、ジム・フレドリクソンによって出版された論文集『戦略マネジメントにおけるパースペクティブ』(Harper Collins, 1990) に収められていたものである。ブルースがトレント大学の授業でこの論文を教材として使ったところ、非常に効果的であった。そこで、「これを本にしてはどうか」と彼がヘンリーに提案したところ、「よし、一緒にやろう」ということになったのだ。2人とも、もう1人のメンバーはジョーにしたいと考えた。こうして「戦略サファリ」ツアーは始まったのだ。

　しかし、われわれはこの本を、単なる教材や学術論文として書いたわけではない。象牙の塔の教授や学生だけでなく、ビジネスの現場にいるマネジャーやコンサルタントにとっても実践的に役に立つものにする、というのが当初からのわれわれの狙いだった。そこで、戦略マネジメントという魅惑に満ちた分野についてわかりやすい解説書を書こうと考えたのだ。確かに、難解なところもあるだろう。しかし、それこそが戦略マネジメントという獣の性格なのだ。そしてわれわれはこれを飼い慣らそうとしたのではなく、もっと仲良くしようと考えたのだ。さまざまな読者がサファリ・ツアーに参加できることを願うと同時に、われわれもみなさんに挑戦するつもりである。議論を重ねるごとに戦略マネジメントの原野は広がっていくべきであり、調和を高めなければならないと考えている。

　このサファリでの経験を豊かにするために、われわれは、同様の構造を持ち、よりくだけた内容の姉妹版ともいえる、*Strategy Bites Back*を出版した。さらに、教室で『戦略サファリ』のどちらかといえば、これまでにない特徴を使えるように指導マニュアルも用意した（訳注　海外オフィシャルサイトからダウンロードできる）。

われわれは、多くの人々に感謝の意を表したい。特にフリープレスのボブ・ウォレスの尽力には感謝する。アビー・ルーシンにもありがたい支援をいただいた。ケイト・マクガイアはわれわれを支えてくれた（ケイトは今のタイトルをつけるずっと以前に、原稿に「獣」というラベルを貼っていた）。その彼女の補佐となって貢献したのが、エレナ・トラガーで、特に微妙な情報の調査を行った。コラリー・クレメントは参考文献と許可に関するすべて、またその他のあらゆることを、国中を駆け巡り、著者にあたり、驚くべき能力で問題に対処した。一度、彼女はこんな電子メールを送ってきた。「アメリカとヨーロッパで出版される本について、インドにいるフランス・アングロ系カナダ人と話をするなんて、なんてすごいことでしょう。……これこそモダンライフだわ」。

第1版で、特に原稿に関して知見に満ちた役に立つコメントを寄せてくれたのは、ジョエル・メリックであった。モントリオールのヘンリーのセミナーに所属する博士課程の学生たちからも数々の提案を受けた。

第2版というのは、新たな旅に出るということだ。書いたものに立ち戻って見直し、ある部分を分類し直し、浮かんだ新しいアイデアを付け加える。この新しい旅はたくさんの人の協力によって可能となった。それは、何年にもわたりコメントやアイデアを送り続けてくれた読者の皆さん、第1版のさまざまな部分の再考を促してくれた学生たち、本を授業で使えるように、しばしば驚くような革新的な方法を取ってくれた教師の方々である。リズ・グースター、リチャード・スタッグ、アジャイ・バハーラ、シヴァ・ナダヴラケレ、メリッサ・ナドラー、サンタ・ブランカ-ロドリゲスには感謝を申し上げたい、特にプシュカー・ジャの協力には感謝の意を表したい。

この新版では、数多くのマイナーチェンジと重要な追加を行った。ダイナミック・ケイパビリティ、認知と競争の関係性、リアル・オプション理論、戦略的意思決定におけるトップと中間管理職の影響力、"実践としての戦略"といった、さまざまなトピックスに関する新たな項目を追加した。

それでは、よい旅を！

ヘンリー・ミンツバーグ
ブルース・アルストランド
ジョセフ・ランペル

Chapter 1
'And over here, ladies and gentlemen:
the strategic management beast'

第 **1** 章

サファリ・ツアーのねらいと構成
［さあ皆さん、戦略マネジメントという獣の登場です！］

よく引用されるが、あまり知られていない寓話から始めよう。

●

盲目の男たちと象
ジョン・ゴドフリー・サックス
（1816−1887）

インドスタンに6人の男たちがいた。
学ぼうという気持ちが強く、
象を見に出かけた。
（全員目が見えなかったが）
じっくり観察すれば
心が満たされるだろう、とみんな考えていた。

最初の男は象に近づき、
うっかり転んだ拍子に
大きくてがっしりした脇腹にぶつかり
こう叫んだ。
「おやおや、象とは
壁のようであるぞ」

2番目の男は、牙に触れて大声をあげた。
「おお！ これはなんと
丸くて滑らかでしかも尖っている。
わかったぞ、
この象というものは
槍のようだ！」

3番目の男は象に近づき
手につかんだのが
くねくね動く鼻だったので、
大胆にもこう言った。

「なるほど、象とは
まるでヘビのようだ！」

4番目の男は手を伸ばして
ひざのあたりを熱心に触った。
「この不思議な獣は
まったくデコボコがない。
きっと象とは
木のようなものであろう」

5番目の男が触れたのは耳だった。
そして、こう言った
「まったく目が見えなくても
何に一番似ているかよくわかるぞ。
間違いあるまい、
この象という生き物は
うちわのようであるぞ！」

6番目の男は象に手を伸ばすと、
すぐにゆらゆら揺れる尻尾をつかみ、
こう言った。
「なるほど、象とは縄の
ようであるぞ！」

それから、このインドスタンの男たちは
長いこと大声で言い争い、
それぞれが自分の意見を
譲らず、言い張るだけだった。
それぞれ正しいところもあるが
またどれもが間違えてもいるのに！

[教訓]
神学の議論でよく起こることだが、
言い争う者たちは、
よく知りもしないのに
人の意見をけなし
見たこともない象について
軽々しく論じる！

◉

われわれがこの盲目の男たちであり、戦略形成とはこの象のようなものである。誰も象の全体像を見ようというビジョンをもたず、どこか一部分を捉えるだけで、他の部分については「よく知りもしないのにけなす」のだ。部分を足し上げたところで象を理解できるわけではない。本当の象はそれ以上のものなのだから。しかし全体を理解するためには、まず部分を理解することが必要だ。

これからの10の章を使って、戦略形成という獣の10の「部分」について解説をする。それぞれが戦略形成に関するユニークな見解を示している。まずこの章では全体の枠組みを説明し、10の章で扱う各スクールと、戦略そのものに関する考え方を紹介する。そして、最後の章ではまとめとして、戦略という獣の全体像に戻る。

>「われわれがこの盲目の男たちであり、戦略形成とはこの象のようなものである」

なぜ10なのか

"The Magic Number Seven Plus or Minus Two: Some Limits on Our Capacity for Processing Information"（「マジック・ナンバー7、±2：情報処理に関するわれわれの能力限界」[326]）という興味深い論文で、心理学者ジョージ・ミラーは、なぜわれわれがものを分類するときに7つ程度の数を好むのか、という疑問を提示した。たとえば、世界七不思議、7つの大罪、週7日などである。彼は、これが人間の認知構造をよく表したものだという結論を出している。

つまり7という数が、われわれの一時的な記憶に無理なく貯えられる情報の「チャンク（塊）」なのである。世界三不思議では少々物足りないが、18では多すぎる。ところで、われわれのように戦略に関心をもつ者は、認知能力において並みの人間ではないはずだ。そこで、マジック・ナンバー7プラス2にもう1つ加えることくらい、わけのないことだろう。そこでこの本は、戦略形成についての考え方を10のスクールに分類して提示することにする。

　認知ということは別にしても、多くの文献を見ていくと、たしかに10の別個の見解があり、そのほとんどがマネジメントで実践されているのである。目の見えない男たちと同じように、それぞれのスクールが戦略形成のプロセスにおける1つの特徴に焦点を当てて、ユニークな見解を示している。その見解の1つひとつはある意味では狭量で、しかも誇張されすぎている。しかし、別の見方をすれば、それぞれが興味深くまた洞察力に富んでいるのだ。象は**鼻ではないが、たしかに鼻をもっている**。そして、鼻の特徴を語らずして、象がどのような動物であるかを理解するのは難しい。また、目が見えないというハンディキャップが思わぬ利点を生み出す。それは、他の感覚が研ぎ澄まされることで、逆に目が見える者が見落とすような微妙な点を発見することがあるということだ。

各スクールの見解

　これからの10章では、それぞれ固有の視点から各スクールを紹介していく。さらに、スクールの限界と功績について批評を加えていく。各スクールとそれぞれの戦略プロセスにおける見解は次の通りである。

- デザイン・スクール　　　　　コンセプト構想プロセスとしての戦略形成
- プランニング・スクール　　　形式的策定プロセスとしての戦略形成
- ポジショニング・スクール　　分析プロセスとしての戦略形成
- アントレプレナー・スクール　ビジョン創造プロセスとしての戦略形成
- コグニティブ・スクール　　　認知プロセスとしての戦略形成
- ラーニング・スクール　　　　創発的学習プロセスとしての戦略形成
- パワー・スクール　　　　　　交渉プロセスとしての戦略形成

- カルチャー・スクール　　　　集合的プロセスとしての戦略形成
- エンバイロメント・スクール　環境への反応プロセスとしての戦略形成
- コンフィギュレーション・スクール　変革プロセスとしての戦略形成(ii)

　デザインからポジショニングまでの最初の3スクールは**規範的**な性格をもつ。つまり、戦略がどのように形を**成す**のかということよりも、戦略がどのように策定される**べき**か、ということが中心になっている。最初に取り上げるデザイン・スクールは、1960年代に基本的なフレームワークが発表され、それはプランニング・スクール、ポジショニング・スクールの基礎になっている。このデザイン・スクールは、形式にこだわらないコンセプトの**デザイン・プロセス**、すなわちコンセプト構想プロセスとしての戦略形成に焦点を当てている。2番目のプランニング・スクールは1960年代に並行して発展し、1970年代に出版や実践の最高潮に達した。このスクールでは、戦略を作成するということを、より独立したシステマティックな形式的**プランニング**のプロセスと捉えている。プランニング・スクールは1980年代に入ると、3番目の規範的スクールに取って代わられる。このスクールは戦略形成のプロセスよりも、実際の戦略の内容を重視し、市場における戦略的ポジションの選択に焦点を当てているために、**ポジショニング**・スクールと呼ばれる。

　その後に続くアントレプレナーからエンバイロメントまでの6スクールは、それぞれ戦略形成プロセスのある特有な側面にフォーカスしている。それらは、理想的な戦略的行動の規範を示すというより、むしろその特有な視点から、実際どのように戦略が形成されていくのかを**記述的**に示している。

　著名な著者の何人かは、以前から戦略を**起業家精神**と結びつけ、その戦略形成プロセスを、偉大なリーダーによるビジョンの創造という言葉で言い表してきた。それが**アントレプレナー**・スクールである。しかし、もし戦略が個人のビジョンでありうるなら、戦略形成というものもまた、個人の頭の中での概念達成として理解されるものでなければならない。そこで、戦略家の心（mind）の中に入るために、認知心理学を応用しようとする**コグニティブ**・スクールもまた、規模は小さいものの重要な意味をもつスクールとして発展してきた。

　これに続く4つのスクールでは、戦略形成のプロセスというものを、個人の

範疇を超えたところで捉えており、他の作用や人的要素にまで考察を広げようとしてきた。**ラーニング・スクール**の考え方によれば、世界はあまりにも複雑すぎるので、戦略をはじめから一度に明確なプランやビジョンという形で表すことは不可能である。ゆえに戦略は、組織が適応あるいは「学習する」中で、少しずつその姿を現さなければならないということになる。似たような考え方ではあるが少し方向の違うものが、**パワー・スクール**である。このスクールでは戦略形成を、組織内で衝突するグループ間、または直面する外的環境に対して組織自身がとる交渉のプロセスとして捉えている。これと対照的にカルチャー・スクールでは、戦略形成を組織の**カルチャー**（文化・風土等）に根ざすものと捉えている。そのために、戦略形成のプロセスを基本的に集合的、かつ協同的なものとして見ている。一方、**エンバイロメント・スクール**を支持する者たちはと言えば、彼らは、戦略形成とは外部環境への反応プロセスであり、その中での主導権は組織の中ではなく、外部環境にあるという信念をもった組織理論家たちと言える。彼らは、組織に課せられる圧力を解明しようとする。

　最後に、さまざまなスクールを結びつけるスクールがある。われわれはこれを**コンフィギュレーション・スクール**と呼ぶ。このスクールでは、9つすべてのスクールを包括・統合する中で、戦略作成プロセス、戦略の内容そのもの、組織構造とその文脈など戦略のさまざまな要素を、起業家的成長や安定した成熟期などのステージや状態に明確に区分した。さらに、時には組織のライフサイクルを示すために、それらを時系列に連鎖させた。しかし、組織が安定期に入ったそのときには、戦略作成プロセスはある状態から次へと飛躍しなければならない。それゆえこのスクールのもう1つの側面として、戦略作成プロセスを変革（トランスフォーメーション）のプロセスとみなし、その中に「戦略的変革」の実現に関して多くの文献や実践を組み入れているのである。

　進んでいくにしたがって、これらのスクールが、経営に不可欠なアート（直感）、クラフト（匠の技）、あるいは（分析を意味する）サイエンス（科学）に向かっていくことが明らかになるだろう。たとえば、アントレプレナー・スクールは明らかにアート（直感）に、ラーニング・スクールやおそらくパワー・スクールはクラフト（匠の技）に、プランニング・スクールとポジショニング・スクールはサイエンス（科学）に向かうことになる。

これから紹介する10の「戦略マネジメント」スクールは、戦略マネジメントの発展段階においてさまざまな形で現れた。すでにピークを迎え、すでに衰退したものもある。また、まだ発展途中のものもあれば、内容は豊富ではないが重要な文献や実践を含むものもある。これからスクールを1つずつ取り上げ、その内容と問題点についてわれわれの解釈を加え、最終章で包括的コメントを加え結論づける。

これらのスクールはすべて、明確な形で、さまざまな文献にすでに発表されていることを理解していただきたい。中でも、特定の学術誌、専門業界誌や関係分野の本などに多く書かれている。しかしそのほとんどは、組織内や組織をサポートするコンサルティング企業による実践において、同じように明らかにされている。文献が実践に影響されるのと同様に、実践者は文献から影響を受けるものなのである。したがって本書は、文献と実践の双方における戦略形成の思考を集大成したものである。

分野のレビュー

戦略マネジメントに関する文献は数多く、第1版で数えただけでも2000近くになる。しかも、その数は日に日に増え続けている。もちろん、すべてがマネジメントの分野から出ているものではない。他の分野のあらゆる文献が、戦略プロセスの理解に重要な貢献をしているのである。

ウィリアム・スターバックは「適応に関連する組織の全要素を議論することは……組織について書かれた、まさにすべてのことを議論する……ことにほかならない」[462]と書いている。実のところ、これは控えめな表現であり、引用文の中の「組織」は「あらゆる種類の集合的システム」とされるべきである。

生物学者がたとえば「断続平衡」といった種の適応について書いていることは、われわれが戦略をニッチといったポジションとして理解することにつながりうる。また歴史学者が革命のような社会的発展段階について考察したことは、組織における戦略の発展段階を説明するのに役立つ（たとえば、「文化革命」の形式になぞらえて、組織の「ターンアラウンド」を説明するというように）。物理学者の量子力学に関する記述や数学者のカオス理論などからも、どのように

組織が変化していくかについての洞察が得られる。さらに、戦略形成を理解し研究するのに役立つさまざまな文献がある。それは、リーダーのカリスマ性のみならず、人間の認知に関する心理学、社会文化に関する文化人類学、産業組織に関する経済学、形式的なプランニング・プロセスに関する都市計画、公共政策の立案に関する政治学、紛争に対する戦略に関連した軍事史などの非常に広範な数多くの文献である。これらの中には戦略マネジメントに関するあらゆる洞察をあちこちに見出すことができる。結局のところ戦略形成とは、価値観とビジョン、コンピタンスとケイパビリティだけでなく、軍隊と策謀家、危機とコミットメント、組織学習と断続平衡、産業組織と社会変革といったところにまで及ぶものなのである。

　われわれはこれらの文献をそれぞれ検討していく。しかし、すべてを網羅してレビューしようとは考えていない（読者も読みたくないだろうが、われわれも数千ページを書く気はない）。これは、言ってみれば**分野**のレビューであって、文献のレビューではない。われわれは文献と実践における異なった側面、方向、傾向などをまとめて**網羅**したいと考える。その中で文献を引用することもあるが、それはそのスクールにとって重要な点であったり、内容の描写になっているからである。ここに引用されなかった深い洞察力をもつ著者やコンサルタントの方々にはお詫びを申し上げたい。重要なものが漏れていなければよいのだが。

　1つおことわりしておかなければならないが、現在のマネジメントに関する文献には、流行のもの、最新のもの、「ホットな」ものへの強い偏重がある。このことは、素晴らしい業績を残した過去の著者たちにとって頭の痛い問題であるだけでなく、意義のある古いものの代わりに、取るに足らない新しいものばかりを頻繁に与えられる読者にとっても迷惑な話だ。本書ではそのような偏重を排除し、戦略マネジメントの分野における現在の流れを論評するだけでなく、進化についても言及する。また本書の後半では、組織の歴史を知らないということは将来の戦略の発展を妨げると論じている。戦略マネジメントの分野でも同様のことが言える。過去の業績を無視することは危険なことである。時の流れが樽の中でワインを熟成させるように、戦略マネジメントの文献と実践にも時の流れが作用を及ぼすとわれわれは信じて

> 「戦略形成とは、価値観とビジョン、コンピタンスとケイパビリティだけではない」

いる。つまり、秀逸なものを引き出してくれるのだ。だからこそ、遠慮なく素晴らしい古い論文を取り上げて紹介しようと思う。

戦略の5つのP

「戦略」という言葉はかなり以前から使われてきた。今日、マネジャーたちはその言葉を自由に好んで使っている。また、それは経営活動の高い次元の話として捉えられている。学術界における熱心な戦略研究は40年にも及び、通常ビジネス・スクールでは、戦略マネジメントのコースを必修科目の最後の仕上げと位置づけている。「戦略」という言葉は強いパワーをもつ。しかし、その本当の意味は何であろうか。

すべての概念を定義づけようとするのは人間の習性である。戦略に関する標準的なテキストを見ると、必ずと言っていいほど最初の章に戦略の定義が書かれている。「戦略とは、組織のミッションおよび目標に沿って成果を達成するためのトップ・マネジメントによるプランである」【514】。当然、学生たちはこのような定義を何世代にもわたって律儀に丸暗記し、後にそれを使って膨大な企業レポートを書いてきた。われわれはここでそんな簡単な定義をするつもりはない。その代わりに、戦略の5つの定義に触れておきたい【334】。

● プランとしての戦略とパターンとしての戦略

誰かに戦略の定義を尋ねたら、たぶん**戦略はプラン**（**P**lan）である、というような答えが返ってくるだろう。さもなければ、方向性、将来へ向けてどうアクションをとるべきかという指針や方針、ある地点からある地点へ行くための進路などといった答えになるはずだ。次に同じ人に、その人の属する組織が、過去5年間に**実際に**とった戦略について尋ねてほしい。つまり、何をしようとしたか、ではなく実際に何を行ったのか、を聞いてみるのだ。すると、ほとんどの人が自分の言った戦略の定義を反故にして、嬉々として答えることに気づくだろう。

要するに戦略という言葉は、必然的にその定義と使われ方が異なるものだということがわかる。したがって、**戦略はパターン**（**P**attern）であり、時を超え

図1-1 ▶ "前へ"と"後から"の戦略

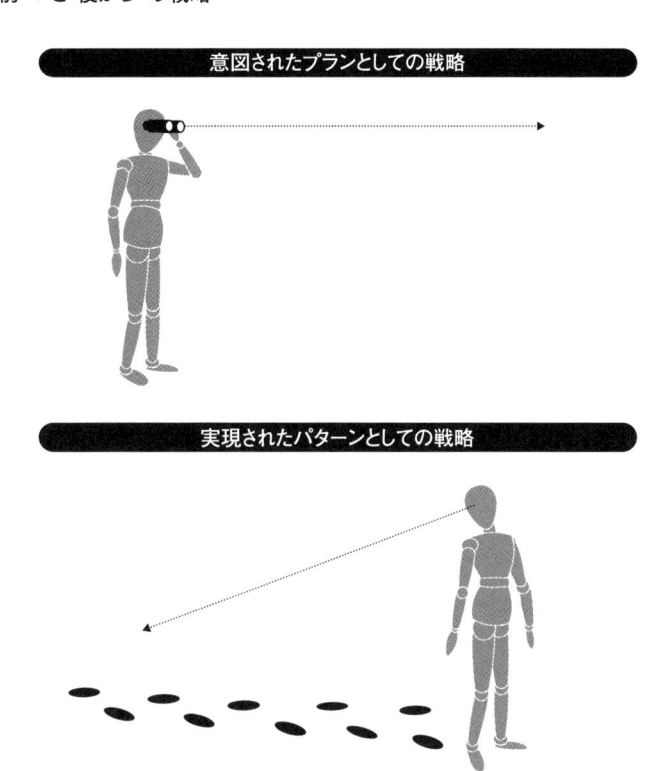

意図されたプランとしての戦略

実現されたパターンとしての戦略

て一貫した行動を示すものと捉えることもできる。業界の中で常に最高価格帯の製品を販売している企業は、一般にハイ・エンド戦略のパターンをとる。同様に、常に最もチャレンジングな仕事ばかりを引き受ける人は、ハイ・リスク戦略のパターンをとると言える。**図1-1**は、将来を見据えるプランとしての戦略と、過去の行動を見るパターンとしての戦略を比較している。

どちらの定義も正しいように見える。なぜなら、組織は将来のためにプランを展開し、また過去の集積からパターンを見出す。前者を**意図された**戦略、後者を**実現された**戦略と呼ぶこともできる。そこで、重要な疑問が出てくる。すなわち、実現された戦略は常に意図されたものでなければならないのだろうか（意図されたものが常に実現されるわけではないことは、実践の中で明らかである）。

これを簡単に突き止める方法がある。過去5年間に実現された戦略を嬉々として話してくれた先ほどの人たちに、5年前にあらかじめ意図された戦略が何であったのかを聞いてみるのだ。組織は意図したことを実現したか。意図されたものが完璧に実現されたと主張する人もいるだろう。そのときは、その人が正直に答えたかどうか疑うべきだ。また、実現された戦略は意図されたものとは何の関係もなかったと答える人もいるだろう。そのときは、彼らの態度に疑問をもちなさい。われわれの経験によれば、ほとんどの人たちは「いくつかは意図されたもので、いくつかはそうでもない」といった、2つの極端な例の中間に落ち着くような答えをするものだ。意図から完全に外れたわけでもないが、完璧に遂行したわけでもないというわけだ。完璧に実現できたのなら、将来に対して鋭い洞察があったということになるし、同時に予期せぬ出来事に対応しようという意思がなかったことにもなる。また、まったく実現されなかったと言うのなら、それは明らかに思慮が足りないと言える。現実的には、ある程度先を考えておきながら適宜対応していくということになるだろう。

計画的戦略と創発的戦略

図1-2に示されたように、完璧に実現されることを意図した戦略を**計画的**戦略と呼ぶ。プランニング・スクールでは、実現しないことを念頭に置きながらも、あくまでも計画的戦略にこだわる。その一方で、われわれが**創発的**戦略と呼ぶものがある。ここでは、実現された戦略は最初から明確に意図したものではなく、行動の1つひとつが集積され、そのつど学習する過程で戦略の一貫性やパターンが形成される。

たとえば、企業ははじめから多角化戦略を計画的に追求するよりも、市場テストを行いながらそのつど、多角化の意思決定を1つずつ行っていくというようなことだ。最初に都市のホテルを買収し、次にレストラン、そしてリゾートホテルを買収する。そしてレストランがついている都市のホテル、そしてもう1つと続ける。その結果、レストラン付きの都市型ホテル多角化の戦略（パターン）が出現するのだ。

これまでにも示唆したように、一方的に計画的で、まったく学習のない戦略はほとんどない。しかしまた、一方的に創発的で、コントロールのまったくな

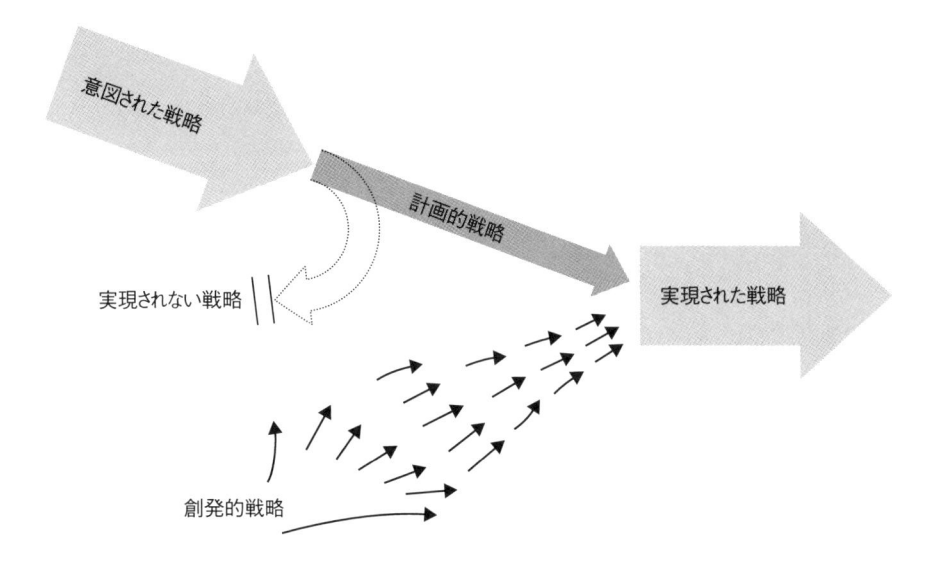

図1-2 ▶ 計画的および創発的戦略

意図された戦略
計画的戦略
実現されない戦略
創発的戦略
実現された戦略

い戦略もない。現実的な戦略はすべてこの2つを併せ持たなければならない。つまり、学習しながらも計画的にコントロールするのである。別の言い方をすれば、戦略は計画的に**策定される**、と同時に創発的に**形成され**なければならないということだ。たとえば**アンブレラ**戦略は、大枠の概要は、「高級市場への移行」というように計画的であっても、いつ、どこで、どのようにといった詳細については、実行しながら決定されていくことを意味している。

以上のことから、必ずしも創発的な戦略が悪く、計画的な戦略がよいとは言えない。効果的な戦略というのは、予期せぬ出来事への対応力と予測する能力を兼ね備えたこれら2つの戦略の組み合わせなのだ。

> 「必ずしも創発的な戦略が悪く、計画的な戦略がよいとは言えない」

● ポジションとしての戦略とパースペクティブとしての戦略

プランとパターンに加え、さらに2つのPを紹介しよう。数年前、マクドナルドはエッグマックマフィンという、アメリカ式の朝食をパンにはさんだ新製品を導入した。それは朝食時の集客が目的だった。もし、エッグマックマフィ

ンに関して、それが果たしてマクドナルドにとっての戦略変更だったかどうかを人に尋ねたら、必ず2種類の答えが返ってくるだろう。「もちろんそうだよ。朝食市場に参入したのだからね」という答えと、「何を言ってるんだ。これまでと何ら変わりはないよ。ただパッケージが違うだけで、マクドナルドのやり方だよ」。このような答えの違いは、彼らが暗黙のうちに戦略内容をどう定義づけたのかということに起因するとわれわれは考える。

　ある人々にとっては、**戦略はポジション**（Position）である。言い換えると、特定の市場における特定の製品の位置づけである。朝食市場に位置づけたエッグマックマフィンということだ。一方、**戦略とはパースペクティブ**（Perspective）であると捉える人々もいる。それは、企業の基本的理念に関わるものだ。この場合で言えば、マクドナルドの企業理念そのものということである。ピーター・ドラッカーの有名な言葉を引用すれば、それは「ビジネスのセオリー（事業の定義）」[120][121]である。

　図1-3に示したように、ポジションとしての戦略は、製品と顧客が出会う地点"×"を**見下ろし**ながら、**外側へ**、すなわちマーケット全体に目を向ける。

図1-3 ▶ "上へ"と"下へ"の戦略

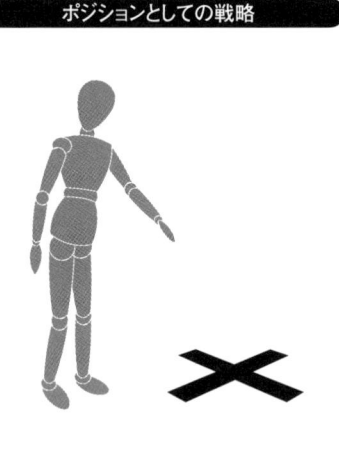

ポジションとしての戦略	パースペクティブとしての戦略

これとは対照的に、パースペクティブとしての戦略は、**内側**すなわち組織の内部、特に戦略家（ストラテジスト）の頭の中に目を向けるだけでなく、企業のグランド・ビジョンを**見上げる**のだ。

　ポジションとパースペクティブについてもう少し明確に説明しよう。マクドナルドのエッグマックマフィンの導入が成功したのは、朝食市場としての新しいポジション（位置づけ）が、既存のファストフード・ビジネスとしてのパースペクティブとの一貫性をもっていたからである。マクドナルドの経営陣は、現状のパースペクティブを軽んじてはいけないことをよく理解していたようだ。それでは、マックダクリング・ア・ロランジュ（マック風オレンジ風味の鴨料理）はどうなのだろうか？　エッグマックマフィンと同じポジションでありながら新しいパースペクティブで展開するということになるのだが……？
同じパースペクティブの中でポジションを変えるのは比較的容易なことだ。しかしながら、今のポジションを守りながらパースペクティブを変えることは困難である。たとえば、大手航空会社に、新たに登場した格安航空会社との競争について尋ねてみれば明確になるだろう。図1-4にこのことをまとめてみた。

図1-4 ▶ ポジションとパースペクティブの変更

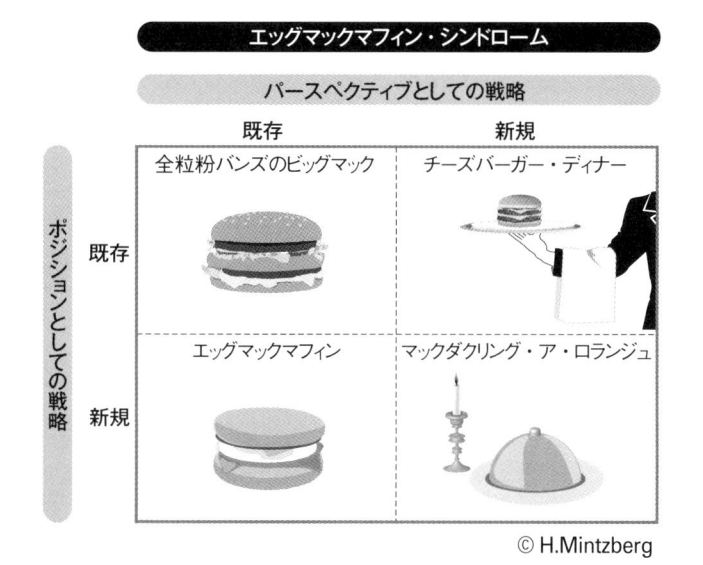

エッグマックマフィン・シンドローム

パースペクティブとしての戦略

	既存	新規
ポジションとしての戦略　既存	全粒粉バンズのビッグマック	チーズバーガー・ディナー
ポジションとしての戦略　新規	エッグマックマフィン	マックダクリング・ア・ロランジュ

© H.Mintzberg

● すべてのP

これで、戦略の定義が4つできたが、5番目によく使われるものがある。**戦略は策略**(Ploy)である、つまり、敵あるいは競争相手の裏をかこうとする特別な「計略」のことである。たとえば、子供がフェンスを飛び越えて、いじめっ子を自分の家の庭に誘いこむ。するとそこにはドーベルマン犬が侵入者を待ち受けているというようなものだ。また、ある企業が競合の新たなプラント建設を牽制するために、自分たちが生産能力を拡大しようとしていると競合相手に印象づけようとして、土地を購入する。ここでの真の戦略は、生産能力の拡大ではなく、競合相手に脅威を与えることである。つまり策略なのだ。

5つの定義と10のスクール。これから明らかになっていくが、両者の関係はさまざまであるが、スクールによっては特定の定義が重視される。たとえば、プランニング・スクールのプラン、ポジショニング・スクールのポジション、アントレプレナー・スクールのパースペクティブ、ラーニング・スクールのパターン、パワー・スクールのプロイなどである。

図1-5にあるように、プランやパターンをポジションやパースペクティブに組み合わせることで、次のような、戦略形成のための4つの基本的なアプローチ方法を得ることができる。それは、戦略**プランニング**(プランニング、デザイン、ポジショニング・スクール)、戦略**ビジョニング**(アントレプレナー、

図1-5 ▶ 戦略形成のための4つの基本的アプローチ

		戦略プロセス	
		計画的プラン	創発的パターン
戦略内容	具体的なポジション	戦略プランニング	戦略ベンチャリング
	広範なパースペクティブ	戦略ビジョニング	戦略ラーニング

デザイン、カルチャー、コグニティブ・スクール)、戦略**ベンチャリング**(ラーニング、パワー、コグニティブ・スクール)、戦略**ラーニング**(ラーニング、アントレプレナー・スクール)である。

戦略に関する唯一の簡潔な定義はないかもしれないが、これまでに戦略の特性について一般的に合意されているものを要約して、以下にまとめる。

戦略には"優位性^{ベター}"と"欠点^{ワース}"が常に同居する

戦略についての議論は、どこまでいっても両刃の剣だ。なぜなら、戦略の優位性を高めようとすればするほど、そこには必ず欠点や不利な点がつきまとうからだ。

❶戦略が方向を定める

優位性：戦略の主な役割は、組織が一致団結して環境の中を航海できるように航路を示すことである。

欠　点：戦略的方向を示す航路は、潜んでいる危険を覆い隠してしまうこともある。未知の海なのにもかかわらず、あらかじめ決められた航路に完全にしたがって進むならば、氷山にぶつかっても不思議はない。回避できる航路を見つけることも重要である。

❷戦略は力を結集させる

優位性：戦略は活動の足並みをそろえるという役割がある。戦略によって力を結集させなければ、人々はバラバラな方向へ進み、やがて混乱が起きる。

欠　点：あまり入念に力が結集しすぎると「集団思考」が生まれ、他の可能性にも目を向けるような細部にわたり周辺を見わたす視点がなくなってしまう。

❸戦略が組織を定義づける

優位性：戦略は、速やかな組織の理解と、他の組織との違いの認識を促す。

欠　点：組織をあまり鮮明に定義してしまうことは、組織の単純化を招き、ステレオタイプに陥る危険がある。そうなると、組織内のシステム

の奥深い複雑性が失われてしまうことになりかねない。

❹戦略は一貫性をもたらす

優位性：戦略は曖昧さを排除し、秩序をもたらす。その意味で、戦略は理論とも言える。つまり、世界を単純化し説明する認知構造であり、それは結果として活動しやすい状態を生み出す。

欠　点：ラルフ・ウォルドー・エマソンは「一貫性への執着心は、小心者のばかげた妄想……」と語った。創造性は矛盾の上に花開くものなのだ。つまり、従来は別々に存在していたものを、新しくどう組み合わせるのかということを見つけるようなものだ。しかし、理論とも言うべき戦略は、その単純さゆえに現実を歪めるものだ、ということを認識しなければならない。戦略や理論は現実そのものではなく、頭の中で描かれる現実の抽象概念にすぎない。つまり、戦略を見たり触ったりした人はいないのだ。要するに、どの戦略も誤っていたり歪んでいたりしている可能性があるということだ。それが戦略の代償である。

> 「一貫性への執着心は、小心者のばかげた妄想」

われわれは、少なくとも当面の間は何かを"当然のこと"と捉えることで、最もよく活動することができる。それが組織における戦略の主な役割である。戦略が大きな問題を解決するからこそ、人々は問題の詳細に着手できる。たとえばどの市場が一番いいかというような議論をせずに、顧客への営業活動ができるというわけだ。最高経営責任者でさえ、ほとんどの場合は与えられた文脈の中での組織の管理に終始しなければならない。常に文脈を問題にするわけにはいかないのだ。

最高経営責任者は、誰もが細かなところに目を向けている間でも、大きなアイデアを考える戦略家(ストラテジスト)だと捉えられる傾向がある。しかし、彼らの仕事はまったくそのようなことではない。そのほとんどはその立場なりの煩雑なことばかりだ。たとえば、対外的に行わなければならないさまざまな業務を通じて、現在のパースペクティブおよび「カルチャー」を補強したり、重要な情報を入手するためにコネクションを開拓したり、あるいは現在のポジションを強化する

戦略という獣：共通認識
(チャフィー【80】)

- **戦略は組織と環境の双方に関与する。**「戦略を考察する際の基本的な前提条件は、組織および環境との不可分性である。……組織は変わりゆく環境に対処するために戦略を活用する」。

- **戦略の本質は複雑である。**「変化に伴い、組織にはまったく新たな複合的状況がもたらされる。そのため戦略の本質は、構造化されない、プログラム化されない、ルーチン化されない、そして反復性が乏しい状態にある……」。

- **戦略は組織全体の繁栄に影響を与える。**「……戦略的意思決定は……組織全体の繁栄に影響するほど重要なものと見なされる……」。

- **戦略は内容とプロセス双方に関係する。**「……戦略の研究は、実際に取られた行動や戦略の内容から、行動が意思決定され実行に移されたプロセスにまで及ぶ」。

- **戦略は完璧に計画的ではない。**「理論家は……意図された戦略、創発的な戦略、実現された戦略は異なることがあることを認識している」。

- **戦略はヒエラルキーが存在する。**「……企業には……全社戦略（どの事業に属するか？）と事業戦略（どのように競合と戦うか？）がある」。

- **戦略にはさまざまな思考プロセスが関係する。**「……戦略は概念的および分析的思考が関係する。分析的側面をより重要視する研究者もいるが、戦略作成の核心は多くの場合、組織のリーダーによるコンセプト構想にある」。

ための交渉をしたりといったことである。

　もちろんここにおける問題点は、いつしか状況は変わるということである。環境は変化し、ニッチが消失し、機会が拡大する。そして築いてきた戦略の建設的で効果的なすべてが逆に不利になる。だからこそ、戦略の概念は安定性に深く根づいているのにもかかわらず、戦略に関する研究のほとんどが変化に焦点を当てているのだ。戦略上の変化の方法論はいくらでもあるが、特にパースペクティブを変えるときは、変化をマネッジすることが非常に難しい。組織の中にいる人々の迷いを払拭し、戦略の遂行を促すという役割自体が、環境の変化に対処しようとする彼らの能力を阻害することになるのだ。つまり、機械だけではなく人間の頭脳までも入れ替えが必要なときには、企業にとってのコストは高くつくということである。戦略という思考の枠組みのために、組織は時代に遅れてしまったことに気がつかないことがある。要するに組織における戦略とは、競争馬につける目隠しのようなものだ。それは、周囲の有様には目も触れさせずにひたすらまっすぐ走らせるのである。

　ここまでの結論、それは、戦略（および戦略マネジメント・プロセス）はその**存在**およびその**不在**が組織の存続にとってきわめて重要であるということである。

クラスルームの中での戦略マネジメント

　こちらもまた良い面も悪い面もあるが、戦略マネジメントは、マーケティングや財政学のように独自の学問分野となった。この分野に関する学術誌や、「独自のクラブ」や会議体がある。文献は幅広く、1980年以降爆発的に増えている。

　ほとんどの場合、戦略マネジメントの教えはプロセスの合理的で規範的な側面、すなわち最初の３つのスクール（デザイン、プランニング、ポジショニング）に重点を置いている。そのため、戦略マネジメントは一般に戦略策定、実行、コントロールなどの個別のフェーズを中心的に取り上げており、それらが段階的に実行されると捉えられている。実行段階にもこの偏見による大きな影響が出ている。特にこの影響が顕著なのは、多くのコンサルティング会社や企業、政府の企画部門の仕事である。

この本ではそのような伝統的な見方から離れ、戦略マネジメントの分野に関し、すべての反対意見や争点を含めて、最もバランスが取れた全体像を表すつもりだ。そのため、戦略マネジメントを別の観点から捉えた非合理的、非規範的なスクールの考え方にもかなりのページを割いている。そのスクールの中には、形式的な戦略的介入の可能性についてそれほど楽観視していないものもある。ややバランスが悪いのは、われわれがそれぞれのスクールに対し批評している部分である。最初の３つの規範的スクールに関しては、あまりにも多くの文献が世に出ているし、また数多く実践されているので、この一般通念に疑問を投げかけるには、かなり突っ込んだ議論をするのが適切と考えた。もちろん10のスクールそれぞれに弱点はあるので、すべてに批評を加えている。しかし、もし人々がシーソーの片方だけに座っているのなら、真ん中から引っ張ってバランスを取ろうとするのはナンセンスである。つまり、10のスクールに対する批評のバランスを取ろうとしても、現在の文献や実践の中にあるバランスの悪さは解消しないばかりか、かえってバランスの悪さを助長することになってしまう。

　多くの大企業で起こった戦略的失敗の広がりは、不完全な道具箱をもって世に出ていったビジネス・スクールの卒業生軍団の仕業であると思われる。この本では、そのような学生や現役のマネジャーにもっと広範な概念を提供し、物事の見方の幅を広げてもらいたいと考えている。ハートが記したように、「業績好調な企業は戦略作成にあたり、拮抗する要素をうまく融合する能力があるように見える。計画的でありながらも漸進的、支配型でありながらも参加型、統制しながらも権限を委譲し、ビジョナリーであるが細かなところにも目がいく、というように」。F. スコット・フィッツジェラルドはもっとずけずけと言っている。「第一級の頭脳の持ち主であるかどうかは、同時に頭の中に２つの相反する考えをもちながら、きちんと行動できるかどうかで判別できる」。もちろん、戦略家(ストラテジスト)として行動することは、ただ相反する考えをもつだけでなく、スペンダーが指摘したようにそれを統合できることを意味する。そこでわれわれの期待は、読者の皆さんに10の考えを同時にもってもらうことだ！

　戦略マネジメントの分野自体が、実はそのような統合へ向かって進んでいるのかもしれない。後で明らかになるように、新たな研究の中にはわれわれの示

すスクールの領域を超えているものもある。そして、それらを組み合わせるにはよりいっそうの努力が必要となる。われわれはそのような研究を支持し、可能なときには引用している。戦略マネジメントはたしかに次なる発展の段階にきているようだ。

　しかし、統合は概して偶然に起こるわけではない。それは究極的には見る側、つまり読者の皆さんの頭（mind）の中で行われるものである。われわれはできる限り手助けをするが、そのタスクは戦略を仕事で扱っている皆さんが担わなければならない。われわれはみんな象の全体を知っているのに、それを記述するとなると、象の部分の説明になってしまうことがしばしばある。それが記述表現というものの宿命だ。言葉は整然と行に並べられ、本には章があるのだから。

> 「業績好調な企業は、拮抗する要素をうまく融合する能力があるように見える」

　さあ、がんばってツアーに出かけよう！

注

（ⅰ）実は、われわれが扱える「個々」の情報の数については「絶対判断」と呼ぶところ、そして個々の情報の集まりである「塊」については「中間メモリー」で、ミラーはこの数の限界について議論している。

（ⅱ）興味深い代替マッピングを提示したマルティネット【292】はこの分野を目的論的、社会学的、観念論的、生態学的の4つに分けた（ラウリオル【266】はわれわれの10のスクールをこの4つでマッピングした）。もう1つの興味深い区分法についてはボーマン【53】を参照。

Chapter 2
THE DESIGN SCHOOL:
strategy formation as a process of conception

第**2**章
デザイン・スクール
［コンセプト構想プロセスとしての戦略形成］

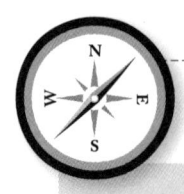

デザイン・スクールへの監訳者ツアーガイド

　デザイン・スクールとは、戦略形成における最もベーシックな考え方を提唱するスクールである。それは、「SWOT分析」を基本モデルとし、企業の内的能力の強みと弱み (Strengths & Weaknesses)、企業を取り巻く外的可能性の機会と脅威 (Opportunities & Threats) を「フィット（適合）」させることにより戦略を形成するというものだ。

　このスクールの基礎を築いたのは、ハーバード・グループのアンドルーズであり、さらにはセルズニックやチャンドラーにまで遡ることができる。脚光を浴びた1960年代から今日に至るまで、程度の差はあるにせよ確固たる地位を築き、さらに現代の新しい戦略形成の考え方の根底にも、このスクールの考え方が脈々と流れていると言っても過言ではない。それは何より、「戦略を構想する」ことに主眼を置いているからと言える。

　「SWOT分析」は、戦略形成に携わる者にとって非常に馴染みのあるものであるがゆえに、その有効性と弊害とを客観的に捉えることがおろそかになっている。「SWOT分析」が、事業計画書の中で単なる情報をはめ込むだけの"テンプレート"と化してしまっているのをよく見かける。大事なことは、現状の強みや弱みを分析する必要はあるが、戦略の実現によって将来の強みをいかに創造することができるのか、ということに尽きる。ミンツバークは、従来の「SWOT分析」に非常に重要な要素を２つ付加している。１つは、組織を担う人の信条である"経営者の価値観"、そしてもう１つは、組織と経営責任者が考えるべき"企業の社会的責任"である。これらは、企業の社会的存在意義と固有性を考える上で、今そしてこれからも、経営者が熟考すべき戦略上の大事な視点である。

　デザイン・スクールは、戦略を独自性のあるコンピタンスから構想する、非常に簡潔で明快なものと捉えており、創造的なプロセスから生まれるものだとしている。戦略形成と実行を分離しているように見受けられるが、当スクールにおいては戦略とはグランド・コンセプトであり、指針を示すバイブルなのだ。つまり、それによって組織が形づくられ、戦略を実行できると考

えられている。さまざまな批判はあるが、誰もが理解できるような先を見通せる戦略を創る姿勢は、経営者にとって今の不透明な時代環境だからこそ必要なことである。

　ミンツバーグ等は、デザイン・スクール・モデルに最適な状況の１つとして、組織の重大な変化の分岐点、あるいはまったく新しい組織が発足する場合と述べている。なぜなら、デザイン・スクールにおける戦略家は唯一CEOであり、CEOが戦略構想プロセスに対する全責任をもっていると考えられているからだ。つまり、大きな事業の方向付けや舵取りが必要なときほど、CEOが組織にとって必要な、具体的でシンプルかつ明快なメッセージを発信することが求められている。そしてそのメッセージは、戦略作成と実行を分断させるような陳腐でつまらない戦略ではなく、現場の人々の心に灯がともるような素晴らしい戦略でなければならない。

　しかし一方で、戦略作成と実行を分離したことにより、実行の中から学習する組織学習の考え方を阻害し、明確な戦略を打ち出しながらも、実行プロセスにおいて柔軟性を排除することに繋がっている、という批判もある。つまり、机上の空論を招きかねないということだ。要するに、現実を伴わない頭でっかちの戦略プランは、百害あって一利なしということだ。

　強みと弱みをどう捉えるのか、変化の激しい外的環境をどう解釈すべきか、戦略策定と実行とを分けてはいけないのか、明快であり過ぎることがマイナスなのか…デザイン・スクールのメッセージは、そのものが強みであり、弱みにもなりうる。物事をどう捉えるのか、先を見ながらどう近くを見るのか、己の視野をどの程度拡げるべきなのか、この最初のスクールが意味するところはその功罪を含め、影響力は大きい。

> 「あいつはケース・スタディを座って待っているだけのやつさ」
>
> あるマネジャーがハーバードMBAを称して

◉

　デザイン・スクールが、戦略形成プロセスの中で最も影響力のある見解を打ち出していることは間違いない。そのキー・コンセプトは、学部科目やMBAの戦略コースの基盤を担ってきたばかりではなく、戦略マネジメントの現場でも大いに活用されてきた。世界の至るところで、教授、コンサルタント、そしてプランナーたちが、このスクールの有名な概念であるSWOT分析で、数えられないくらい多くの黒板やパワーポイントをぎっしり埋め尽くしてきた。SWOT分析とは、「組織を取り巻く外部環境に潜む機会や脅威(Opportunities & Threats)を考慮した上で、その組織の強みと弱み(Strengths & Weaknesses)を評価する」ことである。

　簡単に言えば、デザイン・スクールは企業の内的能力と外的可能性を調和させる、つまり、両者を**適合させる**ことを目指した戦略作成モデルを提案している。デザイン・スクールの有名な提唱者たちの言葉を借りれば、「経済戦略とは、企業の能力と機会との調和としてみなされる。そしてこれが外部環境における企業の位置づけを決定するのである[83]」。まさに「適合させる」ことこそが、デザイン・スクールのモットーと言える[304]。

　この章では、デザイン・スクールについて論じ、批評を加える。その中では、戦略マネジメントに関するすでに定説となった仮説についてもいくつか触れる。どんなにもっともらしい仮説であっても、それが検証されていない限り、時として間違っていることが明らかになる場合もある。われわれは、こうした仮説には疑問を投げかけたい。しかしそれは、デザイン・スクールが果たしてきた大いなる功績を否定するものではない。あくまでも他のスクールとの見解の相違を比較しながら、それこそこのデザイン・スクールが、どこに適合するのかを理解するためである。この戦略マネジメントの初期の概念がそもそもどこから生まれたのか、なぜここまで影響力をもつようになったのか、そして今日、いかなる役割をこのスクールが担うべきか、あるいは逆に担うべきではな

いのかを正しく理解する必要があるのだ。

デザイン・スクールのはじまり

　デザイン・スクールの起源は、カリフォルニア州立大学（バークレー）とマサチューセッツ工科大学でそれぞれ執筆された、2つの著名な文献にまで遡ることができる。すなわち、1957年に発表されたフィリップ・セルズニック著『組織とリーダーシップ』と、1962年に発表されたアルフレッド・チャンドラー著『組織は戦略に従う[81]』である。セルズニックは、「卓越したコンピタンス[442]」という概念を紹介し、組織の「内的状況」と「組織を取り巻く外的期待[442]」を一致させる必要性と「組織の社会構造の中に浸透する政策[442]」を確立するよう主張している。これが後に「実行」と呼ばれるようになるものである。一方チャンドラーは、デザイン・スクールのビジネス戦略の概念、および組織構造との関係についての概念を確立させた。

　しかしデザイン・スクールの本当の意味での飛躍は、ハーバード・ビジネス・スクールのゼネラル・マネジメント・グループによってもたらされた。このグループの基本テキストとなった*Business Policy: Text and Cases*（『ビジネス・ポリシー：テキストとケース[268]』）が、1965年に出版された。テキストは、瞬く間にこの分野で最もポピュラーな教本となり、さらにこのスクールの考え方を代表するものにまでなった。このテキストの大部分は、執筆者の1人であるケネス・アンドルーズによって版を重ねられ[11]、このスクールでは最も率直で、最も明快な論旨をもつ文献として確立されている。ところが1980年代に入るとこのテキストは、デザイン・スクールの概念を純粋な形で伝える数少ないものとなり、プランニング・スクールやポジショニング・スクールの見地からデザイン・スクールを解釈するテキストのほうが主流となっていった。

　そこで本章では、アンドルーズのテキスト（クリステンセン等による*Business Policy*に掲載[83]）を基本文献とし、そこからの引用を用いながら（例外については明記するが）、議論を進めることにする。また前述のハーバード・グループについて言えば、彼らは独自の戦略を追求したと言っていいだろう。それは、ハーバード・グループが数十年にわたって押し進めてきた戦略形成の

見解と、彼らが好んだケース・スタディとの間に、明確な「適合」を確認できるからである。

デザイン・スクールの基本モデル

　図2-1は、われわれの描くデザイン・スクールの基本モデルとも言うべきSWOT分析である。アンドルーズ自身のものに類似しているが、われわれは他の要素をつけ加えている。アンドルーズのテキストでも確認できるように、[83]このモデルは外的状況と内的状況の評価に重点を置く。外的状況の評価とは、外部環境に潜む脅威や機会を捉えることであり、内的状況の評価とは、組織がもつ強み・弱みを明らかにすることである。しかし、アンドルーズのテキストの中には、この点に関する詳細な説明はない。

　アンドルーズは、1982年版のテキストで外的評価に関する記述をマイケル・ポーター[391]の文献から12ページ引用した。これは、ポジショニング・スクールのカテゴリーに入ることが後になって判明する。この他に、8ページにわたって企業環境における技術的、経済的、社会的、そして政治的側面について触れ、さらに予測や調査に関する問題点について簡単に言及している。アンドルーズは、最後に次のような問いかけで結んでいる。「企業が属する産業の基本構造とは何なのか？」、そして、「社会、政治、そしてマクロ経済における今後の変化は、産業や企業にどのような影響を及ぼすとみるのか？」。[83]

　一方、企業の内的状況の評価については細かく取り上げている。たとえば、「組織や個人が自分自身を知ること」[83]の難しさや、「個人的で人に支持されない思いつきを強みとしたところで、製品やマーケットに直接携わることによって蓄積される経験には勝てない」[83]という考えなどである。このことは、「組織がどういう方法で行動したり、反応したりするのかということに対するコミットメントは、元来その組織に根づくもの」であり、それこそがその組織の本質にある「性格」[442]だとするセルズニックの文献で取り上げられている重要なテーマとも結びつく。

　そこでわれわれは、図2-1の中に戦略作成に重要と思われる要素を２つ追加した。１つは経営責任者の価値観、つまり組織を担う人たちの信条や選好であ

図2-1 ▶ デザイン・スクールの基本モデル（SWOT分析）

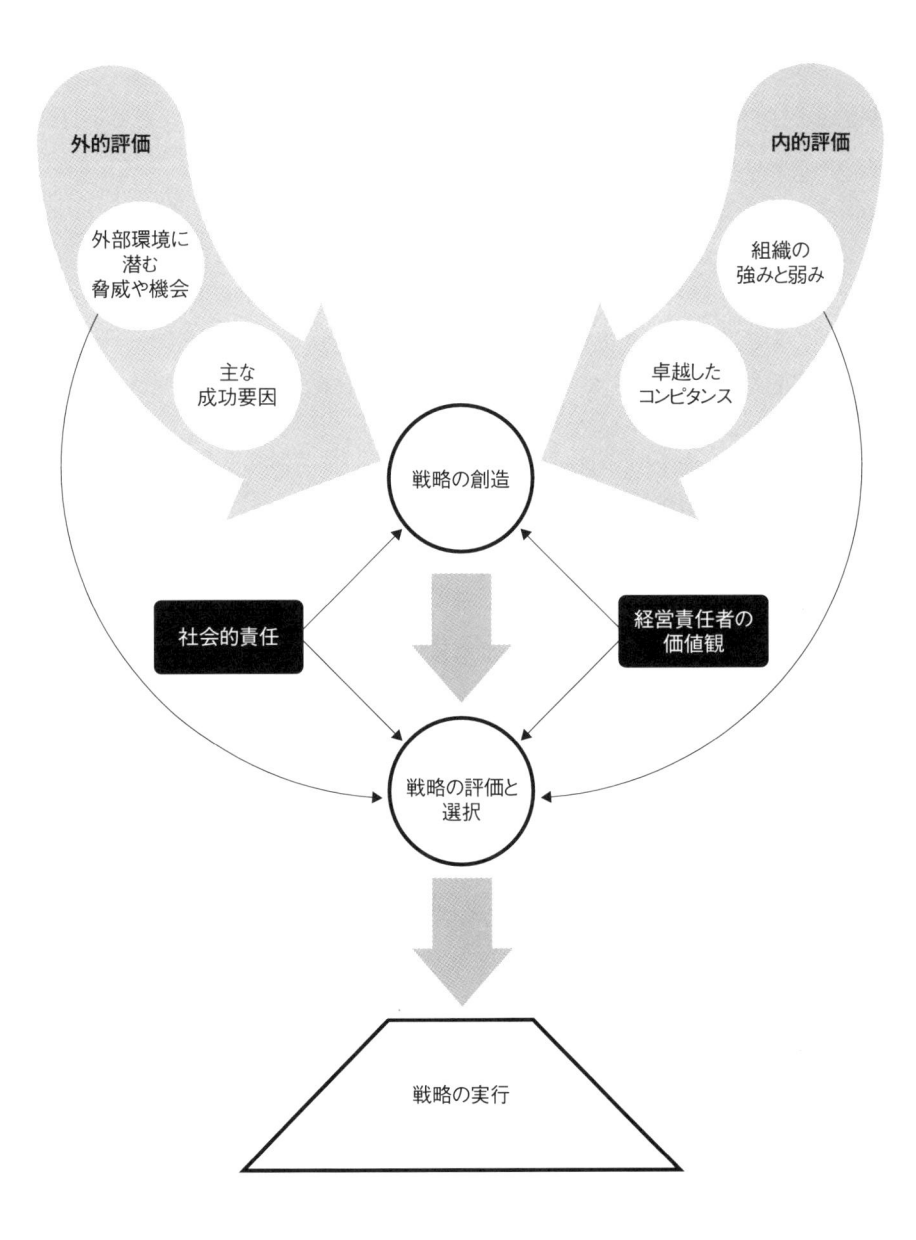

外的評価
- 外部環境に潜む脅威や機会
- 主な成功要因

内的評価
- 組織の強みと弱み
- 卓越したコンピタンス

↓

戦略の創造

社会的責任　　　経営責任者の価値観

↓

戦略の評価と選択

↓

戦略の実行

る。もう1つは社会的責任、つまりその組織が機能する社会における倫理観、もしくは経営責任者が考えるところの倫理観である。しかし、実際はセルズニック[442]を除けば、デザイン・スクールにおける価値観や倫理観に目を向ける者は少ない。アンドルーズも例外ではなく、彼は外的・内的評価に関するフレームワークを進化させた後で、ごく簡単にそのことについて触れているだけである。

また、デザイン・スクールについて言及したものに、戦略をつくるという実際の行為に触れるものも少ない。しいて言えば、戦略をつくることを「創造的な行為」とアンドルーズ[83]が書いた程度である。また、たとえば、ハムブリックとフレドリクソンのデザイン・スクールに関する最近の研究結果では、戦略の発展は線的（リニア）なプロセスではなく、何度も繰り返すことによって形成されるものであるとしている。

さて、いったん戦略の代替案が決定すると、次にこれらを評価し、一番ふさわしいものを選ぶことになる。つまりベストな戦略を1つ選ぶために、あらかじめ複数の戦略代替案が設計され、評価されているという仮説が成り立つのだ[83]。この評価にあたっては、ハーバード・ゼネラル・マネジメント・グループの経営学博士、リチャード・ルメルト[427]が最も有効なフレームワークを提供している。それはいくつかのチェック項目を設けるというやり方である。

整合性
戦略は、目標と政策（ポリシー）が相互に相矛盾するようなものを提起してはならない。

調和
戦略は外部環境や、その中の重大な変化に的確に対応する答えをもたなければならない。

優位性
戦略は、特定の活動分野において競合優位を創造し、あるいは維持できるよう設計されていなければならない。

実行可能性
戦略は、現在の経営資源を圧迫したり、解決できない個別課題を生み出してはいけない。

結局のところデザイン・スクールでは、「戦略は、完全に合意されてはじめて実行されるものだ」と捉える。図2-1では実行を、戦略形成の段階からすそ広がりの状態で示している。戦略案の評価が完了し、1つの選択肢に収斂されたのちに、そのプロセスは再び分岐し、組織全体を通しての実行を確実にしようとする。興味深いことに、アンドルーズはこのあたりをかなりくわしく書き綴っている。彼は実行プロセスを12のステップに分け、相当量のテキストで補足説明を加えながら、本来の戦略策定プロセスの対象から外れている戦略プロセスの側面についても書いている。

　戦略マネジメント分野がさまざまな方向に発展・成長してきたことについては後述するが、いまだスタンダード・テキストの多くは、その中心にSWOT分析モデルを置いている。表2-1と表2-2では、このようなテキストの1つが実際に用いている、内的・外的アプローチに関する典型的なガイドラインを紹介している。またどんなに新しいテクニックが台頭しても、戦略コンサルタン

表2-1 ▶ 環境変化の機会や脅威に関するチェックリスト

1 社会的変化	・変わりゆく顧客の嗜好	▶製品需要やデザインに影響
	・人口動態	▶流通、製品需要やデザインに影響
2 政治的変化	・新たな法的枠組み	▶製品コストに影響
	・新たな法的規制の優先事項	▶投資、製品、需要に影響
3 経済的変化	・金利	▶事業拡大や債務コストに影響
	・為替レート	▶国内・国外需要や利益に影響
	・実質個人所得の変化	▶需要に影響
4 競争状況の変化	・新技術の導入	▶コスト・ポジション、製品品質に影響
	・新たな競合相手	▶価格、マーケット・シェア、貢献利益に影響
	・価格の変化	▶マーケット・シェア、貢献利益に影響
	・新製品	▶需要や広告費に影響
5 サプライヤーの変化	・調達コストの変化	▶価格、需要、貢献利益に影響
	・供給の変化	▶生産プロセスや投資条件に影響
	・サプライヤー数の変化	▶コスト、供給能力に影響
6 マーケットの変化	・製品の新しい利用法	▶需要、設備稼働率に影響
	・新市場	▶流通チャネル、需要、設備稼働率に影響
	・商品の陳腐化	▶価格、需要、設備稼働率に影響

出典：Power, *et al.* 【399】

表2-2 ▶ 組織の強み・弱みに関するチェックリスト

1 マーケティング		製品の品質／製品のライン数／製品の差別化／マーケット・シェア／価格政策／流通チャネル／販売促進計画／顧客サービス／マーケット・リサーチ／広告活動／販売・営業力
2 研究開発（R&D）		製品の研究開発能力／プロセスの研究開発能力／パイロット・プラントの能力
3 経営情報システム（MIS）		スピードと対応力／現行データの質／拡張性／ユーザーにとっての使い易さ
4 マネジメント・チーム		経営スキル／価値観の共有／チーム・スピリット／経験値／部門間の調整力
5 オペレーション		資材管理／生産能力／生産コスト構造／施設と設備／在庫管理／品質管理／エネルギー効率
6 財務		財務レバレッジ／オペレーティング・レバレッジ／バランスシートの健全度／株主との関係／税金
7 人事		社員の能力／人事システム／社員の離職率／社員の士気／人材開発

出典：Power, *et al.*【399】

トたちがSWOT分析モデルや他のデザイン・スクールの概念に依存し続けているのも事実である。次章で触れるが、1980年代、プランニング・スクールがかげりを見せ始めると、デザイン・スクールに注目が集まってきた。たとえばコンサルティング会社ケプナー・トリゴーの「節減の法則」は、アンドルーズの初期の文献からほぼそのまま引用してきたものである。すなわち「……戦略は明確、簡潔、そして具体的でなければならない」[479]。ヴァージニア大学ダーデン校のジェニー・リドカは、ココ・シャネルがデザインした「リトル・ブラック・ドレス」を、シンプルだが永遠に失われない完璧な例として挙げている（次ページの囲みを参照）。

デザイン・スクールは、それ自体が進化したのではなく、むしろ他のスクールが発展するための基礎を提供した、というのがわれわれの見解だ。つまり、デザイン・スクールが提示するいくつかの考え方が、他のスクールの戦略形成プロセスの中に展開されていったのである。そして多くの場合、アンドルーズの信念とはかけ離れた形で具現化されていっ

「戦略は明確、簡潔、そして具体的でなければならない」

戦略としての「リトル・ブラック・ドレス」
(リドカ【272】からの抜粋)

　ココ・シャネルの「リトル・ブラック・ドレス(LBD)」は、20世紀が生んだ偉大なるデザインの「発明」のひとつとして評価されているが、戦略作成者にとって興味深い教材となるだろう。「リトル・ブラック・ドレス」は、1920年代のパリにおいて召使いの制服からインスピレーションを得たものであるが、女性ファッションという悪名高き移り気な世界で、驚くほど持続性をもったデザインとして、瞬く間にその地位を確立した。戦略を理解したいと思うなら、シャネルデザインの不朽の魅力を理解することから始めるのもよいだろう。

　「リトル・ブラック・ドレス」によってデザインされた戦略とは、一体どのようなものだろう？　もちろんそれは、エレガントな様式の中ではシンプルなものであったろう。しかし、戦略立案者たちの対面を保つほどには理解の難しい不可解なものではなかったし、かといって死ぬほど退屈でつまらないほど陳腐なものでも、札入れに入るほど簡潔で自明なビジョンでもない。その戦略とは、流行を追わず、その代わり持続性という基本的な要素にフォーカスすることであった。つまり、着る人がその時々のオケージョンに合わせて装飾品などを付け加えることができるような、多様性と開放性を組み込んだものなのだ。おそらくもっとも重要なことは、服を身に着けたときに、それらが着る人の気分をよくしてくれるかどうかということだ。そして「偉大さへの呼びかけ」といった不誠実で説教じみた権威主義ではなく、着る人の欠点は認めながらも、ポジティブさを強調するという穏やかな手法であり、よくなるかもしれないし、薄っぺらなものになるかもしれない明日への希望を、われわれに与えてくれることである。

　だからこそ、こうした戦略が示す物語は戦略に精通した者の心に響き、戦略が何か新鮮でエキサイティングなものに変化するのだ。その結果として、自信に満ち、新たな冒険を始めるような、あるいは部屋の隅で何か特別なものを見つける予感がするような、ちょっとわくわくした陽気な気分になるだろう。「リトル・ブラック・ドレス」がそういうことを実現できるのなら、ビジネス戦略にもできないはずはないのだ。

た。たとえば、プランニング・スクールでは形式的な側面、ポジショニング・スクールでは分析的な側面、ラーニング・スクールでは、ハメルとプラハラードに見られるように、適応性という側面がつけ加えられたというように。

デザイン・スクールの前提条件

　デザイン・スクールの基礎をなすいくつかの前提条件があるが、十分に明らかなものと、暗黙のうちに認識されているものがある。そこで、この7つの前提条件について記述すると同時に、1982年のクリステンセン等のハーバード・テキストの中で引用されているアンドルーズの論文も紹介する。

❶戦略形成とは、意図された計画的なプロセスでなければならない[83]

　行動には必ず理由が伴う。つまり効果的な戦略とは、厳密にコントロールされた人間の思考のプロセスから導き出されるもの、ということだ。アンドルーズは別の文献でも、マネジャーが「自分が何をしているのか本当にわかっていれば」、戦略を可能な限り「計画的なもの」にするはずだと書いている。[13]

> 「行動には必ず理由が伴う」

その意味では、戦略作成プロセスは自然に身につくものでも、直感に頼るものでもない、あくまでも学習して取得されるスキルだ[83]としている。要するに、正式に習得しなければならないのだ。[83]

❷計画的なプロセスの責任は、最高経営責任者（CEO）にある。CEOこそが唯一の戦略家（ストラテジスト）である[83]

　デザイン・スクールにおいて、戦略家（ストラテジスト）は究極的には1人だけであり、この人物こそが組織の頂点に君臨する者である。そこでアンドルーズは、戦略形成プロセス全体を、「最高経営責任者（CEO）やゼネラル・マネジャー」の「視点」と連動させた。またアンドルーズは併せて、「組織の存在目的を設計する代表者」と題した一節を文献に加えている。[83]マイケル・ポーターは、37ページの囲みにあるように、CEOの役割を要約しているが、ロバート・ヘイズはポーターほどその意味することを楽天的には捉えていない。「この指揮・管理の考え方は、より重要な決定をすべて経営陣に委ねる発想である。そして

決定事項は組織に強いられ、入念につくられたプランニング・システム、予算システム、管理システムを通してその進捗状況はモニターされることになる[194]」。つまり、この前提条件は社員を戦略形成の従属的な役割にとどめているばかりではなく、同時に部外者がこのプロセスに関与することも実質不可能にしている。ただし、アンドルーズは役員会メンバーを例外としており、彼らは戦略を見直す必要があると述べている[12][13][14]。またこのことは、デザイン・スクールが抱える大きな課題の一面にすぎない。つまり、デザイン・スクールは外部環境が果たすはずの役割を自ら抑制してしまっているという課題である。したがって外部環境に目を向けても、結局は積極的な相互関係をもつことがあまりないのである。

❸ **戦略形成モデルは簡潔であって、形式ばったものであってはならない**

ハーバード・テキストの序文に、アンドルーズの「企業戦略という考え方は、単純な実務者の論理からできている。言うなれば、誰にでも頭の中で考えつくようなものだ[83]」という引用がある。この考え方の背景には、緻密さや形式化はモデルの本質を損ねてしまう、という信念が存在する。この第三の前提条件は、実は第二の前提条件、すなわち戦略形成が1人の人間の中で完結するからこそ実行のプロセスがシンプルになる、ということと深く関係する[83]。しかし、この点と第一の前提条件を加味して考えた結果、アンドルーズは、「無意識の閃き」(アントレプレナー・スクール)と「形式的な分析」(プランニング・スクールと特にポジショニング・スクール)との間に、デザイン・スクールを「判断に基づく行為」として位置づけた[83]。

❹ **戦略は独自性をもたなければならない：最も優れた戦略は、創造的プロセスから生まれる[83]**

前述のように、大切なのは普遍的な状況の捉え方ではなく、ある特定の状況の把握である。したがって、それぞれの個別のケースに応じて戦略はカスタマイズされなければならない。その結果デザイン・スクールでは、戦略の実質的な中身に関する言及はあまりなく、むしろそれを開発するにあたってどのようなプロセスを踏むべきかにフォーカスしている。しかもこのプロセスは、何よりも「創造的な行為」でなければならず、卓越したコンピタンスが必要なのだ[83]。

❺デザイン・プロセスは、パースペクティブとして完全に策定されたときに完了する

　デザイン・スクールは、「実行」の最中にも、また「実行」が終了した後でも「戦略策定」が継続すると捉える漸進的な考え方や、創発的戦略といったものを歓迎しない。デザイン・スクールにとっては、グランド戦略となる全体像をつかむことが必要であり、ビジネス全体のコンセプトが見えてこなければならないのだ。言い換えれば、進化論的な戦略形成の考え方ではなく、バイブルとなるような考え方が求められている。つまり、戦略はグランド・コンセプトであり、また究極の選択なのだ。将来的なパースペクティブとしてわれわれの前に現れ、やがて完全に形どられ、最後に実行を待つのである。

❻戦略は明快でなければならない、ゆえに簡潔でなければならない[83]

　アンドルーズをはじめ、デザイン・スクールを取り上げてきた著者たちは、まず戦略とは、それを考案する者にとって明快でなければならないとしている。そしてさらに、組織の他のメンバーにも理解される戦略が望ましいと述べている。要するに、簡潔であるべきだということである。「簡潔であることこそが、良質な芸術の本質である」とアンドルーズは書いている。「戦略の概念は、複雑な組織に簡潔さをもたらす」[83]のである。

❼独自性をもち、完全かつ明快、そして簡潔な戦略が策定されてはじめて、戦略が実行可能となる

　すでにわれわれはデザイン・スクールにおいて、戦略策定とその実行との間に、はっきりとした境界線があることを指摘した。診断に続いて処方、そして行動、という古典的な合理性の概念と同様に、デザイン・スクールは思考と行動をはっきり分けているのだ。ここでは、組織構造は戦略に従うという前提条件が確認できる。新しい戦略が策定されるたびに、体制を含む組織全体も生まれ変わるということである。アンドルーズはこう書いている。「戦略が明らかにされるまでは、適性な組織構造を具体化することはできない」[83]。

　もしこのスクールのイメージを感覚的に捉えようとするならば、**THINK**（考えよ）という言葉が書かれた表示板の下で、礼儀正しく座っているトーマス・ワトソン・Jr.の有名な写真がある。1940年代後半、この写真の何千枚ものコ

ピーが当時のIBM社員に配られたそうである。

マイケル・ポーターの「戦略家としてのCEO」

（ポーター【397】より）

　組織で中心となる戦略家は、リーダー、つまり、CEOでなければならない。多くのビジネス思考がエンパワーメントを、多くの人を押さえつけ巻き込む概念である、と強調している。これは重要なことであるが、エンパワーメントや巻き込みによって選択的行動がとられる訳ではない。成功を手にするために、組織は自ら進んで選択し、トレードオフをはっきりさせる非常に強力なリーダーをもたなければならない。真に良い戦略と真に強力なリーダーとの間には、すばらしい関係が存在するものだ。

　リーダーが戦略を発明しなければならないということではない。あらゆる組織がある地点において、これまで誰もしようとしない未知の行為を誰かが予測して、重要な創造的行為を行う必要に迫られるものだ。リーダーの中には、こうしたことが得意な人もいるが、可能性はあまねくあるわけではない。リーダーにとってもっと重要なことは、何年もの間維持してきた独自のポジションを守るために、規律や繋ぎ止める何かを用意することである。

　これは別な見方をすれば、リーダーはトレードオフの監視人でなければならないということだ。どんな組織でも、従業員からの提案、顧客からの問い合わせ、サプライヤーからの売り込みなど、毎日もの凄い量のアイデアを受け取っているはずだ。こうしたインプットすべて、あるいは99％は、組織の戦略とはつじつまのあわないものだからだ。

　偉大なリーダーたちは、トレードオフを執行することができる。「サウスウエストで機内食を提供できれば凄いことだが、そうなれば、ローコスト戦略には適合しないだろう。さらに、そうすることは、まるでユナイテッドのように見えてしまうし、ユナイテッドもわれわれが機内食を提供するのと全く同様のサービスをしているように見えてしまう」。同時に、偉大なリーダーたちは、戦略に関して言えば、柔軟性がないわけでも、受け身的にしかできないわけでもないということを理解している。それは企業というものが、継続的に能力を高

めていく何かをもっているものであり、それゆえ明確で持続的な方向にこだわる一方で、危機感を醸成したり、進捗状況をモニターできるからなのだ。

　リーダーというものは、すべての人が戦略を理解できるようにしなければならない。戦略はトップにいる人たちだけが理解する神秘的なビジョンのように考えられてきたが、その考えが戦略の最も基本的な目的を踏みにじるのだ。というのは、戦略とは日々組織で行われている非常に多くのことに意味をもたせ活気づかせること。また、同じ基本的な指示のもとで、こうしたものごとすべてが整然と並んでいるかどうかを明確にすることにあるからだ。

　もし組織に属する人々が、企業がどのように差異があると見られているのかを理解しないならば、また、ライバルに比べてどのように異なる価値を生み出すものかを理解しないならば、数限りなくある選択肢の中からどのように選択することができるだろうか。さもなければ、戦略を知っているべきすべてのセールスマンは、誰を訪問すべきかがわからないだろう。エンジニアは戦略を理解していなければならないし、そうでなければ何もつくり出すことなどできないだろう。

　わたしが知っている最高のCEOとは教師であり、彼らが教えるコアが戦略なのである。彼らは、従業員、サプライヤー、顧客のところに出向き、「これがわたしの言いたいことだ、これがわたしの言いたいことだ」と繰り返す。そうすれば皆がそれを理解する。これがまさにリーダーたちが行うことだ。優秀な企業では、戦略が結果を生み出す根源となる。なぜなら、戦略は差別化に関するものだからだ。あなたが本当に凄い戦略を手にしたなら、人々の心に火がつくであろう。「われわれは他の航空会社とは違う。まさに世界に新たな何かをもたらすのだ」と。

デザイン・スクールの批評

　組織をニッチなポジションに置く戦略は、時としてそのパースペクティブを狭めてしまう可能性がある。戦略形成に関しては、それがデザイン・スクール自体に起きてしまったようだ。すでに述べたようにデザイン・スクール・モデ

ルの前提条件の中には、戦略形成の重要な側面をいくつか否定しているものがある。たとえば、戦略の漸進的進化、創発的戦略、既存の組織構造が戦略に及ぼす影響、そして最高経営責任者以外のプロセスへの関与、といったものである。そこでこの批評を通し、われわれはこのような短所に触れながら、いかにこれらがデザイン・スクールのパースペクティブを狭めてしまっているかに着目していく。

　ここで1つだけ念押ししておこう。デザイン・スクールの提唱者の中には、われわれが関係文献を額面通りに解釈しすぎていると反論する者がいるかもしれない。簡潔な**フレームワーク**を意図し、規範的なステップに沿って提示された**モデル**を、バラバラに分解して批評するのは、不公平であると非難されるかもしれない。しかし、どちらの意見も同じ仮説に基づくとわれわれは考えている。その仮説とは、戦略形成において意識的な思考が中心的役割を担い、必然的に思考が実行に先立つということだ。同様に、組織は考える人と実行する人を分ける必要があるとしている。デザイン・スクールが今まで戦略マネジメントの啓蒙活動やその実践において、あるいは、プランニング・スクールや特にポジショニング・スクールに対して与えてきた影響を考慮し、われわれはこの批評を長めに書き記す。というのは、今でも影響を与えていることは言うまでもないが、これがあまり認識されていないのも事実だからだ。

●　　強みと弱みの評価：学習することを回避する

　ここでのコメントは、核となるあるテーマに基づいている。すなわち、デザイン・スクールは思考から行動を独立させ、戦略形成を**学習**プロセスとしてではなく、**コンセプト構想**のプロセスとして位置づけている、というテーマである。このことは、戦略策定プロセスの基本的なステップである強みと弱みの評価によって、はっきり確認することができる。

　では、組織はいったいどのようにしてその強みと弱みを**知る**ことができるのだろうか？　デザイン・スクールは、これを分析に基づく考察、評価、判断によって明確に提示している。つまり、意識的思考を声に出して表現し、また紙面に文字として表すことによって明らかにしている。役員がテーブルを囲んでいるシーンをイメージしてほしい。学生が授業中にケース・スタディを討議す

るのと同じように、そのテーブルでは、組織の強み・弱みや卓越したコンピタンスが討議されているのだ。そうしてはじめて、戦略をデザインするための準備が整うわけである。しかし、組織のコンピタンスとは、それほどはっきりしているものだろうか？　状況、時間、あるいはその適用方法によって違いがあるはずだ。言い方を変えれば、組織はその強みをテストする前に、どうしてそれが強みだと断言できるのだろうか？

　戦略を変えることは、必ず何か新しい経験をもたらすことになる。未知の世界に足を踏み入れ、何らかのリスクを負うことを意味する。したがってどんな組織でも、確立したコンピタンスが強みとなるか弱みとなるかは、確証がもてないのだ。こんな話がある。小売部門の多角化の一貫としてあるスーパー・マーケットのチェーン店が、これまで行ってきた食料品販売のオペレーションを適用できそうなディスカウント・ストアを始めたが、結局うまくいかなかった。一方で、表面上はまったく相容れないように見えるファストフード店を始めたら、大盛況で驚いたという。スーパー・マーケットとディスカウント・ストア・ビジネスでは、商品の陳列方法、顧客の店内での動線や購買パターンなどが類似しているために、販売スタイルの違いや商品の陳腐化のスピードなどの、マーチャンダイジング上の小さく見えて実は大きな差異に気づくことができなかったのだ。一方、ファストフード店は様相こそ異なるが実は明快で、鮮度が問われる商品を、効率のよい流通チェーンに乗せて供給するという点で、スーパー・マーケットと同じだったのである。[345]

　ここでわれわれが強調したいのは、どうやって企業はこのような強みや弱みを事前に把握することができるようになるか、という点である。「われわれはいったいどんなビジネスの中にいるのか」という本質は、単に机上の作業だけで捉えることはできない。むしろ、さまざまなテストや経験を通して明らかにされていくのである。そして経験を踏まえた結論として言えることは、意外と強みと呼べる範囲は狭く、また弱みは予想以上に広い範囲に及ぶということなのである。

　これは、買収による多角化を試みようとするときに最も顕著に表れる。当然、重要な強みと弱みの評価をせずに多角化に着手する企業はない。しかし、一般誌や研究発表に掲載されている多くの事例を見ると、経営の多角化はとりわけ

学習プロセスであるとされている。特に企業の買収プロセスにおいては、企業はさまざまな試行錯誤を繰り返しながら、最終的に何が自社にとって最も効果的なのかを判断（判断できない場合もある）していくのである。[306][408]

●──組織は戦略に従う……右足が出ると左足が続くように

デザイン・スクールは、「組織構造は戦略に従うべきであり、戦略によって決定されるものである[81]」という、チャンドラーが最初に言い出した格言的考え方を取り入れている。しかし戦略を変えたからといって、業務を中断してまで組織をつくり変えられるだろうか？　外部環境と同様に過去も大切である。そして組織構造とは、ほとんどが過去に規定されるのだ。戦略は組織構造に優先しなければならないとする主張は、ひいては戦略がその組織において深く浸透している、すでに確立された能力に優先するものでなければならないということでもある。図2-1が表す通り、この能力は、戦略策定プロセス時にインプットされるものであり、その組織の強みの１つである。組織構造は柔軟でなければならないが、組織のリーダーが新しい戦略を考えたからといって、簡単に修正できるものではない。それでも断固としてこの信念を貫いてしまったがために、泣きを見た組織は数知れない。実際の商品や顧客と向かい合わずに、オフィスの片隅で戦略を練り上げるのは、あまりにも無謀である。

そこでわれわれは次のように結論づける。右足に続いて左足を出しながら歩くときのように、組織は戦略に従うものである。つまり、戦略を展開し組織構造を設計することは、どちらも組織をサポートすることになる。同時に、戦略と組織は、互いに支えるものでもある。それが、一方が来れば必ずもう一方が続くという意味だ。例外は組織が新たなポジションに飛び込もうとするときで、この際は両足が一緒に動く。要するに戦略形成は、断続的なプロセスではなく、統合されたシステムなのだ。

> 「戦略家たちは、実際の商品や顧客に向かい合うことが必要だ」

●──明確な戦略を打ち出す：柔軟性を排除する

ひとたび戦略が考案されると、次にモデルは戦略の明確化を促す。コリスとルクスタッドが尋ねたように「自分の会社の戦略を35字以内に要約できるだろ

うか」[94]。明確にできないということは考えが曖昧だという証拠、あるいは何かしら政治的な動機が働いているとみなされる。しかしこの他にも、戦略を明確にできないもっと大きな要因が存在する。そしてそれはデザイン・スクールの前提条件をも揺るがすのである。

　戦略を明確化するには、戦略家(ストラテジスト)は重大な疑問をほぼすべて解明した上で、到達点をしっかりと見据えていなければならない。しかし、組織は不確実な状況にも対応しなければならない。では「戦略がすでに明確にされている中で」、企業はどのようにして「変わりゆく環境に対応していくこと」が可能となるのか[13]？

　われわれの組織に対する考え方は、組織とは、戦略と一緒に機能するだけではなく、時として長期にわたる戦略形成の途中過程でも機能しなければならないということだ。ジェームズ・ブライアン・クインは次のように指摘した。「マネジャーが社内の決裁事項、外部環境の変化、行動責任と権限の関係、技術や情報のニーズ、そして知的水準の高い競争相手の行動をすべて把握し、完璧なタイミングでこれらをオーケストラの指揮者のように統合して調整することはまず不可能である」[407]。不確実な状況が続くときに危険なのは、明確な戦略がないことではなく、むしろ「早まって結論を出すこと」である。

　また、たとえ不確実性が減ったとしても、戦略を明確化することに伴う危険を認識する必要はある。明確な戦略は、方向性を絞り込むための競走馬の目隠しのような役割を発揮するため、周囲の状況がまったく見えなくなってしまう危険性がある。したがって戦略を変える必要性が生じても、これに気づかない可能性も出てくる。別な言い方をすれば、戦略家(ストラテジスト)は、たとえ現在に対して確信をもっていても、その確信をずっと持ち続けられるわけではないのである。戦略が明確になればなるほど、戦略は、戦略家(ストラテジスト)の頭の中や組織の慣習の中に深く埋め込まれてしまう。実際、認知心理学の研究によると、戦略を明確に表現しようということは、たとえば第三者に、自分が何をどのようにしようと考えているのかということを語るだけのことなのだが、それにより戦略が深く意識の中に刻み込まれ、後にこれを変更しようとすると抵抗が生ずるという（キースラーの実験結果より）[246]。

　要するに戦略は、調査したり、調整したり、推進するためには、たしかに明

確にされることが必要だ。しかし問題となるのは、戦略を明確にする時期、方法、そして明確にする必要のないときとはいつなのか、を判断することである。デザイン・スクールは、こういった点を見過ごしてしまっているのだ。

●───戦略策定と実行を分ける：思考と行動の分断

　戦略の策定と実行の二分法は、それがきっちりとしたタイトなモデルであっても、ルーズなフレームワークであっても、デザイン・スクールの核をなす。実は二分されていることが、教室でのケース・スタディ学習には好都合である。なぜなら、学生たちは実行が伴わなくても戦略を策定することができるからである。前の晩に予習した20ページあまりの資料をもとに、学生たちは外部環境を評価し、組織の卓越したコンピタンスを把握し、戦略の代替案を策定し、その上どの戦略を選択すべきかを1時間前後で討議できてしまうからだ。「形式的かつ分析的な戦略の概念に基づく秩序ある教室での演習」を通して、また「データの選択と収集にフォーカスすることによって」、学生たちは「状況に応じた最も本質的な問いかけ」ができるように教え込まれる、とハーバード・ビジネス・スクールのテキストの執筆者の1人であり、さらに同大学院でケース・スタディを教える著名な先生の1人は主張している。

　しかし、会社の短い説明資料を読んだだけで、その会社の製品を手にしたこともなく、顧客に会ったこともなければ、工場を訪ねたこともない学生にいったい何がわかるのだろうか？　こうした活動こそが「本質的な問いかけ」をするために必要なデータとなるのではないのか？

　ケース・スタディ・メソッドは、たしかに教室という場に幅広い経験を記述的に持ち込む強力な手段ではある。しかし、戦略の処方箋を創るために、つまり戦略はこう**創られるべきだ**というプロセスを教えてしまうのは、危険なことである。もしケース・スタディを学ぶことによってマネジャーたちが、戦略を創るには資料に囲まれたオフィスにいて考えればよいのだ、という印象をもってしまったとしたら、そして、自分たちが戦略を**策定**し、戦略は誰か他の人間が**実行する**ことだと思ってしまったとしたら、それは、彼らにとっても、彼らが属する組織にとっても卓越したコンピタンスを踏みにじる可能性があり、大変有害なことだ。

有名なハーバード出身のMBAであるロバート・マクナマラが国防長官のときに、軍事戦略に関するアプローチを次のように披露した。「まず国家の外交政策を定め、この政策を実現するための軍事戦略を策定する。そしてこれを実行するための軍備を整える」[454]。彼は、まさにこれをベトナムで実行したが、「データの選択と並べ替え」に際して「形式的かつ分析的であれ」ということにあまりにも執着してしまった。その結末は惨憺たるものだった。このようなアプローチが失敗に終わるということは、ベトナムの水田に立てば明々白々なことだった。

コンサルティングの世界でも同じことが起きている。ここでもデザイン・スクール・モデルは、あまりにも都合のよすぎるツールとなってしまった。学生たちのケース・スタディ同様、組織の外にいる人間が企業のSWOT分析を容易に複数手がけることができてしまう。トリゴーとジマーマンの2人のコンサルタントによる有名な書物には、次のように記されている。「戦略の設定には、2カ月という期間枠の中で通算4〜5稼働日を要する。見直しには2〜3稼働日が必要であり、1年後には戦略のアップデートが必要だ」[480]。「これは難しすぎる、自分たちのことは自分たちでちゃんとやってくれ。組織をくまなく見回し、試行錯誤しながら自分たちの卓越したコンピタンスを突き止めなさい。いろいろな人たちを巻き込んでいけば、いずれ効果的な戦略を思いつくかもしれない。私たちが、あなたたちに代わってできることではない」などと言ってしまったのでは、コンサルタントは商売にならないのである。

> 「組織をくまなく見回し、試行錯誤する。いろいろな人たちを巻き込んでいく」

ところが、ヒルとウェストブルックが手がけた1997年の調査結果に基づけば、状況がかなり変化してきたことがわかる。調査対象となった50あまりの企業のうち、「20社以上が計14社にのぼるコンサルティング会社を使いながら、SWOT分析を取り入れていた」。しかし「いずれの企業も、SWOT分析の結果を後の戦略プロセスに活用していなかった」[207]。この調査結果の報告書は"SWOT Analysis: It's Time for a Product Recall!"(「SWOT分析:リコールをかけるときがやってきた!」)とまで題されている。

では、「考えてから行動する」ことが本当にベストなのだろうか? 特にこの考える人が想像上のヒエラルキーの頂点にいる場合はどうであろう? あるい

は、どこかのコンサルティング会社に属し、あくせくしながら実行する者を見下しているような人ならどうだろうか？　「現場で動く者と旗を振る者」という組織のあり方、それは高い教育を受けた力強いリーダーがオフィスに座って考える、ということなのだが、それでどれほど現実的なニーズを捉えることができるのだろうか？

　仮にデザイン・スクールのモデルが、戦略というものをもっと単純化するようリーダーたちに働きかけ、「概要だけ教えてくれれば戦略は導き出せる」という印象を与えたり、また戦略形成が長く緻密で難しい学習プロセスであることを否定したり、さらには、思考と行動を分けて考えるようにマネジャーたちに働きかけた結果、彼らは本社にいるだけで、工場に出向いたり、顧客と会ったりという本当の情報収集を怠るようになっていたら、もしそれらのことが事実だとするならば、今日ある多くの組織が直面している重大な問題の根本原因は、デザイン・スクールだということなのだ。

　ケース・スタディ・メソッドに対して批判的なハーバードの教授スターリング・リビングストンは、かつて"The Myth of the Well-Educated Manager"（「教育レベルの高いマネジャーの神話」）と題した論文にこう記している。「実践の伴わないマネジメント教育は、経験に比例して成長することができないマネジャーを育ててしまう」[276]。

「マーケティング近視眼」の近視眼
（ミンツバーグ[338]より）

　ハーバード・ビジネス・スクールのマーケティング教授であるセオドア・レビット[269]は、1960年に「マーケティング近視眼」というタイトルの歴史的名論文を発表した。例えその論文を読んだことはなくとも、そのテーマを知らないマネジャーやプランナーを見つけることが難しいほど有名な論文だ。

　基本的なポイントは、企業は産業を広い方位で捉え、自らの事業目的を定義すべきだということだ。コトラーやシン[252]の言葉を借りれば、狭い範囲の製品あるいは技術的制約というよりは「基本的なニーズを基礎とするもの」である。

レビットが好んだ事例をあげると、鉄道会社は自らを輸送ビジネスと見るべきであったし、石油精製会社はエネルギービジネスと捉えるべきだったということだ。

　企業はあらゆる種類の可能な限りの方法で、自分自身を再定義し、アイデアに溢れた「楽しいとき」を送っていた。例を挙げれば、あるボールベアリング企業は「摩擦を減らす」という明確なミッションを創り上げた。それはビジネススクールにとってはなお一層よいことだった。ビジネスとしてチキン工場が人間のエネルギーを提供する、あるいはゴミ収集が美化に繋がるということになったらどうだろう、ということを学生たちに夢見がちに考えさせるよりももっと刺激的なやり方があるだろうか。不幸なことに、それはあまりにも安易な知的エクササイズだ。たしかに未来への展望を開く一方で、泥臭いありふれた現実世界から人々を隔離すればよいのだから。

　しかし、組織の戦略的ケイパビリティに関しての、いくつかのおぞましい野心的な仮説に繋がっていくというのは問題である。それは言わば、資源は無制限であり、あるいは十分対応可能だということだ。それゆえわれわれは、一見大真面目に描かれたジョージ・スタイナーの事例を挙げよう。それは、「御者が用いた馬の鞭製造業者が、彼らのビジネスは馬鞭をつくることではなく、四輪馬車のセルフスターターをつくることであるといったならば、彼らはいまだにその辺にいるはずだ」【469】という話だ。しかし、それを可能にするとしたら、いったい何が必要なのだろうか。これらの製品が共有するものは何もない状態、つまり材料供給はなく、技術もなくなり、製造ラインもなく、物流チャネルもないような状態で、乗り物を動かすことについて考える頭を持つ者などいない。なぜスターターが、ファンベルトやガスポンプといった論理的な製品の多角化に繋がらなかったのか？　ヘラーが言うように、「輸送用のアクセサリー、あるいは走行をガイドするシステムの中で事業の存在価値を考える代わり」になぜ、「鞭打ち」として自らのビジネスを定義してこなかったのだろうか？【367】

　なぜ、紙に書かれたクレバーな単語が、鉄道会社を航空会社にすることを可能にするというのだ。さらに付け加えれば、タクシー会社にもすることが可能だということになるのはなぜだ？　レビットは次のように書いている。「ひとたび人々の輸送へのニーズに留意しながら自身のビジネスについて真剣に考えるならば、誰もが過剰に利益を追求することが可能となる」【269】。自身の明白なコン

ピタンスを制限するものは何もない。紙に言葉を書いただけでは、企業を変革することなどできないのだ。

　レビットの意図は、マネジャーのビジョンを拡げるものであった。その点についてはたしかに彼の目的は成功したかもしれない。コトラーとシンもマーケティングの視点から論じているように、「世界の中でちっぽけな……エネルギービジネスの可能性を否定……[252]」。皮肉なことに、ポジションからパースペクティブへと戦略を再定義する効果において……レビットは実はその広義性を減らしてしまったのだ。内的なケイパビリティは失われてしまった。ただマーケティングの機会だけが問題とされたのだ。製品は重要視されなかった（鉄道会社の経営者は彼らの産業を「間違えて」定義した。というのは、彼らが顧客オリエンテッドの代わりに製品オリエンテッドだったからだ[252]）。また、製造も重要視されなかった（製造や製造ラインの行程などに特有の形、あるいは産業の現実の見方と捉えられるに違いないどんなものでさえも[252]）。しかし、市場を創ることは、本質的に製品や製造よりも重要なのだろうか。あるいはついでに言えば、研究所における高度な研究はどうなのだろうか？　組織は組織が利用可能な何らかの強みを構築しなければならないのだ。

　レビットの論文に関する批評は、ある意味では専門用語による自分たち自身の楽しい時間だった。ビジョンは直近の目的のためというよりも将来に向けたもののほうがよりよいという考えに至る「マーケティング遠視眼」の危険を指摘したり[252]、あるいは、「経験や思慮深さを超えて」明らかに狭い見方のマーケットセグメントをエスカレートさせてしまうことに繋がる「マーケティング大視症」[33]の危険への警鐘といったことだ。われわれは、シンプルに結論づけたいと思う。レビットのマーケティング近視眼に関する考えは、それ自身が近視眼であるという証明である。

　またフェルド[135]は、伝統主義的な軍事組織が正常に機能しない問題について述べた論文の中で、後方にいて計画を策定し指揮をとる司令官たちと、たとえ実戦経験を積んでいても、与えられた任務を遂行するしかない最前線にいる部隊とが、明確に区別されている点を指摘している。このことは、「司令官という立場が、軍全体がどのような状況に置かれているのかということを、常に知ら

されるよう機能する、という仮説に基づいている……そしてそのことは、軍の組織構造のヒエラルキーによって支えられている」【135】という記述もある。

　事実この仮説は、戦略策定と実行を区別する際、とても重要な意味をもつ。すなわちデータは損なわれたり歪曲されることなくヒエラルキーの上層部へ集められ、伝達されるということだ。しかしながら、この仮説はしばしば崩れ、そうなると注意深く策定された戦略も、プロセス半ばで終わってしまうことになる。

　また外部環境は、外的評価を通して簡単に把握できるものではない。外部環境は大きく、時として予期せぬ力を発揮することがある。もちろん不意に状況が変化し、予定していた戦略が無効となってしまうこともある。また外部環境があまりにも不安定で、意図していた戦略がすべて使えないことも考えられる。さらに「実行者」の視野が狭すぎて既存の方法に固執するあまり、効果的な新しい戦略を理解できず、それを拒むこともあるだろう。反対にリーダーが誰であろうと、まともな「実行者」が純粋に組織のために戦略を拒むことも考えられる。たとえば、自社の組織では計画されている戦略は実行できない、もしくは、実行しても外部環境の条件と整合性がないので失敗に終わることを、彼らが最初に気づく場合である。

　戦略策定と実行がはっきりと区別されるには、複数の仮説を成立させなければならない。まずシニア・マネジメントが現在、そしてかなり先の外部環境を理解している、もしくは外部環境を彼らに伝達する組織体制が整っていること。次に外部環境そのものが比較的安定している、ないしは予測可能な範囲内で変化していて、実行後も策定された戦略が有効であること、といった仮説である。ただし状況によっては、これらの仮説が嘘になってしまうこともある。

　不安定な、もしくは複雑な環境下では、戦略の策定と実行の区別をなくす必要がある。そこで、次のいずれかの方法が考えられる。「戦略策定者」が「実行者」となる、もしくは「実行者」が同時に「戦略策定者」になるという方法である。すなわち、思考と行動が一体となって前進しなければならない。たとえば、「思考者」がその後に続く行動を綿密に管理する場合が考えられる。これは（第5章のアントレプレナー・スクールでも検討するが）戦略を作成するために、きわめて個人化された起業家的アプローチをとったときに見られる特徴であり、

前述した通り、デザイン・スクールでは除外視されているアプローチである。反対に、ハイテク企業や病院で見られるような、1人で対応が不可能な状況下では、戦略は集合的に作成されるべきである。「実行者」が戦略を策定しながら、同時に組織が**学習していく**のである。

　この議論を通じ、思考と行動のさまざまな関係性が浮かび上がる。あるときは思考が行動の先に立って行動を導き、ひいては戦略策定と実行の二分法を、多少なりともデザイン・スクールの中で成立させる。あるいは、外部環境に大きな動きがある場合、もしくはあった直後に、思考と行動が文字どおり一体となり、「デザインする」ではなくむしろ「学習する」という概念が推進される場合もあるだろう。しかし最も一般的な構図として考えられるのは、思考と行動が互いに反応し合うというケースである。あらかじめ意図された戦略は存在するが、実現された戦略も出現する。ただし、デザイン・スクール・モデルの戦略形成と同様、「戦略策定」や「実行」という言葉の取り扱いには注意しなければならない。

　さてこの批評の結びとして、一見単純に見えるこのモデル（単にアイデアを知らしめるだけのように見えるモデル）が、実はそうでもないことに触れておきたい。組織やリーダーたちの能力に関する大胆な仮説を含んでおり、多くのありふれた状況下ではすべて、あるいはかなりの部分が崩れてしまう可能性を含んだ仮説である。それはもしかすると、デザイン概念そのものに問題があるのかもしれない。英語では、デザインという言葉は名詞にもなれば動詞にもなる。**デザインする**というプロセスを経て**デザイン**が生まれる。ここで言うデザイン・スクールは、製品ではなく、あくまでもプロセスに焦点を当てている。しかし同時に製品とプロセスは本質的にはつなげられるものと考えられてきた。そして、戦略とはグランド・デザインであり、したがって全体を俯瞰できる優秀なデザイナーが求められているのである。

　残念ながら、戦略の真実を突き止める最善の道標はない。むしろ道標などまったくないと言ったほうがいいだろう。そして本書を読み進めていくと、デザイン・スクールの限定的な前提条件に対する疑問を抱く根拠が次々と明るみになるはずである。もちろん他のスクールの前提条

> 「戦略とはグランド・デザインであり、したがって全体を俯瞰できる優秀なデザイナーが求められているのである」

件についても同じことが言える。

デザイン・スクールの文脈と功績

　前述の批評は、デザイン・スクールの存在を否定することが目的ではない。戦略を作成する際、デザイン・スクールがあたかも最善策の代名詞となっている、その普遍性に関する仮説に、われわれの疑問を投じたのだ。特に、不安定かつ複雑な状況下においてさえも、総合的状況の事前学習が戦略形成にとって必要不可欠なことだとする点には、強く反論したい。また現場でのオペレーションを表面的にしか理解していないのにもかかわらず、デザイン・モデルを適用する傾向があることにも反論したい。

　われわれは、組織がデザイン・スクール・モデルに傾倒するには、次の4つの条件が必要だと考える。

❶**原則的には1人の頭脳で戦略形成に必要な情報を処理することができること**
　組織のグランド・デザインが必要なことがある。このとき、全体を取りまとめる能力の高い最高経営責任者がいれば、戦略をデザインするというプロセスを1人で担うことは可能である。ただし、比較的簡単な状況に限ってであり、また1人の頭脳で理解できる範囲内でなければならない。

❷**1人の頭脳がその状況を、完全に、詳細に、そして深く理解することができること**
　その組織と組織が置かれた状況に対して十分に関与し、また経験をもつことによって、知識を集約させることが可能になる。それにより、1人の戦略家(ストラテジスト)が本当に**深いところ**で何が起きているのかを理解することができるのだ。さらに言えば、戦略家(ストラテジスト)が本当にその組織を**知る**ためには、その組織の**中**にいなければならないのである。IBMのワトソンの"THINK（考えよ）"というイメージの他に、野原で花を摘む風景の下に"FEEL！（感じなさい！）"と書かれたものもあったほうがいいだろう。

　ところが、ケース・スタディはまったく逆のことを教えている。ほとんど状況を把握していない場合でも、素早い対応を促すのがケース・スタディであ

る。残念ながら、現実も同じである。孤独な最高経営責任者は、簡単な報告書を片手にもち、非常勤コンサルタントたちは「応急処置」を施し、また四半期ごとに、儀式として役員会を開催していることが何よりの証拠である。

本来ならデザイン・スクールは、豊富で深い知識をゆっくりと培ってきた戦略家(ストラテジスト)を望んでいるのである。

❸**新たに意図された戦略を実行する前に、必要な知識がそろっていなければならない。そして、状況は比較的安定しているか、少なくとも予期できるものであること**

戦略家(ストラテジスト)は、必要としている知識のデータベースにアクセスできなければならず、さらにこのデータベースは、完結していなければならない。個人の学習が完了しなければ、組織としての行動は開始できないのである。つまり戦略家(ストラテジスト)は、戦略実行後のはるか先まで影響を与える、意図された戦略のパースペクティブを考えるための知識を、どこかの段階で確保しなければならないのだ。もう少し簡単に言うと、世界が静止したままでなければならないということだ。さもなければ、戦略家(ストラテジスト)が今後訪れる変化を予言する能力をもたなければならない、ということだ。もちろん、そんなことは誰にできようか。世界は戦略作成に関する、ある特定の見解に歩調を合わせる必要などどこにもないのだ。そこでわれわれはこう締めくくる。世界が歩調を合わせてくれるときに限って、デザイン・スクール・モデルは有効であると。

❹**組織は、その中枢部が表明した戦略に足並みをそろえる準備がなされなければならない**

組織のメンバーは、中枢部にいる戦略家(ストラテジスト)に対してしたがう姿勢が必要であり、さらに、中枢部が決定した戦略を実行する時間とエネルギーと資源をもっていなければならない。そしてもちろん何よりも、実行する意思がなければならない。

以上の条件を通して、デザイン・スクールが最も適応する文脈、言うなればその特有なニッチが見えてくる。それは組織が大がかりな再編、すなわち**戦略概念の再構築**を必要としている文脈である。そして、少なくとも次の2つの条件が満たされていなければならない。まず、既存の戦略が効力を失うような大

きな状況変化が起きていることである。そして次に、戦略の新しい概念をサポートする、わずかでも安定の兆しが見えていなければならない。つまり、**デザイン・スクール・モデルを適用するベスト・タイミングとは、組織の重大な変化の分岐点である。そしてそれは、状況の変動が収まり、オペレーションが安定に向かおうとする時期である**。当然、才気溢れる新しい経営陣であれば、状況変化が起きていないにもかかわらず、もっとよい戦略を実行しようとする。しかし、これはしばしば道に迷う結果となる。必要なのは、**才気ある**経営陣ではなく、**思慮深い経営陣**である。

デザイン・スクール・モデルを適応できる文脈がもう1つある。それは、まったく新しい組織が発足した場合である。手ごわい競合と競うためには、明確な方向性をもたなければならない（あるいは、競合他社の影響を直接受けないニッチなポジションに組織を置くこともできる）。この場合、**初期の戦略概念**は、ビジョンをもった起業家、つまり最初に組織をつくり上げた創設者から生まれる。そうした意味では、デザイン・スクールはよりアントレプレナー・スクールに近いところにあるだろう（アントレプレナー・スクールは、形式ばらない、いわゆる「直感的」なプロセスを取り入れている）。起業家が初期の戦略概念に集中している間、ミッションや目的は戦略プロセスから独立していなければならない、というハムブリックとフレドリクソンの主張【175】は、たしかに筋が通っているように思われるが、複雑でより多様な組織においては戦略の実践をそのようには論じられないだろう。

最後に、デザイン・**モデル**は非難しても、デザイン・**スクール**の存在は残すようにしなければならないとわれわれは考えている。モデルにはその適用にあたって制限があり、多くの場合、単純化されすぎる傾向にあるが、このスクールの「アイデアを知らしめる」という功績は偉大である。デザイン・スクールは、グランド戦略を論議するにあたって大切なキーワードを開発してきたし、また戦略マネジメント分野における規範の基礎をなす中心的概念も提供してきた。これは、特に外的可能性と内的能力の適合を戦略に反映させる意味においてである【491】。アンドルーズと彼の同僚たちによって表された、適合というもともとの概念は、特に、適合を動的な調整のプロセスに変えようとする研究者たちによって進化し続ける【517】。こうしてデザイン・スクールは、まず組織と環境の整合性

を固める方向に向かう活動として戦略を捉えている人々に影響を及ぼすし、及ぼし続けるだろう[492]。以上の重要な功績は、仮にデザイン・スクール・モデル特有の前提条件が崩れても、決して消え去ることはないのである。

Chapter 3
THE PLANNING SCHOOL:
strategy formation as a formal process

第**3**章

プランニング・スクール
［形式的策定プロセスとしての戦略形成］

プランニング・スクールへの監訳者ツアーガイド

　1960年代にデザイン・スクールとほぼ同時期に出現したプランニング・スクールの中心テーマは、「形式化」にある。その基本的モデルでは、SWOT分析に始まり、時間軸と組織のヒエラルキーに沿って、目標・予算・プログラムに関する運用プランに落とし込まれていく。デザイン・スクール同様、戦略作成は実行と切り離されるが、デザイン・スクールのようにトップ・マネジメントが戦略計画の主体ではなく、専門のプランナー、すなわち企画スタッフが主導権を持つ。

　プランニング・スクールの形式的な手続き、形式的なトレーニング、形式的な分析、そして数量データを重視し、さまざまなチェックリストと分析技法を駆使するやり方は、1970年代から80年代にかけて、そのプロセスの明快さと使い勝手ゆえに日本においても爆発的な流行となった。しかし、形式的プランニングへの過度の依存により、重大な問題が生じるようになっていった。つまり、戦略の中身に関する十分な議論のないままに、形式的なプランニング・プロセスに沿って経営計画を長期・中期計画、そして年度計画へと機械的に落とし込んでいく作業の戦略上の危険性が、認識されるようになったのだ。しかしながら、日本の大企業においては、この化石的とも言える形式的なプランニング・プロセスを踏襲している企業が、いまだに存在する。特に行政をも含む官僚的な組織においては、戦略なきプランを戦略と呼んでいるが、形式化を最優先するあまり中身を問題にすることがまったくできていない。これは、形式化を捨てることへの自らの立場上の不安と、中身そのものを考えるスキルと方法論を持ち得ないからとも言える。

　いずれにしてもプラスの意味での功績は、企業がある規模を超え安定成長を目指す際に、共通のプラット・フォームを作り上げる点にあり、戦略的コントロールの視

点からは、その必要となる時と場合が完全に否定される訳ではない。ただし、革命的な変革期や既存事業とは異なる新規事業を模索・展開する際には、今までの延長線上にリニアに線を引き延ばすだけでは、戦略には決してなりえない。要するに、変革の時期にあっては「形式化」に頼り過ぎてはならないのだ。共通のプラット・フォームができた後には、もう一度それを破壊する勇気を持たなければ、企業の飛躍はあり得ない。

　こうした形式化の限界を打破するために、シナリオ・プランニングやリアル・オプションの考え方が重要性を帯びてきた。シナリオ・プランニングは、複数のシナリオを考えることから、直面するイシューを明確にし、より良い意思決定を行うために役立つ。しかし将来を切り開くという意味では有益だが、取り組むべきシナリオがどれなのかということに対しては、意思決定の場面での評価軸がないため、そこに答えはない。そこで、リアル・オプションという手法に手を伸ばすようになった。リアル・オプションとは不確実性の高い事業環境下で、実物資産やプロジェクトを評価するための考え方であり、金融工学のオプション理論を応用したものである。戦略的選択にあたっての意思決定をサポートするが、実事業では金融ビジネスと異なり、オプションの判断が人間に大きく依存してしまう。したがって、適用範囲が限定され、まだまだその手法は発展途上にある理論と言える。とはいえ、戦略に内在する将来の不確実性とリスクをどう捉えるのかということを深く考えさせてくれる。

　シナリオ・プランニングやリアル・オプションからわれわれが学ぶべきことは、その豊富な分析手法ではない。その根本に流れる考え方は、世界を再認識すること、与えられた課題の前提条件を問い直すこと、そして現実を見る見方を変えること、つまり目線を上げることである。そして、目線を上げたプランナーの能力こそ、想定不可能な最悪の事態の可能性を議論し、リスクに対する準備を怠らないことに使われるべきだ。「想定できないことを想定する」こと、このことが事業戦略、ひいては国家戦略にとっても重要性が高いということを忘れてはいけない。

「暖かいベッドの中で寝ていたら、突然、計画の一部になっていた」
ウディ・アレン (映画『ウディ・アレンの影と霧』の中で)

●

　1970年代、学術誌やビジネス雑誌には、形式ばった「戦略計画」の素晴らしさを絶賛する記事が、文字どおり何千と溢れていた。ともかくマネジャーたちの頭に、このプロセスは不可欠なものであり、何かとても現代的、進歩的で、もっと時間さえあれば取り組みたいという焦燥感を植えつけたのだから、ある意味で大変な成功を収めたと言える。

　プランニング・スクールの主旨は、大規模な政府事業と同様に、企業の管理者教育やビッグ・ビジネスにおける、あらゆるトレンドにぴったり合うものであった。すなわち、形式的な手順、形式的なトレーニング、形式的な分析、おびただしい数量データなどである。戦略とは、最高経営者に直結した専門化された戦略計画部門で、高度な教育を受けたプランナーの精鋭たちによって導かれるものとされた。「戦略マネジメント」と銘打ったセミナーや会議の出現が、こうした動きを象徴し、活性化させていった。

　プランニング・スクールは、デザイン・スクールと同時期に出現している。このスクールで最も強い影響力をもつアンゾフの『企業戦略論』[15]と、ハーバード・グループのテキストは、どちらも1965年に出版されている。しかしその運命は、デザイン・スクールとはかなり異なっていた。1970年代には、戦略マネジメントの実践に強い影響力を及ぼすまでに発展したにもかかわらず、重大な欠陥があったために、次第にその勢いは衰えていった。今日では、まったく存在感がないとまでは言わないまでも、過去の栄光の影をかすかに残しているにすぎない。

　プランニング・スクールの問題は、戦略計画に関する論文が、数の上では劇的に増えていったが、質的にはほとんど向上しなかったという点にある。デザイン・スクールの基本的モデルに根ざす一連の基本概念が、果てしなく異口同音に繰り返されていたにすぎない。プランニングに熱狂する人たちはこれらの概念を布教するだけでなく、組織はある種の拠り所としてプランニングに従事

し、プランニングをしないことによる「落とし穴」についても啓蒙したのである。そして何よりも問題視したのは、シニア・マネジャーたちが、戦略計画にまったく注意を払わなかったことである。期待以上にもてはやされる可能性はまったくなかったということだ。

ほとんどの熱狂者たちにとっては、プランニングは単なる戦略形成の方法ではなく、宣教師の熱意をもって布教すべき、いわば宗教のようなものになっていたのである。同時に、プランニングが実際のところ、実践でどのように有効なのかを検証する調査はほとんど行われていない。ピーター・ローランジは、「企業戦略に関する、長期的で形式的なプロセスにおける実証的調査の検討」【277】を試みたが、引用された経験的実証的調査は30にも満たず、そのほとんどの調査票は、プランニングは役に立つという仮説を証明しようと、強引に設定されたものであった。このスクールの関係者たちは、戦略計画に関する綿密な調査など、ほとんどすることはなかった。

この章では、まず戦略計画の基本モデルから話を始め、プランニング・スクールの主な前提条件を概説する。次に、最近の新しい動向について触れ、われわれの批評を加えた上で、最後にこのスクールの置かれた文脈と功績を評価する。

戦略計画の基本モデル

戦略計画のモデルは何百もある。この分野のテキストや名の通った「戦略」コンサルティング会社は、それぞれのモデルをもっている。しかし、基本的な考え方はほとんど同じである。SWOT分析モデルから始まり、それをきちんとしたステップに落とし込み、それぞれにたくさんのチェックリストと分析技法をつけ加える。最初の目標設定と最後の予算および実施プランの仕上げに関しては、細心の注意を払っている。そしてもちろん、全体の流れを示すチャートが少なくとも1つはある。図3-1はジョージ・スタイナーのテキスト、*Top Management Planning*（『トップ・マネジメントのためのプランニング』【468】）に載っているサマリーチャートである。各主要ステップに沿って見てみよう。

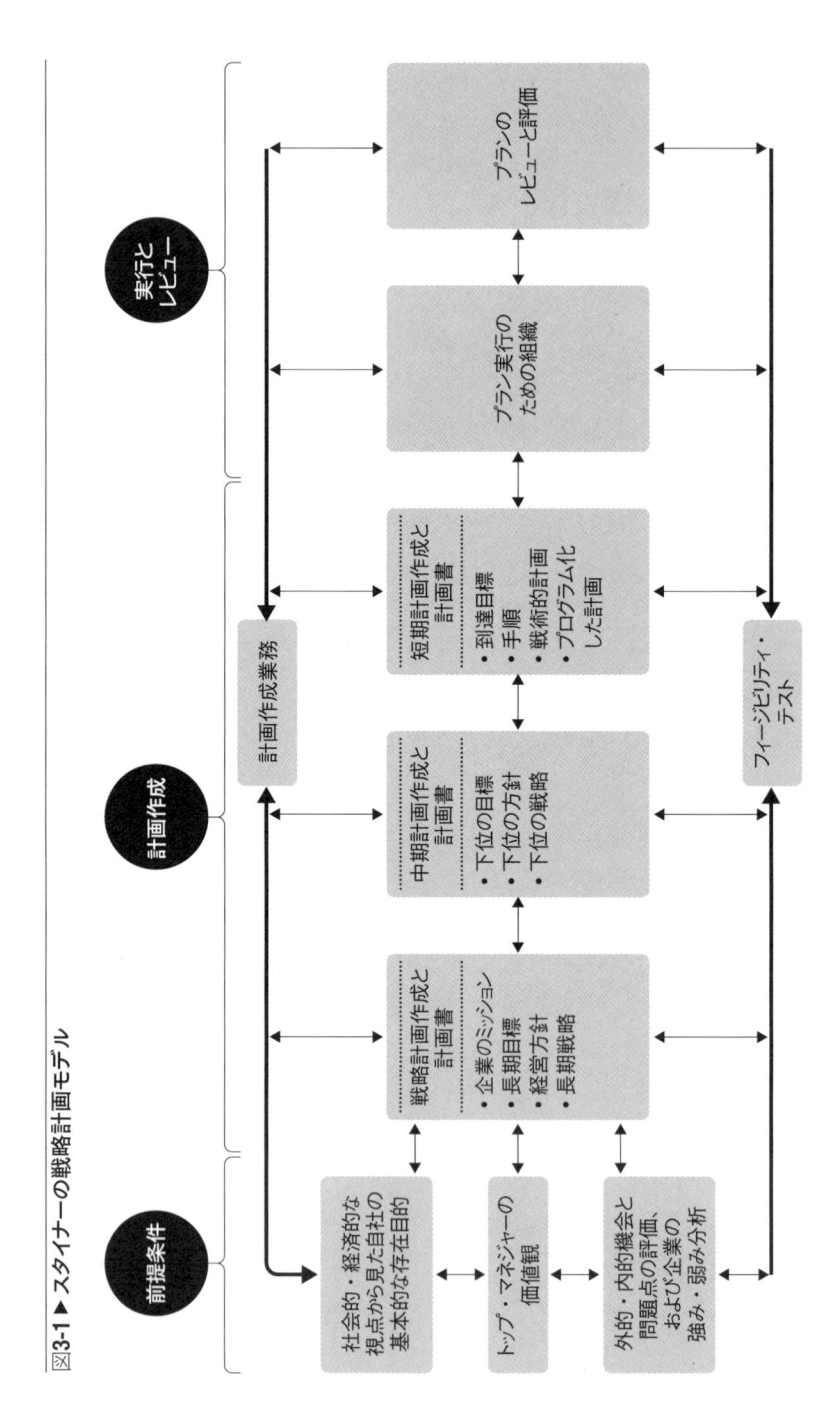

図3-1 ▶ スタイナーの戦略計画モデル

前提条件
- 社会的・経済的な視点から見た自社の基本的な存在目的
- トップ・マネジャーの価値観
- 外的・内的機会と問題点の評価、および企業の強み・弱み分析

計画作成

計画作成業務

戦略計画作成と計画書
- 企業のミッション
- 長期目標
- 経営方針
- 長期戦略

中期計画作成と計画書
- 下位の目標
- 下位の方針
- 下位の戦略

短期計画作成と計画書
- 到達目標
- 手順
- 戦術的計画
- プログラム化した計画

フィージビリティ・テスト

実行とレビュー

プラン実行のための組織

プランのレビューと評価

出典：Reprinted with the permission of The Free Press, a Division of Simon & Schuster Adult Publishing Group, from *TOP MANAGEMENT PLANNING* by George A. Steiner. Copyright © 1969 by the Trustees of Columbia University in the City of New York. All rights reserved.

●──── 目標設定ステージ

　デザイン・スクールでは価値について考えたが、その代わりにプランニング・スクールの提唱者たちは、組織の目標を詳細に具体化し、可能な限り数値化するという広範にわたる手順を開発した（**目標**は通常、数値目標で示される）。残念なことにここで大きな混乱が起きてしまった。シェンデルとホッファーは、有名な *Strategic Management*（『戦略マネジメント』）の中で、「目標と戦略策定を分けるモデルと、2つを結びつけるモデル」の相違について論じている。[431] ところで、目標と戦略を分けようとするのはいつもプランニング・スクールであり、デザイン・スクールではまずあり得ない。しかし、著名なプランニングの著者であるアンゾフ[15]でさえ、「製品ラインの拡大」や「合併」を目標に含め、また同様に優秀なピーター・ローランジ[278]が**目標**という言葉を戦略の意味に使うようなことをしているため、説得性に欠けている。(i) 価値または目標は、デザイン・スクールの誰もが指摘しているように、形式化しにくいものである。しかし、戦略計画と言われるもののほとんどが、コントロールの手段として目標の数値化を行っている。

●──── 外的監査ステージ

　目標が設定されると、続く2つの段階は、デザイン・スクールのモデルと同様、組織の外的および内的状況の評価である。計画にあたっては形式を重んじるため、ここでは監査と呼ぶ。

　組織の外的環境監査の重要な要素は、将来の状況に関するさまざまな予測である。プランナーは、いつもそのような予測に心を奪われていた。というのは、環境はコントロールできないとしても、予測ができないということは、すなわちプランできないということを意味するからである。そのため、「予測し、準備する[3]」ことがこのスクールのモットーとなった。考えられるあらゆる外的要因を網羅できる莫大なチェックリストがつくられ、分析技法も移動平均などのような単純なものからかなり複雑なものまで、数多く開発された。特に、最近になって人気を博しているのはシナリオ構築法である。これは、組織の将来の状況に関していくつかの状況を仮定し、組み立てようとするものだ。しかし、

1980年代になると、1980年にマイケル・ポーターが発表した『競争の戦略』（次章で触れる）の影響で、関心は業界または競合分析へと移っていった。

●———内的監査ステージ

　プランニング・スクールのアプローチでは首尾一貫していることだが、強みと弱みの分析においても、同じく徹底的な分解が行われる。しかし、**卓越したコンピタンス**を評価するということが必然的に主観的判断を伴うため、形式化された分析技法の代わりに、より簡潔なチェックリストや、さまざまな種類の表を使わざるを得なかった。ジェリネックとアマルが「チェックリストによる企業戦略」と呼んでいるものがこれにあたる。[225]

●———戦略評価ステージ

　戦略評価のプロセスでは、その内容や条件が綿密に吟味されるため、その分析・評価技法は豊富にある。それは、初期の単純な投資利益率（ROI）の評価方法から、最近の「競合戦略価値評価」「リスク分析」「価値曲線」や、「株主価値」算出に関連したさまざまな方法など、多岐にわたっている。その呼称からも明らかなように、ほとんどは財務分析関連の技法である。企業の「価値創造」という言葉がプランニングでよく使われるようになったが、企業の時価と簿価の比較や株式による資本調達コストなどがここに関連する。この前提になっているのは、企業は資金を管理することによって収益をあげているという考え方である。ここで、デザイン・スクールと同様に、この評価ステージのもとにある考え方を再確認しておこう。このステージにおいて戦略は、ある特定の時点で評価されたり開発されるというより、むしろ**戦略の輪郭が明確にされる**のである。それも1つではなく複数の戦略が明確化され、それぞれの評価の結果、1つの代替案が選ばれるのである。

●———戦略運用ステージ

　ほとんどのモデルは、このステージにくると非常に細部に入っていく。プランニング・プロセスは、制約の多い戦略策定が突然終わり、あたかも風洞の出口から、実行という開かれた空間へと加速していくかのようである。しかし、

実際のプロセスはまったく逆である。つまり、戦略策定のプロセスというのは、果てしなく想像力を膨らませるような、多岐に広がる自由なプロセスでなければならず、実行とはもっと幅を狭めて、新たな戦略を運用化の枠にはめるように、1点に集中していくプロセスである。しかし、プランニングでは形式化を重んじるために、戦略の策定プロセスが厳しく制限されてしまう。その反面実行においては、どこまでも広がっていく組織の階層の下で、分解、創意工夫、合理化が自由に行われるのである。それゆえ「プランニング」と「コントロール」とは密接に関係するのである。

分解作業こそ、このステージの主役である。スタイナーは、「実行を成功させるには、戦略すべてを次の下位の戦略に具体化されなければならない[469]」と書いている。そのため、戦略を運用するにはあらゆるレベル、あらゆる期間を想定したさまざまな階層を生み出す。通常は5年ほどの長期経営「戦略」計画がまずあり、その下に中期計画、その計画に基づいた次年度の短期実行計画が続く。この流れに並行し、組織構造の階層にしたがって、目標の階層、予算の階層、戦略の階層（たとえば、企業全体、事業別、機能部門別など）、そしてアクション・プログラムの階層まである。

最後に、すべての作業、つまり目標、予算、戦略、プログラムなどがまとめられて運用プラン、いわゆる「マスタープラン」ができあがるのである。図3-2に示されたスタンフォード研究所の有名な計画システムのように、当然ながらこれはかなり緻密な作業になりうる。

運用化に至るここまでのすべての作業が**プランニング**と呼ばれているが、その意図するところは**コントロール**であることが多い。すなわち、予算、次の下位の目標、運用プラン、アクション・プログラムを実施していくときには、それぞれのプランが部局、部門、支社または個人といった、企業の明確に区分された枠組みの中にあてはめられていくのである。

> 「『プランニング』と『コントロール』とは密接に関係している」

●──プロセス全体のスケジュール化

プランニング・プロセスの各ステップだけでなく、実行スケジュールもプログラムに組み込む必要がある。スタイナーは1979年に発表した本の中で、彼

図3-2 ▶ スタンフォード研究所の計画システム

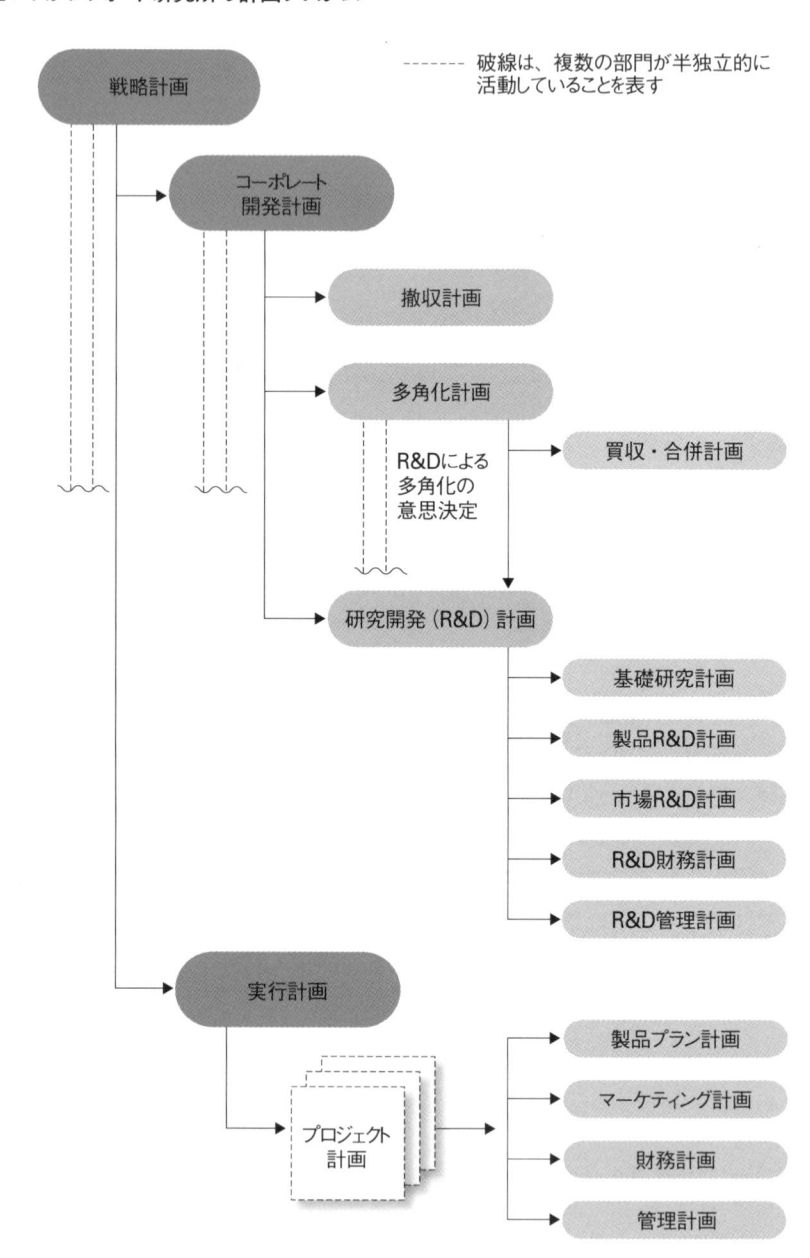

```
コーポレートマネジメントの管轄
    戦略計画
        └→ コーポレート開発計画
                ├→ 撤収計画
                ├→ 多角化計画
                │       │ R&Dによる多角化の意思決定
                │       └→ 買収・合併計画
                └→ 研究開発（R&D）計画
                        ├→ 基礎研究計画
                        ├→ 製品R&D計画
                        ├→ 市場R&D計画
                        ├→ R&D財務計画
                        └→ R&D管理計画

実行マネジメントの管轄
    実行計画
        └→ プロジェクト計画
                ├→ 製品プラン計画
                ├→ マーケティング計画
                ├→ 財務計画
                └→ 管理計画
```

破線は、複数の部門が半独立的に活動していることを表す

出典：Figure Courtesy of SRI International

の提唱する全体モデルの前に、「プランのためのプラン」と呼ぶ最初のステップをつけ加えている。図3-3は1980年当時、戦略計画を代表する企業として名高かったゼネラル・エレクトリックが使っていたプロセスである（プランニング担当責任者の話に基づいている）。1年は1月3日に始まり、12月6日に終わる。また、ローランジとバンスイルは他の多角化した多国籍企業のプランニングについて、「トップ・マネジメントは、6月中旬までに企業の戦略と目標を明確にした方針を仕上げている」[279]と書いている。経営幹部たちが6月14日の午後11時にテーブルを囲み、戦略を仕上げようと躍起になっている姿が目に浮かぶようである。

階層の整理

　すべてを統合すると戦略計画の総合モデルが完成する。しかし、そのモデルから分解したステップ以上の効果が期待できるだろうか。図3-4に、主な要素と、目標、予算、戦略、プログラムの4つの階層を示した。真ん中に1本太い線が引かれている。というのは、プランニングには「大きな分水嶺」が存在すると考えられるからである。

　片側には**アクション・プランニング（行動計画作成）**というタイトルの下に戦略とプログラムがあり、こちらは行動を促すために、事前に意思決定を行う部分である。反対側は**パフォーマンス・コントロール（目標・予算管理）**というタイトルの下に予算と目標があり、事後に行動の成果を評価する部分である。

　完璧なモデルでは、目標が戦略策定を促し、戦略からプログラムが生まれ、プログラムの成果がコントロールのための予算を左右する。すなわち、大きな分水嶺を超えて調整が行われるのである。しかし、問題はこのような関連づけが実際に行われているかどうかである。「戦略計画」が、実行側ではおざなりな「数字の打ち込み」として、アクション側ではその場限りの意思決定としての資本支出予算編成に終わってはいないだろうか。

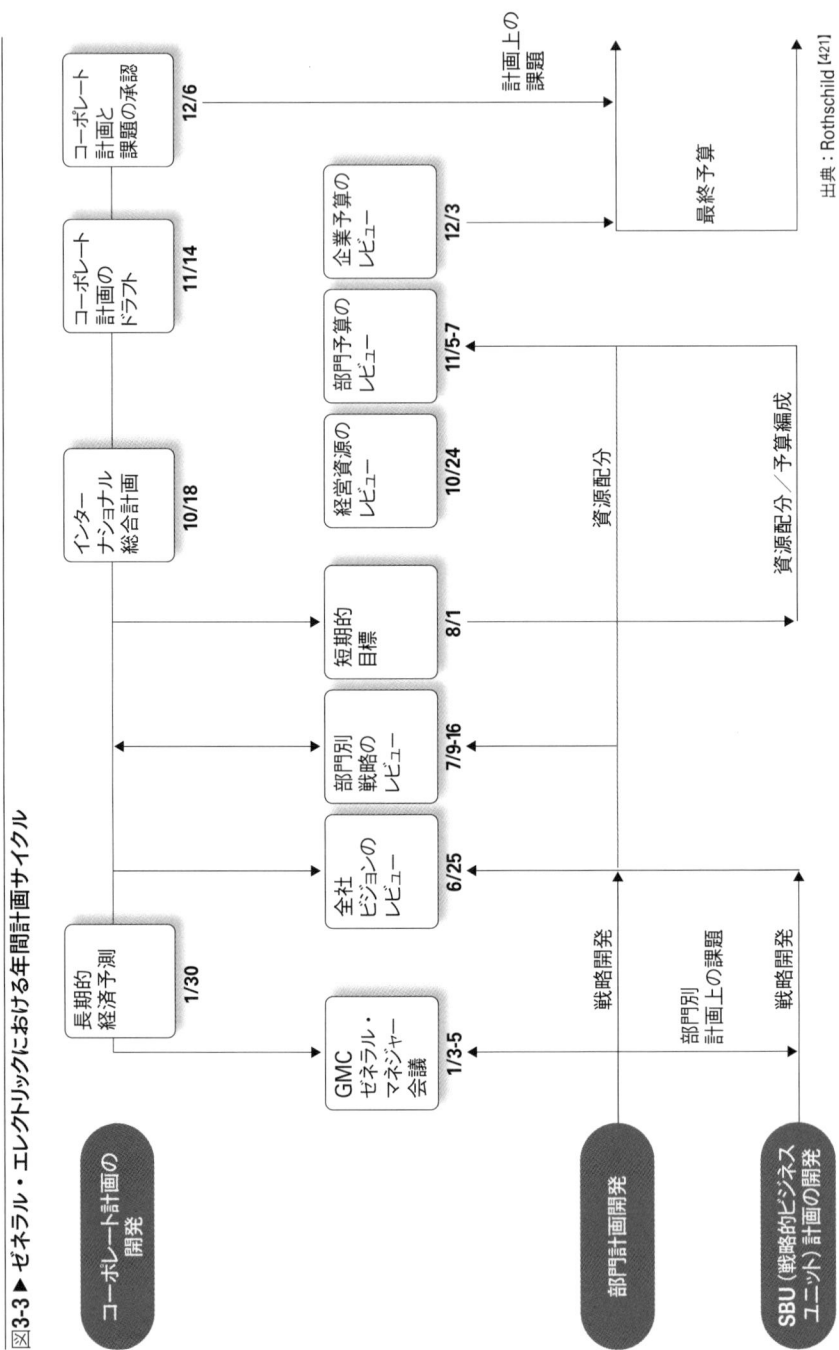

図3-3 ▶ ゼネラル・エレクトリックにおける年間計画サイクル

日付	コーポレート計画の開発	部門計画開発	SBU（戦略的ビジネスユニット計画の開発）
1/30	長期的経済予測		
1/3-5	GMCゼネラル・マネジャー会議	戦略開発 部門別計画上の課題 戦略開発	
6/25	全社ビジョンのレビュー		
7/9-16	部門別戦略のレビュー		
8/1	短期的目標		
10/18	インターナショナル総合計画		
10/24	経営資源のレビュー	資源配分	資源配分／予算編成
11/5-7	部門予算のレビュー		
11/14	コーポレート計画のドラフト		
12/3	企業予算のレビュー		最終予算
12/6	コーポレート計画と課題の承認	計画上の課題	

出典：Rothschild [421]

第3章●プランニング・スクール　067

図3-4 ▶ 戦略計画の4つの階層

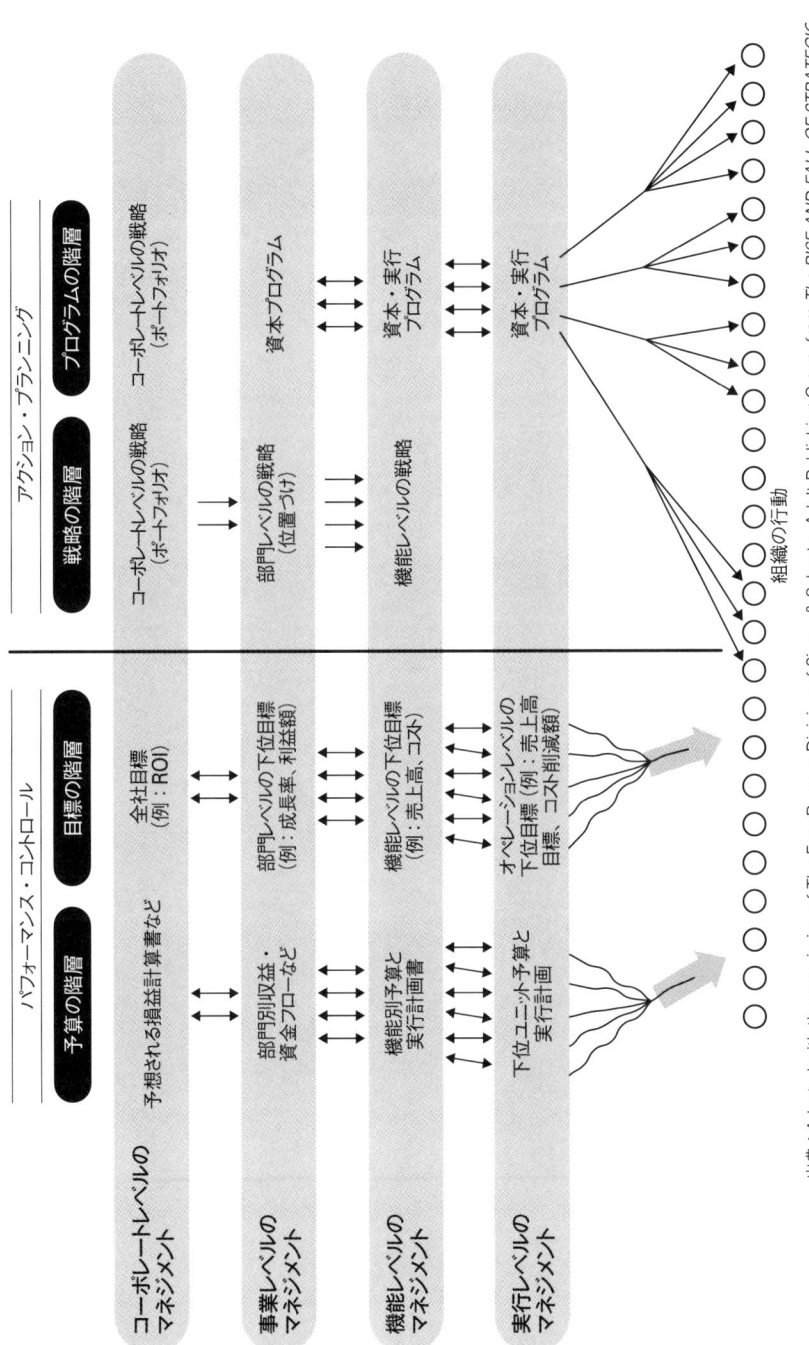

	パフォーマンス・コントロール		アクション・プランニング	
	予算の階層	**目標の階層**	**戦略の階層**	**プログラムの階層**
コーポレートレベルのマネジメント	予想される損益計算書など	全社目標（例：ROI）	コーポレートレベルの戦略（ポートフォリオ）	コーポレートレベルの戦略（ポートフォリオ）
事業レベルのマネジメント	部門別収益・資金フローなど	部門レベルの下位目標（例：成長率、利益率）	部門レベルの戦略（位置づけ）	資本プログラム
機能レベルのマネジメント	機能別予算と実行計画書	機能レベルの下位目標（例：売上高、コスト）	機能レベルの戦略	資本・実行プログラム
実行レベルのマネジメント	下位ユニット予算と実行計画	オペレーションレベルの下位目標（例：売上高、コスト、目標、コスト削減額）		資本・実行プログラム

組織の行動

出典：Adapted with the permission of The Free Press, a Division of Simon & Schuster Adult Publishing Group, from *The RISE AND FALL OF STRATEGIC PLANNING: Reconceiving Roles of Planning, Plans, Planners* by Henry Mintzberg. Copyright © 1994 by Henry Mintzberg. All rights reserved.

プランニング・スクールの前提条件

　プランニング・スクールではデザイン・スクールの前提条件をほとんど受け入れており、受け入れていない前提はわずかである。しかし、それが大きな違いを生み出している。最初に、これまで見てきた通りモデルは同じである。しかし、その実施は非常に形式的で、ほとんど機械的なプログラムのようである。そのために、デザイン・スクールでは単純で形式ばらないモデルであったものが、精巧に考えられ、理路整然としたステップに変わるのである。

　その根底にあるのは、機械的な仮説にある。つまり、指示通りにそれぞれの構成要素を出し、それらを青写真にしたがって組み立てれば、製品（戦略）が自動的にできあがるというものだ。別な言い方をすれば、分析が統合をもたらすということだ。ジェリネックの言葉を借りれば次のようになる。彼女はテキサス・インスツルメンツで戦略計画を研究し、現代のプランナーによる戦略プログラム化と、その100年ほど前のフレデリック・テイラーと「効率追求型の専門家」たちが追求した、工場生産作業のプログラム化を比較して、「イノベーション」は「制度化」できる、としているのである。

　この他にデザイン・スクールの前提条件と異なっているのは、原則として最高経営責任者（CEO）は戦略の建築家（アーキテクト）として残っているが、実際のところはこの建築家（アーキテクト）が戦略プランを設計するのではなく、むしろ承認を与える役割を担っていることだ。つまり、プランニングはプランナーのすることであり、このスクールの考え方では、プランナーこそがプロセスの中での主役なのである。そのためにある論文では、「重要項目、"特別な"重要項目のみにトップ・マネジメントを巻き込む」ことを、プランナーたちに執拗に促している。たとえば、鉄鋼企業であれば、１年間に４日だけトップ・マネジメントを拘束すればよい！という具合である。[376]

　これほど分解や形式化が強調されるのは、最もオペレーショナルな活動、特にスケジュール化、プログラム化、予算編成に関心が集まるからである。一方で、戦略を創造することそのものはまったく問題にされない。結果的に戦略計画は、戦略とはほとんど関係のない、パフォーマンスをコントロールするため

の「数字のゲーム」になりがちなのである。

プランニング・スクールの前提条件をまとめてみよう。

❶戦略は形式的なプランニングの、コントロールされた意思的なプロセスから生まれ、さらに独立した明確なステップに分解される。それぞれのステップはチェックリストによって詳細が明らかになり、さまざまな分析技法によってサポートされている。
❷原則としてプロセス全体に対する責任は、最高経営責任者（CEO）にある。しかし、実際には実行段階の責任は、プランナーにある。
❸このプロセスを通じて戦略は完成し、明確になる。それはさらに、目標、予算、プログラムなど、さまざまな運用プランに注意深く落とし込まれ、実行される。

最近の新しい動き

このスクールに関する論文は、上に挙げたようなモデルを中心に展開しているが、同じ前提条件ではあっても応用により重きを置いたものも開発されている。ここでは、特に3つ、シナリオ・プランニング、リアル・オプション、戦略コントロールについて手短かに検討する。また、プランナーの役割についての意見を要約する（その他の手法、ステークホルダー・プランニングとカルチャー・プランニングについては、それぞれパワー・スクール、カルチャー・スクールで触れる）。

●───シナリオ・プランニング

ポーターの言葉を引用すれば、**シナリオ**は「戦略家の兵器庫」にある「武器」[393]である。それは、将来を予測することが不可能ならば、さまざまな場合を想定して自由に発想すればよい。そうすれば正しいものに当たるかもしれない、という仮説の上に成り立っている。

ピエール・ワックが、ロイヤル・ダッチ・シェルで行ったシナリオ・プランニングの論文を書いてから、このシナリオ・プランニングにかなりの関心が寄[496]

せられた。シェルは1973年の石油価格の高騰を、シナリオ・プランニングを活用して予想したのだ（必ずしも時期は合っていないが）。ワックは、手法の複雑さと微妙な点を紹介したが、この手法では単なる形式的な分析よりも判断力が重要視されている。彼の言葉を借りれば、「数字よりむしろ洞察力」が鍵となる。【496】

プランナーには時間的制約がある。最も起こりそうな未来図を網羅しながらも、文字どおり管理可能な数にシナリオを抑えなければならない。そこで問題となるのは、いったいそれらのシナリオをどう扱ったらよいかということだ。最も起こりそうなもの、最も利益につながるものに賭けるのか、あるいはいくつかのシナリオを両天秤にかけておいて、うまく柔軟性を残しつつ、最後に1つのシナリオを実現させることが可能なのか。【393】またマネジメントに対して、シナリオを使ってどのような最善策をとるべきか説得する必要も生まれる。この点にワックはかなり注意を払っている。マネジャーの世界観を変えることは、実際にシナリオを構築することより「はるかに難しい問題」【496】である。しかし、努力してみる価値はある。

> 「シナリオ構築では、マネジャーは共通認識をもたなければならない」

世界が変化していくとき、マネジャーは新しい世界に対して共通認識をもたなければならない。さもなければ、バラバラな戦略的決定は無秩序な状態を生み出す。シナリオは組織全体に対して、この共通認識、つまり新たな現実に関する共通の理解を表現し、伝える機能をもつ。【496】

また、シナリオは視野を広げるものである。たとえシナリオが完璧に適合しなくとも、シナリオ・プランニングの試みは創造的活動を刺激するものと捉えられる。その点でシナリオ構築は、プランニングそのものというよりは、せいぜい**プランナー**のスキルに関する話である。それは、シナリオ・プランニングの効果が、戦略作成プロセスを形式化するというよりはむしろ、経営者のプランニング能力を向上させるものだからだ。ローレンス・ウィルキンソンは、次ページの囲みで、シナリオ・プランニングについてさらに詳細に検討している。

シナリオの構築方法
──不確実な時代の「いつか起こる大爆発」に備えるためのプランニング
（ウィルキンソン【509】からの抜粋）

　不確実な状況の最中に、意思決定を手助けしてくれる何かがあれば助かる。そうしたツールの1つが、シナリオ・プランニングである。大きくて難しい意思決定をより効果的に行うために、シナリオ・プランニングを使う企業幹部は非常に増えている。それは何も偉い人たちのものではない。というのも、シナリオ・プランニングは、同じように個人的レベルでも役に立つものだからである。

　シナリオ・プランニングでは、将来をどのようにたぐり出すのかを正確に知ることは不可能なことであるが、優れた意思決定あるいは採用すべき戦略は、可能性のある将来をいくらか上手くたぐり出してくれると考えられている。「しっかりした」戦略を見つけるために、シナリオ・プランニングは、何種類かつくられる。それぞれのシナリオは明らかに他のものとは異なっている。こうした一連のシナリオは、本質的に、特別に、将来に関するストーリーを組み立てるが、それぞれが、いつか、われわれが暮らしたり仕事をしたりするに違いない、はっきりしていてもっともらしい世界を形づくる。

　しかし、シナリオ・プランニングの目的は、将来に起こることを正確に描き出すことではなく、異なる方向に将来を向かわせる大きな影響力を強調することにある。それは、そうした影響力を可視化することであり、その力が働いているのなら、プランナーは少なくともそれらをちゃんと認識するはずだ。それはまた、今日ではより優れた意思決定を手助けしてくれるものでもある。

　こうしたことはすべてがやや難解に聞こえるかもしれないが、わたしのパートナーであるピーター・シュワルツは、「シナリオ作成はロケット科学ではない」とよく口にしていた。しかし彼は、1970年代にシナリオ作成の技術を発展させただけでなく、彼自身ロケット科学者でもあったのだ。

　シナリオ・プランニングは、焦点となる問題や意思決定を明確にすることから始まる。将来について語ることができる物語は無限にあるが、われわれの目的は重要であり、よりよい意思決定へと導くストーリーについて語ることである。そして、われわれは取り組みたい問題はどれかを決めてから、そのプロセ

スを始める。それは、時には、「先のソビエト連邦の前途には何があるのか？」といったやや大きな問題、「われわれは新しいオペレーティングシステムを発表すべきか？」というようなかなり特定の問題である。いずれにしてもポイントは、シナリオ作成プロセスを通して明確な問題を明らかにし、その妥当性を検証するのである。

シナリオは将来を形づくる原動力を理解する方法でもあるので、次に行うことは現在のビジネスでの根本となる「ドライビングフォース」を明らかにすることである。これらは、おおまかに４つに分類される。

❶社会的ダイナミクス

人口統計的なイシュー（10年で若者にどんな影響があるか？）。価値観、ライフスタイル、需要あるいは政治的な関心といったよりソフト・イシュー（人々はオンラインのチャットにうんざりするようになるだろうか？）。

❷経済的なイシュー

全体として、経済を形成するマクロ経済のトレンドやパワー（世界的な貿易の変動と為替レートは、集積回路の価格にどのように影響を及ぼすか？）。マクロ経済のダイナミクス（競合はどんな行動にでるか？　産業構造の大きな変化はどんなものか？）。そして、会社それ自身、あるいは内部でも起こるビジネスで働く力（われわれが必要とする熟練した従業員を見つけられるか？）。

❸政治的なイシュー

選挙（次の大統領あるいは首相はだれか？）。法律（税金の方針は変わるだろうか？）。規制（FCC［連邦通信委員会］は無線周波スペクトル［電磁波の周波数帯］を把握し損なっているのではないか？）。そして、訴訟（裁判所はマイクロソフトを分割するだろうか？）。

❹技術的なイシュー

直接的（高周波数帯域幅ワイヤレスは地上電話網に影響を及ぼすだろうか？）。使用可能性（X線印刷技術は次世代集積回路に革命をもたらすだろうか？）。間接的（バイオテクノロジーは「人体ハッキング」を容易くするだろうか、そしてエンタテインメントのこれまでの方法に匹敵するだろうか？）。

● リアル・オプション

　シナリオ・プランニングは将来を探索するという意味では有益だが、組織がどのシナリオを選択すべきかを真剣に検討する段階では不明瞭である[97]。前に進むための一番簡単な方法は、それぞれのシナリオを評価するためにSWOT分析を使うことだろう。しかし、1973年の石油危機に先だって構築されたシェルの場合のように、シナリオ・プランニングは本質的には防御的なものである。つまり、組織が脅威を精査し、弱みを減らすための段階を踏み、起こりうるチャンスに備えるといったものだ。多くのプランニングの専門家たちにとって、こうしたシナリオ・プランニングのアプローチは、受動的で厳密さに欠けている。マネジャーたちは、事態が明らかになるのを待つよりも、むしろ行動を起こすほうを望む。従って驚くことではないが、マネジャーはシナリオについて知らされるとコストベネフィットの視点から正確な効果を求めることが多いのだ。

　こうしたシナリオ・プランニングの限界を解決するために、プランニングの専門家たちは、次第に「リアル・オプション」という理論に手を伸ばすようになる。リアル・オプションとは、経営学的には金融分野のオプション理論を経営の世界に持ち込んだものである。金融市場でオプションとは、その所有者が、将来のある時点で株のような資産を売買できる価格を明記した契約である[482]。オプションの所有者は、資産を売ったり買ったりする必要はない。彼らは単に将来のある日に売買する権利をもっているにすぎないのだ。裏に隠された問題は、このオプションの所有者は、この権利がもたらす利益と比較して、権利を得るための支払いをしなければならないということだ。金融市場では、オプション所有者にとってのこの権利の価値は、検証され十分に確立された公式を用いて計算できるが、経営の世界では、これまで不可能とされてきた。

　リアル・オプションは、このロジックを経営行動に変換する。この場合のオプションは、株ではなく、投資に関するものだ[113][481]。シナリオを検証しているとき、マネジャーたちがいつも知りたがるのは、1つのシナリオを検討し、利用しようとするときに必要なのは、どの投資なのかということだ[297]。まず、投資全体の大きさを計算し、次にその投資を進めるかを決める。これまでマネジャーたち

は、行動すべてに責任をもつか、すべてを諦めるか、どちらかしかなかった。リアル・オプションはここに第三の選択肢を提供する。マネジャーたちは、責任をすべて負うことなしに、行動計画に沿って必要なオプションを購入できる。[9] たとえば、風力タービンの建設を望むエネルギー会社は、将来、風力タービンを建設することになったら、さらに支払うという約束で、土地所有者から風力タービン建設をする権利を購入することができる。また別の興味深い事例は映画業界にある。プロデューサーは、シナリオライターが脚本を完成させた時点での「初見」の保証としてフィーを払うことがある。その脚本が有望であることがわかったら、このオプションを使うことでプロデューサーは、映画化権争いで先手を取ることができるのだ。

リアル・オプション理論はプランニング・スクールでもうまく適合する。というのも、分析的で、先見的で、よくある経営上の問題に明確な答えを出す方法論を構築するからだ。しかし、この理論は実践するには難しさもある。まず、多くの経営上の意思決定では、オプションアプローチというものが受け入れ難い、ということがあげられる。たとえば、過激なイノベーションを市場導入するオプションを選択することは難しい。[149] というのは、すべてのリスクを負って市場導入するのか、あるいは、まったく何もしないのかの二者択一になるからだ。より技術的なレベルでは、リアル・オプションの評価としては、金融分野と同等なレベルで確立された方法はない。信頼できるシステムがなければ、オプションの評価は、結局のところ人間の判断の問題となってしまう。[489] 明確な投資案件や、あるいは、漸進的技術の変化に関しては、オプションの評価が信頼できることもあるが、オプションが不確実であったり急速に進化するような状況を扱うときには、天気予報並みになる。

戦略コントロール

戦略コントロールに対する関心が高まっている。それが意味するところは、戦略それ自体をコントロールすることである。組織を戦略に沿った方向に維持することであり、サイモンズはこれを「サイバネティック・ビュー」[450] と呼んでいる。われわれの見解でも述べるが、戦略計画と呼ばれるもののかなり多くが、実はこの戦略コントロールにあてはまるのである。[240] さらに戦略コントロールは、

提案された戦略を検討して採用するときの手段、と捉える考え方がある。

グールドとキャンベル[160]は、彼らの著書 Strategies and Styles: The Role of the Center in Managing Diversified Corporations（『戦略とスタイル——多角化経営戦略における中心的役割』）の中で、次に挙げるように、多岐にわたり多角化を行っている企業の本社にとって、3つの有効な戦略作成方法の1つとして戦略コントロールを挙げている。

❶戦略計画
　本社は、企業全体の利益のために、個々の事業における主要な戦略決定に関与する。このスタイルは、プランニング・スクールと最も整合性が高い。プランニング・スクールでは、企業の中枢部が調整機能として、綿密な分析にのっとり事業間の資源の調整や配分の決断を下す。

❷財政コントロール
　この方法は戦略形成の中で、中枢部や本社の関与が最も低いものとされる。責任は企業内の個々の事業に委ねられ、中枢部は主に短期的予算編成によってコントロールする。

❸戦略コントロール
　これは事業部の独立性と、企業全体の利益追求の両方を満たす混成（ハイブリッド）の方法である。戦略に対する責任はあくまでも事業部にあるが、その戦略には本社の承認が必要である。中枢部は「論理性を検証し、説得性に欠ける部分を明らかにし、戦略的思考能力を向上させるために事業部の推進を奨励し、プランニングの再検討を行う」。本社がプランと予算を承認した後[160]（財務的な目標は別の予算編成プロセスで設定される）、中枢部は市場シェアや予算などをもとに、事業部のパフォーマンスをチェック[160]する。

グールドら[162]が最近発表した論文では、多岐にわたる事業に関する戦略を「子育て」にたとえている。家庭では、親（本社）と子供（事業部）にそれぞれの異なった役割があるというものである。当然のことながら、たとえというものは必ずしも中立ではない。この場合、企業の本社が部門を統制することに対し、あるメッセージが込められている。

親は、規律をもって監督し、子供に対しアドバイスと励ましのバランスをうまく取らなければならない。また、事業部（子供）は時間の経過に伴って変化し成長するのだから、最初はうまくいっていたやり方も、成長に合わせて変えていかなければならないことを、親は認識する必要がある。事業部（子供）は物事の善悪とともに、親との関係で今、自分はどんな立場に置かれているかを知りたがるものだ。一方、親は、事業部（子供）間の対立が弱まり、和やかな関係が育つような家庭の雰囲気をつくるという、重要な役割を担うのだ。[162]

> 「親は、規律をもって監督し、子供に対しアドバイスと励ましのバランスをうまく取らなければならない」

1990年に発表された論文で、グールドとクインは「実際のところ、戦略の進行をチェックし、戦略プランが実施されているかを確認するような、系統だった明確な戦略コントロールの方法を提示している企業は、ほとんどない」[161]という証拠を明らかにした。彼らはさらに、「プランと現実の間でずれが生じた場合に、個人の活動を正すだけでなく、プランの根拠自体も検証するような、広範囲な戦略コントロールの考え方」[161]を模索した。彼らが実施した英国トップ200社の調査では、「ほんのわずかな企業（11％）だけが、このタイプの戦略コントロール・システムの採用を主張する、ということが明らかになった」。彼らはそれを「一人前の」システムと呼んでいる。[161]

しかし、これで十分と言えるだろうか。実現された戦略が、その実行フェーズにおいて成功したかどうかを評価する必要がある。そのときはじめて、結果として、計画された戦略が、実際にうまく機能したのかどうかを見極める必要が生じる。しかし、必ずしも最初から意図されていなかった戦略（すなわち創発的戦略）の実行に対する評価は、必要だろうか。

言葉を換えれば、戦略コントロールは戦略計画の枠を超えるべきなのである。戦略が効果を発揮するのに計画的である必要はない。図3-5のマトリックスに示したように、創発的戦略も効果的でありうる。その反面、計画的な戦略が実行上は完全でも、結果としては大失敗ということも多いのである。そこで問題になるのは、組織のパフォーマンスであり、プランニングのパフォーマンスではない。

戦略コントロールに関して、このアプローチ上にある最近の本の1つに、ロバート・サイモンズの『ハーバード流「21世紀経営」4つのコントロール・レバー』[451]がある。サイモンズはマネジメント・コントロール・システムを、「マネジャーが組織の活動において、そのパターンを維持、または変えるときに使う、形式的で情報に裏づけされた日常的業務とその手順」[451]と定義づけ、コントロールの4つのレバーを挙げている。それは、**信条**のシステム（組織に価値、目的、方向性を与える）[451]、**境界**のシステム（行動規範となる）、**診断型**のコントロール・システム（従来型のフィードバック・システム。「予測可能な目標を確実に達成するためのもの」[451]であり、「戦略実行の手段」[451]）。そして最後が**双方向型**のコントロール・システムである。

診断型のコントロール・システムはよく使われるものであるのに、マネジャーたちは双方向型のコントロール・システムに気をとられて、ほとんど関心を払わない、とサイモンズは書いている。双方向型のコントロール・システムは、「そのシステムの刺激によって調査や学習が盛んに行われ、組織が機会と脅威に気づいて対応しようとするところに、新たな戦略が生まれる要因があるの

図3-5 ▶ 戦略コントロール：意図された戦略の実現と成功

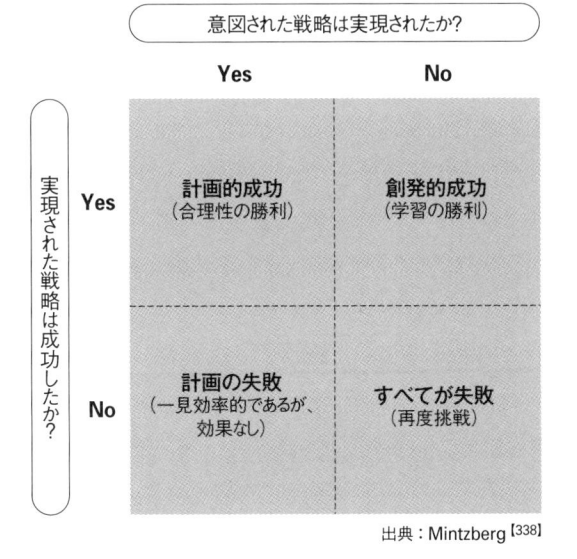

	意図された戦略は実現されたか？	
	Yes	No
実現された戦略は成功したか？ Yes	計画的成功 （合理性の勝利）	創発的成功 （学習の勝利）
実現された戦略は成功したか？ No	計画の失敗 （一見効率的であるが、効果なし）	すべてが失敗 （再度挑戦）

出典：Mintzberg [338]

だ」[451]。シニア・マネジャーも、特に注意を払いながらこのシステムの１つを選択しようとし、「部下の意思決定活動に定期的、および個人的に関わる」ためにそれを使うのである[451]。

　サイモンズは、アメリカの医薬品メーカーの30の事業を調査し、5つのシステムを挙げている。プロジェクト・マネジメント・システム、利益プランニング・システム、ブランド収益予算システム、情報システム（外部環境に関する情報の収集、供給）、人材開発システム（キャリア・プランニング、目標別管理など）である。このようなシステムが「新たな戦略を促進し、形成する」のである。

　　　このようなシステムは、行動パターンとしての戦略に関係する。事業レベルでは、フォーマルな計画書や最終目標が存在しなくとも、このようなシステムを活用しているマネジャーは、一貫性をもち、創造的な探索プロセスの指針を示すことができる。戦術的な日常の行動と創造的な実験を融合させることによって、戦略の不確実性に反応し、時間の経過とともに実現された戦略となる可能性のある、凝集性の高いパターンにそれらを変換することもできる[451]。

プランニングの予期せぬ問題

　戦略計画は1980年代はじめ、その活動が多くの企業で撤廃・縮小されるという事態に遭遇した。その最たるものが、「事実上、この手法についてのお手本となった」ゼネラル・エレクトリックの失速である[398]。

　1984年9月17日号の『ビジネス・ウィーク』誌は、特集記事でこの問題を取り上げ、「アメリカ企業の未来を10年以上にわたり、ほとんど独裁的に支配した後で、戦略的プランナーの支配に終焉のときがやってきたようだ」「プランナーたちによってでっち上げられた画期的だとされる戦略の中で、成功を収めたものはほとんどない」と同誌は力説している。『ビジネス・ウィーク』誌はこの騒ぎを、「まさにプランナーとマネジャーとの血なまぐさい戦い」と書いている[398]。そして、以前から戦略計画のノウハウを誇っていたゼネラル・エレクトリ

ックが記事の大半を占めた。

『ビジネス・ウィーク』誌にこの記事が載った1980年代のはじめに、会長兼CEOになって間もないジャック・ウェルチは、戦略計画システムの廃止に着手した。大型家電部門担当副社長は、ようやく「事業部の所有権を獲得し、プランナーの『排他的官僚主義』から事業部を取り返した」[398]と語っている。1984年には、その事業部にプランナーは1人も残っていなかった。

> 「プランナーたちによってでっち上げられた画期的だとされる戦略の中で、成功を収めたものはほとんどない」

プランニング陣営におけるトラブルの兆候はそれ以前からあった。戦略計画の最も熱心な提唱者であるイゴール・アンゾフも、『企業戦略論』を刊行してから12年後の1977年に、「戦略計画の手法は20年近くも前からあるにもかかわらず、今日いまだに多くの企業は、まったく脅威も混乱もあり得ないような、既知の事実の延長線上での推定による長期計画を、ただつくり続けている」[16]と書いている。1984年以降も問題は続いた。この章の出典になっている『戦略計画——創造的破壊の時代』でミンツバーグ[338]は、このプロセスに対するさまざまな証拠を挙げている。その中には、著名な雑誌の記事や調査から導き出された、実証的見解などがあり、それらには戦略計画は利益を生み出すことを証明しようと設計されたが、結果は決して利益など生み出さなかった、という多数の研究が紹介されている。[60][445][277][54][186][510] ウィルソンの「戦略計画7つの大罪」(次ページ)にはこのプロセスを衰退させた問題もいくつか含まれている。

このような実証に対するプランナーの反応は、純粋な信念(「プラン自体は有効でないこともあるが、プランニングのプロセスは常に不可欠なものである」[470])から、さまざまな工夫(予測、ステークホルダー分析などの精度を高めようとする努力)まで多岐にわたったが、どれも表面的に取り繕いながらよく見せようとしているにすぎない。しかし、最も一般的なプランナーの反応は、プランニングの「落とし穴」、つまり主にマネジャーのサポートの欠如と、プロセスに適した組織環境の欠如を、問題の根拠とするものであった。

戦略計画7つの大罪
(ウィルソン【510】より抜粋)

❶ **スタッフがプロセスの主導権を握った**
　自らの帝国を築いたプランニングの担当者たちは、経営陣を戦略開発プロセスから締め出し、単に承認のゴム印を押すだけの存在にした……。

❷ **プロセスがスタッフを支配した**
　プロセスの方法論が非常に複雑化し、スタッフは分析に心を奪われ、実際の戦略的洞察を忘れた……GEのジャック・ウェルチ曰く、「本はますます厚くなり、印刷もきれいになり、表紙は厚く丈夫になり、図もきれいになった」……。

❸ **プランニングのシステムは結果を生み出さないデザインとなった**
　……重大な欠陥は、戦略の遂行責任を負う経営陣の、プランニングにおける役割を否定、または縮小したことだ……。「マトリックスが戦略を決めたのだ。マトリックスの言う通り実行すればいい！」。さらに、戦略的プランニング・システムと実行システムは乖離しており、活動に反映されない戦略ができあがった。

❹ **プランニングは中核事業の発展を犠牲にし、合併、買収、撤退劇に目を奪われた**
　これは時流から生まれた問題だが、プランニングのツールを不的確に使った結果でもある……。

❺ **プランニング・プロセスは真の戦略的な選択肢を生まなかった**
　……プランナーと経営陣は戦略的意思決定を下す前に、代替戦略の模索やより深い分析には努力を払おうともしなかった。その結果、企業は選択というよりもむしろ怠慢によって、「満足させる」戦略にすぐ飛びついた

❻ **プランニングは戦略が満たすべき組織的、文化的な要件を軽視した**
　……プロセスが外的環境に注目するのは正しいが、実行段階に重要な組織の内的環境を軽視した。

❼ **リストラクチャリングと不確実性の時代に、単一的予測をプランニングの根拠とするのは不適切である**

> ……多くの企業は依然として、過去のトレンドを焼き直しした一通りの予測に頼りがちである。戦略シナリオを基にし、不足の事態を予想したプランニングは習慣ではなく、例外的にしか行われない。「モメンタム戦略」の継続を助長する……。

　しかし、実は戦略計画ほどマネジャーの注意を惹きつけたテクニックはなかったのである。それに、ある種の戦略作成のためには、プランニングにとって困難な環境のほうがいいとは考えられないだろうか。プランニングにとって快適な環境は、戦略作成にとって必ずしも効果的と言えるであろうか。

　これまで見てきたように、上層部の指示にしたがうミドル・マネジャーだけでなく、このプロセスに直接的に関与することの少ないトップ・マネジメントにとってさえも、プランニングの行為自体が、戦略作成への主体性を阻害するものである。その証拠にマネジャーが、例年通りのアニュアル・プランの書式に必要事項を書き終えるという儀式を終えた後に、「非常に楽しかった。また来年が楽しみだ」などというのを聞いたことがあろうか。

　プランはその性質上、柔軟性を排除するよう設計される。明確な方向を示すことで組織に安定性をもたらすからだ。たとえ、プランニング・プロセス自体は漸進的な変化や短期的な方向づけを好んだとしてもだ。プランニングは、組織の**既存**のカテゴリー、たとえば既存の企業、事業、機能別戦略や、既存の組織構造ユニット（プロセス全体がその上に構築される）などに沿って行われる。そのため、本来は戦略的変化に伴って変化するはずのカテゴリーの変更は、不可能となる。もちろん組織は、カテゴリー間の管理も行う。たとえば、事業横断型タスクフォースの創設などである。しかしカテゴリーが崩れると、戦略形成を形式化した（すなわち計画された）プロセスとする考え方も崩れてくるのである。そこで、ハーバード大学のオペレーション・マネジメントの教授、ロバート・ヘイズの結論に到達する。「ライン・マネジャーは戦略計画の機能**不全**だけではなく、戦略計画の**適正な**機能面についてまで不満を言う」[194]。

戦略計画に関する誤った考え

　専門家とは、重大な誤りに導く多くの落とし穴をすべて回避するにはどうしたらよいかを熟知している人物である、と定義することができる。これから戦略計画に関するこれまでの誤った考えを3つ検討していくが、その3つはわれわれの頭の中で混ざり合って1つの大きな誤解となる。まず、われわれの批評が**プラン**ニングではなく、**戦略**計画に関するものであることをおことわりしておきたい。すなわち、**戦略**それ自体はしっかり構成された形式的なプロセスにおいてつくられるものだという考え方に対しての誤りである（プランニングそれ自体は、組織において別の面で有効な機能を果たすのである）。

●────事前決定の誤り

　戦略計画に従事するためには、組織は環境がどう推移するのかを予測し、環境をコントロールできるようにしなければならない。さもなければ、環境は安定し続けるものと考えなければならない。そうしなければ、戦略計画を構成する普遍的な行動の道筋を規定する意味はない。

　イゴール・アンゾフは、1965年の『企業戦略論』[15]の中で、次のように書いている。「自社がたとえば、プラス・マイナス20％の精度で予測を立てられる期間を、自社の〈計画作成対象期間〉と言う」[15]。このような有名な著書であるのに、またなんと大胆な記述であろうか！　いったいどうすれば、その予測精度を予測できるのだろうか。

　予測を実証するということなどは、まったく相矛盾する話だ。たとえば季節性のような、反復するパターンの場合は予測可能かもしれないが、技術革新や物価上昇などの連続性のないものの予測は、この分野の代表的な専門家であるスピロ・マクリダキスの言葉を借りれば、「事実上、不可能」である。彼の意見によると、「不連続なことが発生したら、迅速に対応する……ための一般的な方法によって準備をしておく以外には」、「ほとんど、あるいは何も」[287]できない。そこで、プランニングにできることと言えば、現在のトレンドから推測して、一番いい状態になることを願うことくらいである。しかし、残念ながらその「一

番いい状態」にはなりにくいものだ。「2年以上を対象とする長期的な予測は、悪評通り不正確である」。[209]

「長期的な予測は、悪評通り不正確である」

戦略計画は、戦略作成後を予測する能力と、作成中の安定性を必要とする。プランニング・プロセスが進む間、世界はじっと止まっていなければならない。毎年6月15日に戦略が現れる、というあの過密スケジュールを覚えているだろうか。競合たちが16日を待っている様子が浮かぶ(特に、それほどプランニングを信用していない競合などの場合)。

反応型の戦略の場合は、予定通りに完璧な形でできあがることはない。適応性の高い組織においては、戦略は臨機応変に対応できるのである。もし戦略が、将来へのプランとして、または過去からのパターンの結果としての安定性を意味するならば、戦略作成とは、将来への予期せぬ干渉を意味することになる。

● 分離の誤り

前述したように、マリアンヌ・ジェリネックは *Institutionalizing Innovation: A Study of Organizational Learning Systems*(『革新の制度化:組織学習システムの研究』)の中で興味深い見解を示している。戦略計画は、フレデリック・テイラーが工場に対して行った作業研究と同じことを、役員室に対して行った、というのである。どちらの場合も、行動をシステム化するために、人間の特質を考慮しないようにした。「管理システムを通して、プランニングと政策策定が可能となる。それは、システムが仕事に関する知識を獲得するからであり……」したがって、「例外を含む真のマネジメントと、真の政策指導が可能となるのは、マネジメントがもはや、仕事内容の詳細にまで首を突っ込む必要などまったくなくなるからだ」。[224]つまり、システムが考えるのであれば、思考は行動から分離していなければならない。同様に、戦略はオペレーション(または「戦術」)から、戦略策定は実行から、考える人は実行する人から分離し、戦略家(ストラテジスト)は戦略の目的から離れていなければならない。言い換えれば、マネジャーは**リモート・コントロール**によって管理すべきである。

その秘訣はもちろん、適切な情報を上げさせることである。そうすればシニア・マネジャーは「上から」、「下のほうの」具体的な結論を、細々したことに巻

き込まれることなく知ることができる。そしてそれは、「ハード・データ」によって成し遂げられるものと考えられる。ハード・データとは、組織と環境に関する詳細な「事実」を定量的に集計し、すぐ使えるようにきちんとまとめているもののことである。この方法であれば、「頭」にあたる経営陣やプランナーが戦略を策定すれば、すべての「手」が実行に取りかかれるのである。

　これは危険なことに誤った考えにつながる。実態を知らないプランナーたちとともにいる孤立しているマネジャーが、それほど悪い戦略をつくるわけがない。もっとも、おそらくは戦略などまったくつくらないだろうとは思うのだが……。戦略計画の真っ最中に、ビジョンを探し求めている役員会の様子を見ていると、役員たちはプランニングに指示されたことを、実体とは無縁な状態で、ただ正確に行っているのに過ぎないことがわかる。対照的に、力のある戦略家（ストラテジスト）というのは、日常業務から自分を切り離すのではなく、逆にその中に**没頭**し、そこから戦略的な**メッセージ**を抽出することができるのである。

　ハード・データは明らかに急所をもっている。次ページの囲みに示されているように、そのようなデータはタイミングが遅く、内容が浅く、また過度に集約されすぎている。このような形式的な情報（ビジネスでは、会計報告やマーケティング調査レポート、政府機関では世論調査など）を重要視するマネジャーに、よい戦略が立てられないのはこれで説明がつくだろう。

　効果的な戦略作成は行動と思考を結びつけ、それによって実行と策定が結合する。われわれは考えてから行動し確認するが、また考えるために行動することもある。いくつか試みた後で、効果のあったものが次第にパターンとしてまとまり、それが戦略となる。まとめる能力に欠けた人の気まぐれな行動ではなく、これこそが、第7章で検討する戦略ラーニングのエッセンスである（シェルでプランニング機能を統括していたデ・グースの「学習としてのプランニング」[109]を参照）。

> 「ハード・データは明らかに急所をもっている」

　このような戦略作成は、実行が戦略策定に対し情報を与え、それまでの戦略と実行の二分割を克服することができる。前章で述べたように、策定者が実行するか、または実行者が策定しなくてはならない。これから明らかになるが、実は一方はアントレプレナー・スクールにあたり、他方はラーニン

グ・スクールになる。いずれの場合も、戦略作成のプロセスは、もっと高いインタラクティブ性をもったものとなる。そこで、いっそのこと戦略計画という言葉を一切やめて、その代わりに行動に密着した戦略的思考という話をしたほうがいいだろう。

●──形式化の誤り

実際、システムにそれが可能であろうか。スタンフォード研究所のエコノミストの表現を引用すると、戦略計画は「天才的なアントレプレナー」のプロセスを「再構築」できるのだろうか。革新は本当に制度化できるのだろうか。それにも増して、そのような分析から、必要とされる統合化を導き出せるのだろ

ハード・データの急所
（ミンツバーグの文献【338】からの引用を要約抜粋）

戦略マネジャーが、プランニング・システムに関わらなくていい、という考えの根拠は、ハード・データの信頼性に基づく。しかし、「情報技術」「戦略情報システム」「エキスパート・システム」「トータル・システム」、または「マネジメント・インフォメーション・システム」（MIS）が完備されようとも、残念ながら、そのシステムが依存するハード・データには明らかに脆弱な弱点がある。

❶ハードな情報は範囲が限られ、経済、数量以外の重要な要素を落とし、戦略作成に重要な情報の多くが欠けている。

❷ハード・データの多くは集約されすぎていて、肝要な部分まで含むかなりの情報を効果的に活用して、戦略を作成することができない。

❸「事実」が集約されるハード・データの多くは、その入手のタイミングが遅すぎて、戦略作成には活用できない。

❹最後に、驚くほど多くのハード・データは、その数字が間違っていても、いつしか「認定された数字」として受容されることがあり、信頼性に欠ける。

うか。

　戦略計画は、戦略作成の**補助**や、直感を含む自然な管理プロセスの**支援**としてではなく、戦略作成そのものであり、直感に**代わるもの**として紹介された、ということに注意する必要がある。このスクールの提唱者たちは長い間、この方法のみが戦略を構築する「唯一最善の方法」と主張してきた。しかし、この戦略計画という言葉をつくり出したフレデリック・テイラーの他に、変化を必要とするプロセスそのものを研究したプランナーはいなかった。**彼ら**の方法が最高であると、ただ信じ込んでいたのである。CEOは「戦略計画の原則を一貫して追わなかったために、戦略的思考の可能性を危険にさらし、さらに破壊することもありうる……」と、ローランジは1980年に書いているが、その論拠は何ひとつ挙げていない。

　それでは、有名な数々の戦略計画チャートに戻り、実際どのように戦略が構築されるかを説明しているボックスを探してみよう。それはたぶん見つからないだろう。というのは、実は一切説明がないのである。戦略を計画的なプロセスに沿って開発すべきと大騒ぎしていながら、天才的なアントレプレナーの思考や、ごく普通の能力がある戦略家(ストラテジスト)の思考を、どうやって再構築できるかということについては誰も説明していない。良くて、いや悪くてと言うべきか、「インプットされた情報の理解」または「洞察の付加」[288]というラベルのついたボックスを挿入しているだけである。なんともありがたいことだ！　紙に書かれたボックスにただラベルがつけられているだけなので、どうすることもできない。

　今後の章でもわかるように、調査によれば、戦略作成は人間の認知および社会的プロセスの中で、最も洗練され、微妙で、時には無意識な部分までも含む、非常に複雑なプロセスである。そのプロセスには、あらゆる情報のインプットがあり、その多くは量ではかることはできない。そして、足が地についた戦略家(ストラテジスト)にしかわからないものである。そのようなプロセスは、あらかじめ決められたスケジュールに沿って進行するのでもなければ、定められた道筋をたどるのでもない。効果的な戦略とは、必然的に創発性をもつものであり、非常に綿密な内容であったとしても、単なる思いつきとは言わないが、かといってそれほど形式的に計画されたようにも見えないものである。そして何より、突発的な出来事からの発見や、予期せぬパターンの認識など、断続的なものにおいては

学習ということが重要な役割をもつ。したがってプロセスでは、考察、創造力、そして統合化が必要となり、このどれもがプランニングの形式化にとっては、勧められない要素ばかりなのである。CEOが戦略計画の原則を忠実に守ることで、戦略的な思考の可能性をかなり危うくする、という考え方について、ローランジの意見を聞きたいところだ。

　戦略計画の失敗は形式化の失敗である。それは、生身の人間よりもシステムのほうがその任務をうまくこなせることを期待されている、という考え方に問題があったからである。不連続なものの予測、革新をもたらすための制度化、ソフトの代わりのハード・データ重視、動的な要素に対し詳細なスケジュール対応等による失敗である。形式的なシステムは、たしかにより多くの情報を消化できる。少なくともハードな情報を消化し、集め、累積し、いじりまわすことはできる。しかし、それを**吸収し、理解し、統合化する**ことはできないのである。

　形式化には何かしら奇妙なところがある。規定をする過程の中で、活動の本質をなくしてしまうのだ。人間はプロセスを要素に分解し、それぞれの手順を規定することで、そのプロセスを理解したような気持ちになってしまうが、多くの場合、その結果として形骸化が起こる。学習や革新等に関するプロセスにとって、それはある限度を超えてしまうことになる。**形式化の境界線**を図3-6に示す。

　プランナーとマネジャーはどこがその形式化の境界になるか、注意しなければならない。戦略会議において適切な人たちを参加させるために、時間と参加を形式化する必要はあるだろう。では、貴重な時間を無駄にしないために議事内容を明確にすることはどうだろうか。それはもちろん大事なことだ。討議を進める手順はどうだろうか。それでは、すべて計画通りに進めたのに戦略的思考ができなかったと気づくのは、いったいどの時点であろうか。たとえば戦略計画プロセスにおいて、9時から10時30分までは目標について話し合い、10時30分から12時に強み・弱みについて話し合う、というような分割は、創造的な討議を抑えてしまうことになる。繰り返すがこの作業の目的は、分析ではなく総合化である。ゆったりとしたプロセスを厳格なステップにはめ込もうとするのでは台無しである。

図3-6 ▶ 形式化の境界線

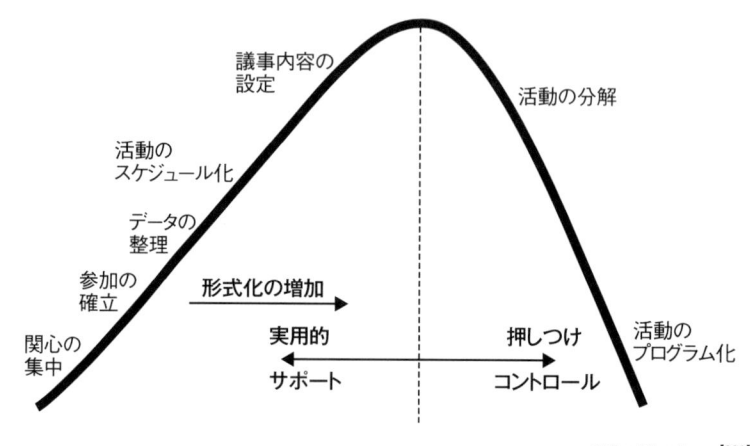

議事内容の設定
活動のスケジュール化
データの整理
参加の確立
関心の集中
形式化の増加 →
実用的 サポート
押しつけ コントロール
活動の分解
活動のプログラム化

出典：Mintzberg [338]

　ザンは「思考を促進するシステム」と「思考（しようと）するシステム」[519] を区別した。テキサス・インスツルメンツの経営幹部の1人は、自社のシステムについてこう語っている。「官僚的につくっている。それはシステムを作業補助ではなく、コントロールのためのツールとして使っているからだ。そこが違いだ」[226]。次ページの囲みは、資本支出予算編成が同じような罠に陥り、ある意味で戦略的思考を阻害する手法となっていることを示している。

　つまり戦略計画の問題点は、それがどのカテゴリーに置かれるかではなく、カテゴリー化するプロセス自体にあるのだ。ボックスを並べ替えたところで、ボックスが存在することの問題解決にはなり得ない。戦略作成は、ボックスを超えて機能し、新たな見解や組み合わせを生み出す創造力が必要とされる。ハンプティ・ダンプティの歌のように、バラバラになったものにはもう元に戻せないものもあるのだ。

●───「戦略計画」の大きな誤り

　ここで戦略計画の大誤解に到達するが、それは実はすでに見てきた3つの誤解の複合体である。**なぜならば、分析は統合化ではないし、戦略計画は戦略作**

資本支出予算編成 vs 戦略作成
（ミンツバーグの文献【338】からの引用を要約抜粋）

　資本支出予算編成とは、部門の責任者が個々のプロジェクトの提案を承認のヒエラルキーにかけるための、ビジネスにおいて確立された過程である。投資利益率を示すコストと利益が見積もられ、これを使ってシニア・マネジャーはプロジェクトのランクづけを行う。そして、その時期に資金繰りが可能なだけのプロジェクトを承認する。ユニット・マネジャーからゼネラル・マネジャーまで上っていく流れから、資本支出予算編成は時にボトム・アップ戦略計画と呼ばれることがある。

　しかし、実際の資本支出予算編成は、ある事業部制を行っている大企業のプロセスをくわしく調べた初期の研究によると、シニア経営陣はそのレベルまで達したプロジェクトをすべて承認する傾向があることが明らかになった。提案は多かれ少なかれ議論されることなく、承認されていたのだ。[51]

　後の研究で、マーシュたちは「洗練された」資本支出予算編成を行っていると考えられている3つの企業を詳細に研究し、次の問題点を見つけた。プロセスを説明したマニュアルは「必要な箇所が見つけにくい！」[291]。企業で行われていた部門責任者へのプレゼンテーションは「いんちき」、別の企業は「判こ押し」[291]に過ぎない。「計算が難しいコストと利益は財務分析から外されていた」。

　したがって資本支出予算編成は、戦略を構築するよりも、シニア経営陣に知らせるための形式的な手段と言える。

　また、資本支出予算編成はバラバラなプロセスであり、より正確に言えば、バラバラにするプロセスである。プロジェクトは部門のラインに沿って個々に提出されることが望まれている。部門を越えた共同作業は、形式的な分析の便宜上、無視される。しかし、シナジーこそクリエイティブな戦略、つまり新しい競争優位性の高い組み合わせの実現の真髄であるため、資本支出予算編成はこの意欲をくじくことにもなる。要するに資本支出予算編成は、明らかに戦略形成を妨げるものであるが、時に組織が実施している戦略に意外な影響を及ぼすことがある。

成にはなり得ない**からである。分析は先行し、必要なインプットを提供することで統合化を支えることもありうる。また、分析は後になってその結果を分解、形式化して統合化を詳細にすることもありうる。しかし、分析は統合化の代わりにはならない。どんなに綿密なものであっても、形式的な手順には不連続なものを予測したり、孤立したマネジャーに情報を与えたり、新機軸の戦略を構築したりはできない。そのため、プランニングは新たな戦略を生み出す以前に、まず前もってプランニングされていなければ、進むことすらできないのである。リチャード・ルメルトは、このよくある誤解を次のように要約している。【282】

> ほとんどの企業戦略計画は戦略とは関係がない。それらは、単に3カ年あるいは5カ年の段階的資源配分予算であり、ある種のマーケットシェアを反映させたものである。これを戦略計画と呼ぶのは、実行すれば何とか筋の通った戦略になるだろうといった、誤った期待を招く。ところで、多くの人が、戦略計画の問題に対する解決策は、年間のプロセスにもっと戦略を挟み込むことであると考えている。しかし、わたしはこの考え方に同意しない。年間の段階的資源配分予算は、戦略の作成作業とは分けるべきだと考える。わたしがお勧めするのは、次の2つである。「戦略計画」という名称は使わず、こうした予算計画に関しては「長期的な資源配分計画」と呼ぶ、そしてそれとは別に、年間計画の枠を外し、ビジネスチャンスに重きを置いた戦略作成プロセスを開始するということだ。

われわれの結論は、ストラテジック・プランニング（戦略計画）という名前は間違っている、ということである。**ストラテジック・プログラミング**と呼ばれるべきであったのだ。そして、必要なところでは、すでに他の方法で作成された戦略の**結果**を形式化するプロセスとして、推進されるべきであった。結局、「ストラテジック・プランニング（戦略計画）」という言葉自体が矛盾しているのである。

ツール主義へのアドバイス
（リグビー【418】の文献より引用）

❶ **すべてのツールには強みと弱みがある**

成功を収めるにはそれぞれのツールの機能、そして副次的機能のすべてを理解することが必要である。それから、適切なものを適切な時に適切に組み合わせるのである。その秘訣は……どのツールをいつ、どう使うかを学ぶことである。

❷ **ツールは目新しさではなく、実用性によって判断するべきである**

❸ **ツールは人々のためにあり、ツールのために人々がいるのではない**

マネジメント・ツールは、支持者には企業を救うと称えられ、同じように批判者には、企業を破壊すると責められる。本当は、ツールはどちらもしない。企業を成功や失敗に導くのは人々である。

プランニング・スクールの文脈と功績

しかしながら、戦略プランナーという貴重なものまで、無用なものと一緒に捨ててしまう必要はないのだ。プランナーは、戦略形成のブラックボックスの中にいなくとも、その周辺で果たすべき役割があるのだ。それを図3-7に示してある。プランナーは特にマネジャーが見落としがちなデータのインプットを、ブラックボックスの前にいて行うことができる。つまり、プランナーは分析者(アナリスト)として活動できるのである（次章でくわしく述べる）。また、彼らはブラックボックスの後ろから出てきた戦略を吟味し、その実行可能性を評価することができる。またプランナーは、単なる形式的なプランニングを推進する責任者としてではなく触媒として、ある組織の、ある時期にふさわしい戦略的行動を、どんな形であれ促すのである【156】（だから、プランナーはこの本を読むべきだ！）。ある戦略コンサルタントの言葉を上に引用した。組織にはツールが必要であるが、それはうまく活かされなければならないのだ。

図3-7 ▶ 戦略作成に関わる周辺のプランナーたち

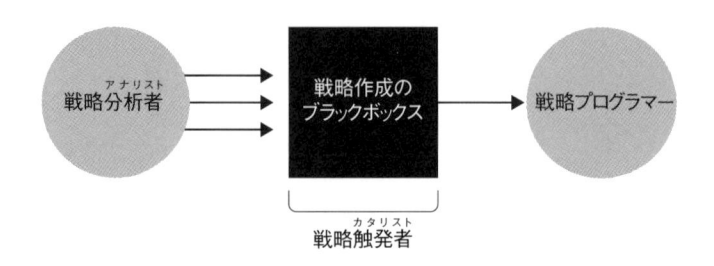

戦略分析者（アナリスト）→ 戦略作成のブラックボックス → 戦略プログラマー
戦略触発者（カタリスト）

　必要なときには、プランナーは形式的なプランニングもできる。しかし、それはブラックボックスから出てきた戦略を**プログラムする**、１つの手段としてである。そしてそれは、必要なときだけにすべきだ。すなわち、戦略を成文化し、手を加え、その場限りのプログラムや日常のプランや予算に変換し、それをコミュニケーションやコントロールの手段に使うのである。

　もちろん創造的なプランナーは、時には戦略家（ストラテジスト）になる（つまり、図のブラックボックスに入る）こともある。しかし、それはプランニングの形式的な手法ではなく、本人のもつ知識、創造力、統合化の能力によって起こることである。

　その役割の中には、形式的で分析的なものもあれば、そうでないものもある。それならば、組織はプランナーを２つのタイプに分け、左利きと右利きというようなラベルをつけるべきだろう。左利きのプランナーは、創造的な戦略的思考を尊重し、難しい問題を提示してはその組織活動の流れの中で、創発的な戦略を探し回る。右利きのプランナーは、もっと形式的な戦略分析、中でも明確に意図された戦略の戦略的プログラミングに重きを置く。そして、これまでの議論の中で明らかにできたと思うが、それはどちらかといえば**安定した**、または少なくとも**予測のつく**、または同じ意味ではあるが、組織が**コントロールできる状況**においてのみ、ふさわしい。しかし、大きな変化が必要で、組織が不安定、予測不可能、そしてコントロール不可能な状態になったときには、まず規定の少ない戦略作成を行ってから、左利きのプランナーに任せたほうが安泰だ。しかし、ゆめゆめプランニング・スクールの規範にはのっとらないことだ。

注

（ⅰ）最初の目標設定段階は主に、企業全体、組織の下位のユニットがどの戦略的方向に向かうべきかを示す、適切な戦略代替案を見極める役割を果たす【278】。

Chapter 4
THE POSITIONING SCHOOL:
strategy formation as an analytical process

第4章

ポジショニング・スクール
[分析プロセスとしての戦略形成]

ポジショニング・スクールへの
監訳者ツアーガイド

　ポジショニング・スクールは、デザイン・スクールを基本モデルとし、プランニング・スクールの流れを汲みながらも、戦略それ自体の重要性を強調し、戦略のジェネリック化を推し進めた。その名のごとく、経済市場におけるポジションの確立にフォーカスしたものである。このスクールが注目を集めたのは、ポーターの『競争の戦略』『競争優位の戦略』によるが、その歴史をひもとくと、孫子やクラウゼヴィッツといった軍事戦略家たちの考え方に行き着く。現代においては、戦略コンサルタントの台頭もこのスクールの特徴である。

　このスクールでは、市場競争原理の働く環境において包括的なポジションを選択するために、特に分析に集中し、産業構造の分析から戦略ポジションが導かれ、ひいては組織設計に影響を与えることになる。ここでの主役は、CEOでもプランナーでもない。大量のハード・データを処理し、計算するアナリスト(分析者)なのである。

　しかしミンツバーグ等は、このスクールの基本となる「分析が統合を生む」という考え方に真っ向から反論し、ポーターの規範的プロセスの有効性を否定している。このスクールの考え方があまりに規範的かつ教条的で、学習のプロセスや組織・個人の固有性や創発性を無視している点を指摘しているのだ。たしかにこのスクールの考え方は、分析や計算に偏った比重を置き過ぎており、成功する戦略実現に不可欠な、柔軟性やダイナミックな学習プロセスを無視している。しかし、戦略構想のための簡潔な概念を提供している点ではその貢献度は多大であり、戦略の基本理解を深めるベンチマークを提供している。

　日本においては、戦略というとイコール"ポーター"という考え方がいまだに蔓延している。しかし、ポーターは10スクールの1つのスクールの1人の提唱者でしかないこと

を、あらためて考え直すべきである。もちろんポーターの基本戦略である「コスト・リーダーシップ」「差別化」「集中」は非常に重要な考え方である。しかし、変革の時代にあっては、スピーディな戦略形成・実行が「分析」によって阻害される危険性が高く、すべてを網羅する包括的な戦略では捉えにくくなっているのも事実である。「選択」「差別化」「集中」しながら、いかに柔軟な戦略形成・実行が可能かが問われている。特に集中という概念は重要だが、戦略には必ず資源のクリティカル・マス（閾値）が存在し、それを超えなければ戦略は実現しないし成功はない。しかし、一体どこまで資源を集中すべきなのか？　その答えはポジショニング・スクールの中にはない。本来であれば、その答えを持つべきプランナーもCEOも戦略家ではなく、ただの分析屋と数字の専門家に成り下がってしまっているからだ。そもそも分析は、未来予測も含め、すべて過去のデータに過ぎないという前提を忘れてはならない。重要なことは、未来を予測し、構想し、そのためのリスクを伴う判断を今下すことだ。しかし、未来の予測は、線形的な回帰分析上にあることは殆どない。不連続であり、ノンリニアな変化をするのだ。

　科学的という大義名分のもと、"見えないものを見ない"ことで自らをジェネリック戦略の枠組みに陥れ、"将来を創造する"ことを阻害し、差別化がますます困難な状況に自らが嵌っていくのだ。例えば、バリュー・チェーン（価値連鎖）のフレームワークがまったくの価値連鎖になっていないケースをよく見かける。顧客を満足させるサービスをシームレスに提供するプロセスである、という本来の意味を忘れ、単に自分たちの活動や関連性の薄い強みを箱の中に羅列するだけの作業になっているのだ。一方で「顧客が見えない」「ニーズが不明」という声を聞く。しかし見えないものを五感を総動員して捉えようとする努力が、このスクールの"科学的見える化"によって失われてしまったといっても過言ではない。効率だけを重視し、過去の延長線上にだけ解を求めようとしても、戦略自体がコモディティ化するだけで、どこにも未来はないということを、ミンツバーグ等は強調している。

「科学は愛情と同じで、テクニックばかりに執着すると不能になってしまう」
ベルガー

●

　1980年代初頭、経済学の風が戦略マネジメント分野を吹き抜けていった。そしてこの風は、伝統的で規範的な文献を吹き飛ばし、あるいは少なくともそれらを隅に追いやったのである。**ポジショニング・スクール**は、プランニングやデザイン・スクールの根底にある前提条件とその基本モデルを取り入れているが、さらに2つの方法で内容を付加していった。1つは、戦略策定のプロセスだけではなく、戦略そのものの重要性を強調したことである。そして次に実質的な中身をつけ加えたのだ。長年にわたってプランニング・スクールのありふれた見解が横行し、また繰り返しデザイン・スクール・モデルが利用されてきた。しかし、ポジショニング・スクールが戦略の内容に着目したことにより、規範という側面が本格的に見直されるきっかけができたのである。
　こうして、学者やコンサルタントたちが没頭できるものが現れたのだ。彼らは、組織と、その組織にとって最も機能すると思われる環境に対し、可能な限り明白な戦略を検討し、処方することができるようになった。このような動きを受け、1980年代初頭から、「戦略マネジメント」という名前を事実上採用したこの分野は、まさに「離陸」したのである。カンファレンスも頻繁に開催されるようになり、ポジショニング・スクールを題材としたコースは倍増し、専門誌も登場、そしていわゆる「戦略ブティック」と称されるコンサルティング会社が「戦略産業」をつくり上げていったのである。そこで本書では、ポジショニング・スクールが放つエネルギー、また今日におけるその多大なる影響力を考慮し、かなりのページをこのスクールに充てることにした。

ポーターの登場

　マイケル・ポーターが『競争の戦略』を発表した1980年が分岐点となった。1冊の本で1つのスクールを網羅することはたしかに難しいが、『競争の戦略』

は、デザイン・スクールやプランニング・スクールの幻想から目を覚ます活性剤となった。また同時に、実質的な中身を付加することの必要性を強く感じさせてくれたのだ。過飽和状態にある液体がちょっとしたきっかけで凍結してしまうのと同じように、『競争の戦略』は、この世代の学者やコンサルタントを釘付けにしてしまった。そして出版後に大きな活動の波が起こり、瞬く間にポジショニング・スクールは、戦略マネジメントの分野を独占するようになっていった。

　もちろんポーターが最初に戦略の内容について論じたわけではない。またポーターは、戦略の内容だけにとどまらず、競合分析や業界分析を行うための分析技法についても多くの提案をしている。ポーターに先駆けて、パーデュ大学クラナート経営大学院のダン・シェンデルやケン・ハッテンといった人々が、戦略の内容について取り上げているが、ポーター自身は**産業組織論**からヒントを得ている。経済学の分野の１つである産業組織論は、長いことポジショニング・スクールと関連する課題に取り組んできた。ただしそれぞれの企業ではなく、各産業がどう行動するか、ということに焦点が当てられていた。また、軍事戦略に言及した著者たちもいる。彼らは、数百年にもわたって、戦争中に見られる戦略的優位性、軍隊の制約、そして地勢といったことを分析してきた。

ポジショニング・スクールの前提条件

　実際のところポジショニング・スクールは、例外を１つだけ除けば、プランニング・スクールの前提条件から根本的に離れてはいないし、またデザイン・スクールからさえも離れてはいない。しかし、まさにその微妙な違いこそが、従来の文献に新しい方向性を与えたのである。

　良くも悪くもこのスクールで最も注目すべき点は、１つの簡潔で革新的な概念である。プランニング・スクールとデザイン・スクールは、いかなる状況下でも戦略は無限にあると主張した。これに対してポジショニング・スクールは、それぞれの産業によって、ある限られた戦略のみが、市場におけるポジションを確立するにあっては妥当なものになる。このような戦略こそ、競合相手にも対抗できるとしているのである。

競合に対して有利であるということは、そのポジションにある企業は、同業他社と比べてより高い利益率を誇っていることを意味する。これがひいては、さらなる拡張に向けての資源の蓄積を可能にし、また企業がその市場における地位を強化し、拡大することにもつながるのである。
　この論理をさまざまな産業にあてはめてみた結果、ポジショニング・スクールは、戦略をいくつかの限られた基本的な戦略、あるいは少なくとも、何らかの戦略のカテゴリーに集約させることができた。たとえば、商品の差別化、市場の集中などである。これらの戦略の一般化はいわば、**ジェネリック（包括的）**と呼ばれるものである。
　戦略は独自性があり組織ごとにカスタマイズされなければならない、というデザイン・スクールの重要な前提条件の１つを除外したことで、ポジショニング・スクールは、置かれた状況に合った適切な戦略を見つけるための分析ツールを考案し、それに磨きをかけることに成功したと言える。そして産業や市場を表現するための、成熟化や断片化といった言葉と同様、状況もまた包括的に捉えるのだ。つまり新たな戦略マネジメントへの鍵は、正しい相関関係を見極めるための分析をいかに行うか、にあった。こうして新たな探求が始まった。学者たちは統計学的研究に走り、確立されたデータベースを駆使して統計値を取り、どの包括的な戦略がどんな包括的な状況で効果を発揮するのかを突き止めようとした。一方コンサルタントたちは、お得意の戦略を顧客にしつこく勧めたり、あるいはその戦略を選ばせるためのフレームワークを売り込んだりしたのである。
　前述の２つの規範的スクールと同じように、ポジショニング・スクールの戦略作成プロセスは、完璧な形式的戦略を生み出すための意識的かつコントロールされたプロセスとみなされ続けてきた。そしてそのプロセスにおいて戦略は、正式に実行される前に、まず明確に作成されなければならない。ただしここでのプロセスの焦点は、周到な計算にある。つまり、デザイン・スクールに見られるような、統合化された固有のパースペクティブの開発や、プランニング・スクールに見られる、調整済みプランの具体化ではなく、包括的な戦略のポジションを、限られた選択肢の中から選ぶことに焦点が当てられているのである。また、戦略は組織構造の前にくるもの、とする考え方をこのスクールは残して

いるが、産業構造というまた別な「構造」をはじめにつけ加えている。その結果、産業構造が戦略ポジションを導き、これがひいては組織構造を導くとしているのである。プロセスそのものは、プランニング・スクールのそれと形式的に類似するものである。特に外的評価の段階においてその共通項は顕著で、ポーターも競合と業界分析のステップについて詳細に書いている。
[391]

プランニング・スクール同様、原則的に最高経営責任者（CEO）は戦略家（ストラテジスト）としてとどまり、一方プランナーは、王座の影でその力を保持することとなった。ただしポジショニング・スクールは、プランナーの重要性を別のところに見出した。ここでは、プランナーは分析者（アナリスト）となり（大体はコンサルティング会社との委託契約）、最適な包括的戦略を提言するために、大量のハード・データを集積し、研究に励む計算者となった。

もう一度大事なポイントを繰り返すが、分析者（アナリスト）が戦略を**デザイン**することはない。むろん、戦略を形成することもない。むしろ彼らは戦略を選ぶだけである。たとえるならば、包括的な戦略機会のなる木から、戦略という実を摘むような感覚だと言える(i)。

〈ポジショニング・スクールの前提条件〉

❶戦略とは、包括的かつ明確で共通性が高く、市場において識別可能なポジションを示すものである。

❷その市場環境では、経済性に基づく市場競争原理が働く。

❸したがって戦略形成プロセスとは、分析的な計算に基づいて、包括的なポジションの中から１つを選択することである。

❹そのプロセスでは、分析者（アナリスト）が大変重要な役割を果たす。なぜならば、正式に選択をコントロールするマネジャーに、彼らの計算結果を報告する役割を果たすからである。

❺よってこのプロセスから、完全な形をまとった戦略が生まれ、それが明確化され、実行される。こうして市場構造が、特有のポジションをもつ戦略を導き、そしてこの戦略が組織構造を決定するのである。

この章では、ポジショニング・スクールの３つの「波」について説明してい

く。(1)初期の軍事格言、(2)1970年代における「コンサルタントにとっての規範」、そして(3)近年、特に1980年代の実証的提案の発展、という波である。特に第三の波については、ポジショニング・スクールの批評と評価に入る前に、かなりのページを充てて記述する。

第一の波：軍事格言に見る起源

もし、ポジショニング・スクールが競争状況下において、本当に実体のあるポジションを獲得するために、特定の戦略を選択することに焦点を当てるものだとしたら、現在考えられているよりもはるか昔からこのスクールが存在していた、と認識されるべきである。およそ2000年以上前に遡る、戦略について書かれた最初の記録文書は、軍事戦争という状況下における最適な戦略の選択について取り上げている。このことからこのスクールは、戦略形成における最古のスクールということになる。これらの古い文書は、敵に挑みながらも自分の立場を守るための理想的な条件に関する英智を、体系的に描写している。

たとえば、その中で最も優れていて、同時に最も古い文書は、紀元前400年に書かれたとされる孫子の文書である。またもう少し最近のものだと、19世紀のクラウゼヴィッツが書き残したものが挙げられる。ある意味でこの2人の軍事著述家は、今日におけるポジショニング・スクールのビジネスライターと同じことをしてきたと言える。すなわち、戦略をタイプ別に詳細に叙述し、最もふさわしいと思われる状況と調和させたのである。ただ、2人の作業はさほど体系的なものではなく、少なくとも現代における統計的データという考え方には到底及ぶものではなかった。したがって、彼らの結論はどちらかというと教訓的な表現となっている。われわれが「格言」という言葉を題目の中で使った理由がここにある。

●──『孫子の兵法』

『孫子の兵法』[474]は特に反響をもたらし、とりわけ東アジアにおける影響力が大きかった（現代中国の諺に「市場は戦場だ」[484]というのがある）。きわめて近代的であり、ひょっとしたら、大昔から世の中はあまり変わっていないのではな

いかとさえ思わせる。孫子の格言の中には、「戦わずして敵を屈服させることは、最高の技能である」【474】といった比較的ありふれたものもあれば、「能力があっても無能を装い、意欲があっても無気力を装え」や「有利と思わせておびき寄せ、混乱させて突き崩せ」【474】といった策略（プロイ）めいたものもある。しかしこの他の格言は、今日のポジショニング・スクールの精神にとても近いものばかりである。

> 「戦わずして敵を屈服させることは、最高の技能である」

ポジショニング・スクールは、企業が活動を行っている産業の研究を重要視しているが、孫子もまた、戦いの際に敵を知ること、そして戦いの場所を知ることの大切さを強調した。孫子は、山や川を考慮した兵の配備、下り坂における戦い方、平地や高地での布陣、といった具合に地形を掌握した戦略に着目していた。また併せて、散地（諸侯が自国の領土で戦うときの戦場）、軽地（敵の土地に入ってまだ遠くない地域）、衢地（くち）（諸外国と隣接する焦点となる地域）、重地（敵の領内深く進行し、敵の城邑に囲まれた地域）といった戦場の包括的状況にも注目した。そして、これらの戦場の包括的状況と、包括的な戦略を連動させる格言を紹介したのである。

- ……散地では戦いを避けなければならない。軽地では立ち止まってはならない。
- 衢地（くち）では近隣諸国と同盟を結び、重地では食糧を略奪せよ。【474】

また数の上での強みについては、

- 味方の軍勢が敵の10倍あるならば、敵を包囲せよ……5倍ならば、敵を攻撃し……2倍であれば、敵を分断し……互角ならば、敵と交戦せよ……数で負けていれば、退却し……勝算がなければ、戦わず。【474】

今日のポジショニング・スクールにおいて、いわゆる「先手必勝」と呼ばれる行動に関する格言もある。

- 敵より先に戦場に赴き相手を迎え撃てば、余裕をもって戦える。逆に、敵より遅れて戦場に赴けば、苦しい戦いを強いられる。【474】

しかし、次の孫子の言葉は、「近代的な」ポジショニング・スクールの波が、いかに古いものであるかを知らしめる。

- 兵法で大切なのは次の5つの要素である。第一は、国土の広狭（度）、第二は資源の量（量）、第三は人口の多少（数）、第四は戦力の強弱（称）、そして第五は勝敗の帰趨（勝）である。【474】
- 勝算が多ければ勝つが、勝算が少なければ勝てない。ましてや勝算がまったくないというのではなおさらである。【474】

そして今日では、さほど意識されていないが、孫子は包括的思考の限界についても把握していたのである。

- 音階の基本は宮、商、角、徴、羽の5つにすぎないが、その5音階の混じり合った変化は無限で、とても聞き尽くすことはできない。【474】
- 水には決まった形がないように、戦争にも絶えず同じ態勢というのは存在しない。【474】
- たとえ勝利を収めたとしても、同じ戦争態勢を繰り返さず、状況に応じて無限の方法で対応する。【474】

●─── クラウゼヴィッツの『戦争論』

　欧米諸国は、軍事思想家に事欠くことはまずなかった。だが、クラウゼヴィッツ（1780-1831年）のように偉大な功績を残した者は他にはいない。彼の研究には、紛れもなくドイツ人気質の壮大な思想システムが反映されている。

　クラウゼヴィッツは、ナポレオン戦争直後に執筆活動を始めた。17世紀後半から18世紀にかけ、戦争はある一定のパターンをたどるようになっていた。各国の軍隊は、どちらかというとあまり士気の高くない新兵によって構成され、そしてこれを指揮する将校たちは、貴族の出身であった。組織と戦術がほとん

ど同じであれば、その枠組みも同じだった。そして勝敗の決め手は些細なことであることが多かった。一方が攻め、もう一方が退却する。最後には双方の外交官が会談を行い、領土の一部が受け渡されるという結末を迎える。驚かされることなどないゲームであり、双方とも戦略のすべてを承知した上で、若干バリエーションを加えているにすぎなかった。

　ところが、ナポレオンはこれをすべて変えたのである。ナポレオンの指揮下にあったフランス軍は、兵士の数でははるかに有利である敵軍を次々と破っていった。ナポレオンは軍事的勝利を収めただけではなく、知力でも勝ったのである。彼は、組織や戦略にまつわる伝統的な考え方が、いかに古いものであるかを立証した。そんな中、プロイセン人将校として敵軍にいたクラウゼヴィッツは、一時フランス軍に身柄を拘束されたこともあり、ナポレオンの戦術を目の当たりにすることになった。

　クラウゼヴィッツの傑作『戦争論』[86]は、すでに確立されていた軍事戦略に関する見解を、柔軟性をもった一連の原則と置き換えることで、戦争の根本思想を統一しようと試みたものだ。クラウゼヴィッツの前任者たちは、戦争を問題解決のための行動とみなしていた。これに対しクラウゼヴィッツは、戦争は人間的で社会的行動であり、緊張や矛盾が本来備わっているからこそ、自由で創造的なものなのだと論じた。これは、デザイン・スクールの精神に近い考え方である。

　しかし、同時にカオスと混乱に見舞われた状況下での組織化も呼びかけている。戦略は未来を形づくろうとするが、これは多分に偶然の出来事や戦争に対する無理解によって失敗する可能性が高い。これをクラウゼヴィッツは「摩擦」と銘打った。戦略を実現するためには、正式な指揮系統が確立している組織を編成する必要があり、出された指示については疑いなく遂行されなければならない。しかし同時に組織は、そのメンバーたちの自発性もくすぐらなければならない。それは、ミッションを明確にすることであり、当事者に対して遂行に関する全権を与えることでもある。これが、いわゆる「指揮命令の統一」原則と呼ばれるものである。

　『戦争論』には、攻撃、防御、機動、諜報活動、そして夜間戦闘に関する記述も含まれている。ページ数の多い書物であり話題が散漫ではあるが、時折説

得力のあるメタファや、真に迫った比喩的表現を含む格言が盛り込まれている。

　摩擦が知らぬ間に行動に対して与える影響を考えると、どうやって戦略は実現可能になるのだろうか？　これはポジショニング・スクールに近い考え方になるが、戦略は攻撃、防御、そして作戦的行動に使われる基礎的な構成単位に基づいていると、クラウゼヴィッツは書いている。戦略作成は、新しい基礎的単位の組み合わせを発見し、それを実現することに基づいている。しかし、どの時代も技術や社会組織がこの組み合わせを制限してしまうが、時が経つにつれその制限も必然的で、ひいては自然だったとさえ思えてしまう。戦略家(ストラテジスト)は広く受け入れられている知識を疑わなくなり、一般に容認されているテーマのバリエーションに甘んじてしまうのである。そこでナポレオンのような偉大なリーダーたちこそが、新たなコンビネーションを発見し、それを導き出して戦略的な革命をもたらす役割を担っている。しかしそのような人は限られている。なぜなら、

　　　戦略における重要な決意には、戦術におけるよりもはるかに強固な意志を必要とする。戦術においては、その瞬間の圧力によって行動を決すればよいが……戦略においては、将帥ならびにその部下たちは不安を抱いたり、外部からの異議や非難を受け、その結果として詮ない後悔の念などで心が惑わされるのである。戦術においては、少なくとも事態の半分は自分の目で直接見ることができる。しかし戦略に関わることとなると、すべてが憶測と仮定である。つまり確信も揺るがざるを得ないのである。結果、行動を起こすべきときに多くの将軍たちは、理由のない危惧の念に取りつかれて好機を逸するのである。[86]

▶ **今日におけるクラウゼヴィッツ**　軍事的戦略思考におけるクラウゼヴィッツの影響を、最近では米国軍ハリー・サマーズ大佐が執筆した*On Strategy: The Vietnam War in Context*(『ベトナム戦争における戦略』)[473]に見ることができる。ベトナム戦争中、国防省のプランナーたちはクラウゼヴィッツが描いた戦略の基本原則を無視した、とサマーズは論じている。この戦略の第一の基本原則とは、「戦争とは、政治的手段とは異なる手段をもって継続される政治にほかな

らない」ということだ。頻繁に引用されるこの格言は、軍が文官当局者に従属することを明言するものと解釈されてきた。しかし同時に、戦略は短期的に捉えてはならず、また一時の成功を永続的なパフォーマンスと混同してはならないという警告でもある。サマーズは、さらにクラウゼヴィッツの摩擦概念も引用し、精神的回復力、エネルギー、決意の固さ、根拠に基づく信念、そして任務に対する忠誠心にあてはめた。米国防省のプランナーたちは、ベトナム人がたとえどんな仕打ちを受けても戦い続ける力をもっていることを、計算に入れていなかったのである。

サマーズの書物は、クラウゼヴィッツの洞察を20世紀後期風にしている。クラウゼヴィッツを出発点とし、サマーズは「戦争の原則」という観点からベトナム戦争を分析した。「戦争の原則」は、1962年の「ベトナム時代における」アメリカ軍の戦場での服務規程に記されており、次ページの囲みで再現した。

> 「米国防省のプランナーたちは、ベトナム人がたとえどんな仕打ちを受けても戦い続ける力をもっていることを、計算に入れていなかったのである」

ここでは全般的に、戦略マネジメントにおける規範的スクールの原則との一貫性を確認することができる。特に、明快で計画的な戦略の必要性、その戦略を展開、あるいは少なくとも実行するための権限の中央集権化、また、戦略を簡潔にする必要があること、そして想定に基づく戦略マネジメントの率先的な性質といったことが共通している。そしてプランニング・スクールやクラウゼヴィッツですら、柔軟性はこのような特徴と何らかの形で共存するものだと仮定している。

米国軍によるクラウゼヴィッツの再発見は、米国のマネジャーたちが発見したものと一致している。フェデラルエクスプレスの創業者であるフレッド・スミスにとって、クラウゼヴィッツの言ったプランニングの落とし穴というのは、まさに本質的な真実を突いている。「年を取ってくると、手に入れられるのは、軍事専門家であるクラウゼヴィッツの言う『摩擦』に対する単純な寛容さである」と彼は指摘している。とんでもないことが起こるとしよう。あなたは時に身を任せようと思うかもしれないが、そうすれば、意思決定は長くかかるかもしれないし、解決に至る道はさらに険しくなることに気づかねばならない。

クラウゼヴィッツに基づいたアメリカ合衆国の戦争の原則
およそ1962年頃（サマーズ【473】）

目的
すべての軍事行為は明確に定義され、決め手となる達成可能な目的に対して行われなければならない。戦争の究極の軍事目的は、敵の戦闘力を撃滅し、戦う意志を屈服せしめることである……。

攻撃
決定的な成果を達成し行動の自由を維持するために、攻撃的行動が必要である。これは、指揮官が敵に対して主導権を行使し、また自分の意志を強要することを可能にする……防衛を強いられることもあるが、これはあくまでも一時的な策として、計画的に取り入れなければならない……。

塊（集中と呼ばれることもある）
決め手となる目的のために、優れた軍事力を決定的な瞬間と場所に集中しなければならない……。

兵力の経済的使用
巧みに、かつ慎重に軍事力を行使すれば、指揮官は最小限の資源で目的を遂行することができる。この原則は……倹約を示唆しているのではなく、利用可能な軍事力を慎重に配備することを意味している……。

機動（もしくは柔軟性）
機動の目的は、敵を総体的に不利となるような立場に追い込むべく、力を配備することである……機動が成功するためには、組織における柔軟性、後方支援部隊、そして指揮管理が備わっていなければならない……。

指揮の統一
指揮の統一は努力の統一を図るが、これはすべての力を共通のゴールに向けて統合させることによって達成される。この統合は、協力によって得られるが、1人の指揮官に必要な権限を与えるのが最も望ましい。

安全（セキュリティー）
奇襲を未然に防ぐ策や、行動の自由を保つこと、そして味方に関する情報を敵に渡さない、といったことにより、安全を確保することが可能である……。

奇襲
敵の不意を突くことは、相手が予定していなかった時間、場所、そして方法で攻めることである……。

単純さ
直接的で単純なプラン、そして明確かつ簡潔な命令は、誤解や混乱を最小限にとどめる。もし他の要素が対等であれば、単純なプランが好まれる。

　ジャック・ウェルチの場合、クラウゼヴィッツの考え方は、戦略に対する彼の取り組み方に直接的な影響を与えたように見える。1981年、ゼネラル・エレクトリックのCEOに上りつめたとき、彼は戦略に関する考え方のアウトラインをスピーチした。そのスピーチとは、どのようにして彼がGEを変革するつもりなのかを、まるで彼の着想であるかのように語ったが、明らかにクラウゼヴィッツを引用したものだった。[327]

　　クラウゼヴィッツは、彼の『戦争論』の中で、戦略に関するあらゆることを述べている。人は戦略をある形の中に押し込めることはできない。詳細にわたるプランニングは必ず出くわす摩擦によって、必然的に失敗する。つまり、偶発的出来事、不完全な遂行、敵の自由勝手な意思などだ。代わりに最も大切なことは、リーダーシップ、モラル、そして、最高の戦略家たちがほとんど本能的にもっている、実践的な勘といった要素なのである。

●───企業戦争を闘う

　戦争とビジネスの間にある戦略の類似性を最初に見出したのは、ジャック・ウェルチではなかったが、この類似性を他のほとんどのものより、さらにはっきりと実践に取り入れたのは、間違いなく彼である。[258] ビジネス戦略に携わる著者の中には、軍事格言の精神を汲み取るもの、そしてその形式までも取り入れる者が登場した。たとえば、ジェームズは次のように書いている。「軍事経験とは、文字どおり競合戦略の宝の山だ。しかも、すべて戦闘体制下で検証されたものばかりだ」[221]。彼は、「抑止、攻撃、守り、そして同盟協定」、また「機密情

報、兵器類、ロジスティックス、そしてコミュニケーションはすべて１つの目的を果たすためにデザインされた、つまりそれは戦うためのものである」という見地から、ビジネスとの「あまりにも多くの類似点」を見出すことができるとした[221]。さらに彼の企業戦略テキストの中で、ロバート・カッツによる次のような格言が紹介されている。「常に強みから導け」「すべての企業に共通する基本戦略は、その企業にとって競争優位性を誇れる（あるいは容易に開発できる）ところに経営資源を集中させることである」[236]。さらに、こうつけ加えている。

大企業であれば：　　　A．プランニングは重要事項だ
　　　　　　　　　　　B．細かいことは大目に見なさい
　　　　　　　　　　　C．会社の強みと安定性を維持せよ

中小企業であれば：　　A．敵が後退したときに攻撃せよ
　　　　　　　　　　　B．すべての機会を使い尽くすな
　　　　　　　　　　　C．なるべく目立たないようにしなさい
　　　　　　　　　　　D．迅速に対応せよ[236]

　軍事経験を最も洗練された方法でビジネスに適応したのが、ジェームズ・ブライアン・クインだろう[408]。クインは、「効果的な戦略は、いくつかのキー・コンセプトを開発し、突き進むものだ。戦略はコンセプトに、結合力、バランス、そして集中をもたらす」としており、さらに「知的な対戦相手に対するポジショニングの意識も与える」[408]と書いている。このような戦略は、「相手の強みを把握するために、まず探りを入れてからいったん身を引く。そして、相手にもともとの方針よりもストレッチするように仕向ける。そこでこちらは資源を集中させ、隙のあるところに攻撃をかけ、ある特定のマーケット・セグメントを手中に収め、揺るぎない立場を築く。そしてそこを拠点に再編を行い、拡張し、より広い攻撃に出る……」[408]ものだと記述している。表4-1では、クインが取り上げた軍事戦略の用語をいくつかリストアップしてみた。

表4-1 ▶ 軍事格言用語集：軍事戦略における用語集

- 攻撃して圧倒する
- 包囲して破壊する
- 相手の弱みを攻撃する
- 集中攻撃する
- 焦点を絞って突進する
- 優勢を確立する

- 間接的にアプローチする
- 側面をつく機動作戦
- 計画的に撤退する
- 計画的に反撃する
- 早期に敗北を容認する
- 相手の資源をストレッチさせる
- 防御的ポジションから相手を誘い出す
- 敵の政治的、心理的な意志を弱める

- 陽動、詭計、勇敢
- 欺くための機動作戦
- 誤解を生じさせるメッセージを活用する

- 機動力と奇襲
  迅速な工作活動
- 計画的な柔軟性

- 優勢度
- 主要拠点を強化する
- 橋頭堡を確立する
- 兵力を整理統合する
- 退却する

出典：Quinn【408】

◉ 格言に関する格言

軍事格言には面白く、それでいて役に立つものが隠されている。しかし、明白であると同時に曖昧である言葉には、注意しなければならない。そこで、われわれの"格言に関する格言"を紹介しよう。

- ほとんどの格言は、その意味が明確だ。
- 意味が明確な格言は、実は無意味ということもある。
- 意味が明確な格言は、意味が明確な他の格言と矛盾する可能性がある。
  （たとえば、力を集中させながら、同時に柔軟性を保て）

ということで、

- 格言には注意せよ。

第二の波：コンサルタントにとっての規範

　ポジショニング・スクールは、まさにコンサルタントのために仕立てられたスクールだ。コンサルタントたちは、そのビジネスに関する予備知識がまったくなくても、データを分析し、包括的戦略（基礎的な構成単位）を適当にチャートにしてレポートをまとめ、請求書を発行して業務を終えてしまうことができた。それゆえ、1960年代に始まり、特に1970〜1980年代にかけて戦略ブティックが急増したのだ。戦略ブティックはニッチなポジションを確保しながら、概念が売り買いされる市場で、彼ら独自のポジショニング・コンセプトの売り込みに励んだ。

　ある意味、こうした戦略ブティックは、経験というものをシステマティックに学習したが、ただし多くの場合、経験を狭い範囲でしか解釈できなかった。実際、彼らはマーケティング目的のために単にこうした格言を規範と言い換えたにすぎない。

　いくつかの戦略ブティックにとっては、市場シェアこそが、最優先の規範になった。この時期に新しい戦略ブティックとして輝かしい成功を収めたのがボストン・コンサルティング・グループ（以下BCG）であり、市場シェアを聖杯として擁護した。彼らは、特に2つのテクニックに焦点を絞った。それが、**成長率・市場占有率マトリックス（BCGポートフォリオ）**と**経験曲線（エクスペリエンス・カーブ）**である。

● BCG：成長率・市場占有率マトリックス

　多角化企業が各ビジネスに対して、どのように予算を割り当てるかを考える「ポートフォリオ・プランニング」の1つに、成長率・市場占有率マトリックスがある。これが登場する前は、企業は資本支出予算編成などに頼りながら、さまざまな提案に対する投資利益率を査定していた。成長率・市場占有率マトリックスは、提案に対する選択肢を、体系的な枠組みにはめ込もうとしたものである。その意図するところは、まさに戦略分

> 「BCGの成長率・市場占有率マトリックスは『キラー戦略アプリケーション』を特徴とする」

析のオーバーホールとでも言うべき試みだった。それは「キラー戦略アプリケーション」であり、その後、BCGマトリックスとして一般に知られるようになった。BCGの創立者であり、マトリックスの考案者であるブルース・ヘンダーソンは、BCGマトリックスを使えば、他には何も必要ないと主張している。「たとえ５年という歳月をかけて作り上げたポジションだとしても、たったひとつのチャートさえあれば、企業の収益性、負債の許容度、成長ポテンシャルや競争優位性を明らかにするのに十分である」【204】。それでは、この素晴らしいチャートで鍵となる要素は何だろうか？　下記に、また図4-1の中で、ブルース・ヘンダーソンの言葉を用いながら、このテクニックを紹介していくことにする。

　　会社が成功を収めるには、それぞれ成長率と市場シェアの異なる製品群のポートフォリオをもたなければならない。どんなポートフォリオの構成がよいかというと、キャッシュ・フローが全体としてバランスしていることである。高成長製品には、成長を続けさせるためにキャッシュの投入を必要とする。低成長製品は、これに反して余分のキャッシュを生むはずだ。この両者が同時に必要である。
　　製品のキャッシュ・フローを決める、４つのルールがある。

- 生み出されるマージンとキャッシュは、市場シェアの関数である。高マージンと高シェアは相関が高い。これは広く観察できる事実であって、経験曲線の効果によって説明できる。
- 成長製品には、設備増強のための資金が必要である。市場シェアを確保するためにどれだけの資金がさらに必要かは、成長率の関数である。
- 高シェアは、手をこまねいていたのでは獲得できない。市場シェアを増やすには、それなりの投資増が必要である。
- どんな製品市場も、無限に成長することはできない。成長から得られる収益は、成長速度が鈍くなってから得られるか、あるいはまったく得られないかもしれない。ただしその収益は、その製品に再投資する必要のないキャッシュである。

市場シェアが高くて成長率の低い製品は、「金のなる木」である（図4-1参照）。この製品の特長は、シェアを維持するのに必要な再投資以上のキャッシュを生むところにある。この余分なキャッシュは、同じ製品に再投資する必要もないし、またすべきでもない。事実、収益率が成長率よりも大きくなったとしても、収益率を落とすならいざ知らず、余分のキャッシュを無限に再投資することなどすべきではない。

　市場シェアも低く成長率も低い製品は「負け犬」である。この製品は帳簿上の利益は出すかもしれないが、シェアを維持するために、出た利益は全部再投資しなければならない。だからキャッシュの貢献はゼロになる。つまりこの製品は、企業にとって何の価値もなく、清算整理するほかないわけだ。

　どんな製品でも、最後にはみな、「金のなる木」か「負け犬」かになる。いずれ成長は鈍化するのだから、市場で上位のシェアが取れるかどうかで、製品の価値は分かれるのだ。

　市場シェアが低くて、成長率の高い製品は「問題児」である。これは、たいてい例外なく、生み出すキャッシュよりもはるかに多くのキャッシュ

図4-1 ▶ BCG成長率・市場占有率マトリックス

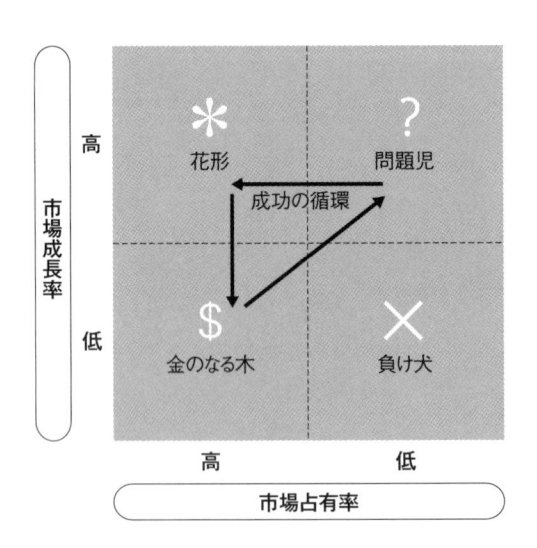

出典：Henderson [205]

を必要とする。キャッシュの供給が止まると、精彩を失って、やがて死に至る。キャッシュの供給があっても、せいぜいシェアを維持するだけだったら、成長が止まると「負け犬」になる。「問題児」は、市場シェアを増やそうとすると、巨額のキャッシュをさらに投入しなければならない。市場シェアが低く、成長率の高い製品は、シェアを伸ばして上位にならない限り、お荷物なのだ。巨額のキャッシュの投入が必要にもかかわらず、自らはそれをつくり出せないからである。

　シェアも高く、成長率も高い製品は「花形」である。この製品はほとんど利益を計上するが、自ら必要とするキャッシュをすべて生み出すとは限らない。しかし、上位のシェアを維持できれば、成長が鈍化して再投資の必要が少なくなった場合、多額のキャッシュを生み出すことになる。「花形」は、最後には「金のなる木」、つまり生産量も大きく、マージンは高く、安定性も安全性も高い製品になって、他の製品分野へキャッシュを供給するのである。

　ポートフォリオ経営の必要は、誰の目にもはっきりしてきた。どんな会社でも、キャッシュを投入すべき製品をもたなければならない。また、キャッシュを生み出す製品をもたなければならない。こうして、どんな製品も、とどのつまりは、キャッシュを生み出さなければならないのだ。そうでなければ扱う価値のない製品である。

　多角化された企業が、バランスの取れたポートフォリオをもってはじめて、本当の成長機会を利用できる力を発揮するのである（図4-1成功の循環を参照）。

　バランスの取れたポートフォリオには、

- 「花形」：シェアが高く、成長率も高いので、将来を保証してくれる。
- 「金のなる木」：将来の成長に必要な資金を供給してくれる。
- 「問題児」：さらに資金を投入することにより、「花形」に転化できる。
- 「負け犬」は不要。なぜなら、成長期において上位のシェアを確保できなかったか、もしくは撤退して損失を減らすことを怠った結果にすぎないからである。

過度に単純化を図ろうとした、このテクニックの短絡主義的な抽出に注目してほしい。古典的なデザイン・スクール・モデルから２つの主なカテゴリー（外部環境と内的能力）を抜粋し、それぞれ１つのキーとなる特徴（外部環境からは市場の成長、内的能力については相対的市場シェア）があてはめられた。これをマトリックスの２つの軸に沿って配列し、高低に分け、そして結果として生まれた包括的戦略を、４つの枠内にまとめているのである。ここまでくると企業に残された作業は、条件を重ね合わせて戦略を選択する、あるいは少なくともマトリックスを通して戦略に優先順位をつけて、規範通りにビジネスからビジネスへと資金を回すだけである。たしかに非常に簡単で、すっきりとはしている。

　しかしジョン・シーガー[441]は、論説の中でこのテクニックを非難している。たとえば、「花形」に見える製品は、ひょっとしたらもう枯れ始めており、逆に「負け犬」と思っていた製品こそが、企業の最愛の友になる可能性を指摘した。そして「金のなる木」である雌牛は、子牛と呼ばれる新しい製品を生み出すことができる。またそれは、ミルクと呼ばれる古い製品を生み出すかもしれない。どちらのケースであっても、定期的に農場主が、喜んで雌牛に注意を払っている限りの話だ。向こう見ずだった時代にBCGは、何の変哲もない乳牛を、黄金の卵を産むガチョウと勘違いしてしまったのかもしれない。

● BCG：経験曲線の活用

　BCGの経験曲線は、1936年に行われた研究[515]に遡る。ある製品の累積生産高が倍増すると、生産コストはある一定の割合で減少するとされた（通常10〜30％）。つまり、ある製品の初期生産コストが10ドルだったとすると、２個目は約８ドル（20％と仮定して）、４個目は６ドル40セントと減少していくわけである。そして1000万個は、500万個よりも20％コストが少なくて済むということになる。簡単に言ってしまえば、企業は一定の割合で経験から学ぶということである。図4-2に、BCGが発表した事例を紹介している。

　発想そのものは興味深い。すべての条件が同一だとして、新しい市場において先駆者となった企業は、素早く生産量を増やせば、競合他社に対してコスト面で優位に立てることを意味する。ただし、すべての条件が同一であることは

稀である、というのが戦略の本質である。実は、経験曲線を広範囲にわたって適応したことにより、ボリューム（生産量）こそがすべてであるという考え方を重視する結果となった。規模が重要となり、企業は経験曲線を直接管理することを勧められた。たとえば、価格を切り下げて早い段階から市場シェアを確保し、他社に先駆けて経験曲線をたどることが望ましいとされたのだ。このテクニックの人気と成長率・市場占有率マトリックスがあいまって、一時アメリカの企業は、こぞってマーケット・リーダーになることに躍起になっていた。[5]

● PIMS：データから格言へ

PIMSはProfit Impact of Market Strategies（市場戦略の収益影響度分析）の略である。それは、またある時期大人気で、「唯一無二の最善策」を見つけるために経験に基づき構築されたものだった。

これは1972年、ゼネラル・エレクトリックのために開発され、後に独立したデータベースとして販売されるようになったものである。PIMSモデルは、投資集中度、マーケット・ポジション、製品の品質やサービスといった、戦略的変数となるものを識別してくれる。そしてこれらを使い、投資利益、市場シェア、そして収益を予測してくれるのである。[433][432][77] PIMSは、数千あまりの企業の

図4-2 ▶ 蒸気タービン発電機の経験曲線（1946－63年）

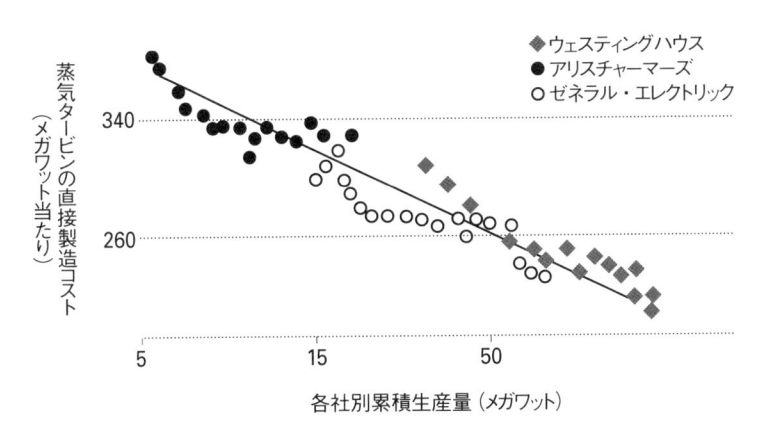

出典：The Boston Consulting Group [49]

事業情報を、有料でそのデータベースに納め、これと引き換えに参加企業は、それぞれの事業のポジションを他社と比較することが可能となった。

　PIMSの提唱者であるシドニー・シェフラーは、次のように語っている。「基本的に、ビジネス状況というのは同じである。みんな同じ市場の法則にしたがっている」。だから、「熟練した戦略家(ストラテジスト)であれば、どんなビジネスの中でも機能することができる」。つまり、「製品の特性などというものは関係ない」のである。【432】さらにシェフラーは、戦略における"良い要因"と"悪い要因"の識別を試みた。投資の集中は、「通常、収益性やネット・キャッシュ・フローのパーセンテージ測定にマイナスの影響を与える(ROIを低下させる)」一方で、「市場シェアは、プラスの影響をもたらす」としている。

　しかし、市場シェアや収益(収益性ではない！)のような変数間に、相関関係を見出すことと、因果関係を想定してこれを規範に変換することはまったく別の話だ。データそのものは、決して格言にはならないのだ。高い市場シェアが収益をもたらすのか？　それとも大企業であれば市場シェアを「買い取る」ことができるため、高い収益が市場シェアを拡大するのか？　あるいはもっと可能性として考えられるのは、丁寧な顧客サービスといった他の要素が、高収益、高シェアをもたらすのか？　市場シェアとは、あくまでも結果としての見返りであって戦略ではないのである。

　PIMSもBCGも、明らかに大企業に傾倒していた。なぜなら、大企業であればデータベースに加入する資金ももっているし、コンサルティング・フィーを払う資金もあるからだ。この結果、PIMSとBCGは、「そこに到達すること」と「そこにいること、あるいはそこにとどまること」の違いを区別できなくなってしまった。たぶん、設立したばかりで攻撃的な企業は、急成長をもたらすまったく異なる戦略を追求し、忙しすぎてPIMSの書式を埋める暇がなかったのかもしれない。あるいは、新興の産業に属する企業は、出してはすぐに消える新製品の山に取り囲まれ、それぞれの企業の市場シェア、あるいは彼らの本当の「ビジネス」が何なのかすら、BCGに告げることができない状態だったのかもしれない。

　諺によく登場するが、水深わずか6インチの湖で溺れた水泳選手のように、ポジショニング・スクール第二の波の単純な規範にしたがった多くの企業は、

結局溺死してしまったのである。[186]

第三の波：実証的提案の発展

　われわれがポジショニング・スクールの第三の波と呼ぶものは、1970年代中頃に少しずつ姿を現し始め、1980年以降、表舞台に躍り出た。そして、戦略マネジメントに関わる文献やその実践の場を、独占するようになったのである。本章のはじめに述べたが、この波は、外部環境の条件と内的戦略との関係を、系統的な実証を経て探し求めることによって成り立っていた。もはや、戦略を策定するプロセスが否定されないまでも、戦略の内容に関する教訓や規範に信頼を置くことはなくなっていた。むしろ系統的な学習こそ、ある一定の条件下にふさわしい理想的な戦略を明らかにするもの、と考えられるようになっていたのである。

　1980年に出版されたポーターの『競争の戦略』は、この考え方を軌道に乗せた。ポーターは、MBAの取得とハーバード大学ビジネス・スクールで講師を務める合間をぬって、同大学の経済学部で博士号を取得した。そこで、産業組織論と呼ばれる経済学の一分野を研究し、実証に基づくテストによって、系統的で、相対的に精緻な［産業分析へのアプローチ］手法を研究した。[392] そして、それらを企業の戦略家（ストラテジスト）にとっての意味合いを拡げるように転換した。ポーターは、ビジネス戦略は企業が機能する市場構造に基づくべきだ、と考えたのである。

　ポーターは、本質的にはデザイン・スクールの基本アプローチをとり、外部環境、あるいは産業構造にあてはめたのである（本書の別な章で判明するが、やがてこれは、企業の「リソース・ベースト・ビュー」と呼ばれる、内的状況に着目した逆の動きを引き起こしていく）。したがってポーターは、デザインとしての戦略という、すでに広く受け入れられている概念を基盤とすることができたが、彼が提唱したプロセスは、かなりプランニング・スクールの精神に近いものであったと言える。ポーターは、確立されている産業組織論から得た知識を付加することにより、強力なコンビネーションをつくり出した。これが学問的にもビジネス的にも、あっという間に大ヒットしたのである。

　ポーターが手がけてきたもの、特に1980年に出版された文献（『競争の戦略』）

と、これに続く1985年の『競争優位の戦略』は、枠組みというよりは基礎を提供している。つまり統合された構造そのものではなく、むしろそれを構築するためのコンセプトをいくつか提唱した。このコンセプトの中でも、競争分析モデル、基本戦略、そして価値連鎖（バリュー・チェーン）が最も有名である。

ポーターの競争分析モデル

ポーターの競争分析モデルは、組織を取り巻く環境に潜む、競争に影響を与える5つの競争要因を指摘している。この5つについて説明していくことにしよう。また、この5つの競争要因を図4-3にもまとめている。

- **新規参入の脅威**

業界とは、会員制のクラブのようなものである。企業が会員になるためには、いくつかの「参入障壁」を乗り越えなければならない。たとえば、規模の経済性、必要資本額、そして確立されたブランドに対する顧客ロイヤリティ、といったものである。障壁が高ければ和気あいあいとしたクラブとなり、競争も友好的である。逆に障壁が低いと、競争の激しいクラブとなり、常に神経を張り巡らせていなければならない。

- **売り手（供給業者）の交渉力**

売り手（供給業者）は、彼らの製品を最も高い価格で売ろうとするため、企業とその売り手（供給業者）との間に、必然的に力の争いが発生する。多くの選択肢をもち、たとえ双方の関係が消滅してもダメージが少ないほうが、この争いに勝つ。たとえば、自分たちの製品の大半を1人の顧客だけに販売する必要などない企業や、ユニークで他に類を見ない製品をつくっている売り手（供給業者）には、競争が優位に働くのだ。

- **買い手（顧客）の交渉力**

企業の買い手（顧客）は、価格が下がること、もしくは製品の品質が上がることを望んでいる。買い手（顧客）がこの望みをかなえられるか否かは、彼らの購入量、情報量、代替製品を試す意欲などにかかっている。

- **代替品の脅威**

代わりのいない人間などいない、という古い諺がある。競争は、その製品の

図4-3 ▶ 業界構造の要素

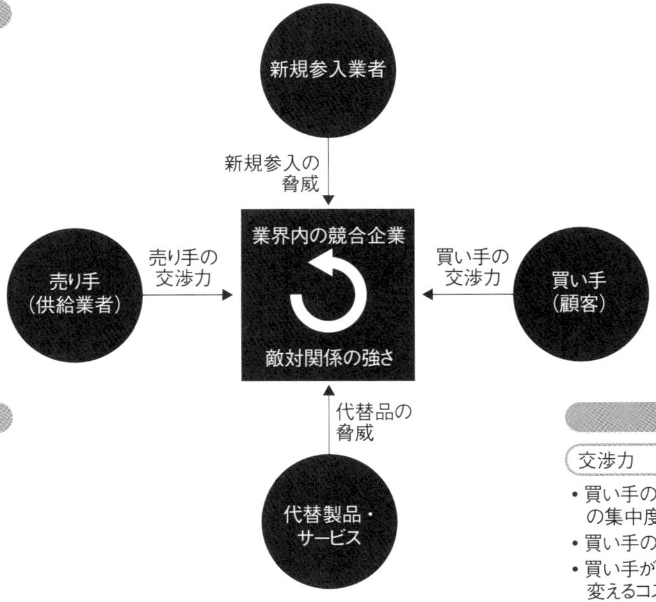

参入障壁
- 規模の経済性
- 専有的製品との差別化
- ブランド・アイデンティティ
- スイッチングコスト
- 必要資本額
- 流通チャネルの確保
- 絶対的なコスト優位性
- 特異な学習曲線
- 必要資源の入手
- 特許な低コスト製品設計
- 政府の政策
- 参入に対して予想される報復措置

敵対関係の決定要因
- 業界の成長性
- 固定費（あるいは在庫コスト）と付加価値
- 断続的な過剰キャパシティ
- 製品の差別化
- ブランド・アイデンティティ
- スイッチングコスト
- 業界の集中度とバランス
- 情報の複雑性
- 競争相手の多様性
- 企業目的
- 撤退障壁

売り手交渉力の決定要因
- 資源の差別化
- 業界における売り手と取引先のスイッチングコスト
- 代替資源の有無
- 売り手の集中度
- 売り手にとってのボリュームの重要性
- 業界の総仕入量対コスト
- 資源がコストや差別化に及ぼす影響
- 企業による川上統合の脅威対川下統合の脅威

代替製品の脅威の決定要因
- 代替製品の価格対性能比
- 代替製品へのスイッチングコスト
- 代替製品に対する買い手の傾向

買い手交渉力の決定要因

交渉力
- 買い手の集中対企業の集中度
- 買い手の購入量
- 買い手が仕入先を変えるコスト対売り手が企業を変えるコスト
- 買い手の情報
- 川上統合の可能性
- 代替製品の有無
- 需要の低迷

価格への感度
- 価格と総購入量
- 製品の差別化
- ブランド・アイデンティティ
- 品質・性能への影響
- 買い手の利益
- 購入決定者の動機

新規参入業者 — 新規参入の脅威 →
売り手（供給業者） — 売り手の交渉力 →
業界内の競合企業　敵対関係の強さ
← 買い手の交渉力 — 買い手（顧客）
← 代替品の脅威 — 代替製品・サービス

出典：Reprinted with the permission of The Free Press, a Division of Simon & Schuster Adult Publishing Group, from *COMPETITIVE STRATEGY: Techniques for Analyzing Industries and Competitors* by Michael E. Porter. Copyright © 1980, 1998 by The Free Press. All rights reserved.

代替が他の業界においてどれだけあるかにかかっている。郵便サービスは宅配サービスと競合し、宅配サービスはファックスと競合し、さらにファックスは電子メールと競合する、という具合である。ある業界が革新を図れば、別な業界が苦しむという構図である。

- **競争業者間の敵対関係の強さ**

前述の要素はすべて競争関係に着目している。ポーターによれば、これは交戦状態と平和的な駆け引きが混在している状況である。企業は、有利な立場に自分をもっていこうと画策する。互いを攻撃したり、暗黙のうちに共存したり、場合によってはアライアンス（同盟）を結んだりする。すべては、前述の要素次第である。たとえば、代替製品の脅威は企業間の団結を促し、一方、競争が激化した業界では、買い手と供給業者が比較的同等の力をもつようになることもある。

　５つの競争要因の相対的力関係が、企業がなぜある特定の戦略を選択したのか、その理由を解明してくれる。仮に売り手(供給業者)の交渉力が強い場合、企業は自分で供給を賄うために、川上への垂直統合を図る戦略をとる可能性がある。外部環境に潜む要因を考えると、可能な戦略の幅はむしろもっと大きいという考えをもつ者もいる。しかし、ほんの一握りの「包括的」戦略だけが、長丁場の競争で生き残ることができるのだ、とポーターは反対の意見を提唱した。この考え方は、クラウゼヴィッツの基礎的単位と同様、ポジショニング・スクールを真に定義していると言える。

◉ ──── ポーターの基本戦略

　ポーターは、「基本的には、企業が取り得る競争優位のタイプは２つある。低コストか差別化である」[393]と主張した。この低コストと差別化が、ある特定のビジネスの「幅」、つまりターゲットとなる市場セグメントと結びついて、「業界内で平均以上の業績を達成するための**４つの基本戦略**を創り出している。それは、コスト・リーダーシップ、差別化、コスト集中そして差別化集中」である。これらを図4-4で表す。

ポーターは、「"万人向き"というのは、平々凡々たる戦略、したがって、平均以下の業績しかもたらさない処方箋である[393]」としている。企業が競争優位に立ちたいのなら、基本戦略のどれかを「選択」しなければならないとしている。さらにもう少し議論するならば、「4つの基本戦略をいろいろと試みてみたものの、そのどれにも成功できなかった企業は、"窮地に立った"のである[393]」。では、この基本戦略を見てみることにしよう。

❶コスト・リーダーシップ

この戦略は自社の属する業界で、同業者よりも低コストの地位を占めようとするものである。コスト・リーダーシップ戦略は、エクスペリエンスを累積すること、大規模な生産設備への投資、規模の経済性を追求、総体的なオペレーティング・コストに万全の注意を払うことで実現される(たとえば、ダウンサイジングやTQMといった施策を通して実現する)。

❷差別化

この戦略は、ユニークな製品やサービスを開発し、ブランド／顧客ロイヤリティを獲得しようとするものである。企業は、他社よりも品質やパフォーマンスが高いこと、もしくは著しくユニークな特徴をもっていること、そのど

図4-4 ▶ ポーターの基本戦略

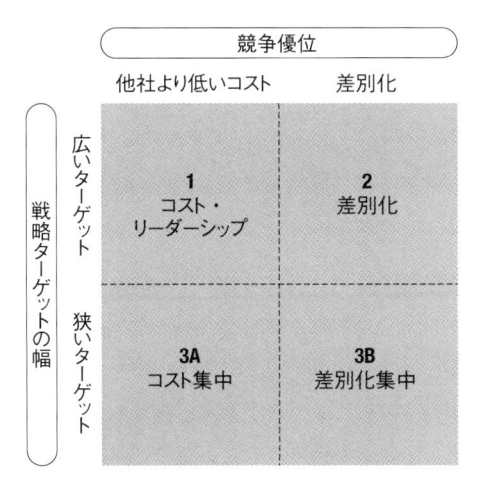

	競争優位	
	他社より低いコスト	差別化
広いターゲット	1 コスト・リーダーシップ	2 差別化
狭いターゲット	3A コスト集中	3B 差別化集中

(戦略ターゲットの幅)

出典：Reprinted with the permission of The Free Press, a Division of Simon & Schuster Adult Publishing Group, from *COMPETITIVE ADVANTAGE: Creating and Sustaining Superior Performance* by Michael E. Porter. Copyright © 1985, 1998 by Michael E. Porter, All rights reserved.

れかを提供することで、価格の高さを正当化することができる。

❸集中

　この戦略は、狭く絞られた市場セグメントを扱おうとするものである。企業は、特定の顧客グループ、製品ライン、あるいは特定の地域市場に「集中」できる。そしてこの戦略は、ターゲットとする市場において、差別化されたものを提供するという「差別化の集中」、もしくは企業がターゲットとする市場において、低コストで販売を行うという「総体的コスト・リーダーシップの集中」のいずれかとも言える。これにより企業が、その知識と能力の開発に集中することを可能にするのである。

　多くの人たちが疑問をもったが、特にミラー[313]は、1つの戦略のみを追求しなければ「窮地に立った」状態に陥る、というポーターの考え方に疑問を呈した。戦略を特定化することは「柔軟性を損ね、組織の視野を狭めてしまうのではないか?[313]」。ミラーは、世界で最高品質のトラクターを製造することにより差別化を図った、キャタピラーの事例を紹介した。精度と耐久性に没頭したキャタピラーは、効率性や経済性といったことを見過ごしてしまい、競合する日本企業に対して無防備な姿をさらけ出すことになった。これとは対照的に、ベイドン-フラーとストップフォード[24]は、ベネトンを引き合いに出している。ベネトンは、よりファッション性の高い商品を、より低コスト、しかも大量生産することに成功したのである。これらの著者たちは、「対極のジレンマ」を克服できる者には大きな見返りが待ち受けている、と結論づけている。また、ギルバートとストレベル[154]は、戦略を「超越する」ことにも言及している。たとえばトヨタのように、まず低コスト生産者として市場に参入し、その後さらに大きな市場シェアを確保するために差別化を図って成功を遂げる、ということもあるのだ。

● ポーターの価値連鎖（バリュー・チェーン）

　ポーターは1985年に発表した『競争優位の戦略』の中で、**価値連鎖**というフレームワークを紹介している。これは図4-5に示す通り、企業の活動が、主活動と支援活動に分かれることを提示している。**主活動**は、製品が顧客に到達す

るまでの流れと直接関係する。この流れとは、購買物流(入庫、在庫管理など)、製造(もしくは加工・組立)、出荷物流(受注処理、物流など)、販売・マーケティング、そしてサービス(設置、補修など)である。一方、**支援活動**は主活動を支えるものである。調達活動、技術開発、人事労務管理、そして企業のインフラストラクチャーの全般管理(財務、会計、総務もここに含まれる)が挙げられる。

　ポーターの図の右側に記された「マージン」は、企業がどのように価値連鎖をマネッジするかに基づいて、企業が獲得する利ざやが決定することを示している。図中の点線は、1つの例外を除けば、すべての支援活動がそれぞれ主活動と関連し、そして価値連鎖全体も支援していることを明らかにしている。唯一例外なのが、企業のインフラストラクチャーとなる全般管理である。あえて特定の連鎖活動と結びつけずに、連鎖全体に適応するものとして捉えている。ポーターにとって価値連鎖は、「企業が行うすべての活動とその相互関係を、体系的に検討する方法を提案するものである」[393]。ただし、価値連鎖を総合的に検討することもポーターは指摘している。たとえば、ある企業が素晴らしいマーケティング活動を展開していても、製造がこれに匹敵しなければ、マーケティング活動は戦略的優位とはならないのである。

図4-5 ▶ ポーターの価値連鎖の基本形

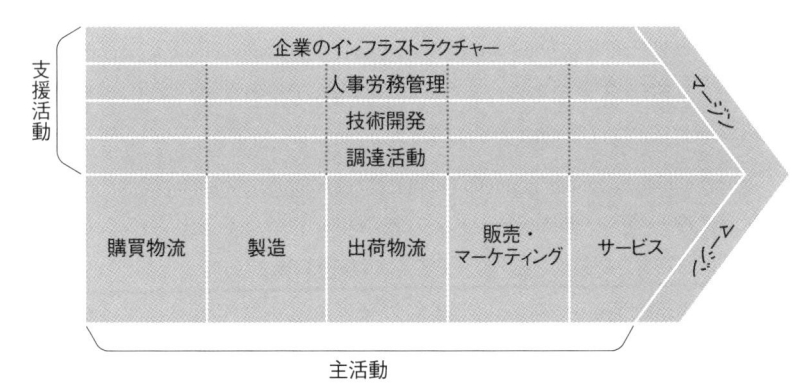

出典：Reprinted with the permission of The Free Press, a Division of Simon & Schuster Adult Publishing Group, from *COMPETITIVE ADVANTAGE: Creating and Sustaining Superior Performance* by Michael E. Porter. Copyright © 1985, 1998 by Michael E. Porter, All rights reserved.

> 「バリュー・チェーンは、戦略優位の源を明らかにしてくれる」

前述した通り、ポーターの登場以降、戦略ポジショニングに関する文献が急増したが、本書ではその詳細について見直すことはしない。それよりも、戦略ポジショニングが次第に洗練されていったことに着目し、これまでの経緯を検討するための構造を提示することによって、総合的にこれを捉えることとする。

●──── 4種類のポジショニング・スクールに関する研究アプローチ

ポジショニング・スクールの、さまざまな研究を結びつける1つの方法を、図4-6のマトリックスで示している。これは、ポジショニング・スクールのこれまでの功績を位置づけるものと言える。研究は、単一の要素（単一型）に対して複数の要素（クラスター型）、静的状況に対して動的状況とに分けることができる。そして図中に記した4つの枠の中に、ポジショニング・スクールの活動を確認することができるのである。ただし、より簡単な研究形態が好まれる傾向にはなってきた。

▶ **静的単一型** おそらく研究の大半は、この**静的単一型**に該当する。いくつかは、アウトソーシングやバンドリングといった製品のセット販売のような、ある特定の包括的戦略に焦点を絞ったり、それらの戦略に適した業界状況、もしくは一定の条件下での最適な戦略を見つけようとする。しかしこれ以外は、第二の波のときと似ているが、各戦略が効果的かどうかを追求するだけである。この一例が「多角化は儲かるか？」という問いかけであり、これについては広範囲にわたって膨大な研究が行われてきた。

▶ **静的クラスター型** 戦略家(ストラテジスト)は、個々の戦略ポジションを選択するだけではなく、それを他の戦略とうまく統合させるという役目も担っている。したがって、第二の象限（右上）に記した研究は、要素のクラスターに焦点を当てているが、これを静的な状況下で捉えている。たとえばポーターは、**戦略グループ**[391]という言葉を用い、ある業界内で類似の戦略をとっていたり、同じような要素の組み合わせを適用している企業の集合体を表した。レストラン業界におけるファス

図4-6 ▶ 4種類の研究アプローチ

	単一型	クラスター型
静的状況	特定の戦略を特定の状況に結びつける（例：多角化を産業の成熟期とリンク）	戦略を表すクラスター（例：戦略グループ）と状況のクラスター（例：包括的な業界）の関係を示す
動的状況	外的な変化（例：技術的な脅威や競合相手からの攻撃）に対する特定の戦略的な対応を決定する（例：ターンアラウンド、シグナルの発信）	一定期間、戦略や状況のクラスターの展開ステップを順次追跡する（例：業界ライフ・サイクル）

トフード・ハンバーガー・チェーン業界がこれにあたる。この象限に該当する研究は、このような戦略グループ企業群を、業界条件のクラスターと一致させることになる（たとえば、市場の「多数乱戦状態」や「成熟期」(ii)等）。

1980年中頃、戦略グループの研究がちょっとしたブームとなった。[213]ハントが、家電業界における競争を説明するために、最初にこの言葉を創ったのだ。ハントは不思議な現象に直面した。それは、家電業界の集中度が高いにもかかわらず、つまりは比較的競争も激しくないはずなのに、業界全体の収益性が非常に低いという現象であった。そこでハントは、同じ業界にあるさまざまな企業の部分集合（戦略グループ）が、根本的にそれぞれ違う戦略を追求しているとした。つまり、高い収益を得た企業もあったし、低い収益しかあげられない企業もあり、結果としては平均的な収益は低く抑えられていたのだ。

後にポーターは、[391]**移動障壁**という概念を紹介している。これは、本質的に参入障壁の縮小版と言っていいだろう。参入障壁は産業の境界を明らかにするかもしれないが、移動障壁は産業内での明確な競争優位な空間をつくり出す。そこでは、あまたある企業の中で、異なる戦略を持続させることができる。たとえば、ローカルな市場で事業を展開している地域企業は、全国で事業展開している企業のような広告や流通の資源をもっていないかもしれない。しかし、ロ

ーカル市場の消費者の忠誠心はもとより、彼らの特異性を、本質的に理解しているだろう。最終的にこの企業は、ある特定の戦略グループ（この場合は「地域プレーヤー」）の輪の中に入ることになる。対して、「全国的」な戦略を求める企業は、全国どこにでもいるような普通の消費者をターゲットにするだろうし、全国規模の広告展開や流通を使いながら、自分たちのポジションを維持するだろう。こうした２つのグループは競い合うこともあるが、移動障壁は、どちらのグループに対しても、自分たちの競争優位な空間をうまく活かすようにしてくれる。

　もちろん、さまざまな産業で同じタイプを見つけることができるという意味で、戦略グループが包括的な場合がある（たとえば、多くの異なる産業で、地域あるいは全国的な戦略を求める企業を見つけられる）。戦略グループのクラスターのタイプについては、次ページの囲みに説明した。

▶**動的単一型**　動的変化に関しての残りの２つの象限にある研究は、実施も難しく、またそれほど一般的に活用されているものではない。第三の象限（左下）では、技術革新や新たな競合の出現といった、単一型の変化が起きた場合の影響について記している。研究者は、排除すべきか、差別化を図るべきか、といった本質的な対応に関心を寄せるだけでなく、**シグナル**にも興味を抱いた。[391]たとえばそれは、実際に建てることはしないが、競合他社を追い払いたいがために新しい工場の建設計画を発表する、というものである。したがってこの場合、戦略は策略（プロイ）となるのである。しかしこのような画策には、政治的性格が背景にあるため、詳細は本書第８章のパワー・スクールで紹介することにしよう。

　また、ターンアラウンドの戦略に関する研究も一般的であり、同様に「先手必勝」戦略も然りである。「一番乗り」は、虎視眈々と待っている状態で勝ちをねらう「二番手」や「後発」組と比べると、新しい市場に一番乗りすることによって得られるメリットと負担すべきコストが発生するのである。

　もう少し論理的な戦略研究者たちの間で最近好まれているのが、いわゆる**ゲーム理論**である。131ページの囲みでこれを見直しているが、戦略的な問題に対する答えを探すというよりも、特に競争的画策を行う状況下における、戦略的思考に役立ちそうだ。

▶**動的クラスター型**　最後の象限は、動的な環境における関係のクラスターに着目した。むろんこれが最も総合的であり、ゆえに最も難しい研究の形態である。したがって、注目度が一番低いのも納得できる。ここで取り上げられる問題には、戦略グループの変遷(時間とともにどう立ち上がり、発展していくのか)や業界の進化（「ライフサイクル」も含む）、そして競争の興亡などがある。本書第11章では、アルフレッド・チャンドラーの研究について議論する。それは、米国の大企業の進化における段階に関する研究である。これには、ポジショニングとコンフィギュレーション、双方の側面が盛り込まれているのである。

ポジショニング・スクールに関する批評

　ポジショニング・スクールは、デザイン・スクールやプランニング・スクールの流れをさらに深く追究しているため、これらと同じ視点から批評すること

包括的戦略グループ
（ヘンリー・ミンツバーグ）

- **ニッチ・プレーヤー**
  通常、品質やデザインによって非常に差別化されており、雑誌『エコノミスト』のように狭い範囲のコア・ビジネスをもつ
- **パイオニア**
  非常に的を絞っており、そして革新的なデザインをもつ先駆者。アマゾン・ドットコム（書籍）、トラベロシティ（航空券）、イーベイ（オンライン・オークション）の起源が例にあたる。
- **ローカル・プロデューサー**
  街角のガソリン・スタンドや全国規模の郵便局のように、ある特定の地理的ニッチにおいて差別化されていない戦略。
- **支配的な企業**
  川上における資源の供給者であろうと、川下におけるマス・マーケターであ

ろうと、「徹底した」コスト・リーダーである。広い範囲を網羅し、アルキャンやGMのように、通常は垂直統合されている。

- **「ミー・ツー」型企業**
支配的な企業と同じだが、実際支配することはない。模倣戦略に依存する。多くの携帯電話事業者のケースに見られる。

- **ワールドワイドで複製**
コカ・コーラやマクドナルドのように、世界中の個々の市場において、決まったやり方にのっとったマーケティング、生産、そして販売に重点を置く。

- **プロフェッショナル**
コンサルティング、エンジニアリング、そしてアカウンティング・ファームのように、顧客に対して確立された専門的なサービスを提供する。

- **供給の少ないプロデューサー**
時折、顧客からの大きな契約を果たす。通常、これは世界中どこからでも対応可能であり、ボーイングやエアバスのように、多くのデザイン革新や複雑な技術が絡んでくる。

- **合理化をするところ**
いわゆる「グローバル企業」と称されるところ。スターバックスやベルリッツのように、世界中で委託生産を行ったり、広い範囲での地理的基盤に則った大きなセグメントに対して販売を行う。

- **明確な多角化やネットワーク企業**
非常に多角化しており、広い範囲をもっている。そしてその多くの製品は、3Mやキヤノンのように、通常コア・コンピタンスを中心とした、社内的に開発されたデザインによって差別化されている。

- **コングロマリット**
支配的な企業による買収の結果、関連のない多角化に陥る。

ゲーム理論と戦略

(ジョセフ・ランペルより抜粋)

　ポジショニング・スクールの知的思考は、経済学理論、特に産業組織論に関する分野に多々起因する。最近では、戦略研究者たちは、経済学で人気を博しているゲーム理論と呼ばれる分野からも学ぼうとしている。フォン・ノイマンとモルゲンシュテルンら[494]によって開発されたこの理論は、当初は冷戦時代の超大国間における核兵器をめぐる行き詰まりを分析するために適用されていた。経済学では、企業の小グループ間における競争と協調を検証するためにゲーム理論が活用されている。

　ゲーム理論は、自己の利益を追求する合理主義者が、十分に定義された状況下でとるであろう行動をモデル化する、正確なアプローチを提供してくれる。最もよく知られている例が、いわゆる「囚人のジレンマ」であろう。

　重罪に問われている2人の容疑者が警察に拘留された。警察には、軽い罪で2人を有罪にするだけの十分な証拠はあったが、より重い罪で2人を有罪にする追加証拠が不足していた。したがって起訴を成功させるには、自白が望まれていた。そこで、捜査主任は1人の容疑者に次のようなことを提案した。「通常は禁固3年の刑に相当する罪で起訴するだけの証拠がそろっている。自白すれば禁固1年の刑で済む。もし自白しないで相棒だけが自白すれば、もっと重い罪に問われることになり、禁固10年は免れない。しかし忠告しておくが、2人とも自白すれば、それぞれ7年の禁固刑を法律上科すことになる」。

　もし容疑者同士で話をすることが許され、互いに自白はしないと結束する取り決めができれば、3年の禁固刑で済むことが約束されていた。しかし、2人は離されていたので、互いが相手の行動を想定して決断を下すことになった。合理主義者として、2人とも互いが自分に有利な行動をとるだろうと想定し、自白せざるをえないことになったのである。この結果、両者とも7年間刑務所に入ることになった。

　誠意があったのに逆に悪い結果を招く、というこの囚人のジレンマは、多くのビジネス状況に関連づけることができる。企業は、制限のない競争によって逆に関係者の不利益に繋がる、という状況にしばしば直面することがある。こ

のような場合、客観的には熾烈な値下げ合戦よりも、協力し合うことが望ましいと思われる。しかしながら、競争の「ゼロ・サム・ゲーム(一方の得点が他方にとって同数の失点になる)」が互いに協力し合う「ポジティブ・サム・ゲーム」(いわゆるwin-win)に変わることは、他の戦略が見つからない限り、起きないことなのである。

　戦略におけるゲーム理論の活用を普及させようとした論説の中で、ブランデンバーガーとネイルバフは、実際にこれを遂行した企業を紹介している。[55] たとえば1990年代、米国の自動車は価格競争のサイクルに閉じ込められてしまっていた。そして、これはすべての会社の粗利を蝕んでいたのである。そこでゼネラル・モーターズは、この悪循環を打開しようと、将来のGM車購入に対し、ディスカウントを提供するクレジットカードの発行を始め、他の自動車メーカーもこれに続いた。この結果、価格競争は和らぎ、業界は「lose-lose」から「win-win」の状況へと移行した。また、再び価格競争が起こる可能性も非常に低くなったのである。なぜなら、大がかりなクレジットカードを発行するための膨大なコストが、ゲーム理論者が言うところの、相互協力に対する「確かなコミットメント」を形成することになったのである。この場合は、短期的な売上げ増加のためではなく、顧客ロイヤリティをめぐって競争することへのコミットメントであった。

　ゲーム理論は、単純な疑問が許される状況下で貴重な洞察を提示する。たとえば、ある航空会社はすべての航空機をボーイングのような1つの強力なサプライヤーから購入し、業務の最適化を図るべきだろうか？　それともエアバスからも航空機を購入し、ボーイングの力を比較検討する方が賢明だろうか？　ゲーム理論は、必ずしもこのような疑問に対してはっきりとした答えを提示しない。その代わり、状況を変えるためのさまざまな条件の入れ替えや組み合わせを体系的に検証するのである。残念ながら、大半の実社会における戦略的な問題は、多くの可能性を含んでいる。ゲーム理論者が「支配的な戦略」と呼ぶ、他よりも望ましいとされる戦略が存在することは稀である。したがって、このアプローチが戦略的な問題を解決するものではなく、むしろ戦略家の思考を手助けするもの、特に競争相手に対するダイナミックな戦略的画策を理解するための、コンセプトを提供するものと捉えるべきである。

ができる。デザイン・スクールで述べた通り、思考と行動を分けること、すなわち戦略策定は「トップ」が形式的な分析に基づき、意識的思考を通して行い、一方で、実行は下部組織の者が行動を通して行うことは、戦略作成プロセスを過度に計画的なものにしてしまい、同時に戦略ラーニングを損ねてしまうことになる。またプランニング・スクールで述べたように、現在の傾向に基づいて将来を予測すること、ハード・データに頼りすぎること、そして戦略作成プロセスを過度に形式化してしまうことには危険がある。

　究極的には、前章で取り上げた「戦略計画」の大きな誤り、すなわち分析は統合を生むというところに戻る。実はポーターは、1987年に出版された『エコノミスト』の記事に、次のように書いた。「私は戦略を開発するために、一連の分析技法を好んで使う」。しかしわれわれの見解は、分析技法を通して戦略を開発した者はいないということだ。分析技法は、たしかに有益な情報を戦略作成プロセスにもたらす。しかし、分析技法が戦略を開発することは絶対にない。ハメルが『フォーチュン』誌の記事で指摘したことは、ポジショニングとプランニングに共通してあてはまる。「戦略産業の少しばかりダーティな秘密は、戦略創造に関する理論など存在しないことだ」[178]。分析技法が戦略を生み出すのではなく、人が生み出すのだ。

　このスクールに対する批評は、集中、状況、プロセス、そして戦略そのものに焦点を当てたものである。

> 「戦略産業には、戦略創造に関する理論などない」

●────集中に関する懸念

　他の規範的スクール同様、ポジショニング・スクールのとったアプローチは、間違っていたというよりはむしろ狭かったと言える。まず**集中**が狭かったのである。社会的、政治的、あるいは定量化できない経済に対して、経済の中でも特に定量化できる経済に方向づけられている。つまり、質的差別化を図る戦略よりもコスト・リーダーシップ戦略のほうが、一般的に戦略をバックアップするハード・データがはるかに多いために、戦略を選択するときにバイアスが簡単にかかってしまう可能性がある。ポジショニング・スクール第二の波において、この傾向をはっきりと確認することができる。特にBCGの異常なまでに

市場シェアを重視する風潮や、他のコンサルティング会社の、経営コストの見地からしか戦略を見ようとしない、一種の強迫観念的な傾向に現れている。

　ポジショニング・スクールが政治を超えて経済を偏重していることは、とりわけ顕著である。たとえば、「政治的」や「政治」という言葉は、ポーターの代表作である『競争の戦略』の目次にも索引にも出てこない[391]。しかしこの文献は、政治的な活動に関するたやすく手にすることのできる入門書である、と容易に解釈することができるのだ。もし、本当に利益が市場の力によって左右されるのならば、利益を生むための方法は、経済的な方法よりももっと優れたものがあるではないか。可能な限りすべての「参入障壁」を考えてみてほしい。次の文章の行間を読むことは、そんなに難しくないはずだ。「政府は、許認可制度や原材料調達に規制をかけるなどして、業界への参入を制限したり、締め出したりすることができる……」[391]。事実、ポーターは時折、競争的な経済と政治的な画策との間の微妙な境界線を、越えてしまうことがあった。

　　大企業が弱小企業を告訴する場合には、反トラスト私訴が、ペナルティを課すための薄いヴェールで覆われた仕掛けとなるに違いない。訴訟は弱い立場にある企業に、長期間にわたって巨額の訴訟費用を強いることになるため、市場での競争を諦めさせてしまう[391]。

　事実、数年後ポーターは、市場の力の政治的な意味合いの難しさに直面した。それは、ナショナルフットボールリーグ（NFL）の経営陣から、最近設立されたUSフットボールリーグ（USFL）の脅威に対抗する戦術を求められたときのことだった。NFLとの会議でのポーターによる提案と記録は、USFLが1984年にNFLに対して起こした反トラスト私訴における明らかな証拠となった。陪審は、その設立間もないリーグにダメージを与えるために、独占的な力をNFLが行使することを有罪と評決した[238]。

● **状況に関する懸念**

　2つ目の懸念は、ポジショニング・スクールが狭い**状況**しか捉えていないことである。この理由の1つに、伝統的なビッグ・ビジネスへの偏りがある。ビ

ッグ・ビジネスこそ最も市場性が高く、競争の影響が少なく、そして著しく政治的に市場操作できる可能性が高いということは、偶然ではない。ニッチ戦略や多数乱戦業界（フラグメンテッド・インダストリー）に関する研究はたくさんあるが、成熟した市場で主流となる戦略に関する研究の数に比べたら、到底及ばないものである。言うまでもないが、主流となる戦略にはハード・データが存在する。そしてポジショニング・スクールは、その実行と研究のどちらにおいても、このような膨大な量のデータに頼らなければならないのだ。

　われわれは、すでに第二の波に関する記述の中で、BCGとPIMSに関するこの問題について言及した。特に市場シェアに注目が集まりすぎている点を指摘した。ポーターは、『競争の戦略』の中で、多数乱戦業界について触れている。彼は、数多くの企業によって細かく分断された業界を整理・統合するための戦略についてかなりくわしく記している。しかし、統合された業界を細かく分断させる戦略については言及しなかった（言うまでもないが、これは中小企業が好むトリックである）。またポーターは、多数乱戦状況の中で「窮地に立たされる」ことについて触れているが、統合された業界の中での行き詰まりについては言及していないのである。

　大規模で、確立された、そして成熟している企業を好むという傾向は、デザイン・スクールやプランニング・スクールに見られるように、安定した状況に傾倒することの表れである。不安定さが多数乱戦状態を促すのである。同時に参入障壁や移動障壁、撤退障壁といった、さまざまな障壁も崩すのである。しかし、これだけでは、ポジショニング・スクールの分析者（アナリスト）の役には立たない。いったい、不安定な業界においてどうやって市場シェアを把握できるのだろうか？

　比較的安定した状況下における形式的分析に注目が集まる中、ポジショニング・スクールの別な側面として、シグナル、形勢、先手必勝や後発優位、といった動的な側面が検討されている。しかしこの動的側面については、実行の場でも研究においても、まったく違った方向づけを必要とするため、ポジショニング・スクールに関する文献では、決して取り上げられることはなかった。たとえば実践の場では、限られた時間で分析したわずかなハード・データに基づいて、機敏な戦術的展開を行わなければならないし、また研究については不意

打ちの効用を知るために、より柔軟な考え方や創造性が必要になるというようなことだ。この結果、ポジショニング・スクールでは概念の分裂を招いてしまった。実行者に、一方では慎重に検討し、そして包括的に動きなさいと言いながら、もう一方では、迅速かつ相手の不意を突くように動きなさいと説く。ある意味では、「分析による麻痺状態」か「本能による絶滅」か、どちらか好きに選びなさい！と言っているようなものである。[262]

　問題の多くは、総体的にこのスクールが内的能力を犠牲にしながら、特に業界や競合といった外部状況に目を向けすぎる傾向から生じている。両者のバランスは、デザイン・スクールによって大事に守られてきたが、いったんポジショニング・スクールに火がつくと、このバランスは見事に崩れてしまった。そして、これから考察していくが、戦略マネジメント分野も同じようにバランスを失う方向へと引っ張られていくのである。

　"How Much Does Industry Matter?"（「業界はどの程度重要か？」）[425]と題された論争的な研究論文の中で、UCLAのリチャード・ルメルト教授は、1974年から1977年にかけての政府の統計値をもとに、製造業各社の業績を検討した。彼の用いた仮説は比較的簡単なものだ。それは、もし戦略形成において業界が本当に一番重要な側面ならば、複数の業界にまたがるビジネス・ユニット間の業績の違いは、同じ業界内にあるビジネス・ユニット間の業績の違いをはるかに上回るはずだ、としたものである。しかしルメルト教授が見出した答えは、まったく反対だった。

　マクガーハンとポーターはこの6年後に、"How Much Does Industry Matter, Really?"（「業界は本当にそこまで重要か？」）[295]と題した論説で応えている。2人はより精巧な統計的テクニックを用いて、1981年から1994年にかけての製造業ならびにサービス業のビジネス・セグメントの業績を分析した。そして、ある特定の業界にいることが業績に大きく影響する、という結論を出した。ただし一方で、同一業界内における企業間の業績の違いは、業界間における違いよりも重要であることは認めている。

　このような論議こそ、鼻っ柱の強い研究者が好むものである。なぜなら、疑問点が明確に定義され、データも非常に統計的であり、そして限りなく精巧な技法が存在するからである。しかし、このあたりでもう一度基本に戻ることが

望ましい。この議論もさることながら、ポジショニング・スクール全体を正しく捉えるためにも基本に返ってみよう。そもそも業界は、どのようにして定義され、分類されるのだろうか？　通常、政府の仕事や調査・研究に携わるエコノミストがこの業界分類を手がけ、一方でこれらの業界は、複雑な認知プロセスや社会的プロセスを使うマネジャーによって創り出される。あるいは、マネジャーがこうした業界を破壊、統合、そして分割することもある。【10】したがって本当に業界が重要であっても、ポジショニング・スクールの捉え方とは意味合いが違う可能性が高い。

● プロセスに関する懸念

　3つ目は、**プロセス**に関する懸念である。ポジショニング・スクールが伝えたかったのは、現場に出て学べではなく、机に向かって計算しなさい、ということであった。経営陣に求められるのは、「数字をこねくり回す」ことであり、MBA受講者も然りである。戦略家（ストラテジスト）は、製品をつくったり販売するといった実体の伴う世界から離れ、紙に書かれた抽象的な概念を扱うことになっている。19世紀、クラウゼヴィッツは優越を獲得するのに、「計算」は「最後まで、最も本質的なこと……」であると主張した。しかし、同時に「些細な事柄が無数に積み重なると」「計算ができない不測の事態」【85】を招くとした。これは、ポジショニング・スクール全体が抱えるジレンマである。

　プランニング・スクールの批評の中ですでに触れたが、計算は学習や創造力を損ねるばかりではなく、個人のやる気にまで影響してしまう。プランナーたちが隔離されたオフィスに置かれ、経営陣のためにレポートをまとめていると、他のメンバーはただの実行者としてなおざりにされてしまう。社員は、複雑なビジネスを考慮した繊細な戦略ではなく、ビジネスの「些細な」部分を理解できない分析者（アナリスト）によってつくられた、計算だけはぴったり合うという、数字に基づく戦略を強いられる可能性がある。「革新的な戦略とは、無味乾燥な分析や数字からは生まれない。新しい洞察をもたらす可能性のある新しい経験から生まれるのである」【178】。

　ブランソンは、認知プロセスというよりはむしろ意思の働きと言える「コミットメントをもとうとする行動」と、「批判的に詮索する行動」を比較した。そ

の批判的で詮索的な行動とは、「感情的に関わること」を否定し、「何かを受け入れるよりも、却下する確率の高い」行動である。つまり、分析者(アナリスト)による計算は、実行者のやる気を阻害する可能性があるということである。したがって、前もってわかっている最適な戦略など存在しないということだ。成功する戦略は、人々にエネルギーを吹き込む。つまりその戦略を実現すること、そしておそらく自分たちで戦略をつくることは、その戦略をよくするのである。これは以前ポーターが述べた「要素(資産、人)は集められ、さらに累積することができるし、またできなければならない……」という主張とは、若干異なるのである。

> 「成功する戦略は、人々にエネルギーを吹き込む。つまりその戦略を実現することは、その戦略をよくするのである」

●──戦略に関する懸念

最後に、ポジショニング・スクールでは、戦略そのものが焦点を狭くする傾向にある。戦略は、ユニークなパースペクティブとしてではなく、包括的なポジションとして見られているのだ。最終的にはプロセスが方程式そのものになるため、ポジションを、限定された条件のリストから選択することができる。あるいは、戦略グループの場合、その会社が該当するグループによって、追求すべき戦略の包括的ポートフォリオが定まる。

デザイン・スクールは、戦略をパースペクティブとして捉え、これを創造的にデザインすることを提唱した。ポジショニング・スクールは、戦略を包括的なものとしているため、デザイン・スクールとは正反対のことを提唱してきたことになる。企業は、ディテールも方向づけも、包括的な方向に向いている。その証拠に、今日のビジネス界に横行する模倣や「ベンチマーキング」を見ればいい。同じ問題が学術調査でも起きているようだ。それは、戦略の微妙な違いを研究することよりも、戦略をある特定のカテゴリーの中に閉じ込めることを奨励するときに起こるのである。

もちろんこのカテゴリーは、既存の行動に基づいたものである。そして、マネジャーも研究者も、未来を革新するのではなく、過去を体系化する誘惑に駆られるのだ。したがって、このスクールは前述した通り、「さらに先まで行く」よりも「そこにとどまる」傾向にある。リチャード・ルメルトは、ポジショニ

ング・スクールのアプローチ、少なくともその計画的、そして分析的側面については好意的である。しかし、このスクールが抱える課題についてもはっきりと指摘することを忘れてはいない。次ページの囲みに、彼が頻繁に使うスライドを再現してみた。

　ビジネスや戦争における有名な戦いは、従来の常識にしたがって行動したからではなく、ナポレオンの場合で見たように、確立されていたパターンを破ることによって勝利したのである。つまり、まずカテゴリーを**創る**ことが鍵となる。バーガーキングは、「ファストフード・ハンバーガー・グループ」に仲間入りしたかもしれないが、このグループのビジョンを最初に描き、グループの規則を創ったのはマクドナルドである。企業によっては、机にかじりついて「競合分析」を行うところもあれば、外に出て独自のポジションを創り出す企業もある（おそらく分析する競争相手もいない！）。ポジショニング・スクールは、包括的戦略、確立されている業界、すでに形成されているグループ、そして確固たるデータに焦点を絞っている。しかし、すでに確立しているカテゴリーを研究することは、新しいカテゴリーをつくろうとする意欲を損なわせるのである。

　1959年、ホンダが米国のオートバイ市場に参入したとき、BCGは彼らを「負け犬」に分類するしかなかったのだろう。当時のオートバイ市場は、黒い皮ジャンを着たタフな男たちのものとしてすでに確立されていた。しかもホンダは、取るに足らない企業だった。進出など図るべきではなかったのである。ところが、一般市民が乗る小型オートバイ市場を創出したことにより、負け犬は花形へと変貌した。そして自ら創り出した成長市場の中で、大きなシェアを誇るようになっていったのである。皮肉にも数年後にBCGのあるレポートは、これを模範的なポジショニング行動と称賛した。ルメルトが言及しているのはまさにこの「事例」であるが、本書第7章で紹介する通り、ホンダの成功はポジショニングではなく、多分にラーニング・スクールと関係しているのである。

　さて、動的な側面を見てみると、ポジショニング・スクールには「先駆者」というカテゴリーが存在する可能性がある。しかしこのスクールは、既存カテゴリーのハード・データに基づく戦略的な分析を提唱しているため、そのメリットを享受できないでいる。企業がその分析を終えた頃には、先手を打った企

業の後ろ姿は見えなくなっているだろう。

　皮肉にもポジショニング・スクールは、積極的な姿勢をとってはいるが、実は戦略形成における思考スクールの中では、最も決定論的である。経営陣による選択を高らかに宣言する一方で、企業が生き残るために適応すべきボックスを、詳細に描いているのだ。このスクールの第一の波は格言を、第二の波は規範を押し進めた。市場シェアそれ自体が良しとされ、また大量生産の経験曲線は良く、そして資本の集中投下は悪いとされた。そして第三の波で、やっと選択や偶然の出来事について言及されているが、選択の幅は決して十分とは言えない。以上の規範は、ある一定の状況下で最善の包括的戦略が存在する、という信念に基づくものであるが、これは命に代えても無視すべき規範である。

「ホンダの課題」は、どう対応すればいいのか?
（リチャード・ルメルトの許可を得て掲載）

- 1977年、私のMBA最後の試験で、ホンダ・モーターサイクルに関するケースを出題した
  「ホンダは、世界の自動車産業に参入するべきか」

- これは、「サービス」問題だった。「イエス」と解答した者は、落第点をつけられた。なぜなら、
  - すでに市場は飽和状態だった。
  - 優れた競争相手が、すでに日本、米国、そして欧州に存在していた。
  - ホンダは、自動車に関する経験が皆無に等しかった。
  - ホンダは、自動車の流通チャネルをもっていなかった。

- しかし、1985年、私の妻はホンダ車を乗り回していた

◉───ポーターによる「戦略の本質」がなぜ戦略ではないのか

　1996年、ポーターは『ハーバード・ビジネス・レビュー』に、「戦略の本質」と題した論文を掲載し、これまでの批評に応えた。「優れた収益力」を達成するためには、「業務効率の継続的改善」は「必要ではあるが、通常はそれだけでは不十分」な条件であるとし、戦略の重要性について強調した。

　このような結論は議論するまでもないが、さらにポーターは「持続的競争優位」を達成するための6つのポイントをリストアップした。はじめの5つは戦略と全般的な組織の問題について、そして6つ目は、「業務効率化は当然の前提」と記述した。[395]しかし効率の向上に日々苦慮しているマネジャーが、果たしてこれを受け入れるだろうか？

　さらに業務の効率化は、ある種の戦略にもなりうる（3Mのイノベーションが果たした役割と同じように）。現実に効率性の改善は、戦略を大きく変えるきっかけになる。しかしポーターはこの論文の中でも、戦略を演繹的で計画的なものとしており、あたかも戦略ラーニングや創発的な戦略が存在しないかのように捉えている。『ハーバード・ビジネス・レビュー』の1997年3／4月号で、彼は投書に対して次のように記した：

　　もし戦略を社員や組織の取り決めにまで及ぼそうとするのであれば、実質的には会社がやること、会社を構成するものすべてに戦略が及ぶことになる。言うまでもないが、これは事態を余計に複雑にするし、さらに競争環境からポジション、活動、さらには社員のスキルや組織に至るまでの因果関係の連鎖を、うやむやにしてしまう。[396]

　しかし、「会社がやること、会社を構成するものすべて」に戦略が存在するのが、何が問題なのか？　それは、戦略をポジションというより、むしろパースペクティブとして捉えているだけなのだ。それになぜ、すべてに因果関係の連鎖がなければならないというのか？　ましてや、どうして1つの方向に向かわなければならないのか？

　実際、ポーターの戦略に対する狭い捉え方は、驚くべき結論を導き出してい

る。それは、日本企業には「ほとんど戦略がない」というもので、「日本企業は戦略を学ばなければならない[395]」としている。もしポーターの言うことが真実で、一方、こうした情勢の中でのとりわけトヨタの驚くような成功のように、多くの日本企業が業績を出したことも事実ならば、会社が成功するためには戦略は必要な条件ではない、ということになってしまう。われわれはまったく反対の意見をもっている。日本企業は、戦略を学ぶどころか、ポーターに戦略のイロハを教えてあげるべきではないか。

> 「日本企業は戦略を学ぶ必要はない。ポーターこそ、戦略のイロハを学ぶ必要がある」

ポーターはこの論文を通して、戦略に特徴をもたせること、そして戦略的ポジショニングの「発見」には「創造性と洞察力」が必要になることを強調している。そして今日、多くの企業に見られるベンチマーキング、横並び主義、そして模倣する、といったことを露骨に否定している。これは、歓迎すべきコメントである。とはいえ、これらの習慣が、いったいどれくらいポーター自らが長い間主張してきた手続きによって助長されてきたのだろうか、という疑問が湧き起こる(論文の中で、アウトソーシングの結果、あまりにも「一般的」になりすぎた活動を非難する箇所があるのだ![395])。

ポーターは論文の中で、頻繁に戦略の「選択」や戦略を「選択する」という言葉を使っている。そして次のようなコメントで、彼の3つの基本戦略(コスト・リーダーシップ、差別化、集中)を弁護している。この「フレームワークによって、選択が必要だということを紹介した。それは、異なった戦略固有の対立関係と私が当時述べたものに陥る危険を避けるためである[395]」としている。しかし、新奇な戦略的パースペクティブを導き、創造するのとは対照的に、包括的な戦略的ポジショニングを「発見」したり「選択」することで、本当に「創造性や洞察力」が増すというのだろうか？

ポーターの基本モデルでは、軍事戦略について言及した著者たちが、戦略に対する「ありのまま」的なアプローチと呼ぶものに言及している。つまり、いったん戦略的対決が始まってしまえば、与えられた状況で戦うしかない、ということである。状況を変えられるのは戦いの前か後だけとしている。しかしビジネスでは通常、前も途中も後もないのである(多角化における不連続な戦

略は例外であり、だからこそポーターがあれほどまでに情熱を注いで分析をしているのかもしれない）。人によっては戦略と複雑に関連するとされる、組織の構築や人材の育成といったことは、別個の動きというよりも継続的なプロセスを要するものである。日本人もどうやら同じ考え方をもっているようである。彼らは、時間を前や途中や後に分断して捉えることはしない。

　ポーターはこの論文の中で、多くの正しい着眼点を示しているが、一方、いくつもの間違った方法でそれを広めるよう促している。あるいは、少なくとも制約条件のありすぎる扱い方をしていると言っていいだろう。なぜならポーターは、実のところその論文の中で、他の重要な点を排除し、そして無視しながら、ポジショニング・スクールに後戻りしているからである。学者やコンサルタントであれば、戦略という象のどこかしらを捉えることができる。しかしマネジャーは、獣全体と向かい合わなければならないのである。

　ジョージア大学で博士課程にいるビル・アンドルーズが、あるコースで、最初に紹介した寓話の少し古いバージョンを用いた。彼が持ち出した追加の節は、この批評を結ぶのにふさわしいので紹介しよう。

10番目の男は経済学者だった。
この男は直ちに問題を見つけた。
獣に手を触れたことはなかったが、
経験に頼るようなことはしなかった。
この男が語った、「この象は力強く、それでいて気迫に満ちている。
よって曲線に近いグラフで表すのがよかろう」

ポジショニング・スクールの文脈と功績

　ポジショニング・スクールに関するわれわれの見解は、このスクールは分析や計算に重点を置いたために、戦略策定の本来の姿からプロセスを支えるための戦略分析へとその役割を変えてしまった、というものだ。しかもそのプロセスは、戦略が別の方向へ進むようにするものである。本書を通して記述しているが、戦略作成とはこのスクールが描くような秩序正しい静的なものではなく、

もっと豊かで、乱雑で、そしてダイナミックなプロセスである。したがって、ポジショニングの役割は、形成プロセスを**支える**ことであり、決してプロセス**そのものではない**のである。このスクールは、プランニング・スクールに中身を付加し（とはいってもほとんど成功していないが）、同時に、プランナーの役割を分析者(アナリスト)の役割へと移行させた。もちろん実践の場では、プランニングの技法が戦略創造においてうまく発揮されたことはないが、分析のテクニックは、プロセスを大いに活性化させたのである。そのため、シンシア・モンゴメリー[353]のような研究者たちは、ポジショニング・スクールがCEOをチーフストラテジストの座に復活させたと信じている。つまりそれは、デザイン・スクールに戻ることとなってしまう。

　戦略作成のための戦略的分析は、ある一地点で分析可能なデータを提供するためには、状況が十分に**確立**し、また**安定**していれば可能である。しかしながら、このような分析がプロセスを独占するようなことがあってはならない。ソフト・データは常にハード・データと並べて考えられなければならない。言い換えれば、戦略的分析に関してのグレシャムの法則（悪貨は良貨を駆逐する）のようなことが、実践の場であろうと研究の場であろうと、生じてはならないのである。つまり、ハード・データのインプットがソフト・データのインプットを駆逐したり、ポジションのポートフォリオが、統合されたパースペクティブに関する思考を駆逐してはいけないということだ。数字を分析したり、あるいは数字がはじき出した結果に気をとられ、戦略家(ストラテジスト)や研究者が実体的な商品や顧客のいる世界に足を踏み入れることをやめてしまったとしたら、ポジショニング・スクールは、戦略マネジメントに大きな損害を与えたことになる。

　さもなければこのスクールは、戦略マネジメントにとって多大な貢献を果たしたとみなされるに違いない。このスクールは、研究のためのものすごい量の技法を開拓し、またその実践のための一連の強力な概念を提供したのである。このスクールは、他のパースペクティブと組み合わせながら強みを獲得しているのだ。

　2つの成果は、ポジショニング・スクールが展開する方向を示す。ブランデンバーガーとネイルバフ[56]は、企業は、競争を「コーペティション（協合）」を含んだ推進力として掘り下げて考える必要があると主張する。つまり、バイヤー、

サプライヤー、代理人といった「補完関係者」との相互協力関係を含む競争である。同様に、イアンシティとレヴィンは、業界という概念は競争や対立に重きが置かれているが、より多様で複雑な相互依存性にある「ビジネス・エコシステム」に変わる可能性を示唆している。

ポジショニング・スクールは、現在および将来の競争に耐えうるような最善のポジションを見つけるプロセスとして、戦略形成を捉えていた。しかし結局のところ、ポジショニング・スクールは、競争に焦点を絞ることで、ビジョンを矮小化し、戦略における創造性を抑え込んでしまった。またそれは、意図したことと逆の結果を招くこともある。ある攻撃的な競合の動きが、誰もがハッピーにならない悪循環サイクルを生み出してしまうこともある。このスクールの研究に活気を与えている最近の考え方では、競争と協力は、反対のものではなく、両極の中での選択の幅を提供しているとみなしている。戦争の比喩は、国際関係の比喩を生み出す。今日の競争相手は明日の協業者であり、競争関係や協力関係は同時に行われるものである。

デザイン・スクールに戻る？

(モンゴメリー[353]から抜粋)

戦略とは、それがどうあったかではなく、どうあるべきかでもない。過去25年間、解決されるべき分析的な問題、左脳で処理するものとして扱われてきた。こうした認識が、戦略優位性を得るために、マネジャーたちが自分たちの属する産業あるいは企業のポジションを分析することを熱心に手助けする専門家たちの時代へと導いた。

われわれは今では、市場の力が産業の収益性について果たす役割や、競争相手と差別化する重要性について、以前よりずっとわかっている。この結果、戦略の研究に経済学的な側面を吹き込むことになった。まぎれもなく、とても優れた考え方であるだろうということから、多くの意図しない結果が生まれたのだ。

最も顕著なことは、戦略が企業の広範にわたる目的と分離され、競争的ゲー

ムプランへと狭められてきたことだ。戦略の仲介役、世話役としてのCEOの特徴的役割は失墜した。そして、持続的競争優位性を強調するあまり、戦略が、企業の継続的な発展を導く動的なツールであるという事実を見失ってしまった。

　50年前、戦略は一般的なマネジメント・カリキュラムの一部として、ビジネススクールで教えられていた。そのとき、戦略はかなり広範囲にわたるものであったため、全く正確さに欠けていた。続く数十年にわたる進歩で、技法が磨かれただけでなく、戦略を取り巻く新しい産業が生まれたのだ。

　それは目覚ましいものだったので、おかげで戦略のツールキットははるかに豊かなものになっている。とは言うものの、その過程で何かが失われてきた。深さを得る一方で、戦略は拡がりと成長を失った。戦略は次第に実践的なものよりも形式的なものとなった。そして、時間をかけて１つの戦略を実行していくことよりも、最初からまさにアイデアを得ることに終始するようになっていった。

　われわれが見失ったことは、戦略が単なるプランでもないし、アイデアでもないということだ。戦略は外部環境における企業のポジションでもない。それは企業がどうあるべきかを定義するものである。戦略が科学になるよう努力してきたせいで、われわれはこの基本的なポイントを忘れてしまったのだ。われわれは、それを元通りにする必要がある。

　ハーバード・ビジネススクールでのオーナーや社長向けマネジメント・エグゼクティブ・プログラムの戦略のパートでは、付加価値の概念は、われわれが行うことすべての核心である。モジュールの初期に参加した経営者たちは、次のような質問に答えることを求められるはずだ。

- 仮にあなたの会社をたたむとするなら、それは誰にとって問題となるか。そしてそれはなぜか？
- どのような顧客があなたのことを最も残念がってくれるのか。そしてそれはなぜか？
- 他の企業があなたの企業のポジションに来るまでどのくらいかかるか？

　こうした質問が出されたとき、ちょっと前まで喧々諤々だった教室は、沈黙

に包まれる。彼らの属する産業や手がけている製品によって彼らの会社を説明することにずっと馴れてきたマネジャーたちは、彼らの会社の本当の特徴は何かを語ることができないということに気づくことがある。

　本当のところ、ほとんどの戦略は、大部分の人がそうであるように、神秘的な側面をいくらか含んでいる。その神秘的な側面に関しては、中心となる戦略家であるCEOが、覚悟して負わなければならない説明責任がある。CEOは、企業の独自性を選択する唯一の存在であり、ある機会は拒否し、別の機会を追求するかを決める責任がある。この意味で、彼らは、組織目標の守護者としての役割を担っているのである。

　企業の継続的な存在理由を、創造したり再現したりする必要性があるかないかが、戦略家と企業にいる他の社員たちとの違いだ。彼らは、企業が現在いかなる付加価値をもたらしているのかに目配りしながら、一方で、企業の内外で起こっている変化に気を配らなければならない。変化は、企業のポジションを脅かすものであったり、付加価値にとって新しい機会を示しているものなどであったりする。この終わりのないプロセスを導き、行動や目的の中心にパースペクティブをもたらすことが、CEOにとっての最大の責任である。戦略パズルのような問題は解けなくてもいっこうに構わないのだ。

注
　(ⅰ) われわれの1人が、このスクールの初期の提唱者で著名なある人物との会話を思い出す。彼は、われわれが強く述べていた「戦略には無限の可能性があるに違いない」という意見を受け入れなかった。彼は、ジグソーパズルの代わりにレゴで遊ぶというような発明としての戦略のアイデアを歓迎できなかったのだ。
　(ⅱ) 包括的戦略と戦略グループを混同させてはいけない。包括的戦略は、内的な一貫性に着目している。一方戦略グループは、業界内におけるポジションの相違点を反映しているのである【296】。

Chapter 5
THE ENTREPRENEURIAL SCHOOL:
strategy formation as a visionay process

第5章 アントレプレナー・スクール
［ビジョン創造プロセスとしての戦略形成］

アントレプレナー・スクールへの監訳者ツアーガイド

　戦略形成におけるアントレプレナー・スクールとは、戦略形成を文字どおり起業家精神に学ぶことである。1人のリーダーの直感・判断・知恵・経験・洞察といった人間の知的活動における戦略形成、および戦略的ビジョンに焦点を当てたのである。このスクールの中心となるコンセプトは、大胆さと洞察力に溢れるリーダーのビジョンにある。ビジョンとは、「それが本当にビジョンなら、忘れはしないだろう」(ウォーレン・ベニス)というように、明文化されなくとも組織への強力な浸透力を持つものである。明文化されていたとしても、組織に深く定着しないビジョンを掲げては朝令暮改している企業にとって、大変耳の痛い話である。

　このスクールの学問的起源は、シュンペーターの「創造的破壊」にまで遡り、根底にある「起業家的人格」を解明し、戦略形成として体系化しようと試みた。ここで言うところの起業家とは、新たに事業を起こすベンチャー的起業家だけでなく、広くは企業内起業家も含んでいる。経済学者コールは起業家を4つに分類している。計算高い発明者、インスピレーションに溢れた革新者、超楽観主義的推進者、強い企業の創設者、である。また、スティーブンソンとガンパートによれば、起業家は「戦略的状況判断」に際して、"機会となりそうな環境変化に対して常に適応する"が、管理者は"経営資源を使い果たすような脅威からそれを守り、防御的手段に出る"と定義づけ線引きしている。

　アントレプレナー・スクールは、時代環境と企業の置かれた発展ステージによって求められる戦略形成の在り方に重要な視点を提示している。その一方で、戦略形成がたった1人のアントレプレナーの意識や行動、すなわちブラックボックスの中で形成される側面に触れ、その代替性の欠如という重大な欠陥も

明らかにした。さらに、ビジョンにフォーカスし過ぎることの弊害として、新たな学習への妨害など、さまざまな側面から鋭い洞察を加えている。不透明かつ不確実で変化の激しい現代にあっては、大胆な企業の舵取りが今後の命運を分けることになる。アントレプレナー・スクールが主張するコアとなるビジョンへの執着は、方向転換を迫られる経営幹部にとって、これからも必要不可欠なものであるのは確かだ。起業家的戦略は、常に計画性と創発性を合わせもつ。しかし一方で、1人の起業家の力に依存しすぎ、組織全体への学習に結びつきにくいことから『ビジョナリー・カンパニー』のコリンズとポラスは、"ビジョンを持っているリーダーに頼るよりもビジョンのある組織を構築するほうがよい"と主張している。起業家精神とは、不確実性や不連続な変化をチャンスと捉え、リスクを恐れない度胸をもち、成功するまでモノゴトを成し遂げることだ。本文中にもあるが、「起業家的人格」として、「カリスマ的で人を説得することがうまく、情熱に満ち溢れ、世界を変えられるという壮大な志にエネルギーを注ぎ込む」という点が挙げられる。欠点も多いが自らの信念に徹底的に突き動かされる人物が想像される。亡きスティーブ・ジョブズはその典型である。諸説はあるものの、彼はアップルをアウトサイダーから世界のトップに導いた。そして、そのアウトサイダー的気質であることがアップルの強みとなった。これからのアップルがどのような発展・進化を遂げるのかが興味深い。

　一方、最近の日本の起業家や企業内起業家たちを見ると、発想の豪快さ、オペレーションへの執着心、そして社会的責任と存在意義の認識が弱い。ビジョンのパースペクティブが狭く、リスクを回避し、行動パターンにパラサイト型の安全志向が見え隠れするのだ。過去の時代の成功者は、その時代という背景があったからと考えるべきではない。日本人の起業家精神は、これからいかにあるべきか？　それは果たして先天的なものなのか、後天的にラーニングできるものなのか？　アントレプレナー・スクールは、日本の未来の創造という観点から大きな課題をわれわれに課している。

> 「魂は……描くことなしには考えられない」
> アリストテレス

　これまでは**規範的**なスクールについて触れてきたが、この章からは、**記述的**なスクールについて考察していく。記述的なスクールは、戦略形成が進行するプロセスに沿って理解が深まるようにするのが特徴である。それではまずはじめに、この２つのグループの中間に位置し、デザイン・スクールとそれほど変わらない見解をもっている「アントレプレナー・スクール」から考えてみよう。

　プランニング・スクールやポジショニング・スクールはさておき、デザイン・スクールではフォーマルなリーダーシップを重要視している。それは戦略形成を、最高経営幹部のメンタル・プロセスの中で根づいていくものと捉えているからである。最高経営責任者は、戦略の「建築家(アーキテクト)」なのだ。しかしデザイン・スクールは、そのリーダーシップの周りに崇拝信仰を築き上げるまでには至らなかった。概念的フレームワークの必要性を強調し、直感を一切排除することで、リーダーシップに含まれるソフトな側面、つまり個人的で人間的な要素を取り除こうとしたのである。

　アントレプレナー・スクールが行ったのは、まったくその逆のことである。ただ１人のリーダーに戦略形成のプロセスを集中させただけでなく、さらに直感、判断、知恵、経験、洞察など、人間の知的活動に特有な要素を強調した。そして方向性を示すイメージや感性を伴う**ビジョン**を示す**パースペクティブ**として戦略を捉える考え方を広めたのだ。われわれの戦略サファリでは、このスクールを象の乗り手と考えることにしよう。

　しかしここで言う戦略的パースペクティブは、これから検討していく他のスクールに比べると、それほど集合的でもカルチャー的でもなく、もっと個人的で、リーダーの視点により構成される。その結果このスクールでは、組織がリーダーの指示に反応し、そのリーダーシップにしたがう。また環境については、従属するとまでは言えないが、少なくとも組織を防衛可能なニッチの方向に向かわせるという意味で、リーダーが戦術的に画策しやすい場となるのだ。

このスクールの中心となる概念は、**ビジョン**である。それは、リーダーの頭の中で創られ、または思い描かれているメンタルな戦略の表現である。ビジョンはインスピレーションや、何をなすべきかという感覚のようなものだ。行動の拠り所となる考えとも言える。ビジョンはその呼び名にふさわしく、完璧に言葉や数字で明確に表現されたプランというよりも、ある種のイメージのようなものであることが多い。それゆえにビジョンは柔軟性をもち、だからこそリーダーは、自分の経験に照らし合わせてビジョンを考えることができるのだ。その結果として、アントレプレナー(起業家)的戦略は、計画的でありながらも創発的なものとなる。大枠や方向づけに関しては計画的だが、詳細部分は創発的であるため、実行途中からも導入することもできるのである。次の囲みに"視点"から捉える戦略的思考のメタファを示している。

"視点"から捉える戦略的思考

(ヘンリー・ミンツバーグ【337】の論文より翻案)

　戦略がビジョンならば、見る視点が戦略的思考においてどのような役割をもつであろうか。3組の要素とプラス7番目に、戦略的思考の枠組みとしてすべてを組み合わせる視点が示されている。

　戦略的思考が**前を見る**ことである、という考え方にはほとんど異論はないだろう。しかし、**後ろを見**なければ、前を見ることもできない。将来に対する優れたビジョンは、過去を理解した上に築かれなければならないからだ。

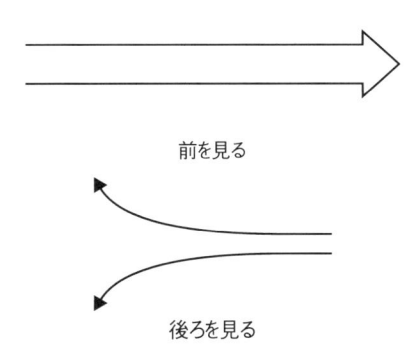

前を見る

後ろを見る

また、戦略的思考は**上から見る**ことである、と多くの人々が主張する。それはまさに戦略家(ストラテジスト)がヘリコプターに乗ることによって、「木々と森を見分けて」、「全体像」を捉えることが可能になるようなものだ。しかし、上から見るだけで全体像が見えるのだろうか。森は、ヘリコプターから見れば絨毯のように見える。しかし森を散歩したことがあれば、森は地上ではそんな風に見えない、ということがわかる。ヘリコプターに乗ってばかりいる森林を管理する人々は、オフィスに籠っている戦略家(ストラテジスト)同様、深い理解はできないのだ。

上から見る

　未開地でダイアモンドを探し出すこと、というほうがいいメタファかもしれない。戦略的に考える人は、組織を変えるようなアイデアの宝石を見つけなければならない。そのためには、辛くて汚れる発掘が必要となる。すぐに見られるような全体像は存在しない。戦略家(ストラテジスト)が自分自身で築かなければならないのである。そこで、戦略的思考は帰納的思考でもある。上から見ることはさらに**下を見る**ことでサポートされなければならない。

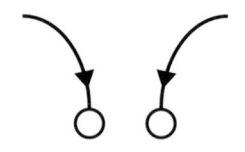

下を見る

　しかし、後ろを見ることで前を見、下を見ることで上からも見たとしても、まだ戦略的思考ではない。それ以上のものが必要であり、その１つには創造力がある。
　戦略的思考をする人は、他の人とは物の見方が違う。他の人が見過ごすような貴重な宝石を探し出すのである。一般通念となっている産業の処方箋や従来どおりの戦略に挑戦し、それによって自分たちの組織をユニークな存在にする。

創造的思考は水平思考と呼ばれることから、これを**横を見る**と呼ぶこともできる。

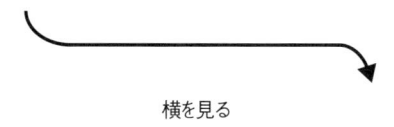

横を見る

　しかし、この世界には数えきれないほどの創造的なアイデアがある。アート・ギャラリーに行ってみればすぐわかることだ。そこで、横を見るだけでなく、戦略的思考をするには、さらに**見越さ**なければならない。創造的なアイデアは状況の中に置かれ、これから広がっていく世界の中で見つけ出されなければならない。見越すことは前を見ることとは違う。前を見ることは、過去に起こった事柄から枠組みを組み立てて、期待される将来を予測することであり、本能的に不連続性を予測する。一方、見越すことは将来を創り出す。創り出さなければ、世界は存在しないのである。

見越す

　しかし、まだ1つ重要な要素が残されている。前と後ろ、上と下、横と越えたところでは不十分だ。**戦略的**と呼ばれるからには、**全体を通して見る**ことができなければならない。

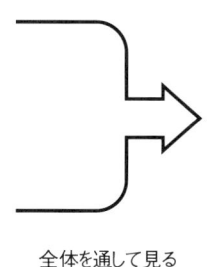

全体を通して見る

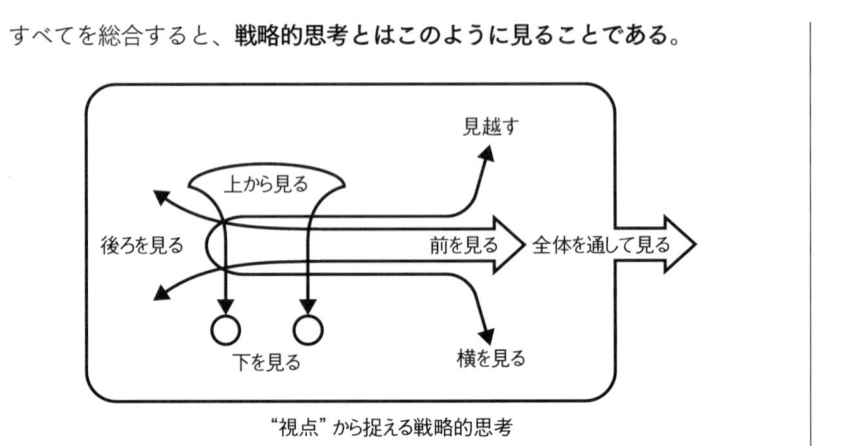

すべてを総合すると、**戦略的思考とはこのように見ることである。**

"視点"から捉える戦略的思考

経済学における起源

　ある意味でアントレプレナー・スクールは、ポジショニング・スクールと同様、経済学の分野から発展した。起業家（企業家）は、新古典派の経済理論に華々しく登場するものの、その役割は生産量と価格の決定に限られ、他の要素は競争上の力関係に委ねられるという状況だった。大企業の台頭で、経済学者たちは経済理論の修正を強いられ、ポジショニング・スクールの基礎となる寡占理論が登場した。しかし、ここでも起業家の役割は、価格や生産量の計算をする以上のものではなかった。

　ところが経済学者の中には、起業家に対するこのような狭い見方を、経済学の重大な誤りだと考える者もいた。面白いことに、その1人はカール・マルクスであった。彼は、起業家こそ経済と技術変革の担い手、と惜しみない称賛を与えたが、その反面、社会全体に与える影響については非常に批判的だった。起業家が経済学において注目を集めるきっかけを与えたのは、ジョセフ・シュンペーターである。彼によれば、企業活動を説明するには、利潤の最大化よりはむしろ、次のような試みのほうが説明できるということだ。

（企業活動は）やがては確実に変化する状況に対処しようとする試み、すなわち、崩れて流されていく地面にしっかりと足を下ろしてふんばろうという、企業の試みである。言い換えれば、通常問題とされるのは、資本主義が既存の構造をどう統治するかであるが、本当の問題は、資本主義がどのように既存構造を創り、また破壊するかということにある。[438]

そこでシュンペーターは、**創造的破壊**という彼の有名な考え方を紹介している。創造的破壊は、資本主義を前へ押し進めていくエンジンであり、そのエンジンを動かし操縦するのが、起業家なのだ。シュンペーターにとって起業家とは、最初の資本を提供したり、新しい製品を創案する人物というだけでなく、むしろビジネスのアイデアをもっている人物と言える。アイデアは捉えどころのないものではあるが、起業家の手にかかれば、強力で利益を生み出すものへと変わる。経済学者と同じように、金、機械設備、土地といったビジネス上で実体を伴う部分に注目する人々にとっては、起業家のもたらす貢献は不確実なものと映るかもしれない。それは、ビジョンや創造性といったものは明確には見えないものであるからだ。シュンペーターはこの点を明確にしようとしたのである。

起業家の成し遂げたこととは何であろうか。新製品を次々と開発したわけでもないし、新しい生産方法を開発したわけでもない。しかし、現存する生産方法を今までとは異なる、より適切で成果のあがるような使い方をしたのである。すなわち、「新しいコンビネーションの実践」である。……そして、生み出された利益や剰余金は、負うべき負債もなく、起業家の利益となるのである。[436]

シュンペーターは、「新しいことを行う、あるいはこれまで実践されてきたことを新しいやり方で行う」ことを含む「新しいコンビネーション[437]」を重要視している。資本家はリスクを負う。さらに創業者はその組織の実権を握り続けていたとしても、革新をやめてしまえば、直ちに起業家としての役割は終わる、とシュンペーターは考えている。

しかし、誰もがこの解釈を受け入れたわけではない。ナイトは起業家精神を、重大なリスクや不確実性を取り扱うことと同義である、としている。そして経済界以外では、ピーター・ドラッカーがこの考えを進めて、起業家精神とマネジメントとを同一視している。「企業の中心は……起業家的行動、経済上のリスク負担行動である。そして、企業は起業家的な制度である」[120]。

　したがって、視点によって起業家は、(a)組織の創業者(革新的行動であってもなくても、また日和見主義者あるいは戦略家(ストラテジスト)であってもなくても)、(b)自営業、(c)他人が所有している組織の革新的なリーダー、のどれにもなりうる。起業家精神による行動を、「大胆な試み」と表現したもう1人の経済学者コール[90]は、起業家を4つに分類している。それは、計算高い発明者、インスピレーションに溢れた革新者、超楽観主義的推進者、強い企業の創設者である。次ページに、有名な起業家の1人、英国ヴァージン・グループのリチャード・ブランソンの考えを示しているが、彼はこの4つの特徴をすべて兼ね備えているかもしれない。

　残念なことに、コールのほか数人を除いては、シュンペーターに続いた(カーツナー[247]やカッソン[79]のような)経済学者はほとんどいなかった。経済学の主流では常に、突飛な戦略的ビジョンやユニークなニッチ市場よりも、競争市場の抽象化や中身のないマネジャーによる予測のほうが好まれるのである。

アントレプレナー・スクールの文献

　こうしてアントレプレナー・スクールの発展は、経営学の分野に委ねられた。このスクールの提唱者は、戦略的なビジョンに基づく個人のリーダーシップが、組織を成功へ導く鍵であると考えた。ビジネスにおいてその傾向が強いが、他の領域でも同じことが言える。また、事業を起こして新しい組織を構築するときばかりではなく、確立はしているものの弱体化している組織が「ターンアラウンド」するときに関しても、同様に個人のリーダーシップが求められる。

　もともと「起業家精神」という言葉は、事業の創設者と関連づけて使われていたが、その言葉の範疇は次第に広がり、組織における、個人的で、能動的で、ひたむきなリーダーシップを表す言葉として使われるようになった。しかしわ

> ### アントレプレナーの考え
> #### リチャード・ブランソンの言葉から[57]
>
> - 「われわれにとって最もリスクの大きいことは、知らないビジネスに投資することだ。ヴァージン・グループが展開している事業のうち、まったくの新しい分野はほとんどない」。
> - 「私は市場調査やグランド戦略を開発するにあたり、他人には頼らない。新規ビジネスの開拓において、その核心部分に自分で関わることが、企業のリスクを最小限に抑える手段だと信じているからだ」。
> - 「必ず次の取引がある。取引はロンドンのバスのようだ。いつでも、すぐ後ろに次が来ている」。
> - 「ジョイント・ベンチャーでリスクの規模を抑えよう……（そして）ハイ・リスク型のベンチャーから抜け出す方法を考えておこう」。
> - 「ビジネスが成長したとき、基本的なこと、つまり大体において顧客と接することを、経営陣が忘れてしまうことに気をつけよう」。
> - 「（われわれの）『keep it small（小規模に維持する）』原則のおかげで……普通より多くのマネジャーたちが、自分で事業を展開するチャレンジ精神を持ち、そしてその興奮を体験できる」。
> - 「『買おう、作らずに』戦略を追求しよう」。
> - 「投資額を評価し……いったん投資を決定したのなら、ためらうな。進んでいけ！」。

れわれは、ここではこの言葉をやや狭い意味で捉え、ある組織の実権を握る先見性のあるリーダーシップに限定することとする。「イントラプレナーシップ」[387]という新しい言葉は、大きな組織の**中で**戦略的な主導権をもつ人物を意味している。いわば、企業内起業家である。しかしこれは、どのようにして組織がボトムアップから学習するのかという内容であるため、われわれはこの点についてはラーニング・スクールの章で扱うこととする。

　まずこの章では、アントレプレナー・スクールの文献を見直すところから始

めよう。次に、われわれの調査をいくつか取り上げて議論した後、このスクールの重要な前提条件をまとめる。そして最後に、このスクールの功績、限界、文脈についての考察を述べていく。

●───**一般誌における偉大なリーダー**

起業家精神について書かれた文献のほとんどが、大変な人気を博してきた。それは、マネジメントに関しての「偉大なリーダー」の考え方の本質に迫っていたからで、よく売れている一般誌の記事や、有名な産業界の大物や他の著名なリーダーたちの伝記や自叙伝で見ることができる。たとえばビジネスの成功を、ヒーロー的なリーダーのビジョンや個人の行動と結びつける傾向の強い『フォーチュン』誌は、起業家精神について毎号書いている。1994年10月17日号の見出しはこうだ。「CEOジャック・スミスは出血をくい止めただけではない。自動車販売の増加によって、GMをまた健全な状態に戻したのだ」[142]。果たしてたった1人で成し遂げたのであろうか！

●───**起業家的人格**

おそらく、実証的な内容としては最大であると思われるが、起業家精神に関する一連の文献としては、起業家的人格に焦点を当てたものがもう一方にある。たとえば、1977年の論文[241]でマンフレッド・ケッツ・ド・ブリースは、起業家を「最後のローン・レンジャー」と呼び、また1985年にも『起業家精神の暗黒面』についての研究結果を発表している。ほぼ30年後、ジョン・ガートナー[150]は、精神医学における「軽躁病」患者に関する論文と出版物で見つけたインターネット起業家に関する記事で、ある類似性に気づいた。彼は、軽躁病者たちの基本的な特徴を抜粋し、それから、インターネット業界における典型的な起業家を正確に表すとどうなるかを、インターネット企業のCEO10人に尋ねてみた。ほとんどが、軽躁病者を記述した臨床的な特徴が起業家たちにもあることに同意した。たとえば、軽躁病者と起業家は、カリスマ的で人を説得するのがうまいことが多い。彼らは、情熱に満ちあふれていて、ほとんど寝ることもなく、世界を変えられるという壮大な志に自分たちのエネルギーを注ぎ込む。

しかしながら、ガートナー[150]の考察によれば、軽躁病者と起業家はまったく魅

力的でない側面も持ち合わせている。たとえば、彼らは無謀で、ちょっとしたことにもすぐにいらつき、軽卒な判断で衝動的な行動を起こしやすい。彼ら自身の行動に起因するネガティブな反応に無頓着である。意見の違いを率直に認めるどころか、しばしば彼らは自分と意見が異なる人たちによって責められていると感じるのだ。

　もちろん、起業家たちは、(多くの人がそうであるように)魅力的ではない特徴を示すことがあるが、研究者たちにとって最も興味深いのは、そうした特徴がどこからきたものかということだ。The Organization Makers (『企業創設者』)の中でコリンズとムーアは、150の研究をもとに、独立している起業家の大変興味深い姿を描き出した。彼らは起業家たちの子供時代から、公式、非公式に受けた教育を通じて、企業を設立するまでのステップを追った。さらにその分析を心理学テストのデータで裏づけている。その結果表れたのは、子供の頃から何かを成し遂げること、独立することに対して強い欲求をもっていた、タフで実践主義の人々の姿である。それぞれの起業家たちは、人生のある時点で非常に困難な状況に直面し(「アイデンティティの崩壊」)、そこが独立の契機となったのである。

> 「起業家たちは、何かを成し遂げること、独立することに対して強い欲求をもっている」

　　彼らが他の人々と違っていたのは、この「アイデンティティの崩壊」の時期に、そこで生じたジレンマをビジネスに結びつけたことである。危機的状況にあって、安全策をとろうとはしない。むしろ、より危険な状態へ踏み込もうとするのだ。

　起業家的人格の特徴として挙げられるものの中には、コントロール、独立、達成などへの強い欲求、権威への憤り、ある程度のリスクを受け入れる性向などがある。ボーモルがマクレランドの有名な研究をまとめたように、起業家は「ギャンブラー」、「投機家」、「リスクをあえて選択しようとする人間」ではなく、「計算家」である(しかし、後で触れるように誰もがそう考えているわけではない)。

　「起業家的」人格を見ていくと、それを「管理的」人格と対比させている文献が多い。たとえばスティーブンソンとガンパートによれば、「意思決定の際、

管理者と起業家の投げかける質問の順序はかなり異なる」。

　　典型的な管理者はこう問いかける。まず、どの経営資源をコントロールするか？　われわれの組織と市場の関係を決定づけるメカニズムは何か？　自分自身の実施能力に対する外部からの影響力を最小限に抑えるにはどうしたらいいか？　どの機会がふさわしいか？
　　一方、起業家は……こんな風に問いかける傾向にある。まず、機会はどこにあるか？　どうやってそれを最大限に活かすか？　そのためには、どんな経営資源が必要か？　それらをどう掌握するのか？　それには、どんなメカニズムが最適か？【471】

　スティーブンソンとガンパートは、起業家は「戦略的状況判断」に関していうと、「機会となりそうな環境の変化に対して、常に適応する」ものと捉えている。一方、「管理者は……資源を使い果たすような脅威からそれを守り、防御的な手段に出る」ものと論じている【471】。さらに起業家は、「機会の本質を捉えて迅速に行動する。雷の最初のゴロゴロッ、という音とともにどこからともなく現れて、マンハッタンの街角で傘を売り出す露天商のようである」【471】。そのため彼らの行動は、「革新的ではあるが、短期的な視点に立つ」ものであり、対照的に管理者の場合は「漸進的で、長期にわたる」ものである【471】。
　起業家的「人格」を見つけることはある意味あら探しに近い。ミッチェルらは【352】、起業家たちに共通してユニークな、心理学的あるいは人口統計学的特徴を見つけようとする試みが失敗に終わっていると評した。多くの著者たちは、起業家に特有の人格など存在しないことを容認し、起業家たちがどのように考えるかに注目するようになった。
　ブゼニッツとバーニー【75】による調査では、起業家たちは、「自信過剰」である一方で、この過剰は、ある決定を実行したり、他人をそのことに熱中させるときには特に有益である、と結論づけた。たしかに、「合理的な意思決定ができるような情報がすべてそろったときには、機会自体が失われてしまいがちである」と言える【75】。さらにパリッチとバグビーは【371】、「起業家は他のことに比べれば、シナリオをはるかに肯定的に見ていた……つまり、起業家は弱みより強み、脅威

より機会、業績の悪化よりも業績改善の可能性に気づくものだ」ということを見出した。

　ではそのような人格の、戦略作成における主な特徴は何であろうか。数年前、ミンツバーグ[329]は以下の4点を示した。

❶ **起業家的なやり方において戦略作成は、新しい機会を積極的に追求するかどうかに左右される。** 起業家的な組織は機会に注目し、問題は二の次である。ドラッカーはこう書いている。「起業家精神は優秀な人々を、『問題解決』で無駄に使うよりはむしろ、機会の有効活用に使う[120]」。

❷ **起業家的な組織では、権力は最高経営幹部に集中する。** コリンズとムーアは、創立者である起業家には「権威に『屈する』ことを拒否し、権威に協力せず、権威から逃れたいという当然の欲求」といった特徴がある[91]、と書いている。起業家的な組織では、権力は組織を大胆な行動へと導くことができる1人の人物に委ねられる。その人物は、自分の能力を駆使し、時にはカリスマ性を駆使して命令を下す。何年か前に、あるエジプトの会社が例として挙げられていたが、今日の起業家的企業の特徴に通じるところがあるので、ここで取り上げることにする。「組織の計画を記したチャートなど存在しない。また経営陣の人事管理に関しても、形式化したやり方はないし、賃金体系についての明文化されたシステムもない……権力は、ただ1人の人物が握っている[190]」。

❸ **起業家的やり方における戦略作成は、不確実性に直面したとき、大きく飛躍する特徴がある。** 起業家的組織は、「大胆な試み」と呼ばれるような重大な決定をして戦略を押し進める。最高責任者は、不確実な状況の中で努力を続け、成功し、組織として大きな利益をあげる。

❹ **成長こそ起業家的な組織の最大目標である。** 心理学者ディビッド・マクレランド[293]によれば、とりわけ起業家は達成要求によって動機づけされる。組織の目標はそのまま起業家の目標の延長であるため、起業家的な方式で運営されている組織の最大目標は、達成を最もわかりやすく示すもの、すなわち成長であろう。『フォーチュン』誌はかなり以前に、ヤング・プレジデンツ・オーガニゼーションについて書かれた「起業家的エゴ」という記事で、その結論に達していた。

> ## 起業家精神とプランニング
> （アマル・ビヒデ[42]より）
>
> 1989年度の最も成長の早い米国企業500社のうち、100社にインタビューした結果、起業家たちは最初のビジネス・プランにそれほど労力をかけていないことがわかった。
>
> - まったくビジネス・プランがなかった　　　　　　41%
> - 思いつきレベルの未完成なプランだけはあった　　26%
> - 投資家のための財務予測をたてた　　　　　　　　5%
> - 本格的なプランを書いた　　　　　　　　　　　　28%
>
> そのインタビューによれば、起業家の多くが詳細なプランにこだわらなかったのには理由がある。彼らは、確立した企業が参入しないような、急速に変化する業界やニッチ・マーケットにおいて業績をあげている。そのような流動的な状況の中では、注意深くプランニングをするより、相手の攻撃をかわす能力のほうがずっと重要である。

若い社長のほとんどは、うまくやりくりするより何かを築き上げたい、という強い欲求をもつ。「私たちは事業拡大という病気にかかっています」、と１人の社長は語った。また、もう１人はこう言った。「正直に言って、われわれが目指しているのは帝国を築くことです。われわれを突き動かしている強い衝動は、儲けることではなく、自分の帝国を築くことなのです」。[143]

ビジョナリー・リーダーシップ

組織がより大きく成長するにつれ、組織を１人で指揮している起業家としてのリーダーの役割が、徐々に薄れていくように見える。それゆえ、組織にとって

ビジョンを発展させ具体化するという新たな役割がリーダーたちに生まれる。

　しかし、本当のビジョンとは何なのか。たぶん一番簡単な答えは、真のビジョンは心の目（mind's eye）で捉えられる、ということだろう。最大の企業になることや、投資利益率を42％にすることなどはまったく問題外である。ビジョンは、組織を他者から明確に差別化し、ユニークな存在として一線を画すものとしなければならない。ウォーレン・ベニスの、「それが本当にビジョンなら、忘れはしないだろう」という言葉が、それを最もうまく表現している。つまり、それを書き留めることなど必要ないのである。「ビジョン」と名づけられた陳腐なステートメントをしたためる経営者にとっては、この言葉は素晴らしい試金石となるだろう！

> 「それが本当にビジョンなら、忘れはしないだろう」

　リーダーシップに関する本の中で、ベニスとナナスはビジョンにかなり注目している。ここに、いくつか抜粋を紹介する。

- 方向を選ぶためには、まずはじめにリーダーは、組織について、実現可能で望ましい将来像を頭の中でイメージしなければならない。このイメージをわれわれは**ビジョン**と呼ぶが、それは夢のように曖昧であることもあれば、目標やミッション・ステートメントのようにはっきりしていることもある。肝心なことは、ビジョンが、組織にとって現実的で、信頼性の高い、魅力ある将来像を表現しているか、あるいはいくつかの重要な点で、現状より優れているという条件を満たしているか、である。
- ビジョンは合図を送ってくれる将来のターゲットである。……また、ビジョンとは常に、**将来**の状態であって、つまり現在は存在していないし、また過去にも存在しなかったような状況を語るものだということも銘記してほしい。ビジョンによってリーダーは、その組織の現在から将来に向かう最も重要な橋を架けるのである。
- ビジョンに注意を集中することで、リーダーは組織の**感情的ならびに精神的な資源**、つまり人々の価値観、コミットメント、向上心などに影響を及ぼす。
- リーダーシップというものに、天才の閃きのようなものがあるとしたら、そ

れは、イメージやシグナル、予測や可能性をもとにして、単純明快で誰もが望むような、力に溢れた鮮明な将来のビジョンを創り出すという、魔法にも似た卓越した能力にこそある。[40]

この後に、ビジョンの役割を探り、その由来を明らかにするためにマギル大学で行われた数々の研究を紹介しよう。

ビジョナリー・カンパニー
(コリンズ／ポラス[93]から抜粋)

ジェームズ・コリンズとジェリー・ポラスは著書である『ビジョナリー・カンパニー　時代を超える生存の原則』で、企業は、「基本理念」を維持し、同時に「進歩を促す」ように「ビジョン」を発展させなければならないと主張している。このベストセラーとなったビジネス書の中で、「持続的で成功した会社のほとんどがもっている基本的で抜きん出た特徴は」……「大切な基本理念を維持し、同時に、基本理念の部分ではないすべてにおいて進歩を促すもの」[93]だとしている。企業は、２つの重要な構成要素からなるビジョンを創らなければならない。つまり、「基本理念」と「将来構想」である。基本理念は、「組織の不変の性質」と定義され、一方、将来構想は企業が「……実現する、達成する、創造する」ことを示すのだ。

基本理念は、「基本的価値基準」と「経営目的」からなる。基本的価値基準は、「……組織にとっての不可欠で不変の主義」である。経営目的は、「……根本的な存在理由」である。

将来構想は、また、２つの構成要素からなる。「……10年から30年にわたる『社運を賭けた大胆な目標（BHAG）』と『社運を賭けた大胆な目標を達成した組織が一体どのようになるのかを生き生きと描いたもの』」である。

コリンズとポラスは、例としてソニーの「ビジョン」を挙げている。[93]

1950年代のソニー
基本的価値基準

日本文化と地位を高める……。
経営目的
国民の利益と幸せのために、革新と技術の活用によって本当の喜びを経験してもらうこと……。
社運を賭けた大胆な目標
日本製品は品質が悪いという海外での評価を変えた最も有名な会社になる……。
生き生きとした描写
われわれは、世界中に受け入れられるような製品を創造する。

● ────**ドラマとしてのビジョン**

　フランシス・ウェスリーとヘンリー・ミンツバーグの共著の論文には、ビジョナリー・リーダーシップの2つの視点が対照的に書かれている[506]。1つは伝統的なもので、皮下注射の針にたとえられる。活性成分(ビジョン)が注射器(言語)に込められ、従業員に注射される。すると、従業員は元気一杯にぴょんぴょん飛び跳ねたりする。

　これには、ある意味で真実の部分もあるが、著者たちはもう1つのイメージを好んでいる。ロイヤル・シェークスピア・カンパニーの伝説的な演出家であるピーター・ブルックの演劇に関する著書を引用して[63]、著者たちは戦略的ビジョンを、ドラマのように虚構と現実が一体となる、あの魔法のような瞬間に始まるものとして捉えている。ブルックはこう述べている。演劇においてその魔法は、数え切れない「リハーサル(稽古)」、その後の「パフォーマンス(上演)」そのもの、そして観客の「アテンダンス(芝居を観る)」というサポートを得て生み出される。しかし、ブルックはこの3つの言葉を、よりダイナミックなフランス語のよく似た言葉、「レペティシオン」「ルプレザンタシオン」「アシスタンス」で表現したのである。そして、さらに同じ意味の英語を用いた。ウェスリーとミンツバーグはこの法則にしたがって、ブルックの考えをビジョナリー・マネジメントにあてはめた。

　レペティシオン(リハーサル：稽古・反復)は、成功をもたらすものは今扱

っている問題に対する深い知識であることを示している。ローレンス・オリビエ卿はセリフを何度も繰り返し、やがて舌の筋肉が難なくそのセリフを言えるようになるまで練習した。たしかに、偶然の出会いが何らかの役割を果たすことがあるかもしれないが、ビジョナリー・リーダーのインスピレーションは、運というよりはむしろ、ある状況下での数限りない経験から生まれるものなのだ。

　ルプレザンタシオン（パフォーマンス：上演・表現）は、単に表現することだけではなく、過去をもう一度蘇らせること、つまり目の前で実際に起こっているかのような感覚をもたせることを意味する。それは戦略家(ストラテジスト)にとって、言葉と行動で明確に示されたビジョンであり、そのビジョンには特徴がある。つまり、言葉がビジュアル・イメージを連想させるのだ。ビジョナリー・リーダーを特徴づけるのは、言語を、メタファのようなシンボリックな形で用いることができる深遠な能力である。ビジョナリー・リーダーは、物事を新たなパースペクティブから「見る」だけでなく、他の人々にも見せることができるのだ。それがつまり、「ビジョン」なのである。

　たとえば、自分の発明したポラロイド・カメラをもとに素晴らしい企業を築いたエドウィン・ランドは、「フォーカスしているのはカメラだけではない。あなたが自分自身に対してフォーカスしているのだ……シャッターを押すとあなたの内面が写し出される[261]」と主張した。

　しかし、ビジョンは言葉を超えて行動にまで広がる。ビジョンは実現されなければならない。それも、形式的なプランやプログラムによってではなく、もっと非形式的な行動によってである。腕まくりをして、全員でそこに到達しなければならない。モダン・ダンサーのイサドラ・ダンカンは、自分の芸術についてこう語っている。「もし言葉で説明できるのなら、踊る必要はありません」。

　アシスタンス（アテンダンス：芝居を観る・支援）は、劇場であれ組織であれ、俳優が観客に対して力を与える以上に、観客も俳優に対して力を与えることを意味している。リーダーがビジョンをもったリーダーとなるのは、ある特定の時期に特定の支持者層に対して強くアピールするからである。スティーブ・ジョブズが、彼自身非常に期待を寄せていたネクスト・コンピュータを3000人の招待客の前で発表したとき、会場の雰囲気は、製品のデモンストレーション

というより、宗教的復活といった雰囲気さえ醸し出していた。

　招待客たちは、予言者スティーブの口を衝いてでてくる言葉を聞くために来ていた。彼は、パーソナル・コンピュータの伝道者であり、予言者であり、禅僧侶である。そしてこれは、彼の復活であり、彼は彼らの一部である。若い人たちのように、彼らは、専門バカ、コンピュータ・オタク、テクノ中毒者として、嘲られ、厳しく非難されてきた。しかし、彼らは自分たちの信念に固執し……ついにそのときがやってきたのだ。スティーブ・ジョブズは輝かしい存在なのである。彼は、専門バカたちがずっと知っていた世界の中で実現されていなかったものを示したのだ。彼らは、正しかったのだ。

　ステファン・ダウニング[118]は、ビジョナリー・リーダーシップの力は、顧客をステークホルダーに変えるような、躍動感ある語りを使うことにあるとしている。それゆえ、語りが災難を招くような方向に転化したり、あるいはただ自然に任せて進むときには、そうした予言者たちは失墜することにもつながる。こうしたことが、ウィンストン・チャーチルに起こった。英国をよりよくしようとした彼の血と汗と涙にまみれた語りは、次第にちぐはぐなものとなり、終わりに近づいていたのだ。一方、スティーブ・ジョブズは、十分なビジネス・マインドがないとしてある時点でアップルを追放されたが、再び、アップルを経営するために戻ったのだ。こうして、語りが持続するものでもあることが証明されているのだ。

　もちろんマネジメントは演劇ではない。ただ役割を演じるだけで、血の通った演技のできない舞台俳優となったリーダーは、転落する運命にある。リーダーの言動の裏にある真摯な気持ちこそが、リーダーシップにビジョンを与え、だからこそリーダーシップは形式化できないものとなるのである。

　つまりビジョナリー・リーダーシップとは、スタイルと戦略がともに組み合わされたものである。それはドラマであるが、役を演じることではない。そのようなリーダーシップは、歴史的瞬間の産物として生まれ、**かつ**つくられるものである。

●──── スーパーマーケット・チェーンにおける起業家的戦略[345]

　ビジョナリー・リーダーシップの本質を探るために、かなりビジョナリー型と言える起業家の行動を、長期間にわたり追跡した研究を通して見てみよう。その起業家の会社は、スタインバーグという、1917年にモントリオールの小さな食料品店から始まったカナダの小売チェーンである。そのリーダーの60年間にわたる支配体制の下で、スーパーマーケットの運営を中心に、数十億ドルの売上げをあげるまでに成長した。

　あらゆる意味でスタインバーグは、起業家的モデルにぴったりとあてはまる。11歳のときにサム・スタインバーグは、その小さな店で母親の手伝いを始め、2年後には事業拡大のための素早い意思決定を自ら下している。そして、1978年に亡くなる日まで、議決権株のすべてを含む、企業経営に必要なコントロールを完全に掌握していた。彼はまた、重要な意思決定のすべてについて、彼自身が関与しコントロールしていた。それは少なくとも、1960年以降に小売り以外の分野への多角化を始めるまで続いていたのだ。

　コールが言う、起業家の「大胆な試み」に照らしてみると、スタインバーグは、60年の歴史の中で2回しか大胆な戦略転換を行っていない。1930年代のセルフ・サービスへの移行と、1950年代にショッピング・センターの事業に進出したときだけである。しかしこのような試みは、テスト以上に大胆なものであったわけではない。セルフ・サービスの開始に関する逸話がそれを明らかにしている。

　1933年に、8店舗あったうちの1店舗が、週当たり125ドルの「許容できない」損失を負い、スタインバーグの言葉を借りれば「ひどい目に遭った」のである。彼はある金曜日の夕方にその店を閉めると、当時としては新しいコンセプトであったセルフ・サービスの店に改装し、名前も「スタインバーグ・サービス・ストア」から「ホールセール・グロステリア」に変えた。さらに、価格も15〜20％引き下げ、チラシを印刷して近所の郵便受けに入れて回り、月曜日の朝に新装開店したのである。これはまさに戦略転換だ！　そして、こうした転換が成功だといったん証明されると、彼は他の7店舗をいっせいに切り替えた。その後は、爆発的に急成長した。

それゆえ、「コントロールされた大胆さ」とでも言ったほうが当たっているかもしれない。アイデアは天使のように大胆だが、実施は悪魔のように細心であった。サム・スタインバーグは利益があがらない店だけを閉めてしまうこともできた。その代わりに彼は、新たなビジョンを創造するためにその店を使い、次のステージにジャンプする前にまずテストを行ったのである。

この起業家精神の中心にあるのが、事業に関する非常に詳細な知識、すなわち前述した「レペティシオン」である。従来の戦略家（ストラテジスト）としてのリーダーは、いわゆる戦略の建築家（アーキテクト）であり、そのイメージは台座の上に座り、与えられた莫大なデータを使って、他の人々が実行するであろう戦略を策定している姿である。しかし、スタインバーグの歴史はそのイメージを払拭するものである。「われわれほど食料雑貨店のビジネスを知っているものはいない。すべては自分の知識に基づいて行わなければならない」。彼はさらに続ける。「私は商品を知っている、コストを知っている、販売を知っている、お客様を知っている、私は何でも知っているのだ……そして私は、自分の知識をすべて伝える。いつも人材を教育している。それが、われわれの強みだ。どんな競合もわれわれに手出しはできない」。

「コントロールされた大胆さが、起業家的成功の鍵である」

このように集約された知識は、事業内容がシンプルで一瞬にして理解できるほど狭い範囲であれば、非常に効果的である。つまり、対応も早く、集中的に行動できるわけだ。これが、起業家精神が多くの成功を収めた企業の中心に存在する理由である。

しかし、その強みの中に弱みがある。リーダーが去った後（または単にエネルギーを失ったとき）にメタファを操り、ダンスを継続させるのは難しくなる。もし可能であれば、別形態のマネジメントで引き継がなければならない（サム・スタインバーグの死後、彼の3人の娘が議決権株のコントロールを継承することになった。言い争いの結果、スーパーマーケットのビジネスを経験したことのない金融関係者に会社を売却した。その結果はというと、会社は倒産した）。

●——下着メーカーにおける新ビジョンの展開【346】

では、ビジョンとはどこから生まれるものだろうか。起業家的リーダーは環

境の中からどのようにして、戦略的パースペクティブ上、重大な変革を引き起こすシグナルを拾い上げるのだろうか？　他の事例が手がかりをいくつか与えてくれている。

　カナデール社は女性用の下着、主にブラジャーとガードルを生産していた。スタインバーグほどではないにしろ、非常に成功している企業であった。創業者の息子であるラリー・ナドラーによるリーダーシップのもと、1960年代後半は経営がうまくいっていたが、突然にしてすべてが変わってしまった。広範な社会的変動に付随して、ある種の性革命が起こり、抵抗の証としてブラジャーが焼き捨てられたのである。ブラジャーの生産者にとっては明らかに脅威であった。さらにはミニスカートが大流行となり、パンティストッキングが売れ始めると、ガードル市場は年に30%減少していった。これまで長い間にわたって企業の戦略を受け入れてきた環境全体が、突然豹変し襲いかかってきたようだった。

　同時期にフランスのある企業が、「ユイット」というブランドの軽くて体にフィットする下着をケベック市場に持ち込んだ。そのテーマは、「まるでブラを着けていない感じ」であった。ターゲットは15～20歳、商品は高額であったが売れ行きは好調だった。そこでナドラーは、カナダでのライセンス生産の権利を得ようとフランスへ飛んだ。そのフランス企業には断られてしまったが、「彼らのオフィスに1時間いただけでも価値があった」とナドラーは語っている。女性が、中でも若い女性が何を求めているかが、突然理解できたのだ。それは、もっと自然なルックス、つまりノーブラではないが、あたかも着けていないように見えるブラジャーということだ。

　そこで、戦略的ビジョンの大きな方向転換が行われた。「まったく突然にアイデアが形をなした」と、ナドラーは言っている。カナデール社はブラジャー事業へのフォーカスを再確認すると、競合他社が事業を縮小する中、マーケット・シェアの拡大に努めた。そして若い年齢層の顧客のために、もっと自然な形のブラジャーを発売した。そのためにはより体の線にぴったりと合わせる製造技術や、新しいプロモーション方法を開発しなければならなかった。

　このようなビジョンの形態的変遷（ゲシュタルト）は、クルト・レヴィンの三段階変遷モデルである「融解－変化－再凍結」を使って説明できる。[271] **融解**のプロセスは、本質

的に自然な防衛のメカニズムを乗り越えること。すなわち、その事業をどう運営するべきかという確立された「既成概念」を取り払うことである。古い「産業の処方箋」【168】【458】は通用しなくなるのだ。「混乱の時期というものがあるもので、そういうときは一晩寝て考える……パターンを探してみる……情報魔になって、至るところで［説明］を探し求める」とナドラーは語っている。

　このような規模の大きい**変化**では、新たな戦略的ビジョンが生み出される以前に、考え方の転換が必要とされるようである。このケースから何かを読み取るとすれば、どんなに些細なものであれ、１つか２つの重要な洞察から刺激を受けて、新たなコンセプトが創られるということだ。止めどなく情報が与えられることで、変化に対する心の準備はできあがるかもしれないが、このような突然の洞察があってこそ、考えが結晶化されるのだ。このときバラバラな要素が１つにまとまって、「わかった、これだ！」というユーレカ的閃きになるのである。

　戦略家（ストラテジスト）のマインドがセットされれば、次は**再凍結**のプロセスである。ここでの目的は少なくともグローバルな意味で状況を読み取ることではなく、基本的に状況を締め出すのだ。それが、新たな戦略的ビジョンの帰結を見極める段階である。

　トム・ピーターズ【380】は、病的な執着は組織を効果的に動かす特効薬だ、と言っている。この再凍結の時期においてはまさにその通りであり、この時期に組織は新たな方向づけ、新たな考え方に向けて全力で取り組まなければならない。今や組織の進むべき方向は決まった。この活動の目的は、もっているすべての力、その多くは必然的に形式的で分析的なものであるかもしれないが、それを駆使して遂行することである。

　もちろん、全員が新たなビジョンを受け入れるわけではない。古い戦略にこだわる人々は抵抗するかもしれない（カナデール社でもそうだった）。そこで、リーダーの考え方の中で再凍結が終わったら、次に組織の融解、変化、再凍結が行われなければならない。起業家的な組織の場合は、大体において構造がシンプルなため、それほど大きな問題になることはない。しかし、第11章で見るような大きく官僚的な組織の場合にはそうはいかず、先見性のあるリーダーの役割は、「ターンアラウンド」にある。

アントレプレナー・スクールの前提条件

戦略形成に関する起業家的な見解の根底にある前提条件を、以下にまとめた。

❶戦略は特にリーダーの頭の中に存在する。それはパースペクティブであり、長期的な方向性に対する感覚であり、組織の将来像でもあるのだ。

❷戦略形成のプロセスは、どんなによくても半分も意識していない。それは、リーダーの経験や直感に基づくものであり、実際に戦略を思いつくこともあるが、さもなければ他社の戦略を取り入れて、自分自身の行動の中に吸収してしまうのだ。「直感」のメンタルプロセスには曖昧なところもあるが、E.デーンとM・プラット[104]は、直感に関するさまざまな文献を洗い直し、それを4つの特徴に集約することを提案している。それらは、次ページの囲みに概略としてまとめた。

❸リーダーは、一心不乱に取りつかれたかのようにビジョンを推進し、実行に関して常に深く関わり、必要があれば内容の修正を行う。

❹戦略的ビジョンはこのように順応性をもつものであり、そのために起業家的戦略は計画的でありながら、創発的でもある。全体的なビジョンの構想にあたっては計画的であり、特有の戦略的ポジションを含み、ビジョンの詳細をいかに展開するかという点に関しては、創発的である。

❺その上、組織も順応性をもち、リーダーの指示に応えるシンプルな構造となっている。それは、実際の事業の立ち上げであろうが、個人所有の企業であろうが、あるいは確立された大企業のターンアラウンドであろうが同様である。大企業の場合は、通常の業務手順や力関係といったものの多くを一時的に棚上げし、ビジョンをもったリーダーに自由裁量を与えるようにする。

❻起業家的戦略はニッチ戦略をとろうとする傾向がある。すなわち、手ごわい競合から攻撃されにくい穴場的な市場ポジションをねらうのだ。

直　感

(デーン／プラット【104】から抜粋)

- **直感は無意識である**

  直感プロセスを定義する特徴の1つは、それが、無意識、つまり意識的思考の外側に生起することだ……。直感から生まれるものは意識的思考に影響されるが、どのように直感に到達するかを意識できない。それゆえ、直感が働いている間「推論するために使われる知識のフレームワークに気づかない」のである……。この性質が、直感をインサイトと区別する。

- **直感は全体論的な関係に深く関わる**

  直感プロセスの2つ目の特徴は、外的環境の刺激が、個人の中にあるいくらか深い（無意識な）分類方法、パターン認識、特徴化となるプロセスと深く関わる……このようにいくつかの要素がつながっているということが、直感が**関係性のあるもの**として言及される理由だ。……直感は、論理的な思考を通じての関係性をつくるというよりは、……さらに、特徴化、パターン認識化でもあるので、それはまた、全体論として概念化されてきた……。

  全体として、直感は、合理的な方法というよりは、さまざまな刺激を有益な情報の分類に統合するのに、より適した方法であることは驚くことではない……。

- **直感は速い**

  人間の直感プロセスの3つ目の特徴は、マネジャーや学者たち双方の最大の興味を誘発すると思われるもので、それはその速さである……。

- **直感は感情的な判断に帰結する**

  直感的な判断は、感情を伴うことがしばしばある……。直感の類義語には、「フィーリング」「本能」のようなものや……**「心の底で感じる」**もあり、直感的な判断に対してある感情的な要素を反映していることがわかる……。例えばアゴールは、経営陣たちが直感的な判断をするとき、彼らは、しばしば興奮やハーモニーを経験する……合理性は頭、直感は心に結びつくと考えられている。哲学では、頭と心は切り離されたものと考えられている。しかし、最近の調査では別の可能性を示している。まず第一に、直感的な判断は、お

> そらく感情や情動がきっかけになるかもしれない。例えば、ポジティブな気分であれば、意思決定に直感を多く使うようになり、より理性的なアプローチを使わなくなる……。

アントレプレナー・スクールの功績、批判、文脈

　アントレプレナー・スクールは、戦略形成に関する重要な側面にスポットを当てている。その最も顕著なのは、能動的な特性や個人的なリーダーシップ、そして戦略的ビジョンの役割である。組織は特にその初期段階においては、指導力や統合力、あるいは「形態(ゲシュタルト)」といったものから恩恵を受けることになる。ビジョンある戦略は、創造力が欠如していたり、あるいはマネジメントとは無縁のありふれた「ミー・ツー」型戦略とは好対照をなすのだ。

　しかしアントレプレナー・スクールでは、重大な欠陥も露呈している。戦略形成はただ１人の個人の行動にすべてが包括され、そのプロセスがどんなものであるか理解できない。そのほとんどの部分はブラック・ボックスの中、すなわち人の意識の中にある。そのため組織が困難に陥った場合に、このスクールが与える処方箋はわかりきった安易なものとなる。つまり、新しいビジョンあるリーダーを探すことになるのだ。

　さらにアントレプレナー・スクールは、素晴らしく精力的だと描かれる反面、病的なまでに他者を追い詰めてやる気をそぐ一面がある、という問題については取り組んでこなかった。これは単なる書き手の問題であろうか。つまり一方は起業家精神というコップを見て、「もう半分しかない」と嘆く悲観主義者で、もう一方は「まだ半分残っている」と喜ぶ楽観主義者という、それだけの違いであろうか。またすでに触れたように、多くの起業家的リーダー、特にビジョンのある人々は、常識を超えた行動をする。それは、単に個人的にやりすぎる傾向があるだけなのだろうか。それとも状況自体が変わってしまい、今までうまく機能していたものが突然に機能しなくなる、ということなのだろうか。組織は「偉大なる戦略」への執着を捨てて、前進するしかないのであろうか。もちろん、これらの質問すべてに肯定的に答えることはできる。しかし重要なこ

とは、起業家的なビジョナリー・リーダーシップが、どんなときに必要となり、どうやってそれを得るか、ということなのである。

　起業家精神においては、戦略や企業運営に関する意思決定はどちらも最高経営責任者に集中する。こうした集中化は、企業運営に関するすべての知識を戦略的な対応に反映させることができる。また、柔軟性と適合性も促される。すなわちそれは、ただ1人の人間が主導権を握るからである。その反面、最高経営責任者は、経営の現場で運営上の細かな部分に気をとられ、戦略的思考による判断を見失ってしまうこともありうる。あるいは、リーダーは根拠のないビジョンに幻惑され、方向を見失ってしまうこともある。さらに通常の業務も注意力の欠如によって弱まり、結果として組織全体を衰退させるのである。どちらの問題も、起業家的な状況の中ではよく起こることである。

　ステイシーは、「ビジョンの弊害」を数多く指摘している。第一の弊害は、「ビジョンをもてというアドバイスは、現実の指針とするほど具体的ではないし、将来を予測できない場合にビジョンをもつことは、不可能である」。第二の弊害は、ビジョンはマネジャーたちをある一定の方向に過度に縛りつけてしまう、というものだ。「もしマネジャーたちが、会社の将来像について、疑問の余地なく同じビジョンを共有するよう命じられたとしたら、マネジャーたちは、すでに身につけた仕事のやり方に固執するようになる。そうでなければ、まるでレミングが破滅に向かって突進するように、新しくはあっても破滅的なアイデアを追求するようマネジャーたちを仕向けていることになる。そしてそれは一方で、知らぬ間に生じている重大な変化を完全に見落としてしまうことになるのだ」。

　ビジョン重視の第三の弊害は、「『リーダー』に、過大で非現実的な重荷を背負わせる」ことになるという点である。このビジョン中心の哲学は、「組織の繁栄は、非常に才能に恵まれた1人か2人の人物の存在にかかっており、それ以外の人間はひたすらそうしたリーダーにしたがえばよい、という神話を不滅のものにする」。しかしこの考え方は、「イノベーションを育むために不可欠な現状の問題提起や複雑な学習を妨げる依存や服従の文化」を永久に定着させてしまうのである。

　ビジョン重視の第四の弊害は、「せっかく社員が、学習による試行錯誤や社

員同士の切磋琢磨を通じて、不確実な未来を切り拓いているときに、彼らの注意をそこから逸らしてしまう点にある[461]」と示唆している。

これらのコメントに見られるように、起業家的なアプローチは危険であり、１人の人間の健康と気まぐれ次第である。心臓発作ひとつで組織の重要な戦略家(ストラテジスト)が消えてしまうこともありうる。そのためコリンズとポラスは、有名な『ビジョナリー・カンパニー』の中で、ビジョンをもっているリーダーに頼るよりもビジョンある組織を構築するほうがいい、と書いている。彼らは創造力に富んだ方法でこの違いを示している。

> 「心臓発作ひとつで組織の重要な戦略家が消えてしまうこともありうる」

昼や夜のどんなときにも、太陽や星を見て、正確な日時を言える珍しい人に会ったとしよう。「今は1401年４月23日、午前２時36分12秒です」。この人物は、時を告げる驚くべき才能の持ち主であり、その時を告げる才能で尊敬を集めるだろう。しかし、その人が、時を告げる代わりに、自分がこの世を去ったのちも、永遠に時を告げる時計を**作った**とすれば、もっと驚くべきことではないだろうか。

素晴らしいアイデアをもっていたり、素晴らしいビジョンをもったカリスマ的指導者であるのは、「時を告げること」であり、１人の指導者の時代をはるかに超えて、いくつもの商品のライフサイクルを通じて繁栄し続ける会社を築くのは、「時計をつくること」である。ビジョナリー・カンパニーの創業者は概して時を告げるタイプではなく、時計をつくるタイプであった。こうした創業者にとって最も大切なのは、会社を築くこと、つまり、時を刻む時計をつくることであり、ビジョンのある商品アイデアで大ヒットを飛ばすことではない……。ビジョンをもって指導力を発揮する、カリスマ的指導者になることに全力を傾けるのではなく、建築家(アーキテクト)のようなやり方で、ビジョナリー・カンパニーになる組織を築くことに力を注ぐ。こうした努力の最大の成果は、素晴らしいアイデアを目に見える形にすることや、カリスマ性を発揮することや、エゴを満たすことや、自分の富を築くことではない。その最高傑作は、**会社そのもの**であり、それが象徴するものである。[93]

コリンズとポラスは彼らの研究から、ビジョン構築の上でのカリスマ性はあまりに過大評価されており、中身が伴わないのにカリスマで引っ張ろうという考え方は破滅的である、としている[92]。

　これは、刺激的で興味深いが１つの見方でしかない。われわれに必要なことは、起業家精神やビジョンに関する、ポジティブな効果やネガティブな効果についてさらに研究を進めることである。その中には、それらがどのような状況で最も効果的に機能するのか、また、実際どのように効果を発揮するのかが含まれている。おそらく起業家精神は、一般的に語られているほど輝かしいものではないかもしれない。それは、より機能的なものであり、少なくとも面白いアイデアを手に入れたり、(コリンズとポラスによれば)興味深い組織を運営することなのかもしれない。現代の組織においては、執着することにも何らかの役割はあるものだ！

　調査は不十分であるが、アントレプレナー・スクールに適した文脈をいくつか示すことはできる。すでに指摘したように、明らかに**創業時**は力強いリーダーシップや豊かなビジョンが必要な状況である。それは、方向性が示され、ニッチ的ポジションを確保しなければならないからだ（このことは、政府関係の団体や非営利組織の創立時でも同様なことである）。また、大企業だろうと、営利企業だろうと非営利団体だろうと、困難な状況にある組織は、**ターンアラウンド**を通じて劇的な変化を起こすような、ビジョンに溢れたリーダーにしたがわなければならないのだ。

「困難な状況にある組織は、ビジョンに溢れたリーダーにしたがわなければならないのだ」

　さらに、成長過程にある**小さな組織**にとっては、こうした強力な個性あるリーダーシップが永久に必要とされるだろう。特に、小売業が最も適した例と言えるかもしれない。たとえば、ある街角でガソリンを入れる、ある街でコークをボトリングするなど、街角や町に位置するこうした組織には、オーナー的企業が数多く見受けられる。

　つまり、アントレプレナー・スクールによる戦略形成を必要とする組織は、明らかに存在し、それらは組織化されて社会の重要な要素となっている。

注

　(＊ｉ) 極地付近に棲息する小動物で、海に向かって「集団自殺的行進」をするといわれている。

Chapter 6
THE COGNITIVE SCHOOL:
strategy formation as a mental process

第6章
コグニティブ・スクール
［認知プロセスとしての戦略形成］

コグニティブ・スクールへの監訳者ツアーガイド

　成功する起業家的人格の力については前章のアントレプレナー・スクールで述べたが、前章では、この力を完全に普遍化することに成功しているとは言えないし、また他の企業がそれを学習する方法論についても、十分には述べられていない。そこで、起業家の心の中を分析することによって戦略形成のプロセスを解明しようとするのが、コグニティブ・スクールである。つまり、このスクールにおける戦略とは、戦略家の心の中で創造されるものである。

　このスクールでは、戦略家のマインドを解明するために認知心理学を応用し、人間の認知領域において、ビジョンや戦略が一体どのようなプロセスで形成されるのかを探求する。ノーベル賞受賞者のハーバート・サイモンの研究は、経営の分野に心理学や認知科学を取り入れ、従来の経済・経営理論ではカバーされない課題に新たな展望を提示したもので、人間の頭脳と情報処理能力に着目した。また他の研究者たちも様々な認知的側面からの洞察を試みている。

　特に興味深い話としては、バイアスが意思決定にどのように影響を与えるのかという研究がある。意思決定における「錯覚と自己正当化」という観点では、「情報が増えるということは、必ずしも意思決定の精度を上げているわけではないが、自分は正しいという自信は強める。ただし、実際に手にした情報は殆どが余分なもので、付加価値はない」のだ。これは昨今よく見るケースだ。インターネットなどを用いて大量の情報を集めるが、情報を集めれば集めるほど、現場の真実から遠のいているのにもかかわらず、盲目的な自信だけは増大し最後は歪んだ結果に陥る。一見、合理的でシステマティックな意思決定をしていると思い込んでいるマネジャー自身が、過密だが中身の薄い情報によってコントロールされ、情報の餌食になっているのに気が

つかないのだ。人は見たいように見る。つまり、状況と結果の間に勝手に都合のよい想像上の因果の線を引いているだけなのだ。最悪なのは、たった1つの結果しか想定せず、代替案に無関心を装う場合である ("Single outcome calculation")。

「競争」は客観的なものかについての記述も興味をそそられる。というのは、企業は激しい競争にさらされている。過剰生産によって招かれた「ハイパー・コンペティション」は企業の合従連衡と戦略のコモディティ化を加速する。するとマネジャーは、競争の本質から目をそむけ、自分の範囲の中で整理可能なプロセスや方法論に没頭する。それが、ますます偏向した認知、歪んだ認知を量産し、本質的課題からマネジャーを遠ざけてしまうことがあるのだ。

このスクールにとっての戦略形成は、複雑で創造的な行為であり、いまだに十分解明されるには至っていない。認知心理学は、「戦略家の心の中で、どのように概念が形成されるのかについては適切な答えを出していない」と言えるが、少なくとも戦略形成を捉える視点に関して、「客観的世界から主観的世界への架け橋」の役割を果たしていると言えよう。コグニティブ・スクールは、たしかにまだ発展途上の分野ではあるが、個人という観点から、創造的戦略家、そして成功する戦略家や経営者の資質・条件を、深く考えるきっかけを与えてくれるはずだ。

そして少なくとも日本においては、心理学と経営学の距離はまだまだかけ離れていると言える。その要因として、心理学科が文学部に属していることをあげている学者もいる。心理学は、世界的に見れば認知科学や神経科学などの科学的な学問であり、経営の現場にも大いに役立つ。モチベーションの強化や、コミュニケーションの質の向上は、現場の生産性の問題としてスローガン的に常に叫ばれているが、表面的ポジティブ思考だけが先行し、行動科学という観点からの分析や洞察が追いついていない。今後この分野を研究する優れた経営学者、あるいは心理学者とのコラボレーションを切に願うものである。

> 信じれば見える。
> 作者不詳

　戦略的ビジョンや、異なる状況下で戦略がどのように形をなすのかについて真剣に考えるのなら、戦略家(ストラテジスト)の心(mind)を探ってみる必要がある。それがコグニティブ・スクールの役割である。すなわち、認知心理学の分野を利用して、人間の認知の領域で、このプロセスがどのような意味をもつのかを探るのである。

　過去10年から15年にわたって、このスクールは多くの著名な研究者の注意を惹きつけ、時には他のスクールと関連づけて研究されることもあった（たとえば、トリパスとガヴェッティ[483]、レジェとハフ[414]、ボグナーとトーマス[46]、1990年のライルスの調査[283]を参照）。

　これから議論していこうとしている研究の実体は、厳格な思考のスクールを形づくるものではなく、漫然と集められた研究にも関わらず、スクールに発展しているように見える。そしてもしその意図するところにしたがえば、われわれが今日知っているように、戦略の教授と実践という形にうまく昇華させることができるかもしれない。

　この研究がブームになる以前、マネジャーの心の中(mind)で起こっていたことは未知の分野であった。研究者が関心をもっていたのは、思考そのものよりもむしろ思考に必要な要件だった。たとえば、戦略家(ストラテジスト)が知るべきことは何か、などである。焦点は変化したが、戦略を創り出す複雑かつ創造的な思考を理解するにはまだ至っていない。

　そのことからもわかるように、戦略家(ストラテジスト)たちはほとんど独学である。すなわち彼らは、知識構造や思考のプロセスを、主に自分の直接的な体験から開発しているのである。その経験が知識を形成し、そのことによって行動が形づくられ、そしてその後の経験が創られる。この思考と行動の相互作用がコグニティブ・スクールにおいて中心的な役割を果たし、2つのやや異なった流派を生み出しているのだ。

一方の流派はより実証主義的で、世界を**客観的に捉え**、知識を処理したり構造化したりする。そこでは、心の眼（mind's eye）がビデオカメラの役割を果たし、撮影者の意のままにズームインしたりズームアウトしながら世界をスキャンする。したがってこのスクールでは、そのカメラが撮った映像は、映像を捉えた時点でかなり歪んだものと考えられる。

もう１つの流派は、こうしたすべてを**主観的**に見る。いわば戦略は、世界をどう**解釈**するかということだ。ここでは、心の眼（mind's eye）は内側に向けられ、事象、シンボル、顧客の行動など外側に見えるものを、心（mind）がどのように解釈するかに向けられるのである。それゆえ最初の流派は、認知を、世界を**再創造**するようなものとして理解するが、この流派では、最初の一文字を落として、認知を、世界を**創造**するものと考える。

本書の中でこの章がどの位置にあるのかを見てみると、デザイン、プランニング、ポジショニング、アントレプレナー・スクールといった、より客観的なスクールから、ラーニング、カルチャー、パワーなど、もっと主観的なスクールへの架け橋になっていることに注意してほしい。これに沿って、客観的な流派から始めることとする。まずは認知のバイアス、すなわち戦略家（ストラテジスト）のメンタルな限界についての研究である。その後で戦略的認知に関する情報処理の視点の研究、そして最後に、心（mind）がどのようにして知識構造をマッピングするかの研究を見ていく。それから主観的な流派に移り、戦略的な認知を解釈による構造化のプロセスとして考察する。そして結論として、戦略的思考を説明する枠組みとしての認知アプローチの限界について見解を述べる。

偏向する認知

学者たちは長い間、個人が意思決定をするために、どのように情報を処理するのか、特に彼らが示すバイアスや歪曲といった特質に魅せられていた。経営学の研究者たちは、特にハーバート・サイモンの素晴らしい研究[447][290]に刺激を受けていた。彼は政治学者であるが、学者生活のほとんどをビジネス・スクールで過ごし、その後カーネギー・メロン大学の心理学部に移った（1978年にはノーベル経済学賞を受賞している）。サイモンは、世界は大きく複雑であり、それ

に比べて人間の頭脳と情報処理能力にはかなり限界がある、という考えを広めた。そのために、意思決定は合理的であろうとする無駄な努力にも関わらず、それほど合理的ではないのである。

その後に続くのが、判断のバイアスに関する多くの研究文献である。一般的に「プロスペクト理論」と呼ばれている、心理学者トヴェルスキーとカーネマンによる研究(2002年にノーベル経済学賞を受賞)[485]は、バイアスが意思決定に及ぼす影響についての理解に新境地を開いたものであった。その鍵となる結果のいくつかはマクリダキスの本[287]に要約されているが、それを**表6-1**に載せた。明らかにすべてのものが、戦略作成に影響を与えている。ここに含まれるのは、信念を否定するよりもむしろ、信念を裏づける証拠を探そうとすることや、以前の情報よりもっと簡単に覚えられる最近の情報を好むこと、また、ただ単に相関しているだけかもしれない2つの変数の間に、因果関係を見ようとする傾向、希望的観測の力などである。マクリダキスは、「根拠のない信念、あるいは世間一般の通念」と彼が呼んでいるものにかなりの関心を寄せ、次のように言っている。

> われわれが育ってきた文化では、その中で真実であるとされる言説を、そうでなかろうと、真実として受け入れる。たとえばわれわれは、情報が多ければ多いほど、正確な意思決定ができると信じている。ところが、実証的な証拠はこのような信念を裏づけるものではない。その代わり、情報が増えることは、必ずしも意思決定の精度を上げているわけではないが、自分が正しいという自信は強めているように見える。……実際のところ、手にした情報はたいてい余分なもので、付加価値はほとんどないのだが。[287]

> 「バイアスがいかに意思決定に影響を与えるかを、私たちは理解する必要がある」

さらに、前章で見たように、アナロジーやメタファは思考を拡げるきっかけになるが、われわれが考慮すべき解決方法の範囲を簡潔化しすぎたり狭めることによって、その反対の役割も果たすかもしれないのである。デュハイムとシュウェンク[440][467][122]はこのような、またはその他の歪曲が、買収や撤収の意思決定に与える影響について研究した。

表6-1 ▶ 意思決定時のバイアス

▼バイアスのタイプ	▼バイアスの内容
裏づける証拠を探す	ある結論に結びつく事実を集め、その結論に反するものを無視しようとする
一貫性の欠如	似通った状況に、同じ決定基準を適用できない
保守性	新たな情報や証拠を見つけても考えることができない（または変えるのが遅い）
新情報の優先	最も新しいものが優先され、それ以前のものは軽視または無視される
思い出しやすさ	すぐに思い出せる特定のことに依存し、その他の関連情報を排除する
釘づけにする	初期情報が予測をたてるプロセスで重視され、予想に最も影響する
相関の幻想	因果関係のない2つの変数の間に、因果関係があると考えたり、明らかにパターン性があると信じ込む
選択的知覚	問題の見方が自分自身の経歴や経験の影響を受ける
逆行性	ある現象において、特定の理由がないにも関わらず持続的に増加する場合は、次に減少する可能性もありうる。逆に、持続的な減少が、その後の増加の可能性を高めることもある
成功と失敗の理由	成功は自分自身の力であり、失敗は運が悪いか、他人の間違いのために起こる。このような態度は自分の間違いに気づかないので、学習しない
楽観主義、希望的観測	将来こうなってほしいという希望が予測に影響する
不確実性の過小評価	楽観主義、相関の錯覚、不安の払拭の必要性が行き過ぎて、将来に関する不確実性を過小評価する

出典：Reprinted with the permission of The Free Press, a Division of Simon & Schuster Adult Publishing Group, from *FORCASTING, PLANNING, AND STRATEGY FOR THE 21st CENTURY* by Spyros G. Makridakis. Copyright © 1990 by Spyros G. Makridakis, All rights reserved.

❶アナロジーによる理由づけ

著者たちは、このような例を挙げている。「経営陣は買収候補企業を、自分の企業の高い収益率を支える"スツールの3本目の脚"と見る。このイメージ、またはアナロジーは、企業のマネジャーたちに……現行のビジネスに、あまり関連していないビジネスに参入するよう示唆している」。[122]

❷コントロールの幻想

「意思決定者は、買収の結果について自分個人でコントロールできる範囲を甘く考え、問題が起こったとしてもビジネスを成功させることができる、と考える」【122】。これは、意思決定に関する不安を取り除くが、問題も引き起こすのである。

❸コミットメントの急激な高まり

これは、「成果に乏しく、ますます低迷しているにも関わらず、よりいっそう、投資の継続・拡大に走ることを意味する」【122】。ストウは「大きなぬかるみに膝まで浸かって」【466】という記事で、度重なる失敗にも関わらず、アメリカ政府がベトナム戦争に急激にコミットメントを高めていったことに触れ、この概念を有名にした。

❹ 1つの結論のみを想定すること

いくつかの事例に見られるように、「成績不振な部門の売却がいったん検討されるとすぐにそれが、**唯一**の代替案になってしまう。……このプロセスによって、意思決定者は代替案選択の際に必ず行われた、決して楽しい作業とは言えない価値のトレードオフを拒否できるようになる。そしてまだ未熟なレベルの意思決定につきもののストレスを、かなり減らせるのである」【122】。

意思決定者たちは、非常に多くのさまざまなバイアスに直面しているので、バイアスに歪められていない戦略を創ることは、絶望的に難しいように思われる。ダスとテング【106】は、意思決定者たちがこうした問題に取り組むための実践的な方法は、戦略プロセスに対する彼ら特有の戦略アプローチに関連しているバイアスの効力を意識的に排除することである、と示唆している。たとえば、合理的でシステマティックな意思決定プロセスにしたがうマネジャーたちは、「コントロールの幻想」の餌食になりやすいことに気づくべきである。反対に、未熟なレベルの意思決定プロセスに不安をもたないマネジャーたちは、「1つの結論のみを想定すること」に影響を受けやすいことを自己認識すべきである。言い換えれば、彼らは、代替案選択をほとんど考えることもないだけでなく、意思決定に際して、さまざまな結果が起こる可能性に対して無関心を装うのだ。

ダスとテング【106】のレビューでは、次のように論証されている。型にはまった**見**

方に基づいて、型にはまったやり方をすることにとらわれ、周りの世界が変わっていくにつれて、らせんを描いて落ちていく組織の例は数限りない。言葉を換えれば、この章の冒頭に引用した「信じれば見える」こそ、コグニティブ・スクールのモットーなのである(後にわかるように、どちらの流派においても)。

たしかに、行動は見方にも影響を与える。第２章で取り上げたキースラー[246]による実験結果を思い出してみよう。それは、自分たちが何を行っているのかを論じなかった人々に比べて、問題解決へのアプローチ方法を明言した人々は、そのアプローチを変えることに抵抗する、という事実である。つまり、戦略を公にすることで、戦略の変更に対する心理的な抵抗が生まれるのである。キースラーの研究は、１人の人間の心（minds）についてであったが、組織を構成する心（minds）の集合体においてはどんなことが起こるのか考えてみよう。それが、かの有名な「集団思考[222]」である。すなわち、「有益な変化であっても、しばしば、組織にとって最善のものを求める忠誠心溢れるメンバーによって、抵抗の憂き目に遭うのである[415]」。

もちろん、戦略家(ストラテジスト)はそれぞれの**認知スタイル**に違いがある。だからこそ、そのような特徴を、「認知の複雑性」または「開放性」として研究する心理学者たちが、戦略作成にも有益な情報をもたらすのである。この意味で最も知られているものは、カール・ユングの研究をもとにしたマイヤーズ–ブリッグス法[357]で

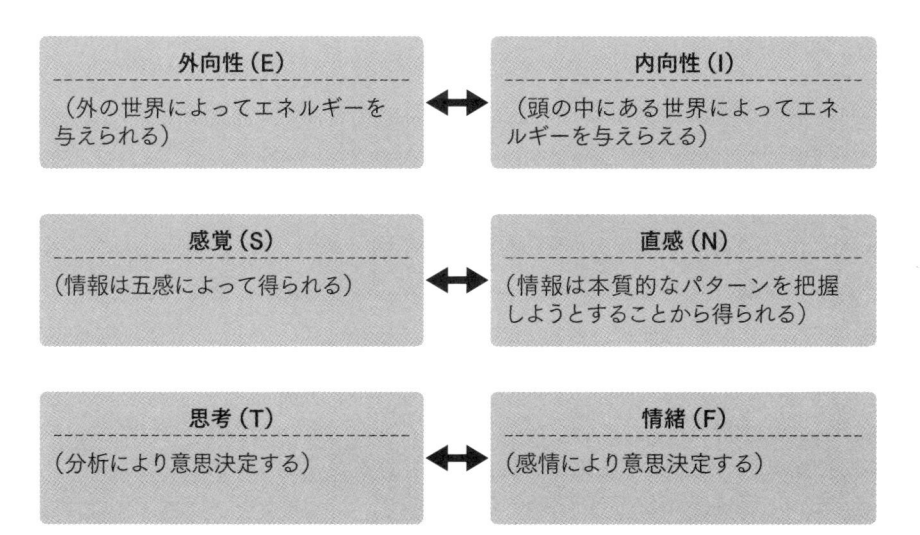

外向性（E）	内向性（I）
（外の世界によってエネルギーを与えられる）	（頭の中にある世界によってエネルギーを与えらえる）

感覚（S）	直感（N）
（情報は五感によって得られる）	（情報は本質的なパターンを把握しようとすることから得られる）

思考（T）	情緒（F）
（分析により意思決定する）	（感情により意思決定する）

判断（J）		理解（P）
（計画された、秩序のある、コントロールされた生き方をする）	⇔	（柔軟で自発的な生き方をする）

あろう。彼らは対立する４つの特質を挙げている。

これらを組み合わせることで16の類型ができあがる。たとえば、ESTJ（「感覚的に判断する外向思考」）は「論理的で、分析的、客観的、批判的、理屈以外のものでは納得しない。……事実を積み重ねることを好む。……」しかし、「状況を完全に検討する前に、あまりにも早く決定を下してしまうリスクがある」[357]。対照的に、ESFP（「知覚情緒的な外向感覚」）は「親しみやすく、適応性のある現実主義者……直接見たり、聞いたり、知っていることに頼る。……適応することで問題を解決する……しかし必ずしも標準的な手順や方法にしたがうことに縛られない……」[357]。もしこれらの２つのスタイルが、それぞれポジショニングとラーニング・スクールの戦略家（ストラテジスト）の特徴のように聞こえるとしたら、それぞれの研究者たちが、戦略作成のさまざまなスクールの裏の裏まで教えてくれるかもしれない。

情報処理としての認知

個人の認知におけるバイアスを超えるものと言えば、組織と呼ぶ集合的な情報処理体の中で活動することがもたらす影響があげられる。マネジャーたちは情報を司る。彼らは同僚や周りにいる人たちの情報のニーズに応えるのと同様に、自分自身のニーズをも満たす。とりわけ大企業では、これによってよく知られたさまざまな問題を引き起こす。たとえば、シニア・マネジャーは、限られた時間で広範にわたる業務を監督しなければならないし、そこで、彼らが受け取る情報の多くは要約されたものにならざるを得ないが、その要約が歪曲の上に歪曲を重ねたものになる。もし最初のインプットが、これまで議論してきたようなあらゆるバイアスを含んだものであるなら、これがまとめられて「ボス」に提出されたときにどんなことになっているか考えてみよう。シニア・マネジャーの多くが、情報処理組織のとらわれ人になってしまうのも不思議はな

い。

　コーナーたちは、「並列」[98]情報処理モデルを使って、個人と組織は本質的には同じ原則に沿って動いている、と論じている。情報処理は注意の喚起から始まり、続いて符号化、保持と検索に転じ、ついには選択となる。そして、結果の評価で終わるのだ。図6-1にこの流れを示したが、説明は以下の通りである。

注意の喚起

　注意は、どの情報が処理され、どれが無視されるかを決定する。来訪者をある優先順位によって判断し、引き止めたり、急いで中に招き入れたりする受付のような役割を果たす。

符号化

　たとえばその人が「顧客」であるというように、既存のカテゴリーとの適合性を探すことで、符号化は情報に意味を与える。しかしながら、そのようなカ

図6-1 ▶ 戦略的意思決定の並列情報処理モデル

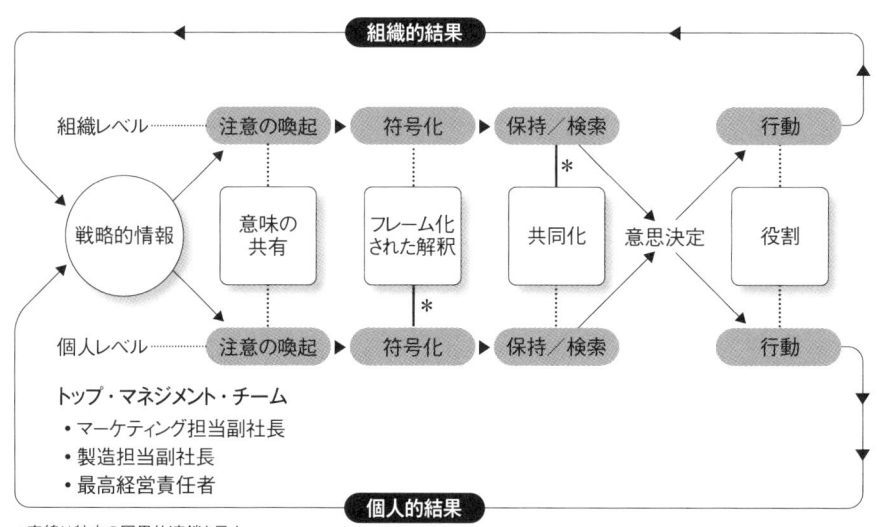

※実線は特定の因果的連鎖を示す

出典：Corner, Kinicki, and Keats [98]

テゴリーは、ニュアンスを取り去ってしまうので、バイアスを生み出すこともある。また、カテゴリーに入れられることでステレオタイプになる危険性をはらむ。

● ───保持／検索

認知は記憶によって始まる。個人の場合、記憶とは、情報のさまざまな項目間を関連づけしながら張り巡らすクモの巣のようなものだ。組織の場合はその関連づけもまた、形式、規則、手順、慣例、技術の中に統合される。その両者を結びつけるのが共同化である。すなわち、組織は個人が既存のルーチンを受け入れるように働きかける。それによってこのようなルーチンが個人の記憶の一部となり、認知を組織に順応させるようになるのである。

● ───意思決定

組織が振り返ってみたときに「意思決定」と呼ぶものは、認知プロセスの中に埋め込まれ、複雑に絡まり合った選択である。ほとんどの組織では、戦略的選択とは、組織のさまざまなレベルが関与し、ある問題に注意をするように促したり、あらかじめ符号化された情報を使えるようにするなどの影響力を行使するという意味で、集合的な選択と言える。認知プロセスは「意思決定」を生み出さないが、イシューを解決する必要性を生み出したり、強めたりすることがよくある。解決策が、「意思決定」の形態をとる場合は、合理的分析から生まれた最終製品としてみる傾向があるが、実際には、意思決定プロセスは創発的なものである。「意思決定」を最終的なものとして定義することは、さらなる情報収集を行ったり、行動に着手するのに役立つが、これ以上は他からの影響を受けないものと考えることはできない（196ページの囲み「決定は邪魔物か？」を参照）。

● ───結果

結果はフィードバック・プロセスの始まりを予告する。個人と組織は自らの選択に理由づけをし、その知見を現行の情報処理にインプットする。すなわち、注意の喚起、符号化、保持／検索に戻るのである。しかしこのプロセスは、本

来は捨て去らなければならない過去の学習によって、時々妨げられるのだ。ウィリアム・スターバックは、次の囲みに「アンラーニング」の現在の考え方と方法論に関していくつかの戦略の輪郭を示している。

アンラーニング(*i)

(ウィリアム・H・スターバック【463】より抜粋)

アンラーニングの本質的な要件は疑うことだ。したがって現在の信念やメソッドについて疑いを生むような、いかなる出来事もメッセージもアンラーニングにとっての刺激となる。出来事やメッセージをそうした刺激に変えることができる、少なくとも8つの見解がある。

- 「それは十分ではない」
  不満足は、現在の出来事やメッセージを疑う、おそらく最も共通した理由である……。
- 「それは実験にすぎない」
  自分自身を実験好きと考えている人々は、彼らの仮説を検証するために最適だと考える実践から、喜んで逸脱する。そして逸脱するとき、自分自身を驚かすような機会を生み出す……。彼らは、新たな洞察を手にするためには、信念やメソッドを変えるのが手っ取り早いと気づくのである。
- 「驚きは疑問符であるべきだ」
  不愉快な妨害であろうと嬉しい驚きであろうと、期待を裏切るような出来事はアンラーニングの機会となりうる。連合国は、第一次世界大戦で戦車を開発したが、ほとんどの将校たちは、戦車は歩兵にとっては大した助けにならないと見ていた……。
- 「あらゆる意見の相違や警告は、ある程度妥当である」
  聞き手は、悪い知らせや馴染みのない考えに対する軽率な拒絶を用心する必要がある。最低でも、意見の相違や注意は、さまざまな見解が存在し、自分たちの信念やメソッドが間違ったものになるかもしれない、ということを人々に気づかせてくれる……。

- 「協業者たちは意見が違っていても、どちらも正しい」

  よく観察している協業者たちが信じていることは、ほとんどいつも、ある種の真実を含む根拠がある。最も共通した問題は、一連の信念が間違っていることを証明することではなくて、それらが実はまったく矛盾していないことを示すことで、見せかけの矛盾に折り合いがつくようにすることである。こうした努力によって、あらゆる人が概念に到達する。また、奇妙なものも生じる可能性もある……。

- 「門外漢は何を変だと考えているのか？」

  通常は、協業者たちの見解は、門外漢の見解よりも尊重されやすいものだ。最新のメソッドに不慣れであったり、最近の努力を知らなかったりするので、門外漢は、未熟であったり、無知であったり、愚かであったりのように見える提案をしがちである。しかしながら、門外漢な人たちが、しばしば新たなパースペクティブを明らかにするものだ。門外漢たちは、業界に前からいた人たちよりも専門的ではないけれども、業界に前からいた人たちが当たり前だと思っている、ある種の予想からもまた自由でいられるのである。こうして、門外漢たちは、すでに訓練を積んだ人たちが気づかないような特性を見つけ出すことができるかもしれないし、既成概念を打ち破るような提案を申し出ることができるかもしれないのだ。

- 「因果関係を示すすべての矢印は、２つの頭をもつ」

  暗黙の仮説を明らかにしようとしたり、試みたりしようとする思考プロセスを使うことができる。因果関係を示すすべての筋道は双方向に影響し合うと主張することには発見が多い。AがBに影響を及ぼすと気づくときにはいつでも、Bが形を変えて戻ってきたり、BがAに影響を与えるような方法もまた探すべきである。双方向に影響を及ぼさない原因を示す筋道もいくらかある。しかしながら、一つの方向にしか進まない因果関係はまれである。というのは、安定に向かって収束することができるシステムは、フィードバックを必然的に伴わなければならないからだ。こうしたフィードバックの筋道を注意深く探すことで、事前に見逃していた因果関係を示す筋道に気づくことができるのである。

- 「あらゆる主張に対する反対意見にも根拠がある」

  弁証法的な論理構築が、双方向の因果関係を普遍化する。ある主張（AはB

に影響する）から始め、逆の主張（BがAに影響する）を述べ、それから、両方の主張ともたしかなものであると主張する。こうした論理構築の様式を唱えた哲学者ジョージ・ヘーゲルは、第一の主張をテーゼ、それに反対する主張をアンチテーゼ、2つを結びつけ調和させたものをジンテーゼと呼んだ。因果関係を示す筋道のように、すべてのテーゼが明確なアンチテーゼをもつわけでも、すべてのテーゼがそのアンチテーゼと調和してジンテーゼになるわけでもない。しかし、ほとんどあらゆる状況で弁証法的な論理構築を適用でき、かつ、適用プロセスによって暗黙の仮説から抜け出すことができるようになる。

マッピングとしての認知

　コグニティブ・スクールをめぐっては多様な見解があるが、1つだけ広範にわたって合意されていることがある。それは、戦略的認知に本質的に不可欠なものは、知識を系統づける心的構造の存在であるということだ。それが、これまで言及してきた「フレーム」であるが、これまでに数多くの呼び名が使われていた。たとえば、スキーマ、コンセプト、スクリプト、プラン、メンタル・モデル、そして地図（マップ）などである。

　地図（マップ）は、そのたとえとしての使いやすさのせいか、現在よく使われている。それはわかりづらい地勢を、代表的なモデルのようなものを使って案内することを意味している。カール・ワイクは、アルプス山中で軍事機動演習中に、吹雪のために2日間帰還できなかったハンガリー軍小部隊の話を好んでする。兵士たちは3日目に帰還し、こう説明した。

　　ええ、われわれは道に迷ったと思い、死を覚悟しました。そのとき、1人がポケットの中の地図に気づいたのです。これで少し落ち着きを取り戻しました。われわれはテントを張り、吹雪に耐え、それから地図を頼りに帰る方角を見つけました。そしてここにたどり着いたのです。部隊を派遣した中尉は、この素晴らしい地図を借りてよく見ました。すると驚いたこ

とに、その地図はアルプス山脈の地図ではなく、ピレネー山脈のものだったのです。[502]

　この話の教訓は明らかである。道に迷ったときには、どんな地図でも役に立つのだ！　つまり、考えが間違っていても、表現されたものがあればないよりもましである、ということだ。少なくとも勇気づけ、行動を促すことにつながるからである。ワイクはこう説明している。

　　地図を持っていれば、どんな雑なものでも構わない。人は目に見えるものを地図上のものにできるだけあてはめようとする。地図は自分たちの知覚を前もって形に表したものであり、人はそこに見たいと思うものを見るのだ。しかし、一致しないところが増えるにしたがって、身近な経験に注意を向け、そこからパターンを探し、地図にあまり注意しなくなる。そして手に持っている地図は、もっとメタファ的なものになる。なぜなら、皮肉なことにその地図自体が、より現実に近い別の地図を形成するための手段になってしまったからなのである。[501](ⅱ)

> 「地図は自分たちの知覚を前もって形に表したものであり、人はそこに見たいと思うものを見るのだ」

決定は邪魔物か？
（ミンツバーグとウォーターズ【348】より、ラングレーら【264】による翻案から抜粋）

　（意思決定に関する）調査の多くは、決定自体よりもまず行動から分析を始めている。たとえば、コンピュータの購入や一企業の買収などの行動である。その行動から、決定が行われていたと推測するのである。その行動に先立って、ある明確な意思決定が下されていたはずである。つまり、組織が何かをしたときには、その前にそうすることを決めたはずである。
　……実際は、ほとんどの文献に……書かれているよりも、はるかに意思決定と行動の関係は希薄なものである。
　１つには、特に強い決意をすることもなく行われる行動もある。医者が患者

の膝をたたくときがそうであるし、また裁判長は、計画的に行われた殺人を第一級とし、そうでなければ第二級として区別する。つまり、法律上、人は意思決定をすることなく人を殺すことがあるのだ。……

しかし組織は明白な意見の一致さえなくても行動をとれる。数年前にヨーロッパで噂になったのが、ある大手自動車企業で、大型ニューモデルを発表する「意思決定」を下したのが社内の誰かをつきとめるために、コンサルタントを雇ったという話である。誰かがたまたま思いついたデザインのクレイ・モデルをつくり、誰かがその技術的な内容を考え、それが雪だるまのように大きくなり、バンパーや組み立てライン、広告キャンペーンなど何千もの「意思決定」と行動が行われて、ついに新しいクルマが現れた……。

意思決定の明確なポイントと場所が必ず必要であろうか。……新しい工場建設の「意思決定」を発表した企業の例を考えてみよう。振り返ってみれば、重役会議において「決定」が「下された」瞬間があったかもしれないが、それはつまり決定が記録されたということである。しかし、本当の決定はその６カ月前、オーナー社長が用地を訪問した時に、気持ちが決まっていたのである。

実は、行動の前に意思決定があるべき、という考え方を明示しているのは、ある特定の組織形態、機械的官僚主義の規範である。管理担当者は形式的に決定を行い、その決定をヒエラルキーにのっとって「上位」に正式に「承認」させ、それから「下位」が実行に移すのである。

このことから導き出される重要な結論は、意思決定というものは、多くの組織理論の概念同様、時に実体のない、行動に責任を押しつける心理的なものである。個人や組織にとって、意思決定は行動に先立つ必要はなく、またもっと一般的には、行動に先立つ意思決定というものは、曖昧で混乱を招くものである。

もちろん、地理学と同じようにマネジメントにおいても、さまざまな用途をもったあらゆる地図(マップ)が存在する。コグニティブ・スクールの中でも非常に活動的な書き手であるアン・ハフは[212]、マネジャーにとって重要な要素を単に明らかにする記述的な認知地図(マップ)（たとえば、重要な競合のプロフィールなど）と、異なる要素間の因果関係を示す因果認知地図(マップ)（たとえば、重要な競合は値下げに対して、どのような反応を示すだろう）とを分けて捉えた。

最初のタイプの地図(マップ)は、認知心理学用語からの転用で、**スキーマ**と呼ばれている。誰もが大量のデータにさらされたとき、問題はどのようにデータを保存し、瞬時に利用可能なようにするのかということだ。スキーマは、さまざまなレベルで知識を表象することでデータを処理する。このために、人々は不完全なデータから全貌をつくり上げることができる。つまり、空白を埋めるのである。たとえば、「石油危機」の可能性がある、という記事を読むと、心の中(mind)で政治的、経済的、技術的なレベルの知識を伴ったスキーマが作動する。このスキーマには暗黙の前提が付加されている。政治的なレベルでは、想定としてある種の戦争や軍事侵略の結果引き起こされるであろうというもの。経済的なレベルでは、カルテルやガソリン代の上昇を考え、技術的なレベルでは、石油燃料と天然ガスの比較検討を始めるといったところである。

　つまりスキーマは、意思決定者の気づきを予期させる。気づきによってディテールがスキーマに追加されると、それによって新たな疑問を生み出すスキーマが生まれる。どのように価格は高騰していくのか。暖房を石油の代わりに天然ガスに切り替えるだろうか。このような疑問は、スキーマからほとんど自動的に引き出されることに注目しよう。これは、情報処理の見地から考えると能率的スキーマである。しかし、スキーマと一致しない事実は無視されることにもなる。そのため各国政府は1973年の石油危機にあたり、高騰する石油価格は一時的な供給制限によるものだという証拠を無視して、高価な代替技術の開発に投資したのだった。石油価格が下落すると、代替的な技術プログラムは断念された。30年後世界では再び石油価格の高騰に直面しているが、今回は、代替技術の開発に対する圧力が経済学的な観点からではなく、むしろ気候変動のスキーマによって具現化されている。

　もちろん、スキーマが活用されるということと、実際に行動するかどうかを決めるということは別である。ここでは、供給、需要、価格、タイミング等の関係をくわしく表した因果認知地図(マップ)が、重要な役割を果たす。経験豊富なマネジャーは、頭の中に、因果関係を記述したスキーマを携えている。それが行動に与える影響はかなり大きい。たとえば、バーたちは、2つの鉄道、ロック・アイランドとC&NWを、25年間(1949〜1973年)にわたって比較した。[30] この2つは最初は似たようなものだったが、一方は破産し、もう一方は生き残っ

た。研究者たちは、その原因はマネジャーが環境についてもっていた因果を示す地図(マップ)にある、としている。当初はどちらも成績不振を、悪天候、政府のプログラム、規制のせいにしていた。その後、一方の会社の地図(マップ)は、コスト、生産性、経営スタイルの関係に焦点を当てたものに変えられた。それによって必要な変革が行われたのである。

概念達成としての認知

　もちろん、マネジャーたちは地図(マップ)の使い手であり、また作り手でもある。そしてどのように認知地図(マップ)をつくっていくかが、戦略作成を理解する上で重要となるのである。たしかに最も基本的な意味では、これこそが戦略作成である。戦略は**概念**であり、そして認知心理学から古い用語を引っ張り出してくれば、戦略作成は「概念の達成」である。

　この重要なイシューに関しての研究の歴史は古いが、認知心理学はあまり助けにならない。おそらく問題は、長い間好まれてきた研究方法――「プロトコル」の抽出にあるか、または決定をする際の意思決定者による言葉での説明にある。戦略の開発に関しての実に興味深いメンタルなプロセス、すなわち視覚的な理解、統合、いわゆる直感、並行のデータ処理などは、われわれの潜在意識の中に深く埋もれているのかもしれない。言い換えれば、われわれにとって重要な知識の多くは「暗黙知」[389]であると考えられる。われわれは自分で語れる以上に多くを知っているのかもしれない。

　前に示したように、経営上の意思決定の認知に関する考え方に特に影響を与えたのは、ハーバート・サイモンの研究であった。サイモンは、「判断、直感、創造力」という言葉はまったくミステリアスなものではない、と繰り返し強く主張した。

　　最初にわれわれが学んだことは、これについての証拠はこれまでに多数存在するが、このような人間の問題解決プロセスは、一部言語化されたメカニズムとは別の、潜在意識のレベルのメカニズムを前提に**しなくとも**説明が可能である、ということだ。たしかに氷山のほとんどの部分は水面下

にあり、言葉にすることはできないが、その見えない部分もわれわれに見える部分と同じ氷でできているのだ。……問題解決の秘訣は、そこには神秘性といったものはないということである。つまり、問題解決は、ありふれた単純な諸要素が複合的に構成されることによって達成されるのだ。【448】

> 「たしかに氷山のほとんどの部分は水面下にある」

サイモン【449】は後の論文の中で、直感の本質は、「認識できるチャンク(塊)という見地でまとめられた【449】」、即座に同一化するための知識の**体系化**にあるのであって、霊感によって導かれた意図を識別して表現するものではない、と主張し続けた。彼の言葉では、「直感と判断、少なくともよい判断は、単純な**分析が固定化して習慣になった**もので、認知を通じて早い反応ができるようになったものである【449】」。しかし、この見解には疑問の余地がある。

それでは、創造的統合の実践として、よく知られた話をとりあげよう。

1943年、サンタフェで休暇を楽しんでいたある日のこと、3歳になる娘のジェニファーが、今撮ったばかりの彼女の写真をなぜ見られないのかと尋ねた。その美しい街を散策しながら、私は娘が投げかけた難問を解決しようとした。間もなく、カメラ、フィルム、その物理化学がはっきりと見えてきたので、大興奮しながら友人が滞在しているところに押しかけ、撮影してすぐに写真が見られるドライ・カメラの詳細を説明しようとした。私の頭の中 (mind) ではあまりにもリアルだったので、説明するのに数時間かかった(ポラロイド・カメラを発明したエドウィン・ランドが『タイム』誌に語ったコメント【261】より)。

ここでランドが認知した「ありふれた単純な要素」とは何であったか。彼のどの分析が固定化されて、どのような習慣となったか。厳密には合理性がどのように彼に働いたのか。あらゆるところでランドはこう主張している。創造的な洞察力を働かせている間、「本能的な能力が湧き出てくるかのような感じだ。あまりにもたくさんの変数をかろうじて意識のレベルで扱っているので、中断

することなどできない」【39】、特に言葉によるプロトコルを要求する研究者には、中断することなどできないのだ！

洞察の源は謎かもしれないが、その出現は謎ではない。ランドの啓示のような体験でも、あるいはケーラーの有名なサルの洞察【251】でもそうである。そのサルは、隅にある箱をバナナの下に置けば、檻の中の高いところにぶらさがっているバナナが手に入ることを、突然に理解したのだ【170】。

日本の経営幹部に関連づけて清水【444】は、洞察力を「直感力」と呼び、「新しい情報に接したとき、その新しい情報と今までもっていた古い情報、記憶を含めた全体系を瞬時に把握する能力」としている。彼は「論理的思考を順次つなぎ合わせる」ことと対照的に、「無関連に存在する記憶が集積していって、あるとき突然それら無関連な記憶の間の関連が明確になったとき」に起きる第六感、すなわち「カン」【444】について述べている。内面を見つめる**洞察力**は、意思決定者が、所与の事実を超えて問題の本質を理解しようとするときに生じるものだ。

> ほとんどの組織行動は……思考の再構成を促す、時折生ずる洞察力によって決定づけられる。ランドの場合、ポラロイド・カメラのアイデアが大企業を生み、大きな市場を形成した。古い諺を引用すれば、兵士の運命は何カ月も続く退屈なもので、しかしその退屈が、一瞬の恐怖によって中断されるのだ。組織の運命もまた、何年もルーチンが続いた挙句、競合または自分の突然の洞察のひらめきによって変わってしまうものだ。それでは、「戦略的」という言葉は、そのような洞察力を考慮しない意思決定理論に、どのように適用されるのだろうか。【264】

組織における戦略作成プロセスを注意深く研究すると、そのプロセスの核心部に、このような性質をもった事象の証とも言えるものが繰り返し現れる。したがって、戦略家（ストラテジスト）が時によって、どのようにさまざまな分野のソフトな情報を統合して、新たなパースペクティブにまとめあげるのかを知る必要がある。そのためには、言葉やその他の「認識できるチャンク」の研究よりも、むしろイメージの認識が必要であるかもしれない。有名なナスルディンの話によると、彼は鍵を落としたとき、実際に落とした場所よりも明るい街灯の下を探したと

いう。同様に認知心理学者は、われわれが直感や洞察と呼んでいるプロセスの暗がりの中で答えを見失ってしまったのに、言語のプロトコルという明るさの中で、メンタルな行動の手がかりを探し求めてきたのではないだろうか？

　もしそうだとすれば、認知心理学は、生理学のようなお固い科学よりも、もっと役に立たないものなのかもしれない。ノーベル生理学医学賞を受賞したロジャー・スペリーは[460]、人間の脳における働きには、非常に異なる２つのプロセスがあることを、われわれに知らしめた。プロセスの一方は、言語機能をもつ左脳に関連しており、もう一方はより空間的なもので、非言語半球と言われる右脳においてしばしば見出される。それゆえわれわれは、戦略マネジメントにおける研究や技法の多くを、間違ったほうの脳に集中しすぎていたのではないだろうか？

　全体的に見れば、概念の達成として捉える戦略作成の、重要なメンタル・プロセスを理解するためには、まだまだ時間がかかりそうである。175ページの囲みで概要を示したように、「直感」に関するデーンとプラットの分析は[104]、有益な貢献である。しかし、最近の研究にもかかわらず、コグニティブ・スクールは、今後の可能性としては、10のスクールの中で最も重要であると言えるものの、実用性という点では今のところ、最小限のものだと結論づけざるを得ない。

構成としての認知

　少なくともわれわれの解釈では、コグニティブ・スクールにはもう１つの面がある。それは、かなり異なったものであり、潜在的にはたぶんより実り多きものであろう。ここでは戦略を解釈とみなし、構成としての認知がその基礎となっている[iii]。

　この考え方の提唱者にとっては、「外」の世界は、「心」の反応に単純に影響を与えはしない。それゆえ、認知は、歪曲、バイアス、簡素化を取り除くことで現実をありのままに映し出す行為以上のものであるのだ。もしそうであったなら、世界を変える戦略をわれわれはどう説明するのかということについて、この提唱者たちは指摘している。それらはどこからやってくるのだろうか？

　解釈的または**構成主義者的**な考え方では、人間の心（mind）のうちにあるも

のは外部世界の再生ではない。そのようなフィルターを通じて入ってくる情報はすべて、認知地図(マップ)によっておそらく解読されるはずであり、事実、認知と相互作用し、認知によって形づくられるのである。つまり、心(mind)は環境を解釈し、独自の世界を構成するのである。ある意味では、心(mind)にはまた独自の心(mind)があり、独自の解釈に向かっていく。そこでは集合的な側面も考慮したほうがよいかもしれない。人々はメンタルな世界を創造するために相互作用し合うのだ(もちろん、コグニティブ・スクールのもう一方の流派にも集合的な側面があり、たとえば「集団思考」からもそれは明らかである。集合的知覚に関しては、カルチャー・スクールで深く探求する)。

　この考え方は過激な意味を含む。完全にこの考えに同意する研究者は「社会構成主義者」と呼ばれ、われわれが所与の事実として見ているものを受け入れる傾向や、現状を論理的に不可避なことだとしてしまう傾向が広がることを断固として拒否している。彼らにとっては、豊富な詳細すべてを伴う外側の現実が、実際のところわれわれの頭の中に存在するのだ。

　社会構成主義者は、第二次大戦後にヨーロッパを席捲した哲学革命に起因する。この革命が心理学に広まり、グレゴリー・ベイトソンの珍しい研究が生まれている。彼は、動物園で遊んでいるサルを観察しているときに、動物は直接コミュニケーションすることができないのにも関わらず、どのようにしてお互いを「理解する」のかということを考え始めた。

　ベイトソンは1955年に書いた『遊びと空想の理論』というエッセイで、動物と人間の双方におけるこの難問の答えは、彼が**フレーム**と呼ぶものの中の至るところにある、とした。たとえば、「これは遊びだ」というフレームによって、サルは遊びのジェスチャーとそうでないものとを区別する。サルたちは遊ぶための合意を得るために交渉したりはしない。その社会生活の中で「遊び」というフレームを学ぶのである。同じ原理が人間にも成り立つが、ただ人間の場合にはかなり多くのフレームがあり、複雑で解釈のレベルも多数あるのだ。

> 「心は、独自の世界を構成するのである」

　心理学的なフレームは、絵画のフレームとそれほど違わない役割を果たす、とベイトソンは論じている。それは何が「内部」で何が「外部」であるか、観察

者と状況との相互作用において、何が「現実」で、何がそうではないのか、といった曖昧さを晴らしてくれる。ベイトソンによれば、もっと一般的には心理学的フレームは、以下のような特質をもっている。

❶心理学的フレームには、除外の働きがある。つまり、あるメッセージ（または意味のある行動）をフレームの中に入れることで、他のメッセージが外に追いやられる。
❷心理学的フレームは包含の働きがある。つまり、あるメッセージを除外することで他のメッセージは内に囲われる。絵を囲むフレームを、見るものの知覚で考えると、「枠の内側にあるものに注意を払い、枠の外側にあるものに注意を向けるな」ということになる。
❸心理学的フレームは、これまで「前提」と呼んできたものと関わっている。絵のフレームは、絵を見る人に、「この内側の模様を見るときと、外側の壁紙の模様を見るときとは違った思考法を用いよ」という暗黙のメッセージを伝えている。
❹このようにフレームの働きは、メタ・コミュニケーション的なものと言える。明快であろうと、暗黙のうちにであろうと、フレームを設定する役目を果たすすべてのメッセージは、**事実上**、フレームの内側に込められたメッセージを理解しようとする際に、解釈の仕方を規定し、あるいはその理解を助けるものである。[31]

スキーマという概念は広く研究者に使われてきたが、フレームの概念のほうはその価値に見合う注目をやっと集め出したところである。マネジャーによるフレームの使用に関して、初期の、そしておそらく最も素晴らしい研究はというと、エル・ソウィーとパーチャントのものである。[130] 彼らが研究をしたのは、17人の専門家とマネジャーたちが1つのグループとなり、成長する携帯電話市場の戦略的機会に関する情報をどのように扱うか、というものであった。3カ月にわたり、グループは定期的に集まった。最初に市場と技術に関する初期情報から議論し始めた。次第に2つのフレームに関してコンセンサスができた。それは、携帯電話市場のポテンシャルと、携帯電話の使い方のポテンシャルで

ある。残りの研究期間中、より詳細な情報は主にメディアや業界誌から入手した。

　エル・ソウィーとパーチャントが最初に関心をもったのは、初期のフレームとそれに続く情報との相互作用であった。フレームと情報がお互いに相容れないときには、フレームを修正するのか、それとも情報を見直すのだろうか。これが起こったのは、車の運転中に携帯電話を使うことは危険である、という情報のために、１人のグループ・メンバーが、携帯電話の使い方のポテンシャルを定義するフレームを、大幅に変更しなければならないと言い出したときだった。最初のフレームを守るために、他のメンバーは次のような情報を提示した。(a)携帯電話の所有者は非所有者よりも安全運転である、(b)「ハンズフリー」機能を開発中である、(c)携帯電話があれば、事故のときに助けを呼ぶことができる。これによってそのグループ・メンバーは、フレームは正しかったと「説得」され、すでに共有化されているフレームに対する危機を乗り越え、その後の情報も以前と同じ流れで解釈された。

　この研究は、本質的には個人に属するスキーマと、グループに属するフレームの間の違いを指摘している。スキーマは個人が何を理解し、何を信じるかに依存する。一方フレームのほうは、グループ・ダイナミクス、つまり個人同士および個人とグループという関係に影響を受ける。たしかに、フレームがグループにもたらされると、同じスキーマをもつ人たちと情報を共有するので、各個人が市場を「見る」とか競合に「気づく」のである。もちろん、これは以前議論した集団思考にもつながる。すなわち、相反する証拠に影響を受けずに、現実的な解釈に依存するということだ。

　この問題を避けるためには、マネジャーたちは豊富なフレームのレパートリーをもつ必要がある、ということは明らかである。それは１つの見方にとらわれずに、世界をさまざまな視点で見てみることである。それゆえ、ガレス・モルガンの*Images of Organizations*（『組織のイメージ』）[354]のような本が成功を収めたのだ。この本は、機械としての組織、有機体としての組織、頭脳としての組織などの章で構成されている。ボルマンとディールの*Reframing Organizations: Artistry, Choice, and Leadership*（『組織をリフレームする』）[48]によれば、経営的洞察というものは、複眼的に見る視点や組織の優位性を用いようという自発性によって決まるものだ。

もちろん、経営の実践には集中、時には執着心が必要だという問題はある（前章で見たように）。「一方では、また、もう一方では」というのは、行動を決めるのに最善とは言えない。それでももう一方では、パースペクティブを広げることも、効果的に経営するのに重要なことなのである。

●──「環境」は解釈の結果構成されるものなのか

　社会構成主義者の見解は力強い前提条件で始まる。それは、組織の中にいる人で環境を「見て把握する」人は誰もいない、ということである。その代わりに組織は、多くの曖昧な情報から環境を解釈するのである。その情報においては、「内部」「外部」といった基本的な分類でさえも、非常に曖昧なものになっている。この前提条件を裏づける強力な証拠があるが、社会構成主義者がその証拠を使って何をするか、ということはさらに論議を呼んでいる。彼らは、環境は組織内で解釈されて構成されるものであり、経営上の信念の産物以外の何ものでもないと主張している。デザイン・スクールの図2-1に立ち戻ってみると、環境を扱う大きなボックスがあり、ポジショニング・スクールは、そのボックスで環境を捉えることから成り立っているようなものだ。つまりここで些細な役割しかもたないものに格下げになるのだ（もちろんポジショニング・スクール全体も同様である）。そしてその代わりに、最も曖昧なボックスがチャートの上に現れる。マネジャーの信念というボックスである。

　多くの人々がこの結論に難色を示す。外部にはたしかに環境がある、と彼らは言うのだ。いずれにしても市場には、マネジャーたちの信念にも関わらず（または、そのために）、市場を読み違えた企業の残骸が散らばっているのである。それに対して社会構成主義者たちは、このような異議それ自体が、「環境」の意味合いに関する仮説を、あまりに単純化しすぎた結果だと答えている。スミリッチとスタバート[456]は、環境に関する3つの対抗する考え方を説明することで、この点を明らかにしようとしている。歴史的に見るとわれわれの理解は、最初のものから始まり、2番目を通じて現在では3番目へと移っている。

❶客観的環境
　……「組織」は、外的かつ独立した存在である「環境」の中に埋め込まれている。

……この「環境」の意味を捉えた言葉としては、現実的、客観的、独立した、所与の、切迫した、外部の、などがある。……ほとんどすべての戦略マネジメントの研究と論文は、この仮説を取り入れている。……環境的な分析というのは、**発見**、あるいは、**すでにどこかにあって見つかるのを待っているもの**を見つけ出すということだ。……そしてそれらに対応するように戦略の輪郭は描かれるのだ。

❷知覚される環境

……これは環境に対する考え方を変えるものではない（環境は現実的で、物質的、外的なものであり続ける）。その代わり、違いは……戦略家（ストラテジスト）に関する特質に関係する。戦略家（ストラテジスト）は永久に、限界のある合理性にとらわれている。……そして「環境」に対する不完全で、不十分な己自身の知覚にとらわれている。……せめてもの実践可能なチャレンジは……自分の誤った知覚と、その環境の現実との間のギャップを、最小にすることである。

❸イナクト（想造）された環境（*iv）

解釈的な世界観から見て、単に**分離した対象**としての「環境」は存在しない。……その代わりに、組織と環境は行動パターンを表す便利な呼び名と言える。人々が環境と呼ぶものは、人間の行動やその行動の意味を理解しようとする知的努力によって生まれる。……世界は本質的に、経験からなる曖昧な領域である。環境には脅威も機会もなく、物質と行動の象徴的な記録があるだけである。しかし、環境の意味合いを見つけ出そうと固く決心している戦略家（ストラテジスト）は、行動に結びつきとパターンを取り入れることで、関連性をつくろうとする。……たとえば、本当は空には北斗七星などない。しかし、人々はあると想像したほうが役に立つと考えている。星の集まりを想像上の線で結びつけて意味をもたせ、そこに北斗七星を見る……天文学者は想像力を使って、シンボル化した現実をつくり出す（オリオン座、獅子座など）。戦略家（ストラテジスト）にも同じことが言える。……自動車、油田、ミサイル……それだけでは意味がなく、訓練されていない目で見ると、空の星と同じようにバラバラに見える。戦略家（ストラテジスト）は出来事、もの、状況の間に想像上の線を引くことで、それらは組織にとって意味のあるものになるのだ。[456]

「戦略家は出来事、もの、状況の間に想像上の線を引く」

最初の考え方は3つの規範的スクール、中でも特にポジショニング・スクールに好まれることは明らかであり、2つ目と3つ目はそれぞれ、コグニティブ・スクールにおける2つの流派を代表する。しかしこの2つはまったく異なる。1つが歪曲の基礎と考えるものを、もう1つは創造の機会と捉えるのである。

こうした構成主義者的なパースペクティブにおいて、戦略作成はまったく新しい色合いを帯びてくる。メタファは、象徴的な行動やコミュニケーションを行うのと同様に、重要なものとなる【80】。そしてそれらはすべて、マネジャーの人生経験が土台となっているのである【202】。さらにビジョンは、ガイダンスの手段以上のものとして現れる。すなわちそれは、リーダーの世界観が集合的な現実となったものと言える。経営上の行動についてのスミリッヒとスタバートの考えを、211ページの囲みに示しておく。

●── 競争と認知

競争という概念は、コグニティブ・スクールに対して興味をそそる挑戦状をつきつける。一見すると、競争は客観以外の何ものでもないように見える。もし、あなたのライバルが優れていて、しかも低価格な製品を発売したなら、あなたはそれに対応するか、さもなければ、最終的にビジネスからの撤退を余儀なくされるだろう。よもやこうした状況から離れて、あなたの進むべき道を設計することなどできない。あなたができることは、競争相手たちが送り出している競争シグナルを正しく認め、それに応じて行動するよう努めることしかない。

しかし、ちょっと待ってと、学者たちは言うかもしれない、「ことはそう簡単ではない」と。競合が行っていることを解釈することは、振り返ったときのみ客観的に捉えることができるのだ。競合と戦っている間は、ライバルたちがしようとしていることは、通常、かなり曖昧である。これは、単に情報が足りないのではなくて、あなたにもたらされる情報が複雑で矛盾したものだからである【260】。こうした情報を理解するためには、複雑な解釈のプロセスに関わらざるを得ない。そのプロセスにおいては、想像力と客観的な事実は分かち難く、同時に重要な役割を果たすことになる。

競争が客観的であると見えるのは、こうした複雑な解釈のプロセスの中で、意識的に深く考える努力を避けているからだ、と前述の学者たちは主張してい

る。経験あるマネジャーたちは、曖昧な情報を明確な心的イメージに変えることになれている。しかし、これは客観性というよりも、むしろ安定性と関係がある。多くの場合、ほとんどの業界というわけではないが、競争は比較的予想できる。いわば、「ゲームのルール」が存在するのだ。マネジャーたちが自分たちのビジネスに精通してくると、彼らはこうしたルールを学習し、競争的環境の客観的な側面としてそれらを捉えるようになる。誰もが、ルールであると信じているものに従って行動するとき、企業が生き残るために従わなければならない客観的現実を、こうしたルールが反映していると信じることは、ほんのささいなステップにすぎない。

しかし、どのようにマネジャーたちが競争を理解するのかについての見解は研究者たちによって次々と論点が出されている。研究者たちは、通常の競争が、リチャード・ダベニー[108]が「ハイパー・コンペティション」と呼んだものになったときに、経営上の認知が変化すると主張した。ハイパー・コンペティションの状態では、競争は戦闘的で、境界もルールもない。つまり、それは「強烈で迅速な競争的な動きによって性格づけられ、そこでは、競争者は優位性を築くために素早く行動を起こし、ライバルたちの優位性を浸食しなければならない」[108]のである。こうした環境において持続的競争優位を追い求めることは、無意味である。戦略の最初のゴールは、「現状を破壊し、一時的な優位を連続的に創ることを通じての主導権をつかむこと」[108]である。

現状が崩壊するとき、客観的に整理されていると見せかけた環境は、同じように崩壊し始める。こうした状況ではわれわれは、続いて起こる不確実性を減らすような力強く洗練された解釈を探すようマネジャーたちに期待するのだ。しかし現実には、まったく反対のことが起こる。マイクロコンピュータ産業に関するアイゼンハートとサル[129]の研究によると、技術的な変化が定常的だが急激であるとき、マネジャーたちは「少しばかりの戦略的に重要なプロセスを取り上げ、それらを導く２、３の単純なルールを巧みにつくる」傾向がある。

さらにこうした研究を推し進めたボグナーとバー[45]によれば、ハイパー・コンペティションのプレッシャーにあるマネジャーたちは一斉にライバルたちの競争的な動きを理解する努力を諦めてしまうし、代わりに、戦略的意思決定のプロセスを改善することに集中する。彼らは次第に、戦略の「何を（目的）」では

なく、「いかに（方法）」に夢中になる。明らかに、こうしたことに没頭することは、業界レベルでの「集団思考」と呼ばれるものを生み出す。競争の先頭に立ち続けようと努力する中で、企業はライバルの意思決定アプローチを模倣する。こうして、逆説的ではあるが、当初意図するところと違って、企業は産業をより不安定状態に追いやる。つまり、「マネジャーたちが新しいフレームワークを築こうと企てることは納得のいく行動であるが、結果として、競争的な大混乱を長引かせ、実際、ハイパー・コンペティションを常態化させてしまうという、業界レベルでの思い込みを生んでしまうのだ」[45]。

コグニティブ・スクールの前提条件

　コグニティブ・スクールは、まだまだ戦略形成に関する発展途上のスクールである。そこでレビューを締めくくるために、文献からの引用を使って、ここに前提条件を挙げておこう。

❶戦略形成は、戦略家（ストラテジスト）の心の中（mind）で起こる認知プロセスである
❷戦略はそのために、概念、地図（マップ）、スキーマ、フレームの状態で、パースペクティブとして出現する。そのパースペクティブは、環境からのインプットをどのように処理するのかということを形づくる
❸このようなインプットは、このスクールの「客観的な」流派によれば、認知地図（マップ）によって解読されるまでに、あらゆる種類の歪曲するフィルターを通って流れ出る。あるいは「主観的な」流派によれば、インプットは、どのように知覚されるかという点でのみ存在するような、世界の解釈にすぎない。言葉を換えれば、見える世界というのは、モデル化され、フレーム化され、そして構成されるということなのだ
❹概念として考えると、戦略はそもそも達成することは難しく、実際達成したとしても、最善であったとは言い難い。さらに、もはや実行不可能となったとしても、変更するのは難しいものなのである

構成主義的アプローチを使って
（スミリッヒとスタバート【456】より）

- **組織は環境に適応すべきという規範を捨てること**
  ……経営幹部は活動を離れて、ただトレンドに自分自身を合わせることはできない。自分の活動がトレンドをつくるのである。したがって、ある機会を利用しようとすべての企業が殺到すると、その機会は消えてしまう。……事実は何も伝えてはくれない。もし事実が「言うまでもない」ように見えるのであれば、それは見ている者が同じようなことを言っているからにすぎない。……

- **制約、脅威、機会を再考すること**
  マネジャーは状況、事象、圧力、不確実性の波に直面する。……彼らはその状況を説明するものとして「環境」ではなく、まず自分自身と自分の取った行動、取らなかった行動について考えてみるべきである。……

- **戦略的マネジャーの役割について違う側面から考えてみること**
  解釈的なパースペクティブは……戦略家（ストラテジスト）の任務を想像的なもの、創造的なもの、もしくは芸術と定義する。……戦略的マネジャーの最高の仕事は、素晴らしい意義を喚起することである。……

- **経営分析**
  ……自分自身の、そして他の人々の行動が「組織」と「環境」をつくり上げる。この順序のため、環境分析は経営分析に比べてそれほど重要ではない。経営分析とは、マネジャーが行動する上での前提を吟味し、内省する能力を高めることである。……

- **状況の創造**
  われわれは誰か、何がわれわれにとって重要か、われわれは何をするか、われわれがしないことは何か、などという質問に答えることが戦略形成のおぜん立てになる。……

- **現実に対する異なる解釈の支援**
  ……能力のある戦略家（ストラテジスト）は誰もが知っている事実を熟考し、驚くべきことを考えつく（たとえば、レイ・クロックがハンバーガー・レストラン・チェーン

を考えたように)。……戦略家がつまらない事実から新たな解釈を引き出すことによって、面白い法則が花開く。
- **試験と実験**
どの産業にもするべきこと、するべきではないこと、に関する長いリストがある。このような明示された制限は、定期的にテストするべきである……賢明な組織であるためには、常に既得の知識を捨てることが必要かもしれない。……

コグニティブ・スクールの批評、功績、文脈

　最初に示したように、このスクールに関しては、これまでの功績というよりも、むしろそのポテンシャルに注目している。戦略形成のプロセスもまた、基本的には認知の1つであるとするスクールの中心となる考え方は、妥当な話である。それも特に、概念としての戦略を達成することにおいて、そのプロセスが認知の1つだということはうなずける。しかし戦略マネジメントにとってみると、理論はさておき、実践においては認知心理学の考え方をまだ十分に生かしきれてはいない。もっと正確に言えば、認知心理学は、戦略マネジメントが当初から関心を寄せていた疑問——特に、戦略家(ストラテジスト)の心の中(mind)でどのように概念が形成されるのか——については、まだ適切な答えを出してはいない。

　心(mind)がどのようにして歪曲するかだけでなく、多岐にわたり複雑に絡み合ったインプットを、心(mind)がどのようにして統合することができるのかについて知ることは、非常に役に立つと思われる。なぜなら、単に戦略を開発しようとすることを諦めて、途方にくれるマネジャーの「無気力な戦略」のような、わけのわからない戦略的行動につながることもあるが、マネジャーによっては、認知の力で何とかして著しい飛躍を遂げようとする者もいるのだ。そして、意思決定における歪曲について学ぶのは興味深いかもしれないが、経験による知恵、創造的な洞察力、直感的統合が軽んぜられたり、まったく無視されたりするとしたら、われわれの理解自体も歪曲される危険があるのだ。

　このスクールの構成主義者は、このような疑問にほとんど答えていない。し

かし、少なくともそうした疑問については認めており、これらの説明に役立つような事象を前面に押し出している。またこの流派は、戦略作成の創造的な側面を後押しした。それは、限定的なプランニングの手順や強制的なポジショニングの分析は言うまでもなく、人間の認知の限界に注目した後では、大変歓迎されるものでもあった。

　欠点はあるにしても、主観的な流派は、戦略形成もまたメンタルなプロセスであり、戦略に行き着くまでには、おかしなことが起こりうるということに気づかせてくれる。さらに戦略家(ストラテジスト)の認知スタイルは変化するもので、その変化が、追求する戦略に重大な結果をもたらすこともある、ということにも気づかせてくれるのだ。この意味で、コグニティブ・スクールは、ポジショニング・スクールほど決定論的ではなく、プランニング・スクールよりも個人化している。また、これまでの5スクールのうち、興味深い世界が外側にあるということを認めた最初のスクールでもある。そこでは戦略家(ストラテジスト)は、環境の機会という木からただ戦略をもぎ取るというのではなく、起業家的なリーダーが魔法のように先見性のあるニッチ市場へ導いてくれなければ、変化のない状況の中で受動的に甘んじるというのでもない。その代わり、少なくともこのスクールの一方の見方によれば、複雑すぎて完全には理解できないような始末に負えない世界にもてあそばれてしまう。しかし面白いことには、このスクールのもう一方は、実際にはこんなことを言っている。だからどうしたというのだ？　優れた戦略家(ストラテジスト)は創造的であり、つまり、彼らは頭の中で集合的に世界を構築し、それから突然「イナクト（想造）」するのだ。そのことは次章を見て欲しい。

　文脈について言えば、このスクールの客観的な流派は、集合的なプロセスというよりは、個々人のプロセスとしての戦略作成に最も適している。認知は集合的な文脈には適切ではないという意味ではないが、さまざま認知の相互作用は、研究が困難を極めるほどの膨大な組み合わせにならざるを得ないので、個人の認知の研究で手いっぱいの研究機関では、ほとんど手をつけていないということなのだ。もちろん、解釈的な流派のほうは、検討事項をそれほど野心的に広げていないためか、集団的プロセスにもっとオープンである。そして、認知そのものにもそれほど深くは踏み込んでいない。

　このスクールはまた、戦略形成プロセスの特定のステージに着目しているが、

それらは特に、戦略の**最初**の着想段階、既存の戦略の**再考**段階、認知に固執するために組織が既存の戦略に**執着する**段階である。

特にコグニティブ・スクールは、戦略形成を理解するつもりなら、人間の頭脳（ブレーン）だけでなく人間の心（mind）を理解したほうがよいと、われわれに告げている。しかしこのことは、理論の利用者である戦略マネジメントにとってというよりも、理論の供給者としての認知心理学にとって重要な意味をもっているかもしれない。つまり、この章の多くの部分は、利用者の嘆きと考えられるのだ！

注

（＊ⅰ）すでにある知識やパターンを捨て、新しいフレームや知識を探究すること。
（ⅱ）ワイクの基本的な主張に反論するわけではないが、アルプスでの出来事に対するアナロジーは、不適切に思える。そのような起伏の多い地形において、安全な道はあまりにも少なく、またわかりにくいため、崖に落ちることなく、違う地図を頼りにそこから抜け出す可能性はきわめて低いだろう。つまり、起伏の激しい地形では特に詳細な地図が重要であるように、戦略のポジションとパターンにおいては、プロセスだけでなく、内容も重要なのである。
（ⅲ）チャフィー【80】は、実際この考え方を、「合理的な」考え方（最初の3スクール）、「適応的な」考え方（ラーニング・スクール）とともに、戦略形成の3つの主なアプローチの1つとした。また、コグニティブ・スクールの2つの流派とカルチャー・スクールとを関連づけたジョンソン【228】を参照。
（＊ⅳ）イナクト（想造）については、第7章でくわしく述べる。ここでは、能動的にクリエイトされるものという意味。

Chapter 7
THE LEARNING SCHOOL:
strategy formation as an emergent process

第 7 章
ラーニング・スクール
[創発的学習プロセスとしての戦略形成]

ラーニング・スクールへの監訳者ツアーガイド

　ラーニング・スクールは、デザイン・スクールからポジショニング・スクールまでに見られる明確にコントロールされた計画的な戦略形成プロセスではなく、創発的に現れた戦略を、いかに組織という集合体の中にパターンとして根づかせていくかに焦点を当てたものである。つまりここでは、創発的戦略と組織学習が主要なテーマとなり、戦略を個人および組織の学習プロセスとして捉えている。第1版が上梓された当時は非常に注目度の高いスクールであり、今でも企業における組織学習は重視されている。ただし、企業内大学という組織学習のための器を作っても、実践力としての経営スキルが根づいていない事例も数多く見受けられる。それは、トップのコミットメントも含め、組織学習を成功に導くための統合的なフレームと、現場の最前線に落とし込んでいくシステムが欠落しているためである。

　このスクールは、戦略を処方箋的な規範としてではなく、経験に基づく記述を基礎に捉えており、実際の戦略が、組織の中でどのようにして形成されるのかについて深い分析と洞察を加えている。歴史的には1960年代初頭に、政治学教授のリンドブロムが唱えた「非連結的漸進主義」に端を発し、「論理的漸進主義」から「戦略ベンチャリング」「創発的戦略」へと続く、いわゆる漸進的で創発的な考え方の流れをひもといている。

　そして、「ホンダのアメリカにおけるオートバイ市場戦略」を、計画的でコントロールされた戦略の成功と見るのか、当初の計画的戦略の失敗を超えて学習した創発的戦略の成功例であると見るのか、興味深い考察を行っている。特に、「分析は将来のことなど考えず、ほとんどは後ろを見ている。そして、過去にあったトレンドを未来に引き伸ばすだけだ。そのため、素晴らしいイノベーションが、成功の可能性なしと判断されてしまう」として、ポジショニング・スクールを代表するBCGの分析的アプローチをホンダのマネジャーの実話と対比させながら、痛烈に批判している。

　さらに、ピーター・センゲ等によって喚起された「組織学習」の動向、野中郁次郎と竹内弘高による「知識創造」や、プラハラードとハメルによる「コ

ア・コンピタンス」や「ダイナミック・ケイパビリティ・アプローチ」、「カオス理論」などを取り上げ、組織学習の限界と問題点に触れながらも、すべての実践的な戦略行動は、計画的コントロールと創発的学習の組み合わせであることを強調している。つまり、戦略形成の研究に現実性を与えており、組織が何をすべきかというよりも、複雑でダイナミックな状況に直面したときに、組織が実際どのように動くかを明示している。

　インターネット出現以前は情報にはタイムラグがあり、非対称的不完全な情報しか入手できなかった。しかし現代では、グローバルな競争環境の中でかなりの情報が瞬時に、かつ同時に組織の中にもたらされる。その結果、戦略がコモディティ化するスピードは益々速まり、ゆっくりとしたラーニングが機能しにくくなってきている。一方、経営スキルの高度化と多面的リスクに対する分析・判断が、戦略実行の成否の鍵を握っている。それには、スピード感溢れる学習力と軌道修正力が同時に求められる。

　特に、見えない差別化に直結する暗黙知を形式知に変換するためには、ミドルマネジャーがキーロールを果たす。また、経営に大きな舵取りが必要とされている現在、現場の学習のみでは、戦略的方向性の軌道修正に限界がある。こうした状況の中で、リーダーシップの役割とは、計画的戦略に没頭することではなく、新たな戦略が出現するように戦略的学習プロセスや環境をマネッジすることにある。それには、中央集権的起業家精神が生み出す力強い戦略ビジョンが必要不可欠だ。日本企業の喫緊の課題は、こうしたプロセスや環境に対する中・長期的CEOのコミットメントを高め、本来的には日本企業の強みの筈であるミドルマネジャーの暗黙知を強化し、最大限生かすことに尽きる。

「これは高等物理学という教科である。それは、教師にとってわかりにくい科目という意味だ。もしわかるのなら、その科目は基礎物理学と呼ばれるべきだ」

ルイス・アルバレス、ノーベル賞受賞者、1964年

●

　もし戦略の世界がコグニティブ・スクールで暗に示されているように、本当に複雑きわまりなく、デザイン、プランニング、ポジショニング・スクールの規範を打ち砕いてしまうようなものなら、果たして戦略家(ストラテジスト)はこの先どのように進めばよいというのだろうか。その答えはこのラーニング・スクールにある。つまり、時の経過にしたがって**学習する**ということだ。

　考え方はいたってシンプルだ。しかし実践となると話はまったく別で、実際はマンモスほどの大きな違いがある。このスクールによれば、戦略とは人々が状況を学習したり、その状況に対処する組織そのものの能力を学習するところから生まれる。そしてその学習は、個人個人というよりはほとんどが集合体として行われる。その結果、戦略は組織内でうまく機能する行動パターンとして収束する。ラピエールはこれを、次のようにうまく表現している。戦略マネジメントは「もはや変化のマネジメントではなく、変化によるマネジメントの時代となった」【265】。

　ある意味でこのスクールの先駆けとなったのは、チャールズ・リンドブロム【273】の挑発的な論文、"The Science of 'Muddling Through'"（「『混乱状態からの脱却』の科学」）であった。政府の政策立案は決して整然とした、秩序ある、制御されたプロセスではなく、無秩序なプロセスから生まれる。そのプロセスの中で政策立案者たちは、自分たちにはあまりに複雑すぎるとわかっていながらも、どうにか対処しようと努力しているのだ、とリンドブロムは示唆した。彼の見解は、実質的には「合理的」マネジメントの前提をことごとく粉砕してしまったかもしれない。しかし政府の政策立案と同様に、ビジネスの現場で誰もがよく目にするような行動を描くことで、結果的に人々の心をつかんだのだ。

　その後、関連する論文が続いた。たとえばH・エドワード・ラップの論文、【512】"Good Managers Don't Make Policy Decisions"（「優秀なマネジャーは、政策

的意思決定を行わない」）がある。しかし、われわれがラーニング・スクールと呼んでいるものの出発点となったのは、1980年にジェームズ・ブライアン・クインが発表した[408]*Strategies for Change: Logical Incrementalism*（『変革のための戦略：論理的漸進主義』）である。その後も論文が次々と発表され、いつしか戦略マネジメントの主流に加わり、少なくとも重要な流れの１つを形成した。

　他のスクールは、デザイン、プランニング、そしてポジショニング・スクールの「合理性」という伝統的な一面に疑問を呈しているが、ラーニング・スクールは、それらのスクールが提示した基本的仮説や前提条件のほとんどを、広範囲にわたり強引に覆した。その結果、戦略マネジメントの領域を撹乱するような論争が巻き起こり、それは今日も続いている。いったい、**誰**が本当に戦略の建築家（アーキテクト）なのか？　いったい組織の**どこで**実際の戦略形成が行われているのか？　そのプロセスは果たしてどれだけ計画的で意識的なのか？　さらに、戦略策定と実行の分離は本当に不可侵なものなのか？　少なくともラーニング・スクールは、これまでの戦略策定の伝統的なイメージは絵空事であり、たしかにそれはある種のマネジャーたちにとっては魅力的であったかもしれないが、実際に組織で起こっていることにはあてはまらないことを示したのである。

戦略は「形成される」 vs 戦略を「策定する」

　ラーニング・スクールの鍵は、それが処方箋的な規範ではなく、経験に基づく記述を基礎としていることにある。その提唱者たちは、単純だが重要な疑問を投げかけ続けている。すなわち**実際のところ**戦略は、組織の中でどのように生まれるのか？　ということだ。どのように明確な形で策定されるのかを思い描くのではなく、実際のところどのように形成されるのかという疑問である。

　『フォーチュン』誌で長年にわたって戦略について書いているウォルター・キーシェル[245]は、策定された戦略のうち、実際に実行されたのはほんの10％にすぎないと指摘した研究を、一度取り上げたことがある（トム・ピーターズが「荒っぽく膨らませた」と言っている数字）。そのために、経営幹部たちは多大な努力を払って、何とか実行につなげるようにと躍起になった。そして相も変わらずマネジメント・コンサルタントたちからは、「企業のカルチャーである

組織風土を管理しなさい」「管理システムを引き締めろ」と言われた。とにもかくにも、コンサルタントたちが策定した素晴らしい戦略自体に問題がある、などというわけにはいかなかったのだ。

　要するに戦略が失敗すれば、立案者は実行者を責め立てた。「まぬけな君たちが、われわれの素晴らしい戦略を尊重してさえくれたなら……」。しかし、もしそのまぬけが利口だったら、こう答えるだろう。「**君たち**がそれほど利口だと言うなら、どうして、われわれのようなまぬけにも実行できるような戦略を策定しなかったのか」。言い換えると、論理的には実行の失敗のすべては、策定の失敗でもあるのだ。しかし、問題の本質は、戦略策定と実行を分けてしまうこと、つまり思考と行動を切り離すこと自体にある。

　ラーニングのアプローチに共感する研究者はこんな発見をした。重要な戦略的方向転換が起こったときにその発端となるのは、形式的プランニングの作業からでもないし、ましてや経営幹部たちのオフィスからでもない。遡ってみるとたしかに戦略は、戦略のもたらす結果をまったく考えずに、時には当てずっぽうに、時には偶然に、あらゆる人々がとったちょっとした行動や意思決定の数々であったりする。時を経てこのような小さな変化が累積し、大きな方向転換へとつながるのである。

　つまり、的確な情報があれば、組織のどこにいても戦略形成プロセスに貢献することができるのだ。離れた研究所で、製品改良に夢中になって没頭する科学者でさえ、戦略家(ストラテジスト)になれるのである。1つの製品だけを精力的に売ろうとする販売員のグループが、企業の市場ポジションを変えることだってできるのである。なぜなら、現場の行動に最も密接につながっている部隊の最前線が、戦略に対して最も大きい影響力をもつからだ。

　まずは一連の考え方から検討してみよう。それは計画的な手順にしたがうわけではないが、最終的には戦略形成のラーニング・モデルに収束する。そしてそれを、ラーニング・スクールの前提条件として要約する。次に、組織学習、進化論、知識創造、ダイナミック・ケイパビリティ・アプローチ、カオス理論など、戦略ラーニングの新たな方向を考察し、最後にラーニング・スクールに関する批判、文脈、功績を述べる。

> 「部隊の最前線が、戦略に対して最も大きい影響力をもつ」

ラーニング・モデルの出現

　では、ラーニング・スクール自体がいくつかの段階を経て、実際どのように学習したのか、その進化の過程をたどってみよう。それぞれの段階には、明確な論旨をもった文献があり、それらはこのスクールの中心的主題に関するものばかりである。

●───非連結的漸進主義

　エール大学の政治学教授であるチャールズ・リンドブロムは、1960年初頭に出版した同僚との共著の書物の中で、「非連結的漸進主義」[59]という呼び名をつけた一連の概念を長々と論じている。彼によれば、「政策立案」は、「連続的」で「改善的」ではあるが「細かく分断された」、つまり非連結的プロセスであり、意思決定は周辺部で行われ、機会を開拓するよりも問題を解決するだけで、最終的な目標やさまざまな決定事項はほとんど考慮されない。また、プロセスには多くの人が関与するものの、政府はその調整をほとんど行わないと主張し、「公共政策や、あるいは、ある問題やその問題領域に関するさまざまな側面については、時折分析が行われるが、明確な調整はまったく行われない」と述べている[59]。せいぜい、非公式な根回し的「相互調整」が行われる程度である。

　リンドブロムは後に出版した本の中で、「政策立案とは、際限なく連続する典型的なプロセスと言える。そこでは、物事を一気に片づけるというよりも、継続して少しずつ手をつけるというステップをたどるのだ」[274]という表現で自分の理論を要約した。さらに、「少しずつ改善を施していく漸進主義者や、確実に義務を遂行していくような人は、一般の目にはヒーローとは映らないだろう。しかし実はそういう人こそが、洞察力があり、機知に富む問題解決者なのだ。そして、自分の相手にしている領域の大きさを十分に熟知しながらも、それに勇敢に立ち向かう真のヒーローと言える」と論じている[274]。

　しかし、この漸進主義者を果たして戦略家(ストラテジスト)と呼べるだろうか、という疑問はそのまま残る。このようなプロセスから生まれたものに、戦略というラベルをつけるのは果たして正しいことだろうか。共通のポジションや集合的なパース

ペクティブを定義づけるような、計画的な方向づけや創発的な集約があるのだろうか。明らかに答えはノー【52】だ。また少なくとも、こうした問題には触れていないために、リンドブロムの理論は戦略形成の理論となるまでには至らなかった。たしかに彼は、特に米国議会制度における国家の政策決定を「非連結的漸進主義」によって説明しようとした。しかし、そのような場においても、戦略はパターンとして識別できるのだ。

> 「物事を一気に片づけるというよりも、継続して少しずつ手をつけるというステップをたどる」

それでもなお、リンドブロムは、戦略形成に関する新しいスクールへの道を少なくとも示したと言えよう。

●──論理的漸進主義

数年後、ダートマス大学エーモス・タック経営大学院のジェームズ・ブライアン・クイン【408】【409】は、プロセスに漸進的な特徴がある点ではリンドブロムに同意しているが、プロセスの構成要素が関連性をもたない非連結的側面には同意していない。なぜなら、少なくとも事業体であれば中心となる人々が企業をまとめ、最終的な戦略に向かって方向づけを行うと彼は考えたからだ。

研究を始めたときにクインは、組織は統合された概念としての戦略に必ず到達するはずだという信念をもっていた。では、どのようにして戦略に到達するのか、ということを検討するために、彼は成功している大企業数社の幹部たちにインタビューを行った。彼の結論は、彼らの戦略策定の方法は、プランニングというより漸進主義だということであった。しかも、論理的に物事の断片をつなぎ合わせていく漸進主義である。そのためクインはこのプロセスを、「論理的漸進主義」と呼んだ。

> 本当の戦略は、トップ・マネジメントの中心メンバー間で共有されるコンセンサスを生むために、内部の意思決定や外部の状況を調和させるものとして進化する傾向がある。そのコンセンサスとは、これまで経験のない広範囲な行動に対するマネジメントの総意である。経営がうまくいっている組織においては、マネジャーが率先して、認識している戦略の方向に対し、行動や外部状況の流れを漸進的にガイドしているのだ。【408】

クインの考えによると、組織は一連の「サブ・システム」で成り立っている。たとえば、事業の多角化、組織の再編成、外部との折衝等に、それぞれサブ・システムが存在する。そして戦略マネジメントは、「それぞれのサブ・システムでなされた意思決定に見られる一貫したパターンを、最高経営幹部の頭の中で発展させ維持する[408]」ように努力することを意味する。クインによると、戦略マネジメントは走りながら行われているような印象をもつ。

　しかし面白いことに、クインの理論には曖昧な点があった。漸進主義が２通りに解釈できるのだ。すなわち、１つは戦略的ビジョンそのものを開発するプロセスとしてであり、もう１つはすでに戦略家（ストラテジスト）の頭の中にあるビジョンを実現するプロセスとしてである。前者の場合は、中心となる戦略家が漸進的に学習する。後者の場合は、戦略家（ストラテジスト）が複雑な組織を漸進的な方法で、戦術的というか、ほとんど政治的に画策するのである。ここでは策定と実行の分離が維持され、戦略家（ストラテジスト）とその他の人々とは一貫して分離されている。

　クインの考えでは、どちらの場合も中心となるのは最高経営責任者に率いられた経営幹部のグループであり、デザイン・スクールと同様、彼らは戦略の建築家（アーキテクト）であり続ける。違うところは、ここでは組織がそれほど従順ではないことである。いわば、組織自身の意思をもっているのだ。そこでクインは、経営幹部を「広く認識された組織の目標に向かって、選択的に人々を動かす[408]」ものと捉え、本のかなりの部分を、「信頼性の構築」、「支援の拡大」、「計画的な待機」、「提携関係のマネジメント」を含む、いわば「政治的実行」と呼ばれるものに費やしている。

　最終的にクインが目指したのは、２つの解釈を結びつけることである。その論拠は、戦略家（ストラテジスト）は常に変化し、改善されていく戦略的ビジョンを推進しなければならないから、というものだった。そしてそのプロセスを、「継続的で、脈々とした動的な」ものとした上で、次のように結論づけている。

　　……論理的漸進主義で業務を行い成功しているマネジャーは、戦略を創り出すプロセスに対する理解、独自性、コミットメントの基礎を築いている。そして、戦略がはっきりと具現化してくる頃には、その中の一部はすでに実行に移されているのだ。その戦略策定プロセスを通して、戦略推進の基

盤と心理的なコミットメントを築き、次の柔軟性ある実行に続く流れをつくる。常に、戦略策定および実行における同時進行の漸進的プロセスを統合することが、効果的戦略マネジメントの中心的な技法なのである。【408】

　クインが説明したのは、すべての戦略形成であったのか、それともある特定のものだったのか。他のスクールとの相違点を明らかにするためにも、策定と実行の間にあるさまざまな関係を、連続した直線上に置いてみるべきである。一端では、ラーニング・スクールの場合のように、策定と実行は完全に絡み合っている。もう一端では、デザイン、プランニング、ポジショニングの3つの規範的スクールの場合のように、完璧に策定された戦略とその実行という関係である。クインは自分自身をちょうどその中間に置き、完全にはラーニング・スクールの立場にあるとも言えないし、ラーニングと規範的スクール（特にデザイン・スクール、政治的なパワー・スクールにも少し踏み込んでいる）の間に位置し、その立場を明らかにしていない(ⅰ)。これは、彼がトップ・マネジメントたちに戦略形成における支配的な役割を与え、他の人々を脇に追いやっていることでも明らかである。

　しかし、クインがラーニング・スクールに足を踏み入れたことは、ラーニング・スクールの発展にとって重要なことであった。というのは、漸進主義を戦略マネジメントの文献において重要なポジションに位置づけたからである。またその役割を、リンドブロムの考え方の単なる適用から、意識的な学習の適用へとシフトしたからだ。クイン本人が推奨しているラーニングとデザインの融合を示す規範的部分については、次ページ以降に彼の論文を抜粋している。

▶ **進化論**　クインの研究に関連したいわゆる**進化論**は、当初、経済学者のネルソンとウィンター【359】によって開発された。彼らも同様のサブ・システムを示したが、変化はリーダーシップそのものから生まれるというよりも、サブ・システムの相互作用によってもたらされると見ている。

　ネルソンとウィンターの考えでは、組織は、全体的な合理性によって支配されるのではない。また、変化を導くための一貫した唯一の枠組みなど存在しない。変化は、「ルーチン」と呼ばれる基本的活動システムの間で、漸増していく

論理的漸進主義の処方箋

(クイン【410】より翻案)

❶フォーマルな情報システムをリードする

戦略的変化の最初の兆候が、企業のフォーマルな観察やレポーティング・システムに現れることはほとんどない。その代わり、主に戦略的変化の必要性の察知は、「不安に感じる何か」、「矛盾」、または「異変」などという表現に現れる。[367]……優秀なマネジャーは……ネットワークを……使って……組織が注意深く築いている遮蔽物のすべてを回避する……。

❷組織の変革意識の土台を構築する

戦略形成の初期段階では、マネジメント・プロセスが指導的であることはほとんどない。その代わり、研究、チャレンジ、問いかけ、聴取など、通常の決定機関外のクリエイティブな人々と対話し、選択肢を創造するが、後戻りできないようなコミットメントは意識的に避ける……。

❸信頼できる変化のシンボルをつくる

戦略を実行する何千人もの人と直接対話することはできないので、経営幹部の多くは意図的に、目につきやすい象徴的な行動をとる。その行動には、言葉ではきちんと伝えられないような複雑なメッセージが込められている。

❹新たな考え方の正当性を示す

……トップ・マネジャーは故意にディスカッション・フォーラムを設けたり、時間の余裕をとって組織が脅威となる問題について検討したり、新たな解決法の意味を理解したり、より役立つ情報を入手して、新たな選択肢をこれまでのものと客観的に比較検討するように仕向ける。

❺戦術的転換と部分的な解決を実行する

経営幹部たちは、大きな目標転換が強く反対されたときでも、一連の小規模のプログラムについては合意を得られることが多い。……プログラムが進むにつれて、当初は関連していなかった問題の解決も、新たな統合に含まれるようになる。

❻政治的サポートを広げる

新たな攻撃に対して政治的サポートを広げておくことは、大きな戦略変更に

向けて、本質的かつ先を見越した前向きなステップである。委員会、タスクフォース、研修会などの手法が好まれる。

❼反対勢力を克服する

注意深いマネジャーは、あらゆる機会をとらえて新しい概念を個人個人に納得させようとし、必要であれば、脅威となる反対勢力を取り込んだり、制圧したりする。……企業の戦略を導き、調整する際に、人選や提携は、トップ・マネジメントのもつ究極的なコントロールである。

❽意識的に、柔軟性を構築する

企業が遭遇する重要な脅威や機会のすべての正確な内容やタイミングを予測することは、不可能である。そこで、論理的には、マネジャーが意識的に組織に柔軟性をもたせ、状況に応じて徐々に展開できるように資源を備えることが望ましい。そのためには、……実際の状況展開に対処するように、十分に資源のバッファをもち、あるいは余裕をもつ……特定の機会を利用する動機をもつ「推進者」を探し、地位を与える。そして、そのような人とトップとの間で、即座に答えが出るような意思決定ラインをつくる必要がある。

❾実験的観測気球とコミットメント溢れる集団を開拓する

経営幹部は意識的に、実験的観測気球を飛ばし……他の選択肢や具体的な提案を得ることもできる。

❿焦点を明確にし、コミットメントを形式化する

……指導的な経営幹部は、意識的に当初の目標を曖昧に設定し、コミットメントを幅広く、暫定的なものにしておく。……そして、情報を集め、望ましい方向に向けてコンセンサスを得てから、威信を使ったり、権力を行使したり、あるいは特定の戦略策定を具体化する。

⓫継続的な変化に従事する

組織が新たなコンセンサスに達した後でも、指導的な経営幹部は、柔軟性がなくならないように気をつけなければならない。そこで優秀な戦略マネジャーは、即座に新たなフォーカスと刺激をトップに示し、固めたばかりの戦略的方向の変化を始めさせる。

⓬直線的ではないプロセスとして戦略を認知する

戦略の有効性は、もともとの明快さや厳密に守られた構造にあるのではなく、イニシアチブを見つけ、予測できない状況に対処し、新たな機会や攻撃が出

> 現したときに、資源を移したり集中したりして、選ばれた資源を最も有効に活用することにある。

相互作用から生まれるものだ。ルーチンは組織の円滑な機能をサポートしコントロールするような、何度も繰り返される活動のパターンであり、雇用、解雇、昇進、予算編成などの領域をカバーする。組織はルーチンのヒエラルキーで構成されており、それは工場の現場における最も基本的なものから、その他の活動をコントロールするためにマネジャーが使うものまで、広範にわたる。ジャイロスコープが航空機を安定した航路に誘導するように、ルーチンは組織に安定性を与えるのである。

巧妙にひねりを加えることにより、ルーチンは思いがけない変化をも生み出すものだ、と進化論者たちは論じている。確立しているルーチンと新たな状況の相互作用が、学習の重要な源となる。新たな状況に対処するためにルーチンは変えられ、さらに大きな変化が引き起こされる。ルーチンは相互に連結しているので、どこかが変わればその影響が他にも及び、段階的に波及効果を生み出す。反復や恒常性の典型であるルーチンがどのように変化を生み出すのかという問いに対して、フェルドマンとラファエリは、こうした矛盾がどう克服されるのかということに関して興味深いアナロジーを示した【137】。彼らが言うところの「ルーチン」は、「ダンスの一連のステップ」として定義されている【499】。社交ダンスを組織のメタファとして捉えている【137】。

> そうしたダンスでは、個々の動きは決められていても、まったく柔軟性がないというわけではない。ダンスというのは、いつ、どのようにして動くのかという関係性を明らかにしているものだ。ダンスは、状況（ダンスフロアの真ん中には目印となるものがあるか？　他のダンサーたちにぶつかったりしないか？）や踊り手たちのふるまいの変化（私のパートナーは近くにいるのかそれとも遠いのか？　テンポはあっているかどうか？）に適応するように求められる。2つの体の関係性が、踊り手たちに互いに意思の疎通をはかるように促し、状況を調整させる。結果としてのふるまい

は、どのようなケースでも似たものとなるかもしれないが、正確に反復されるようなものではない。バリエーションもいくらかあるだろう。というのも、個人はルーチンを通じて結びつけられた他人と合わせたり、彼らがルーチンを実行する状況に合わせる必要性があるからだ。組織において関係性は、通常直接的な身体的コンタクトではなく、他のコミュニケーション方法をとるが、組織的なルーチンの行動はダンスに非常に似ている。

まさに社交ダンスの例と同じように、新しい組織的なルーチンが生まれ、また他のものが消えていく。しかし、ダンスと違って組織内では、効果という評価軸がある役割を演じる。経営陣は効果がないルーチンを段階的に取りやめたり、効果的なルーチンを、組織のある部分から他の部分へ移植したり、あるいは新たなルーチンを組織に導入することによって、プロセスに影響を与えることができる。それは、他の組織のベスト・プラクティスを模倣したり、あるいは小規模な改革であるが、それが組織の他の部分にどう影響を与えるのかを実験するなどして実行するのである。

> 「社交ダンスのように、新しい組織的なルーチンが生まれ、また他のものが消えていく」

このアプローチは、サブ・システムの役割に関して、クインと同様の点を強調しているが、その一方で戦略プロセス自体をさらに強調しており、次のアプローチ同様、戦略家（ストラテジスト）自身はほとんど強調されることはない。

● 戦略ベンチャリング

一方で組織の中には、その戦略的イニシアチブを推進する役割をもつところもある。クインは226ページの囲みの❽で戦略的イニシアチブの推進について触れているが、実際的にはトップ・マネジメントの操縦力や統合力にフォーカスしている。しかしながら他の著者たちは、戦略的な変化を促すアイデアが最初どのように出てくるかということに触れながら、この重要な要素である推進に焦点を当てたのである。このことは、個別の戦略実行者によって「推進される」提言や起業において見受けられる。彼らは、必ずとは言えないが、おそらく一般的にはシニア・マネジメントの立場とは限らない。

こうしたプロセスがどのようなものであるかについての最初のヒントは、確

立した大企業におけるイノベーションの研究から浮かんできた。伝統的なイノベーションは、第5章で論じたような、活動的な起業家による新たな企業の創造によるものだ。しかし、大企業によっては、創成期を過ぎた後も革新的であり続けることもある。そのような企業では、可能性がありそうなアイデアを追求したり、新製品を開発する自由を従業員たちに与えている。そして、資源配分に関する厳しい管理を免れて、支援の手が差し伸べられるのである。

この場合、企業内起業家（つまり「イントラプレナーシップ[387]」）のような、企業のヒエラルキーの中で活動する人々の進取的精神やスキルが、すべてを決定するのである。彼らは、市場で活動する外部の起業家と同じように、自らのベンチャーを一生懸命推進しようとしているライバルたちと、資源獲得をめぐり争わなければならない。ただし、説得する相手は自分の企業のシニア・マネジメントであって、ベンチャー・キャピタリストではないのだ。このシニア・マネジャーたちは、企業内ベンチャーを評価するときに、第3章で見た資本支出予算編成のようなさまざまな形式的管理システムも使うが、多くの部分は過去の経験に基づく彼らの判断によるものだ。つまり、彼ら自身の学習内容が、どの形式的な分析よりも評価基準として重要となるのだ。

企業内ベンチャリングに関する研究は、ジョセフ・ボウアーの古典的な資源[51]配分プロセスの記述にまで遡る。ボウアーは、従来の資本支出予算編成を批判しながらも、資源配分は、「ほとんどのマネジャーたちが思っている以上に複雑で……組織のあらゆる階層にまたがり、長期間にわたって行われる調査、交渉、説得、選択のプロセスである」ことを認めている。ボウアーはここで、「本質的に分離したプロセスが実行されている[51]」ことを発見した。この考えは、ハーバード大学博士課程の多くの教え子たちによってさらに押し進められたが、特にコロンビア大学のロバート・バーゲルマンによって書かれた企業における起業化についての論文が際立っていた。[69][70][71][72][73][74]

全体としての結論は、戦略的**イニシアチブ**は組織ヒエラルキーの深いところで開発され、それが経営幹部から**権限**を得ようとするミドル・マネジャーによって推進、あるいは**起動力**を与えられる。野田とボウアーが最近の論文で、[363]"Bower-Burgelman Process Model of Strategy Making"（「戦略作成のボウアーとバーゲルマン・プロセス・モデル」）について要約している。それは、「組織

ヒエラルキーの3つのレベルにおける複数の、同時発生的で、相互に絡み合い、連続したマネジメント活動」である。一般的には、これらのレベルはフロントライン、ミドル、トップのマネジャーたちに関連している。しかし、図7-1にあるように、バーゲルマンのモデルでは、ヒエラルキーは一番下のグループリーダーあるいはベンチャーマネジャー、その1つ上が、新規事業開発を任されているミドルマネジャー、一番上が新規事業開発も含む、戦略のあらゆる面を監督する全社マネジメントとなる。モデルのもう1つの軸は、2つのプロセスを別々に扱っていて、それぞれが順番に2つのサブ・プロセスに分けられる。野田とボウアーはこれらのプロセスを次のように説明している。[363]

❶定義づけ

フロントラインのマネジャーが技術や市場についての曖昧な情報を、ミドル・マネジャーが意思決定可能なように明確なデータに変換するために使う認知プロセス

図7-1 ▶ 企業内ベンチャリングのバーゲルマン・プロセス・モデル

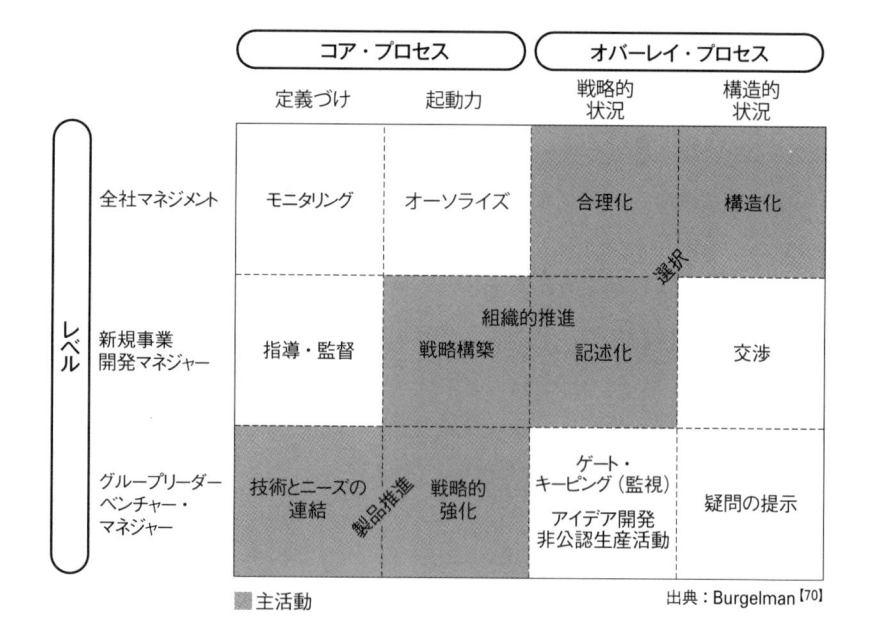

レベル		コア・プロセス		オバーレイ・プロセス	
		定義づけ	起動力	戦略的状況	構造的状況
全社マネジメント		モニタリング	オーソライズ	合理化	構造化
新規事業開発マネジャー		指導・監督	戦略構築	組織的推進 記述化	交渉
グループリーダーベンチャー・マネジャー		技術とニーズの連結	戦略的強化	ゲート・キーピング（監視）アイデア開発 非公認生産活動	疑問の提示

（網掛け：主活動、選択、製品推進）

出典：Burgelman [70]

❷起動力
　フロントラインとミドル・マネジャーが戦略イニシアチブを支援、促進するために使う社会・政治的プロセス
❸戦略的状況
　企業が参入し展開すべき新しいビジネス分野に関して、ミドル・マネジャーがトップを説得するために使う政治的プロセス
❹構造的状況
　フロントラインのマネジャーが意思決定可能な状況をつくるために、トップが活用する情報評価システム、賞罰システムのようなさまざまな管理上の仕組み

　バーゲルマンは、このプロセスの最初の段階を重要な段階として捉え、組織の実行レベルでの起業家精神を生み出すためのものであると強調している。しかし、実行レベルでの起業家精神を全社的レベルで認められるような起業に変換するには、「実行レベルにおいて、成功する自律的な戦略的行動と企業の戦略コンセプトを結びつける上で重要な役割」を果たすミドル・マネジャーに決定的に依存している。[70]この役割を成功裡に終わらせるためには、政治力とトリックが必要である。ミドル・マネジャーは、その起業が将来の会社のゴールになることを上司に説得するために最善を尽くさなければならないし、同時に、必要であれば経営資源を密かに見つけることで、その起業を活かし続けなければならない。
　この「ベンチャリング」の考え方は、学習プロセスそのものと、またそのプロセスにおける多くの階層にまたがる演じ手の役割から考えて、まさにラーニング・スクールそのものであるように見える。これはバーゲルマンが、[72]マネジメントの実践のための「企業内ベンチャリング」について書いた以下の文章で明らかにされている。

　　第一に、この戦略作成の考え方は……組織学習における企業内起業家の役割に、トップ・マネジメントの注意を向けさせることである。企業内起業家は、いまだ企業にははっきりと認識されていない新たな能力に基づき、

新たな機会を感知し理解する原動力となる。……第二に……トップ・マネジメントは、組織の前線や中間レベルにいる個々の人間によってなされた経験から、結果として得られた学習内容を吸い上げ、それを起業の梃子にするメカニズムを確立しなければならない……そのため、起業家的な成功と失敗を評価・分析し、それに報いることが、社会的学習プロセスとしての戦略作成を維持継続させるためには、重要だろう。[72]

しかし、こうした重要な研究をもってしても、われわれは戦略形成のラーニング・モデルの全容を得たわけではない。企業内ベンチャリングのプロセスは、結果的に戦略的な動きとなるかもしれないが、必ずしも整合性のある達成努力やパターン化、つまりは戦略になるわけではない。企業の起業活動は、ほとんど独自に行われる。組織の他の部分と融合するというより、むしろ分離していくのである。あるCEOが定義する、「起業家精神と反抗的精神の間には微妙な線があるだけである」[151]。その上、新しいアイデアの育成を、市場の機能に類似した企業内競争プロセスに委ねることはできない。また、実行するにも一貫性が必要なのである。創造的なひらめきと、それらを新しい戦略的パースペクティブに統合することは、基本的なチャレンジであり、多くの企業の注意を喚起した(ゆえに、ラーニング・スクールと言える)。そしてそれを左右するのが、ラーニング・スクールの精神に基づいて開発された2つのコンセプトである。1つは創発的戦略であり、もう1つは回顧的意味づけである。

●───創発的戦略

マギル大学経営学部で行われた研究で(ii)、戦略とはパターンであり、あるいは行動の一貫性を示すものと定義され、計画的戦略と創発的戦略は明確に分けられた(第1章参照)。

計画的戦略は**コントロール**に焦点を当て、経営的な意図が行動において確実に実現されるようにする。一方、創発的戦略では**学習**を強調し、さまざまな活動を通じて、何が最も重要な経営的意図であるかを理解するプロセスとする。戦略マネジメントの3つの規範的スクールにおいては、計画的戦略のみが認識され、前述した通り学習をほとんど除外し、コントロールを強調している。こ

のようなスクールでは、組織の注意は明白な意図の実現（つまり「実行」）に集中し、その意図を新たな理解に適応させようとはしない。

　しかし、創発的戦略の概念は、組織的能力を実験することを認めたため、戦略ラーニングへの可能性を開いた。ある単独のアクションがとられると、それがフィードバックされる。そのプロセスを繰り返すことで、組織はパターンを収束させてそれを戦略とする。リンドブロムの言葉で言い換えると、組織はあれこれと行き当たりばったりに手を出す必要はないのである。少しずつでも手を出せば、それが次々と影響を及ぼし、ついには意外ときちんと定義された一連の方法にたどり着くというわけだ。

　当然、創発的戦略はクインが提示したように、個々のリーダーや小規模の経営幹部チームの努力によって導き出される。さらに戦略はもっと発展させることも可能で、純粋に計画的なものから非常に創発的なものまで、あらゆる形を取り得るものだ。たとえばある首謀者が、密かに戦略的ビジョンを考え出し、経営責任者にあたかも経営責任者自身がそのビジョンを思いついたかのように誘導する。または彼の言動に無防備な組織に対して、そのビジョンを単に押しつけるということもできる。その場合戦略は、首謀者にとっては計画的であり、組織にとっては創発的なものとなる。また、「戦略家」（ストラテジスト）は集団であることもある。さまざまな人々が意見交換を行い、パターンをつくり出し、それがやがて偶然に戦略となるのである。

　創発型の集合的プロセスは、むしろシンプルなものである。たとえばある企業の営業は、売りやすいからなどの理由で、あるタイプの顧客を好むとする。するとそのために、経営陣の意図とは無関係に、企業の対象とする市場が変化するのである。また、このプロセスはさらに複雑になることもある。われわれがすでに提示した起業化のプロセスを考えてみよう。自らの責任ある決断はフロントラインにあり、ミドル・マネジメントが推進し起動力を与え、シニア・マネジャーたちが実現に向けて戦略的かつ構造的状況を生み出すようにする。こうしてどうにか戦略的イニシアチブの結果としてのある種の統合やパターンが導かれ、収束するのである。それは、人々が意見を交換し合い、衝突し、相互に調整し、相互に学習し、結果としてコンセンサスを得ていくように、さまざまな方法で起こりうるものなのである。

ラーニング・スクールの領域で、戦略作成の「草の根」モデルとも言うべきものが出現している（カナダの国立映画院の研究より）[343]。戦略は、はじめに庭の雑草のように生え、あらゆるところに根を伸ばす。いくつかは増殖して広範な組織となるが、時にはそのことに気づかれることさえないこともあるし、意識的にそうしようとする場合もある。次ページの囲みは、いわば花開いた「草の根」モデルである。236ページの囲みは相対する「温室」モデルで、デザイン、プランニング、ポジショニングの各スクールによって育まれたものである。この２つのモデルは両極にあるという点を指摘するために比較したのだが、実際の戦略的行動は、この両極間のどこかに位置するものである。われわれが特に主張したいのは、草の根モデルはたしかに極端かもしれないが、広く受け入れられている温室モデルも同じくらい極端である、ということだ。２つを対比させることで、すべての実際的な戦略的行動は、計画的コントロールと創発的学習を組み合わせなければならないということが、はっきりと理解できるはずである。

　われわれは創発的戦略を学習と結びつけているが、これは実は正確ではない。もし創発的戦略が文字どおり意図していない状態を意味するのであれば、パターンは当事者の意識的な考えというよりはむしろ、外的な力や内部の必要性によって形成されることになる。一方本来の学習は、自分のとった行動を振り返るという、思考と行動の接点で起こる。つまり、戦略的学習においては結果と反省を結びつけることが必須となる。そこで、次にカール・ワイクの考えを見ながら、われわれのモデルに新たな要素をつけ加えることにしよう。

●───**回顧的意味づけ**

　カール・ワイクは、ラーニング・スクールの鍵となるようなプロセスを長年にわたって説明してきた（もっとも**戦略**という言葉は、長いこと彼の記述に現れなかったが）。経営陣は過去の経験をもとに、無理矢理意味づけするプロセスにがんじがらめになっている、とワイクは主張している。たくさんのトライを行い、その結果を見てそれらに意味づけを行い、さらにそのプロセスを続けていく。このやり方は十分理にかなうものだ。ところがこれこそが、行動の前に思考が終了していなければならないとか、戦略を策定した後に実行しなけれ

戦略形成の草の根モデル：創発的学習
（ミンツバーグ【335】より要約抜粋）

❶戦略ははじめに庭の雑草のように生え、パターンが自然に形成される。温室のトマトのように過剰に管理され栽培される訳ではない。
❷戦略は、人々に学習する能力があり、その能力を支えるだけの資源があるところなら、行動が戦略的テーマに収束していく。そして、それは計画的とは言えないが、どのようなところにでも根づく。
❸パターンが雑草のように広がって、組織全体としての行動パターンになるとき、創発的戦略は組織的なものとなる。
❹パターン拡散のプロセスは意識的であるかもしれないが、そうである必要はない。また、そのプロセスは管理されることもあるがその必要はない。
❺新たな戦略は常に生み出されているかもしれないが、組織が変化する時に浸透する傾向がある。その変化のときには、調和の取れた継続は中断される。
❻このプロセスを管理することは、戦略を前もって予想することではなく、その出現を認識し、適当なときに介入することである。

ばならないといった、戦略マネジメントの数十年に及ぶ伝統を打ち破るものなのだ。

　分析が先で統合が後というように順番が決まっているわけではない。なぜなら、コグニティブ・スクールの構成主義者の流派が示したように、世界は、分析され最終的な姿にまとめられるといった、「外部」にある安定した存在ではない。むしろ、ワイクが示したように、世界は**イナクト**（enact想造）(*iii)するものである。現実は過去の経験を継続的に解釈・更新するところから生まれる。秩序は必要だが、秩序は変則を生み出し、次に再びわれわれに、新たな秩序を組み替えさせるのである。

　イナクトメント（あるいは変異）、**淘汰**、**保持**の生態学モデルを使って、ワイクは学習行動の形式を次のように説明した。前章でハンガリーの兵隊が地図を見つけたときにしたように、まず行動する（「何かをする」）。そしてうまく

機能するものを探して選択する。つまり、振り返ってその行動に意味づけをする。最後に、望ましいと思われる行動だけを維持する。そこから引き出されるマネジャーにとっての重要な意味合いは、新しく力強い戦略を構築するためには、幅広い経験とそれを扱う能力（コンピタンス）が必要だ、ということである。ワイクにとって、「あらゆる理解は、過去を内省したり顧みることから生じる」[500]のだ。

　さて通常では、学習は行動が始まる前に終わっているべきである、と考えられている。多角化を考えているのならば、自分の強み・弱みを**分析する**ことで、どのマーケットに属するかを決めることができる。それから行動を起こして達成するのだ。これは非常に効率的に聞こえる。問題は、多くの場合それがうまくいかないことである。ワイクの考え方によれば、行動を起こさずに学習することはできないのだ。デザイン・スクールの批評で結論づけたように、組織はその強み・弱みを**見つけ出さなければ**ならないのである。

　そこで多角化を図る企業は、強み・弱みを学習し、何をするのがベストかを見出すために、さまざまな市場に参入してみるのがよいだろう。そして、首尾

戦略形成の温室モデル：計画的コントロール

（ミンツバーグ）

❶戦略家（ストラテジスト）はただ１人、最高経営責任者（CEO）である。

❷CEOは、トマトを温室で栽培するように、意識的でコントロールされた思考プロセスを通して戦略を策定する。

❸このような戦略は、熟したトマトが収穫されてはじめて市場に送られるように、このプロセスの中から完成されたときに、正式に明示される。

❹このような明示された戦略は、次に正式に実行される（そこには、必要な予算とプログラム、適切な組織構造などの設計が含まれる）。

❺このプロセスの管理には、適切なデータの分析、洞察力に富んだ戦略の予測、その戦略の注意深い実行とガイド、そしてスケジュール通り進行するのをモニターすることが必要である。

よくいったものだけを継続するのだ。このようなすべての活動から意味合いを引き出すことで、次第にその意味に適した多角化戦略へと収束していくのである。

▶ **創発的意味づけ**　これらの創発的戦略の考え方と回顧的意味づけを結びつけることによって、あらゆる素晴らしい可能性が生まれる。たとえば組織は、自らの行動パターンを認識し、学習する。それによって過去から現れた創発的戦略を、未来の計画的な戦略へと変えることが可能となる。つまり、プランニングとは正反対のように見える行動が、ある状況下では、プログラムのための創造的な新しい戦略をもたらすことによって、プランニングの本質を示すこともあるのだ。また学習は、広範なビジョンの中で起こることもある。たとえば**アンブレラ戦略**は、全体的なパースペクティブにおいては計画的であるが、特定のポジションについては創発的である。人々はアンブレラの範囲内で適合するのだ。同様に、組織は**プロセス戦略**を使うこともできる。そこでは、中央集権的リーダーシップが、起業化や戦略のイニシアチブを助長するなどのプロセスを計画的に管理し、どのような戦略かといった内容については、創発的に他に任せるのである。

　思考と行動の相互作用が、さらにありとあらゆる興味深い疑問を生み出す。たとえば、戦略的意図（ストラテジック・インテント）はどのように組織内に広がるのだろうか。それはヒエラルキーを上下に移動したり、さまざまな活動を横断したりすることもある。そして、あのとてつもなくわかりづらい「組織の心（mind）」という概念はどうであろうか。あるシステムに属する多くの人々が、1つのマインドにしたがって行動したらどうなるのだろうか。さらに、この「集合的認知」はどこから派生するのであろうか。カルチャー・スクールは面白いことに、コグニティブ・スクールよりももっとよい手がかりを与えてくれるであろう。

　こうした議論は、戦略形成の学習モデルが、図7-2のマトリックスの右下の象限からまさに突如現れ、戦略についてのわれわれの主要な定義に対して異なるプロセスがあることを示しているのである。

●───ホンダにおける間違いからの学習

　ホンダが実際どのようにアメリカのオートバイ市場に参入したか、リチャード・T・パスカルの説[373]とボストン・コンサルティング・グループ[49]の主張との比較は、ポジショニングとラーニング・スクールを際立って対照させるので、この議論の結論として理想的である。われわれはここで、戦略マネジメントの文献において噴出した論争にしたがって、パスカルが行った2つの話の比較をレビューする。

▶**BCGの説明**　以前、英国政府はボストン・コンサルティング・グループ（BCG）を起用し、日本企業、中でもホンダが、アメリカのオートバイ市場でイギリスの競合を劇的に凌駕したのはなぜなのかを説明するように依頼した。（1959年当時、英国のオートバイは輸入市場の49％を占めていた。しかし、1966年には、ホンダだけでも市場全体の63％のシェアを獲得した）。1975年に提出されたBCGの報告書は、いかにも当時のBCGらしいものであり、古典的な合理的ポジショニングを示した。そのためにその報告書は、ハーバード大学

図7-2 ▶ 戦略プロセス・マトリックス

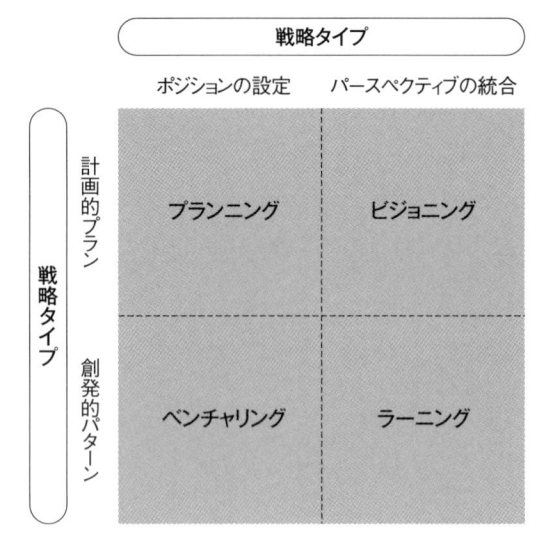

	戦略タイプ	
	ポジションの設定	パースペクティブの統合
計画的プラン	プランニング	ビジョニング
創発的パターン	ベンチャリング	ラーニング

（左側ラベル：戦略タイプ）

やその他で作成された衆知のケース・スタディの基本となった。その報告書には、経験曲線、高い市場占有率、そして特に、国内生産量の規模の経済を活用して低コストに努め、さらに中産階級の消費者に小型のオートバイを販売する、という新しいセグメントから参入してアメリカ市場を攻撃したと書かれている。この注意深く考え抜かれた計画的戦略について記されているBCGの報告書から引用してみよう。

　　　日本のオートバイ産業、中でもマーケット・リーダーのホンダは、一貫した構図を示している。日本の製造メーカーの基本的理念は、資本集約型で高度にオートメーション化した技術を駆使することで、車種ごとの大量生産・大量販売が可能になる、というものである。彼らのマーケティング戦略は、これらの大量生産車種の開発に向けられ、したがってわれわれが考察した通り、成長性とシェアの獲得に多くの関心が寄せられている。[49]

▶ **ホンダのマネジャーの説明**　アンソニー・エイソスとともに『ジャパニーズ・マネジメント──日本的経営に学ぶ』[374]を著わしたリチャード・パスカルは、この説のすべてに疑問を抱き、日本へ飛んで、アメリカ市場への参入を実行したマネジャーたちを取材した。実際、彼らの話はBCGの説明とはかなり異なっていた。[373]

　「実は、アメリカで売れるかどうかやってみよう、という考え以外に特に戦略があったわけではないのです」。ホンダは、日本企業の海外における競争を支援することで知られている大蔵省より、まず外貨割当規制を受けなければならなかった。「大蔵省は、かなりわれわれに対して懐疑的でした」と、マネジャーたちは語った。結果的に大蔵省は、ホンダに対しアメリカで25万ドル投資することを認めたが、現金はわずか11万ドルだけだった！

　「本田氏は特に250ccと305ccのオートバイに自信をもっていました」、とマネジャーたちは彼らのリーダーについて話を続けた。「この大型バイクのハンドルは、仏陀の眉のような形をしていて、彼はそれが強力なセリング・ポイントであると考えていたのです」(その当時、アメリカでオートバイに乗っていたのは黒の皮ジャンを着た連中だということを心にとどめておいてほしい。日

常の通勤手段としての市場は存在しなかったのだ)。

マネジャーたちはロサンゼルスで安いアパートを借り、2人は床の上に寝た。町の荒れ果てた地域にある倉庫で、節約のために自ら床を掃除し、オートバイを素手で組み立てた。彼らがアメリカに着いたのは、1959年のオートバイシーズンが終わったときだった。

翌年、大型バイクがいくらか売れ始めた。彼ら曰く、それから「悲劇が襲った」。アメリカ人は、オートバイを長距離、高スピードで乗るために、ホンダのオートバイが壊れ始めたのである。「しかし同時に、物事は思っても見ない方向に進んだのです」。

>最初の8カ月間は、本田氏と自分たちの直感にしたがって行動し、50ccのスーパーカブを導入することは考えていませんでした。日本では大成功でしたが(生産が需要に追いつかないくらいでした)、すべてが大きく豪華なアメリカ市場には、まったく受け入れられないだろうと考えたのです。決め手となったのは輸入市場で、そこでもヨーロッパのメーカーは、アメリカのメーカーと同様、大型のオートバイに力を入れていたのです。
>
>われわれは、自分たちがロサンゼルスで用を足すのに50ccバイクに乗っていたのです。それが、かなりの注目を集めました。そしてある日、シアーズのバイヤーから電話があったのです。もちろん仲介者を通して販売することは断固として拒否しましたが、シアーズが関心をもったということは心にとどめておきました。それでも、極端に男性的な市場に50ccを押し出すことなどは、私たちのイメージを損ねると考え、乗り気ではありませんでした。しかし、大型バイクが壊れ出したら、もう選択の余地はありません。50ccを導入することにしたのです。

その後はご存知の通りである。売上げは急増した。中産階級のアメリカ人がホンダに乗り始め、まずはスーパーカブ、続いてもっと大きいバイクに乗り換えたのだ。有名な広告キャンペーン「素晴らしき人々、ホンダに乗る」は、掘り出し物だった。授業の課題としてUCLAの大学生が考えたもので、ホンダのマネジャーたちに提出されたのだ。しかしまだ市場を決めかね、黒い皮ジャン

の連中も諦めていなかったので、意見は分かれた。最終的にセールス・ディレクターが、上の役員たちを説得して受け入れさせたのである。

▶ **論争**　ミンツバーグが【336】『ストラテジック・マネジメント・ジャーナル』誌上でデザイン・スクールを批評し、戦略ラーニングについていくつかのポイントを指摘する際にこの話を使ったところ、プランニングおよびポジショニング的観点（第3章を参照）から広く論文を出していたマイケル・グールドが、その返答となるものを発表した。【158】グールドは自らをBCG報告書の共著者と名乗った上で、次のようにコメントを出した。

　　報告書は、ホンダの戦略がどのように進化し、どのような学習をしたかをくわしく述べたものではなかった。しかし報告書は、危機に直面した産業のために依頼されたものなので、商業的に実行可能な代替案を、簡潔に明らかにしたのである。求められたパースペクティブは、経営的（「われわれは今、何をすべきか」）であり、歴史的（「どのようにしてこの状態になったか」）なものではなかった。そして戦略マネジメントに関わるほとんどの経営陣の主な関心事は、常に「われわれは今、何をすべきか」であろう。
　　そのような関心事を前提に［おそらく学習アプローチが勧めるのは］、「何かをトライしてみよう、そして、うまくいくかを見て、その経験から学ぼう」であろう。たしかに、「成功の見込みがあまりないもの」にもトライするような勧め方もあるだろう。しかし、マネジャーにとっては、そのようなアドバイスは無益であるばかりか、時には苛立たしいものかもしれない。「たしかに経験から学ぶべきかもしれないが、成果のあがる見込みのないものを数限りなく実験してみるような、時間も金もない」と言うだろう。マネジャーが必要としているのは、成功するためにどうすればいいかである。この部分こそ、戦略マネジメントの思考が役に立つよう努力すべきところなのだ。
　　この考えから、BCGが行ったホンダの成功に関する分析は、はるかに有効と言える。……その目的はホンダの成功の背景にあって成功に寄与し

たものを、どのような戦略がうまくいくかを考察できる方法で明確にすることであった。[158]

図7-3は、1975年のBCG報告書の発表前後での、英国および日本からのオートバイと関連部品の、アメリカ市場における輸入高をグラフで示したものであ

図7-3 ▶ アメリカにおけるバイクと関連部品の輸入高

出典：Commodity trade statistics used by the permission of The Boston Consulting Group, Inc.

る。英国からの輸入はその報告書の発表以降に急落しており、一方で日本からの輸入はその翌年から飛躍的に増加し、英国が100万ドル近くまで落ち込んだ年に、10億ドルを超える輸入高を記録したのだ！　つまりBCGの報告書は、コンサルティングの介入による成功モデルとは到底呼べないのである。

　グールドに対する答えとしてミンツバーグ[339]は、これらの数字とともに以下のコメントを発表している。

　　経営的であるためには歴史を無視する必要がある、という論拠自体がまさに問題である。BCGの報告書は、ホンダがどのように戦略を開発したかについて間違った結論を出し、そのためにその報告書を読んだマネジャーたちを間違った方向に導いた。その報告書に込められたメッセージは、オフィスに閉じこもって巧妙な競合分析をせよ、ということである。ホンダはそのようにして戦略を立てはしなかっただろう。代わりにパスカルによるホンダ経営陣の話を読むと、そこにあるイメージは、ロールスロイスを売って、ジーンズを買い、アイオワ州デモインあたりでオートバイに乗り始めるというようなものだ。「まったくアトランダムに経験する」ことと、市場に驚かされるような事業機会に身を投じ、そこから学習することには、重要な違いがある。

　　パスカルの説を読むと、こんな問いかけをしなければならない。なぜ、日本人はそれほどうまくやったのか。これは成功例であり、失敗ではない。しかし彼らがやったことは、すべて間違っていたように思える。たしかに彼らは忍耐強く、マネジャーたちは会社に忠実で、また現場で重要な意思決定をする権限をもっていたようだ。しかし、戦略的思考となると、天才とは思えない。まさにこの話は、われわれが効果的な戦略マネジメントと信じていたすべてのこと（そしてBCGが日本人の巧妙さとしたこと）を否定する。日本人マネジャーの受身的なトーン（「物事は思っても見ない方向に進んだのです」「もう選択の余地はありません」など）と、BCG報告書の前もってわかっていたかのような言葉遣いとを比べてみよう。

　　この話を、日本人の優位性は彼らの優秀さにあるのではなく、われわれの愚かさにあることを示している、と考えてみよう。われわれが「合

理的」であることに奔走している間、彼らは常識を使っただけのことである。ホンダの人々は合理的になりすぎないように注意していた。東京ですべてを解決できるとは考えず、学ぶ覚悟でアメリカにやってきたのだ。たしかに日本での経験や生産量に基づくコスト・ポジションを用いたかもしれない。しかし、それは彼らが何をなすべきかを学んだ後のことである。BCGが犯した大きな過ちは、この非常に重要な学習の期間を無視したことである。……

対照的に「実験する時間も金もない」マネジャーたちは、英国のオートバイ産業と同じ道をたどる運命にある。いったい誰がどのようにして、「成果のあがる見込みのない際限のないもの」を前もって見極めることができようか。そのような能力があると考えるのは、ただ傲慢なだけであり、われわれが実際に知りうる本当に革新的な製品の、ほとんどとは言わないまでも、多くを排除してしまうことになるだろう（明らかにプロクター・アンド・ギャンブルは、人々がパンパースを旅行以外に使うとは夢にも思っていなかった。トーマス・ワトソンは1948年にはっきり断言している。「全世界には、約５台のコンピュータ需要があると思うよ」）。分析は今後のことを考えていない。大体は後ろを見ているのだ（それも、あまり遠くではない）。そして起こりがちなことは、過去にあったトレンドを未来に転化することだ。そのため素晴らしいイノベーションが時として、「成功の見込みがないもの」と判断される(iv)。

> 「ロールスロイスを売って、ジーンズを買い、オートバイに乗り始める」

これに答えて、マイケル・グールドはよりによってこんなことを書いた。「その分析力にも関わらずBCGの報告書は、英国の産業を救う戦略を構築することができなかった(v)」。

ラーニング・スクールの前提条件

この議論の結論として、われわれがラーニング・スクールと呼び発展を続けている文献の中から、前提条件を類推してここに記述する。

❶組織を取り巻く環境の複雑さと予測不可能な性質は、しばしば戦略に必要な基礎的知識の拡散とともに、計画的なコントロールを不可能にする。戦略作成は、まず時間の経過にしたがって学習するプロセスの形をとり、最終的に策定と実行の境界の区別がなくならなければならない。

❷リーダーも学習しなければならず、時として学習者の中心となることもありうるが、通常の場合は学習するのは集合的なシステムである。すなわちほとんどの組織に、戦略家(ストラテジスト)となる可能性を秘めた多くの人が存在する。

❸こうした学習は創発的な形をとる。まず行動から始まり、そして回顧し、思考が刺激され、新たに行動の意義づけが行われていく。戦略のイニシアチブは、学習する能力と資源をもっている人なら誰にでも取り得る。つまり戦略は、未知の場所やいつもとは異なるやり方で出現するのである。戦略のイニシアチブによっては、そのまま放っておかれ、自力で進展するか、試行錯誤を繰り返すが、あるものは経営の推進者に見出され、組織内で推進されたり、シニア・マネジメントに提示されてその起動力に勢いをつけるものもある。どちらにしても成功するイニシアチブは、経験の流れを生み出し、パターンに収束して創発的戦略になるのである。認められれば正式に計画的な戦略になることもある。

❹ゆえにリーダーシップの役割は、あらかじめ計画的な戦略をつくり上げることではなく、新たな戦略が出現するように、戦略ラーニングのプロセスをマネッジすることである。最終的に戦略マネジメントは、思考と行動、コントロールと学習、安定と変化といったそれぞれの間にある微妙な関係を築くことを含んでいるのだ。

❺したがって、戦略は最初に過去からのパターンとして現れ、後に、場合によっては将来へのプランとなり、最終的に全般的な行動を導くパースペクティブへと進化する。

ラーニング・スクールの新たな方向

ラーニング・スクールは、マネジャーが戦略をある意味、学習と深く関係したものと見るよう促している。C・K・プラハラードとゲーリー・ハメルは、『ハ

ーバード・ビジネス・レビュー』誌にかなり影響力のある論文を数多く発表している。「企業のコア・コンピタンス」[401]「ストレッチとレバレッジとしての戦略」[181]や、1994年に出版された『コア・コンピタンス経営――大競争時代を勝ち抜く戦略』[182]などで、こうした方向の考え方を押し進めた。われわれは、こうした著作で明らかになった最も影響力のある３つの概念を検討する。それらはコア・コンピタンス、戦略的意図、ストレッチとレバレッジである。これらは、組織が使うプロセスというよりはむしろ、組織の特徴となっていることをお気づきいただきたい。

● コア・コンピタンス

このような概念のはじまりは、伊丹敬之が1987年に出版した『見えざる資産のダイナミズム』という意義深い小本に遡る。その本の中で、彼は「成功する戦略の本質は……**ダイナミック・ストラテジック・フィット**にある」と述べている。それは、外的、内的要因と戦略の内容そのものが適合することである。「企業は、技術的ノウハウや顧客のロイヤリティといった見えざる資産を効果的に活用し、効率的に蓄積することで、ストラテジック・フィット（戦略的適合）を達成する」[220]。

「戦略開発と成長において中心となる」[220]見えざる資産は、「蓄積しにくく、同時に複数を使うことが可能で、事業活動のインプットとアウトプットの両方である」、つまり戦略に取り込み、またその結果として累積することも可能、ということである[220]。

伊丹はさらに「現在の見えざる資産のレベルを超える」ための「ダイナミックで不均衡な成長」について論じている。企業は自らを「過度拡張」し、「その戦略は、時には見えざる資産を拡大する必要がある」[220]。

> このような困難な状況の中で蓄積された資産は、強い北風に耐えた植物のように丈夫である。企業の人材という見えざる資産は、根をしっかり下ろし、競争という厳しい風にも生き残るほどたくましくなければならない。そのような頑丈な植物は温室にはない。同じことが、頑丈で見えざる資産にも言える。……強く育てるためには、資産を厳しい競争にさらさなけれ

ばならない。それには過度拡張戦略が最もふさわしい。[220]

　プラハラードとハメルも似たような一連の考え方を練り上げた。彼らにとって、競争優位の「根」は、企業の**コア・コンピタンス**の中で見つけることができる。この考え方を開発するために、彼らは「コンピタンスの木」のイメージを用いた。

　　多角化した企業は大木である。幹と太い枝はコア製品で、小枝は事業部、葉、花、果実は最終的な製品である。栄養、食物、安定を与える根のシステムがコア・コンピタンスである。葉を見ただけでは木の強さを判断できないように、最終的製品だけを見ていては、競合の強みを見過ごしてしまう。[401]

　プラハラードとハメルは実際の木の例として、カシオとキヤノンを取り上げている。たとえばキヤノンは光学技術にコア・コンピタンスをもち、「カメラ、コピー機、半導体製造装置など広範な事業にわたっている」[401]。
　そこでプラハラードとハメルは、競争優位性は、企業が生産する製品の背後にある深く根づいた能力から引き出されるものだ、と考えた。その能力によって企業は、最もうまくいくように再適用、再構成(リフレーム)することでの新しい市場への多角化を行う。さらに、このような能力は木の根のように「隠れている」ため、簡単に模倣することはできない。つまり、成功の秘訣は素晴らしい製品ではなく、そのような製品をつくり出すことを可能にしたユニークな能力なのである。マネジャーは、自分の事業を、製品や事業部門の寄せ集めとしてではなく、さまざまな組み合わせが可能な資源や能力のポートフォリオとして見ることを勧められている。
　著者たちは、コア・コンピタンスを「集合的な組織学習、つまり、特にどのような方法で多様な生産能力を調整し、マルチな技術の流れを統合するかということについての学習」[401]の結果と見ている。これに必要なのは、「コミュニケーション、巻き込み、組織の境界を越えて働くこ

> 「競争優位性は、深く根づいた能力から引き出されるもの」

とへの強いコミットメント。……コンピタンスは、既存の事業を結びつける接着剤である。また、新しいビジネスを開発するためのエンジンでもある」。【401】(vi)

●──戦略的意図（ストラテジック・インテント）

ハメルとプラハラードにとって、戦略的意図はもう１つの重要な概念である。

　一方で戦略的意図は、市場リーダーになるための目標を思い描き、組織がその進むべき道を示す拠り所を確立する。小松製作所は「キャタピラー包囲」に着手した。キヤノンは「打倒ゼロックス」を目指した。ホンダは自動車のパイオニアであるフォードにあやかって第二のフォードになろうとした。すべては戦略的意図を表現したものである。

　また同時に戦略的意図は、実に足かせのなくなった野望以上になることもある。多くの企業がこの野心的な戦略的意図に取りつかれるが、その目標には到達しない。その概念には、次のような積極的なマネジメント・プロセスが含まれる。勝利の本質に組織の関心を集中すること、組織の目標の価値を伝えることによって人々をやる気にさせること、個人またはチームが貢献できる余地を残すこと、環境の変化に合わせて仕事を再定義してやる気を維持すること。そして戦略的意図を、資源配分の指針として一貫して活用すること。【180】

　このように戦略的意図は、大まかな方向を示し、突然現れる市場機会を定義し、従業員に活力を与える。ボイストは、環境が不確実な状況下にあるときに、この概念は特に価値があるとしている。「……戦略的意図は、統一や一貫性をもつために、直感的に形成されたパターン、またはビジョンと呼ぶ人もいるかもしれないが、ゲシュタルト（形態）に依存する。……これはシンプルでありながら力強い方向性を生み出し、全社員が直感的に理解できるものである。また、明快なので、不安定な状況にも関わらず、長期にわたってある一貫性をもって遂行される方向性なのだ」。【47】

◉────**ストレッチとレバレッジ**

　次にハメルとプラハラードは、「ストレッチ」と「レバレッジ」の２つからなる概念を追加した。彼らは**ストレッチ**を文字どおり「企業の資源と企業の夢の不整合」と定義している。一方では十分に経営資源に恵まれていながら、夢に関して十分な「ストレッチ」をしない。それは多くの場合、「ナンバーワン」である自己満足によるものである。また一方で、経営資源には乏しいが、非常に高い野心に駆り立てられる企業もある。それは、**夢に対するストレッチ**を相当行っているということだ。だからこそ、小さなダビデが大きなゴリアテに戦いを挑むことが可能になるのだ。

　しかし、ストレッチだけでは十分ではない。企業は限られた経営資源の**レバレッジ**の仕方も学ぶ必要がある。これにはさまざまな方法が考えられる。

❶経営資源を、戦略の要にもっと効果的に**集中させる**（たとえば、今まで誰も見たこともないアミューズメントパークを創るという、ウォルト・ディズニーの夢）。
❷経験から知識を掘り起こし、他企業の経営資源を借り入れる。たとえば、イノベーションを進める上で重要な供給者とのつながりを確保する、などである。そうすることによって、経営資源をより効率的に**蓄積する**。
❸高い価値を創造するために、ある種の経営資源を他のもので**補完する**。経営資源をブレンドし、製品開発、生産、サービスの供給、広範囲にわたる配送、マーケティングやサービス・インフラストラクチャーなどのバランスをとる。
❹リサイクルや他社の資源を取り込むことによって、できるだけ経営資源を**保存する**（たとえば、競合をそそのかして共通の敵と戦わせる）。
❺経営資源を、市場から最短時間で**回収する**。

　最近の論文でハメルは、「革新の戦略」を論じている。今や企業は、ゲームのルールにのっとっているだけでは活動できない。その代わりに彼らは、「業界における競争の原則」を大きく変えなければならない。ハメルはイケア、ザ・ボディショップ、チャールズ・シュワブ、デルコンピュータ、スウォッチ、サ

ウスウエスト航空などの企業を、「業界秩序を覆した」ルール破壊者として挙げている。1998年の『スローン・マネジメント・レヴュー』誌で、ハメルは、組織がミッションを再考できる５つの方法を提案している。それを、次の囲みで紹介する。

戦略はどのように創発するのか？
(ハメル[179]より)

　ビジネス・スクールのケース・スタディの座学者には、次のような質問をさせて欲しい。企業戦略のりっぱな説明はこれまで不十分ではなかったか、そして、心の中で密かに次のように思わなかったか。「彼らは本当にこうしたことを前もって予測していたのか？　運がよかっただけではないのか？　後知恵ではないのか？　すべての失敗についてはどうか？」。もう、あなたにはわかっている。こうしたぶしつけな疑問が、戦略創造理論の探求の中心には存在する。偉大な戦略は運がよかったのか、それとも、先見の明によるものなのか？　もちろん、両方とも「YES」である。疑問となるのは、未知なる豊かに創造された戦略を創発する確率を、われわれはどのようにして高めることができるか？
　セレンディピティをどのように起こすことができるか？　戦略の出現をどのように刺激できるのか？　ということだ。
　わたしの経験から、戦略の出現には、５つの前提条件があると考える。

❶新しい声
　戦略プロセスに新しい「遺伝的なもの」をもたらすことは、型にはまらない戦略に光を当てることに、常に役に立つ。トップ・マネジメントは、戦略創造を独り占めすることを諦めなければならないし、以前反映されなかった顧客の声も、戦略創造プロセスにおいては大きく反映されなければならない。特に、ニューカマーである若い人たちや組織において物理的に周辺部にいる人たちも大きな影響力をもつと、わたしは信じる。こうした人々の中にこそ、多様性が潜んでいる。そうして戦略創造は多元的なプロセス、深く組織に関与する企てとなるにちがいない。

❷**新しい会話**
　通常の組織や産業の境界にあるすべてをまたがるような戦略に関する対話を創りだすことで、実際に新しい戦略的洞察が創発する可能性が高まる。大きな組織で見られることは、会話というものが、何年にもわたって同じ人々が同じ問題について同じ人々に話すうちに、いつかは組織に組み込まれてしまう。そうなると、お互いに学ぶことがなくなる。すると、新たな方法で、ばらばらになっていた知識を並べ替えることで、新しい洞察が生まれる機会が訪れる。

❸**新しい情熱**
　すべての人々が心に潜む探究心を解き放ち、新しい戦略の探求にフォーカスすることは、新たな戦略の創発には不可欠である。人は変化に抵抗するという仮説はまったく間違っていると、わたしは信じる。人々が変化に抵抗するのは、新しい機会への期待を示さないときである。今日、投資の見返りについては多くが語られているが、わたしはむしろ、感情の投資に関する見返りという観点から考える。人は投資に関する見返りが得られると信じられない限り、企業とその繁栄に好んで投資しない。わたしの経験では、総じて、会社の将来に投資する際、自分の意見を述べる機会があるときには、人々は熱意をもって変化に喜んで応じるだろう。彼らは、自分たちが共有できるような、ユニークでわくわくするような未来を創りだす機会があるときに、投資するのである。

❹**新しいパースペクティブ**
　新たなコンセプトに基づくレンズは、自分たちが属する産業、企業のケイパビリティ、顧客のニーズなどを再認識させ、戦略的イノベーションのプロセスを後押しする。戦略的イノベーションの可能性を高めるためには、マネジャーは新しいパースペクティブの商売人にならなければならない。彼らは、企業が自社、顧客、競合、そして機会の再認識をサポートする新たなレンズを絶え間なく探さなければならない。

❺**新しい実験**
　マーケットに対して一連の小規模かつリスク回避型の実験を行うことは、新しい戦略が機能するかしないかに関する学習能力を大きく高めるのに役立つ。多くの賛同を得ているからといって、戦略の議論から生まれる洞察は、

決して完全なものではない。伝統的な分析によって、こうした洞察を実行可能な戦略につくり変えようとする一方で、実際の市場においてのみ学ぶことができることも多くあるのだ。

さて、こうしたことは、われわれをどんな領域まで連れていくのだろうか？われわれは、戦略そのものの策定に時間を割くよりも、むしろ戦略そのものを生み出す前提条件の理解に多くの時間を割くべきである。経営陣、コンサルタント、ビジネス・スクールの教授たちは戦略の実行と言う観点から、文脈や内容や実行のバランスに注意を払うべきである。

戦略の実行にフォーカスする中で、われわれは、戦略が出現するときの隠れた特性を発見するだけでなく、何かを**発明**しようとする。はるか昔のネアンデルタール人が、料理の原理を見つけようとしたように（どうして毎晩ポークを食べられないの？　雷鳴轟く嵐の後だけなの？）、われわれはかまどを発明する必要があるのだ。それも**戦略のかまど**を。

戦略のかまどを探し求める中で、おそらく、われわれの最も価値ある洞察は、伝統的な戦略規範をはるかに超えたところからもたらされるだろう。戦略のかまどというものは、創発、自己組織化、認知や組織学習のような概念と結びつくことで生まれるものだと、わたしは個人的に信じている。科学は、生命の神秘に迫る。そしてわれわれが、戦略家として、ついには企業の活力の神秘に迫るための始まりなのである。

組織学習から学習する組織へ

学習システムとしての組織については、当然のことながら、長期にわたり活発な文献が出されている。少なくともサイアートとマーチによる代表的な本、*A Behavioral Theory of the Firm*(『企業の行動理論』)にまで遡り、リチャード・ノーマン、クリス・アージリス、ドナルド・ショーンらの研究も含まれる。その後、特にピーター・センゲの著書、『学習する組織――システム思考で未来を創造する』の出版とともに、「組織学習」への関心が急速に高まった。

この文献のほとんどは、学習をプロセスの観点から捉え、戦略そのものよりは、変化の管理に主要な焦点を当てている。シュルツが示したように、組織学習に関する研究は、意思決定や変化のあらゆる面を説明しようという精力的な考え方にあふれている。というのも、組織学習の基本的なプロセスをはっきりと描くことは有益であるからだ。まずはじめとして、アージリスとショーンにより、**シングル・ループ**学習、**ダブル・ループ**学習と呼ばれるものが、ここでは区別されている。シングル・ループ学習はより保守的で、その目的とするところは、間違いを見つけ出して組織の活動を軌道に乗せることである。ダブル・ループ学習は、シングル・ループ学習について学習することである。いわば、いかに学ぶかを学習するのである。

　　部屋の温度が20度より低くなると自動的に暖房をつけるサーモスタットは、シングル・ループ学習の格好の例である。「なぜ、20度にセットされているのか」を考え、温度設定を変えればもっと経済的に部屋を暖めるという目標を達成できるのではないか、と探求するサーモスタットは、ダブル・ループ学習を行っていると言えるのだ。

　このことは、マネジャーが「自分の行動を批判的に振り返り、しばしばうっかりと組織の問題の一因となってしまうのは何であったのかをはっきりさせ、それに伴って行動を変える必要がある。……新しい、より効果的な方法で自分の行動に意味づけする方法を教えることは、学習を妨げる壁を打ち崩す」ことを意味している。
　以下のページでは、戦略形成を特徴づけるのに役立つ組織学習に関しての、新たなごく最近の3つの動向をレビューする。それらは、知識創造としての学習、ハメルとプラハラードのダイナミック・ケイパビリティ・アプローチ、カオス理論である。

● 知識創造としての学習

　文献で見られる最近の重要な動向としては、「知識創造」に関する研究がある。これは最近になって人気を博したもので、チーフ・ラーニング・オフィサーの

ポジションをデザインするために知識創造の概念を用いることが、企業の間で一時的な流行にさえなった。しかし、どのような組織にいるマネジャーでも、CEOを含め、学習することに関わるべきではないことなどあるのだろうか。

このテーマについてかなりの存在感を示した本の1つが、野中と竹内による『知識創造企業』[366]である。欧米のマネジャーについて、彼らは次のように論じた。

> 知識をマニュアルや本や講義を通じて獲得したり教えたりできるという古い考え方から抜け出さなければならない。代わりに、知識のより形式的・論理的でない部分にもっと関心を向け、メタファや絵や体験から得られるきわめて主観的な洞察、直感、勘などに注意する必要がある。[366]

このためにマネジャーは、われわれが暗に内側にもっている知識、つまり**暗黙知**の重要性を認識し、われわれが形式的に知っている**形式知**と暗黙知がどのように異なるものかを認識する必要がある、と野中と竹内は書いている。暗黙知は「われわれは語れる以上のことを知っている」(最初に暗黙知という概念を紹介したポラニーから引用[389])のである。「暗黙知は、特定状況に関する個人的な知識であり、形式化したり他人に伝えたりするのが難しい。一方、明示的な知すなわち「形式知」は、形式的・論理的言語によって伝達できる知識である」[366]。

特に重要なことは、暗黙知を形式知に変換することであり、そこではミドル・マネジャーが「重要な役割を果たす」。彼らが、「第一線にいる社員の暗黙知と経営幹部の暗黙知を統合し、形式知に変換して、新製品や新技術に組み入れるのである」[366]。

その本の中心にあるのは、図7-4に示した、著者たちが「4つの知識変換モード」と呼んでいるもので、次のように説明している。

- **共同化**とは暗黙知を、言葉を使わず、たとえば経験などを通して、暗黙のうちに共有することを指す。日本の企業行動では広く行われていることである。
- **表出化**とは、メタファやアナロジーなど、特別な言語を用いることによって、暗黙知を形式知に変換することである。
- **連結化**は、欧米の企業では好まれるものであり、正式に形式化した知識を

図7-4 ▶ 知識スパイラル

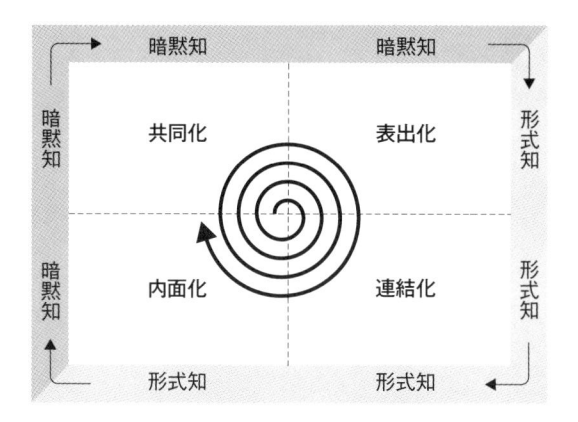

```
         暗黙知          暗黙知
    ┌─────────────────────────────┐
暗  │   共同化    │    表出化    │  形
黙  │            │             │  式
知  │      ╭─────────╮         │  知
    │      │  ◀──    │         │
    │      ╰─────────╯         │
暗  │   内面化    │    連結化    │  形
黙  │            │             │  式
知  │            │             │  知
    └─────────────────────────────┘
         形式知          形式知
```

出典：*The Knowledge-Creating Company* by Nonaka I. & Takeuch H. (OUP, 1995) reprinted by permission of Oxford University Press Inc.

結びつけ、人から人へと伝えることである。「MBA教育がその典型である」[366]。興味深いことに、日本ではMBA教育のようなものはほとんど存在しない。

- **内面化**は、「行動による学習」を通して人々が形式知を内面化するときに、形式知を暗黙知へと変換する。「学習は頭で学習すると同様に体で習得しなければならない」[366]。

そこで、すべての学習の鍵となるのが図に示された「知識スパイラル」であり、4つのプロセスがダイナミックに相互作用を醸成する。「戦略の本質は、知識の獲得、創造、蓄積、利用のための組織的能力を開発することである」[366]。しかし、「知識は個人によってのみ創られる」ため、組織の役割はこの学習を促進することにある。そこでは個人の学習を支援したり、刺激・増幅させたりし、さらに対話、議論、経験の共有化や観察を通じて、グループレベルで具体化、統合化されるのである[366]。

> 「組織の役割はこの学習を促進することにある」

これらの考え方は、われわれの戦略形成のスクールにもあてはまる。たとえば、プランニングとポジショニングはまさに連結化であり、形式知を形式化の

手順で使う。一方、ビジョンやメタファに基づく起業家精神は、表出化に最も近いだろう。そして後でわかるようにカルチャー・スクールは、戦略を推進するために共同化の方法を使っている。最後に、ラーニング・スクールは内面化、あるいはスパイラル全体であろうか。さもなければ、すべてのスクールがスパイラルの中で結びつくのかもしれない。

個人学習が、集合としての学習をどのように育成するかという点に特化して掘り下げた、非常に洞察に富んだ論文がある。ウェスタン・オンタリオ大学のメリー・クロッサン、ヘンリー・レーン、ロデリック・ホワイトは、組織学習の「**包括的フレームワーク**」づくりを始めた。組織学習、つまり「新しい学習を同化させること（探求）とすでに学んだことを使うこと（活用）の間で緊張感が必要だ」と彼らは主張している。そして野中や竹内と同様に、そのような学習は、個人、グループ、組織のレベルで起こり、それぞれに影響し合うと論じている。3つのレベルは、直感、解釈、統合化、制度化とラベルがつけられる社会的、心理的プロセスと関連づけられる。それは図7-5に示されている[101]。

直感とは、個人のレベルで起こる無意識のプロセスである。学習の出発点であり、一個人に起こるべきことである。**解釈**はこの個人的学習の意識的な要素を取り上げ、グループレベルで共有する。**統合化**は、グループレベルでの集合的理解を変化させ、組織全体のレベルにつなげるのである。最後に**制度化**は、

図7-5 ▶ クロッサン、レーン、ホワイトによる組織学習のための統合フレームワーク（1999）

レベル	プロセス	インプット／結果
個人	直感	経験 イメージ メタファ
グループ	解釈	言語 認知地図（マップ） 会話／対話
グループ	統合化	理解の共有化 相互調整 双方向型システム
組織	制度化	ルーチン 診断型システム 規則と手順

組織を横断する学習を、システム、構造、ルーチン、実行の中に組み込むことである。われわれのスクールに沿って考えてみると、コグニティブ的理解に始まり、それからラーニング（創発的戦略が組織中に広がるように）、その後にアントレプレナー、カルチャー的な面が続き、理解を示し、また内面化し、最終的にはプランニングがすべてを形式化するというわけだ。

この議論の最後に、次ページの囲みでどのように学習する組織へ移行するかについて提案している。

◉──── 組織のダイナミック・ケイパビリティ

ラーニング・スクールは、特にイノベーションと変化を取り扱う、内的な組織プロセスにフォーカスしている。外的環境は、デザイン、プランニング、そしてポジショニングの各スクールで果たす主要な役割を失い、代わりに、いかに組織が内的資源を管理するかに関する背景として捉えられている。それゆえ一見すると、戦略の鍵は持続的な優位性をもたらす資源の塊を見つけることにある。しかし、ダイナミックな環境では、持続的競争優位性は、資源を組み合わせる、配分する、再配分することを要求する。これを効果的に行うのかどうかは、学習にかかっている。もっと正確に言えば、組織がどの資源の塊が競争優位性を築くのか、築かないのかを学習するにつれ、資源を束ねたり、分解したりするプロセスを改善するために必要な知識を、積み上げていく。この知識は、戦略の核心にある非常に重要なケイパビリティである。「ダイナミック・ケイパビリティ」という言葉は、アイゼンハートとマーチンによって次のように、広く定義されている。[128]

> 企業が資源を活用するプロセス、とりわけ、資源を統合したり、再構成したり、入手したり、放棄したりするプロセスは、市場の変化に合わせたり、また、市場の変化を創り出したりするものだ。このように、ダイナミック・ケイパビリティは、組織的、戦略的ルーチンであり、それを行う企業によって、市場が創発し、激突し、分割し、進化したり、消滅に至るような、資源の配置を成し遂げるのである。

組織学習へ向かって

（ジョセフ・ランペル著より要約抜粋）

　戦略を学ぶ者の多くが求める聖杯は、学習を積み重ね、常に自分自身に新鮮さを課すことができる組織である。そうした組織は、経験にとらわれることなく経験から学び、学習した内容を市場で生かすことができ、柔軟性を効果に結びつけることができる。「組織学習」は、ラーニング・スクールを最大限に具現化したものである。組織学習には、以下のような基本原則がある。

❶失敗から学ぶ

　学習する組織は、失敗を隠し、できる限り速やかにそれを忘れようとするあらゆる組織が自然に持つ傾向と戦う。改善がしばしば失敗を詳細に検証することで始まるものであることを、彼らは認識している。また、失敗が起きたときにも、学習プロセスはオープンでなければならず、責任追及や非難とは無縁のものでなければならないということも、認識している。

❷絶え間ない再検証

　学習する組織は、彼らのプロセスの効果と効率を絶えず反映している。それらは明らかに「壊れていなければ直すな」ということわざを認めない。学習する組織にいるマネジャーは、あきらかに、滞りなく機能するプロセスでさえ、改善されうるということを知っている。しかし、改善の源となるものが、現在の手法の中に深く埋め込まれていることが多いので、組織のシステム、ルーチンや手順を定期的に検証することが重要である。決め手となるのは、順番にキー・プロセスを改善するような、新しい知識であり、よりよい実践なのである。

❸直接体験による学習

　学習する組織は、しばしば現場にいる従業員が活動プロセス（それらの強みと同じようにそれらの弱みも）を一番よくわかっていることを認識している。それゆえ、鍵となる経営上のスキルは、組織のために、こうした知識を組み込み、知識が機能するようにすることである。歩き回り、活動環境の中で部下たちと協力し合うことは、情報を組み込む最も効果的な方法の１つである。

もう1つの方法は、問題をトップ・マネジャーに伝えることを従業員や上司に促すような、オープンドア・ポリシーを実践することである。

❹知識の流動性を保つ

学習する組織にいる人々はあらゆるレベルで知識を交換し、ともに利用できるようにたくわえる。学習する組織のマネジャーは、職務上必要なためにだけ意思疎通をはかるような比較的自立したビジネスエリアで、知識が蓄積されてしまう傾向にあることに気づいている。こうした知識の分断は、改善を抑圧し、変化を妨げる。それゆえ、学習する組織というものは、知識を組織のある部分から別の部分へと活発に動かそうとする。これは、社交的な集まり、部門間での人材のローテーション、多機能的または他部門的なプロジェクトチームなどの創造を通じて非公式な相互作用を促すことを意味する。

❺外界に目を向けて、知識を吸収する

学習する組織は、新たな知識を得るには自分たちの境界を超えて探すことが重要であることを認識している。彼らは、顧客、サプライヤー、競合から多くのことが学べることを知っている。しかし、こうしたことを効果的に行うには、顧客を、統計データの源としてではなく、パートナーとして扱うといったマインドセットが必要である。それには、サプライヤーを開発やデザインプロセスの中に組み込むことが必要である。また、競合をベンチマークすることは、単に自社よりも進んでいる企業を追うだけでなく、自社の現状を厳しく正直に自己評価するという意味もある。

組織学習は、従来の官僚的組織に対するアンチテーゼである。それは分散化され、自由なコミュニケーションおよびチームで働くことを勧める。コラボレーションがヒエラルキーに取って代わり、中心となる価値はリスクを負うこと、謙虚そして信頼である。たしかにそこに現れる図は、20世紀はじめの社会改革者たちが描いたユートピアと不思議なほど似ている。しかし、それを創り出し継続することは同様に困難であるだろう。そしてその困難のために、組織学習の重要な面が隠されてしまってはならない。経験から学ぶことができる組織は、おかれた環境にただ適応する組織よりも繁栄する。そして、学習から生まれた創発的戦略は、単に反応するだけでなく、思いもよらぬことを巧みに利用し続けるものである。

ダイナミック・ケイパビリティは本質的に組織の「集合的学習」なので、このアプローチは、ラーニング・スクールと自然に適合するのである。しかしながら、デザイン・スクールの特徴と感覚的には共通するものの、特に、資源の選択やその流れを編成する責任のあるシニア・マネジメントの役割については強調されている[201]。さらに一歩この考えを進めるために、サーモン、ヒット、アイルランドは最近の論文で、トップ・マネジメントは、思慮深い「資源マネジメント・プログラム」[452]を追求すべきだと主張している。

> ……トップレベルのマネジャーは、資源やケイパビリティ・システムの1つとして企業を見るべきだ……、顧客やオーナーにとっての価値を生み出すために、自分たちのケイパビリティを市場や環境の状況に合わせるような影響力のある戦略をつくることである……特に、いかなるときにも[452]、最も効果的な資源ポートフォリオをもてるように、資源を獲得し、蓄積し、処分することができるようにする必要がある。マネジャーたちが、効果的なケイパビリティを創り出すためには、資源を束ねるのに必要なスキルをもたなければならない。さらには、ケイパビリティを持続的に最新のものにし、資源ポートフォリオを最適化するのに必要なフィードバックや学習プロセスを、効果的に管理しなければならないのだ[452]。

ダイナミック・ケイパビリティの高まる人気は、1990年代に生まれた「ニュー・エコノミー」と呼ばれたものの所産である。ニュー・エコノミーの支持者たちは、テクノロジーやグローバリゼーションが、スタンダードな戦略の規範を次第に的外れなものにしたと主張した。ハメルとプラハラードは、1996年[184]に出版した本の注釈の中で、こうした理解を示している。

> 機械の時代から情報の時代へ急激に移行するにつれて、伝統的なマネジメントの実践と教訓がより疑問視されるようになる。馬が引く鋤は工場の床では役に立たない。機械の時代に発達したマネジメント・ツールは、結局のところ、機械の時代にあった農具のように、情報の時代には的外れなものとなるかもしれない。

ダイナミック・ケイパビリティは、戦略プロセスを徹底的に再考することへの要求に応えるように思われる。この考えを魅力的にしたものもまた、デザイン・スクールとラーニング・スクール（同様にアントレプレナー・スクールを多少加えて）を結合した方法だった。言い換えれば、概念的なデザインのプロセスとして戦略を適応させる現代的な見方とも言えよう。

　もちろん、そうした結合は、素晴らしく整然とした10のスクールの分類を台無しにする可能性もある。しかし、われわれはそうした結合を歓迎する。というのも、そうした結合はその分野がより見識のあるものになることを示唆するからだ。つまり、過去の型にはまった分類を超えて成長するのである。われわれが最後のスクールに到達するにつれ、そうした初期のスクールとの混成したものをいくらか見ることになるだろう。

●───学習を超えてカオスへ

　組織というものは、革新的で大変革をもたらすものよりも、変わらずに継続するものを重んじる傾向があるため、組織学習でさえも限界がある、と主張する人々がいる。このような人々は代替アプローチとして、カオス理論または無秩序なシステムに期待している。

　カオス理論は元来、物理化学の分野で発達した。それは、液体や気体の乱れのように複雑で非線形の動的システムを、より理解しやすくするためのものであった。これは複雑な現象を、単純で予測可能な要素に分解するそれまでの科学的見地から、システムを全体的に、ダイナミックに捉える見地に変える試みを代表している。このようにして科学者は「乱気流の特徴である渦や旋風……」をより理解することができるのである。[270]

　カオス理論の中心的考え方は、単純な決定論的関係の組み合わせが、パターン化してはいるが予測不可能な結果を生み出す、というものである。言葉を換えれば、「秩序がカオスをつくり、カオスが新しい秩序をもたらす……」[270]。「釘一本足りないために蹄鉄を失い、蹄鉄が足りないために馬を失う」、馬の乗り手、戦いと続き、挙げ句の果てには王国を失うという話を思い出そう。[461]

　今日よく使われるメタファは、エドワード・ローレンツが1972年に行った有名なスピーチで使ったもので、ブラジルで蝶が羽ばたくとテキサスで大竜巻

が起こるかもしれないというものである。このようなシステムでいったい誰が、「ランダムではないがランダムに見える……実際は厳密な法則にしたがったふるまいをしていても、偶然に左右されて進行しているように見える」[280]ものを見分けられるだろうか。

これまでのマネジメントへのアプローチは、コントロール、秩序、そして予測可能を強調してきた。カオスや無秩序は組織の概念に相対するものとして、抑制されるべき破壊的な力とみなされてきた。はじめは無秩序に見えるラーニング・プロセスでさえ、最終的には組織のルーチンの中で制度化されることを期待されている。

しかし、野中[364]やステイシー[461]、ブラウンやアイゼンハート[65]といった人々は、無秩序やカオスは、組織にとって異質なものではなく本来備わっているものだ、と論じている。マネジャーの挑戦に立ち塞がる壁には、重要な創造的機会も含まれている。従来の戦略的思考の方法を超えることができる学習を生み出すには、その創造的機会が必要になる。そこで、カオス理論に共感する組織は、恒久的に不均衡な状態にある動的なシステムと見られるべきである。たしかに組織のマネジャー自身が、実行にうまく混乱を加え、その結果として生まれた矛盾が新たな知識をつくり出すのである。言葉を換えれば、カオスによって運営されている組織は、自己破壊的である。そのような組織では、不安定さを歓迎し、自らの限界を越える手段として、危機的状況を創り出そうとする。常に革命的な状態にあるのだ。

このような考えは言い過ぎかもしれないが、そこに興味深い真実のかけらが含まれている。ステイシー[461]は、カオス理論によって異論を唱えられた伝統的なマネジメントの仮説について論じた。たとえば「遠い将来は予知できる」、そして「企業を取り巻く環境は所与のものであり」、「明確な因果関係」を理解することにより、「成功を収める企業は、所与の環境に適応する」。対照的にカオス理論では、ほとんど何でも起こりうる。不規則性が組織の基本的特性であり、「小さな偶然の変化」が大きな影響を与えうる。そこでマネジャーたちは、構造やシステム、ルールや手順に頼ることはできず、その代わりに、新しい方式に絶えず適応するよう準備しておかなければならない。

もちろん、これはすべて経営上の選択を無効にしているように見える。す

戦略マネジメントのためのカオス理論

(レヴィ[270]より)

❶長期的プランニングはかなり難しい

カオス的なシステムでは、(システムの)非線型関係と、動的かつ反復的特徴のために、小さな妨害が時の経過によって増大する。その結果、そのようなシステムははじめは極端に敏感になり、そのために予測が困難になる。……より複雑で正確なモデルを構築して予測の精度を上げる努力に対する報いは少ないかもしれない……。

❷産業は安定した均衡状態になることはない

……カオス的なシステムでは、安定した均衡状態になることはない。つまり、同じ状態に二度となることはないのだ。……それが意味することは、産業は「落ち着く」ことがなく、安定に見えるものはすべて……長くは続かない……。

❸劇的な変化が突然に起こる

……ある新しい競業の参入や、些細に思われる技術の開発が、産業の競争に大きな影響力をもつことがある……。

❹パターンの短期的予測や予想は可能である

……カオス的システムには意外な秩序がある。……企業における戦略的意思決定が毎月、または毎年というサイクルで行われると考えるのであれば、産業シミュレーションモデルは数カ月、また数年という単位でも、有益な予想を立てることができるだろう……。

❺複雑性、不確実性に対処するためには、ガイドラインが必要である

……チェス、サッカー、ビジネスにおいて、その戦略的相互作用の複雑性ゆえに、意思決定を導く単純化した戦略を採用することが重要となる。最も優秀なコンピュータでさえ、チェス・ゲームの可能な手とその反撃の手をすべて想定することはできない。

なわち、このような状況下でいったい何ができるというのか。しかし実際のところは、その他のラーニング・スクールと同様、これは少なくとも利口な戦略家(ストラテジスト)にとっては大きな選択を約束している。レヴィが戦略マネジメントに対するカオス理論の教訓（263ページの囲み参照）を示したように、物事はあまりにも混沌とし、無秩序であるため、柔軟性があり、物事に素早く対応できる人は、あらゆる場所で機会を捉えることができるのだ。つまり、本当に苦労するのは官僚とプランナーである。

ラーニング・スクールの批評

　ラーニング・スクールを強く支持している著者たちからの、厳しいコメントは期待できない。われわれがこのスクールを支持する理由は、このスクールが、長きにわたって戦略マネジメントの文献や実践を支配してきた「合理的な」計画性と、うまくバランスをとるものと考えているからである。しかしわれわれの支持はもろ手を挙げてというものでもない。極端に正反対に走る危険性は常にある。「ラーニング」は今のところ大流行なのであるが、そこにも戦略の崩壊の危険性がある。そこで、戦略がない場合、戦略が失われた場合、そして間違った戦略の場合の3つの問題点について1つずつ見ていくことにしよう。

● 戦略がない場合

　アンドルーズ[11]は、リンドブロムの「計画もなく、わけもわからず何とかやり遂げる」組織を、「無目的」と呼び、ラップの論文[512]、「優秀なマネジャーは、政策的意思決定を行わない」を、「非戦略的」と呼んだ。これは、非連結的漸進主義を越えて、集合的な学習へと向かったラーニング・スクールに関する最近の研究を、不当に扱っているように見える。しかし、物事を一気に片づけるというよりも、継続して少しずつ手をつけるというステップをたどる漸進主義では、中央集権的となる方向づけが戦術的な策へと分解されてしまうのである。一連の合理的な行動が、活動全体の合理性の矛盾を指摘することになる。カナダのユーモア作家であるスティーヴン・リーコックを引用すれば、「彼は自分を部屋から放り出し、馬の背中に乗せると、狂ったようにあらゆる方向に走り出し

た」。そしてヘイズとジャイクマーは、ごたまぜの技術とシステムを開発するような革新を、企業が徐々に行うことになる「不合理な漸進主義」について言及している。そのような革新では、開発した技術やシステムは、最終的にはそれらのパーツの合計にも満たずに終わってしまう。つまり、牙を積み上げたところで象にはならないということだ。

　もちろん、デザイン・スクールの批評で議論したように、組織には必ずしも明確な戦略が必要というわけではない。しかし一方で、あまりにも多くの企業が、明確に表現された戦略がないために苦労をしているのも事実だ。たとえばギャディスは、「超企業というのは、自らの戦略的方向性を、繁栄する将来へ向けて、漸進しながら継続的に展開していくもの」という仮説を立てた。彼はローマのヴァロ将軍を、「『まったく戦略を必要としなかった』初期の漸進主義者……」と呼んでいる。彼はその強力な兵で、「弱い中央部」と強い両翼という戦略を使っていたハンニバルに真っ向から戦いを挑み、大敗を喫した。ギャディスは皮肉よりもっと強い調子で、「明らかに、強力なローマ軍にふさわしい戦略が、戦いが続いたときに『出現』しなかったのである」と結論づけている。

　これは公平な試金石とは言えない。戦いの真っ只中は言うまでもなく、戦略は都合のいいスケジュールに沿って現れるようなものではないことを、この章が明らかにしたと思う（ローマ人の漸進主義によって疲れ果てたハンニバルは、結局イタリアを断念せざるを得なかったことをつけ加えておこう）。しかし、危機が非常に明確で、忍耐強い学習に頼っていられない場合もある。そこで組織は、組織を救えるような戦略的ビジョンをすでにもっている、強力なリーダーを必要とする。もっと安定した状況であっても、組織によっては拡散した学習よりも、中央集権的な起業家精神が生み出す力強い戦略的ビジョンを必要とすることがあるのだ。また、組織にさまざまな起業化が起こり、何千もの花があらゆるところで咲くこともある。しかもまったく首尾一貫していなくとも。つまり戦略がなくてもということだ。

　もしこのような組織が玩具業界にあるとするのならば、そこのマネジャーはこんな風に答えるだろう。「何か問題あるかい。製品は出てくるし、お客は買ってくれる。だから何だ。大切なのは成果であって、戦略じゃない」。しかし、組織がつくっているのが原子炉であったり、組立ラインの稼働であったり、つ

くっているのが外交政策であるような場合には、首尾一貫していることが成果にとって欠かせないものとなる。つまり、このような組織にとって重要なのは、単なる学習ではなく集合的学習なのである。

　外交政策の場合を考えてみよう。政府に入ってくるシグナルは広範にわたってさまざまで、あらゆる種類の圧力や特別な利益団体の意向を反映したものである。政府はその中からいくつかを選択し、残りは捨てる方法論をもっていなければならない。戦略的パースペクティブがその方法論である。それがなければ人々は意のままに行動し、あらゆる方向に分散してしまう。政府は資源を無駄にし、人々を混乱させたまま、終いにはそこかしこから打ちのめされてしまう。もちろん、世界中の外務省にとって、その反対の場合の危険性も同じように重要なことは明らかである。つまり、完全な一貫性があるために、時が移ろい変わりつつあることを誰にも気づかせず、繰り返し失敗してしまうのだ。

●───**失われた戦略**

　学習を強調しすぎると、筋の通った実行可能な戦略を摩滅させてしまうことにもなりかねない。人々は、うまく機能するものから**離れて**、新しいとかもっと面白そうだからという理由で、単にイニシアチブだけを推進しながら学習とつきあうようになる。秩序がなければ最終的には組織は存在しない、ということを覚えておいてほしい。

　その結果は「**戦略的漂流**[227]」になるかもしれない。次第に、漸進的に、また気づかれないうちに、組織は確立した戦略から離れていく。それも後で後悔することになるのというのに。有名な茹でガエルの話がこれにあたる。沸騰している湯にカエルを入れると、カエルは飛び出す。しかし、カエルを水に入れて徐々に沸騰させた場合には、カエルは飛び出さずにやがて死んでしまう。カエルは死にたいわけではない。ただ、手遅れになるまで気づかないのだ。

　ラーニング・スクールはある種の聖杯としての学習であってはならない。学習は主に、価値のある方向づけ、つまり確立された戦略的パースペクティブを練り上げるための訓練であり、時には必要に応じて新しいことを学習し、その方向づけを変えることでもある。それには、よりよいものが出てきたことを知るため、そしてよりよいものを生み出すための継続的な実験が必要になるだろ

う。しかし、恒常的な変化はまた別の問題である。第11章で触れるように、秘訣はいつもすべてを変えるのではなく、いつ何を変えるべきかを知ることである。そして、それは継続性と変化のバランスを意味する。効果的なマネジメントとは、うまく機能する戦略を追求しながら学習を維持することである。戦略の種を蒔くときと収穫するときがあるのだ。

　難しいのは、その戦略的アンブレラを超える境界線の学習である。すなわち、アンブレラを越えて挑むイニシアチブを切り捨てるか、それとも、その利益を認識するためにアンブレラを広げるか、の判断である。マネジャーは後者、すなわち組織の戦略的パースペクティブを拡げることを継続的には行えないし、それを固定化して変化を認めないわけにもいかないのである。

◉─── **間違った戦略**

　戦略の欠如、効果的な戦略を学習**しない**こととは別に、漸進的な学習は、特に意図することなく、誰にも望まれていない戦略を生み出すこともある。少しずつ組織は、望まないポジションへとおびき寄せられるのである。

　以前に例を挙げたが、誰もまだ市場導入の意思決定をしていないのにも関わらず、気がついてみるとニュー・モデルが市場導入されていた自動車会社の場合がそうだ。また、馬の蹄鉄の釘が足りないために、結果的に戦いに敗れてしまったという話に触れたが、逆にデザインを検討するためのモックアップによって、まったく新しい車をつくり出してしまった、ということだってあるのだ。コノリーは、最も的確にこの状況を一般化した。「核戦争と出産は、『ちょっとやってみて様子を見よう』という戦略にはふさわしくない！」【96】。学習には、ちょっとやってみるという傾向があるため、注意を払う必要がある。

◉─── **学習の注意**

　組織学習は現在大ブームであるが、決して何にでも効く万能薬というわけではない。人々は学習しなければならないが、同時に日常業務も効率的に行っていかなければならないのである。学ぶときと、これまでに学んだことを活かすときがあるだろう。一方で「集団思考」のように、グループ内の思考の多様性が失われ、考え方が狭くフォーカスされてしまう場合もある。また、ストウの「エ【466】

スカレートするコミットメント」に見られるような、ネガティブな学習もある。状況に見込みがないことがわからないまま、失敗すると損失を取り戻すためにさらに投資するのである。つまり、学習は素晴らしいが、素晴らしいものにも行き過ぎはあるのである。

　最後に、学習は高くつく。時間がかかるし、果てしない会議や溢れんばかりの電子メールを生み出す。あらゆるおかしな方向に進み、誤ったスタートに資源を投資しなければならない。そこでは人々は、1つのイニシアチブが他よりも利益を生み出す、と納得する必要がある。そして、組織は繰り返しあちこち飛び回り、その資源を早く集中しなかったつけを支払わなければならない。そして、マネジャーは自分の学習に集中しなければならない。すなわち彼らは、「**何について学ぶか**」を知る必要がある。真に学習する組織は、不必要な学習の心配もするのだ。

　これらのことをすべて踏まえた上で、多くの組織が、全員がしたがえるような明確なビジョンをもったリーダーに舵をとってもらうほうがずっと楽だと考えたり、さらには、ポジショニング・スクールのコンピュータではじき出した最適な戦略に任せてしまおう、と考えてしまうのも不思議ではない。

ラーニング・スクールの功績と文脈

　ラーニング・スクールの功績については前述したが、ビジョンは常に見つかるわけではなく、時に状況は「ビジョンを構想する」にはあまりに不安定すぎるのである。同様に、ポジショニング・スクールのコンピュータも役に立たないことが多く、複雑な問題に当たり前の解決策しか提示しない(ホンダの話を思い出してみよう)。そこで、新たな戦略を必要とする組織では、集合的に学習する以外に選択の余地はないのである。

　そのような学習は、特に**プロフェッショナル**組織で必要であるようだ。それは、戦略創造に必要な知識が広範に分散している、病院のような高度に**複雑化した**環境において事業を運営している組織である(もちろん、組織は他の理由でも分散化する。リンドブロム[273][274]が書いたように、米国議会に見られるような、権力が法的に多くの人の手に委ねられているケースもある)。ここでは、戦略

形成は集合的学習プロセスでなければならない。なぜなら、組織全体に戦略を強制するだけの力をもった**中心的権力**がないからである。可能であれば、組織のさまざまな関与者が、相互に調整を行いながら努力して成し遂げなければならない。クインの言う企業とは、ある程度このようなものである[408]。中枢のマネジャーは戦略を策定できるが、政治的な現実としては、集合的学習ではないまでも、集合的合意のプロセスを実行することを求められるのである。

　また、**真に新しい**状況に直面した組織であれば、何が起きているのかを理解するために、通常は学習のプロセスをとらなければならない(そのプロセスは、適切な情報を中央に運ぶ組織の能力によって、個人的でも集合的でもありうる)。たとえば、成熟した産業にある企業が、確立された方法論を覆すような技術革新などの前例のない変化にさらされたとき、実行可能な新たな戦略を開発するために、学習プロセスをとることが必要となるのである。

　組織によっては常に新たな展開に直面する。それは、その環境が**ダイナミックで予測不可能な**場合であり、明確な戦略を1つにまとめることなどまったくできない状況だ。この場合、組織はアドホクラシー組織やプロジェクト組織の形態をとる傾向にあり、柔軟に対処する手段として、学習アプローチがほぼ不可欠となる。少なくとも組織は**何か**をすることが許される。それは、完全に決められた戦略を待つより、個々のステップで進展していく現実に対処するためである。

　結論としてラーニング・スクールは、今までに触れてきた他のスクールに欠けていた、戦略形成の研究に現実性を与えるものである。ほとんど記述的な調査に基づき、組織が何をするべきかというより、複雑でダイナミックな状況に直面したときに組織が実際どう動くのか、を示したのである。しかし、よい記述は規範ともなりうる。たしかに、それは時にはある特定の状況下で、模範的な行動を示すことがあるのだ。

　記述からよい規範を得られるように、決定論的に見えるものから自発的行動主義を得られるかもしれない。規範的スクール、特にポジショニング・スクールは自由意志に関することのように見える。しかし、規範的スクールの批評で述べたように、スクールの支持者が人々に思わせたよりはずっと決定論的なものである。ラーニング・スクールはその反対であろう。外部からの力に対し、

受動的あるいは反応的でありながら、実際に組織は学習し、創造する。そして、新しい、興味深い戦略を生み出すのである。それはアメリカのオートバイ業界でホンダが、市場のリーダーとして突如出現するまでにどのように間違ったことをしたのか、というパスカルの話に最もよく表れている。

　状況がどれだけ偶然の産物であれ、プロセスがどれだけ滅茶苦茶であれ、当事者が当初どれだけ混乱していようと、戦略のイニシアチブを捉えることは、結局のところ自発的行動主義である。対照的に、その業界の形式的な分析から得られた、最適と思われる戦略に組織をあてはめることは、決定論的である。利益を最大にするよう設計されていても、利益率を悪くするかもしれない（というのは、あまりにも強制的であるために）。同様に、コントロールの状態にいるつもりが、実際はコントロールを失うかもしれない（同じように強制的であるために）。結局地球を受け継ぐのは、遊び好きな人かもしれない。

　われわれの個人的な（そしてたぶん偏った）信念は、ラーニング・スクールが役に立つものだ、ということである。その研究は、単純なメソッドに基づいていて、複雑な事象を説明するのにふさわしく見えたのだ。認知心理学者の実験手順からゲーム理論学者の数学に至るまで、多くの社会科学で使われる洗練された技法よりもむしろよかったのである。実践においても戦略への学習的アプローチは、決して派手であったり、洗練されているものではなかった。たしかに、戦略家（ストラテジスト）は天真爛漫に見えるかもしれない。せわしなく動き回る浮浪児のようであり、次から次へと何かを試すことで、なんとまあ、コンセプトが突如現れるのだ。しかし、プロセスの乱雑さ加減に惑わされてはならない。そしてこれには、かなりの洗練が必要なのだ。このような人々は、うまくいきそうなものを試すという才能をもっていなければならない。さらに、他の人もそうするように励まさなければならない。そして、効果的なものが表れたときには、それを見分けられなければならないのである。

　戦略を、個人および集団の学習プロセスとして理解することは重要である。ラーニング・スクールの文献は、プランニング・スクールやポジショニング・スクールに比べると少ないが（実践としては相当多いかもしれないが）、この意味で大きな貢献をした。そして、今後もそうであるだろう。

注

（ⅰ）彼自身、「形式的戦略策定モデル」（主に規範的スクール）および「政治的または権力行使アプローチ……論理的漸進主義は、どのモデルにも従属しない」【408】と言及している。
（ⅱ）この中には一連の、異なる組織の戦略の軌跡をたどる実証的な研究、および概念的な論文のいくつかが含まれる【328】【330】【343】【345】【346】【351】【349】【350】【342】【341】。
（＊ⅲ）enactという言葉は、reactに対比させて使われている。つまり、世界（環境）にreact（反応）するのではなく、世界（環境）をenact（演ずる・実現）する。つまり、環境を創造（create）するという意味である。ここでは、enactのもつ意味合いを考慮した上で、ワイクの著書『組織化の心理学　第2版』の遠田雄志氏の「想造」を採用することにした。
（ⅳ）または永遠にそう判断される。『英国オートバイ産業にいったい何が起こったのか？』という本の中で、英国のオートバイ企業、BSAで長年経営幹部を勤めたバート・ホップウッドはこう述べている。

> 1960年代は、BSAの歴史に残る時期だった。英国のオートバイ産業のかなりの企業が、経営コンサルタントに夢中になり、本来の仕事に手がつかない状態だった。このアカデミックなビジネス思考こそが、世界中で尊敬を集めていたこの英国産業の息の根を止めたのだ。素晴らしい繁栄を続けている日本のオートバイ産業は、われわれの狂態を信じられないという目でじっと観察し、研究していたことだろう【210】。

ホップウッドは成功の見込みがないものの1つとして、スクーターについて議論をしている。スクーターがだめになったのは、「その頃に経営コンサルタントの集団が侵略してきたからだ。この専門家たちが産業に梃子入れをしたために、スクーター市場の大部分は消えてしまったのだ」。ホップウッドはさらにある経営幹部のコメントを挙げている。「小型オートバイ市場からは利益を得る見込みなどなく、その市場に参入する利点などなかった」。事実この経営幹部は、日本企業が製品を広め、そのユーザーが次に英国の大型オートバイに乗り換えるようになったことで、公然と日本企業に感謝した！【210】　これに関連してホップウッドは非常に驚くべき意見を述べている。

> 1960年のはじめ、世界的に有名な経営コンサルティング・グループの最高責任者は、企業のトップレベルの経営陣は、できるだけ製品に関する知識をもたないことが理想だと、懸命に私を納得させようとした。この偉大なる人物は、製品に関する知識をもたないからこそ、あらゆるビジネスの問題に距離を置き、制約を受けないやり方で、効率的に対処できると本気で信じていたのだ【210】。

（ⅴ）グールドの反論以前の、アンゾフとミンツバーグの意見交換を含むこの論争のすべては、『カリフォルニア・マネジメント・レビュー』（1996　夏:78-117）に収められている。最初のミンツバーグの論文と、それに関連するアンゾフとの意見交換は、『ストラテジック・マネジメント・ジャーナル』（1990:171-195, 1991:449-461, 1991:463-466）に収められている。
（ⅵ）ある意味では、コア・コンピタンスを、われわれのラーニング・スクール・モデルの開発ステップに加えることもできたかもしれない。ワイクが示したように、行動の中に意味が見出されれば学習効果を高め、現れた戦略を追求するために核となるコンピタンスが認識され、構築される。

第8章

Chapter 8
THE POWER SCHOOL:
strategy formation as a process of negotiation

パワー・スクール
［交渉プロセスとしての戦略形成］

パワー・スクールへの監訳者ツアーガイド

　交渉術というと、これまではコミュニケーションの方法として捉えられ、戦略形成の中で論じられることはほとんどなかった。しかしミンツバーグ等は、戦略形成において、パワー（政治や権力を含む影響力の行使）の重要性を明示し、戦略形成の１つのスクールとしてカテゴライズした。なぜなら、営利企業が市場における競争優位のポジションを獲得する戦略を実現するには、組織内の利害関係や外部組織との利害関係を、自らのパワーによって有利な方向へと誘導することが不可欠になるからだ。ポジショニング・スクールにおけるポーターは、その基本戦略においてパワーや政治という言葉を一切使用していないが、実はパワーという概念をしっかりと捉えている。

　要するに、戦略形成において政治的パワー・マネジメントは、極めて重要な要素であり、それらを除外したプロセスとして戦略形成を捉えることは、現実的には無意味なのだ。パワー・スクールにおける戦略は、計画的というよりは創発的プロセス寄りであり、また、パースペクティブというよりは、ポジションやプロイ（策略）としての戦略として出現することが多い。

　ミンツバーグ等は、パワーを大きくミクロとマクロという２つの観点から捉えている。ミクロ・パワーとは、組織内部の個人やグループの、合法的あるいは非合法的活動も含む政治的な活動である。一方マクロ・パワーとは、戦略形成時に、組織が積極的に外部環境や他の組織をコントロールしたり、もしくは協力するプロセスから、自らを有利な方向へと導くための活動を指している。

　ミクロ・パワーとはチェスにたとえるなら、駒自身のパワーと言える。どんなに経営を科学的にアプローチしようが、組織は"夢や希望や嫉妬心や利害や恐れを持つ"１人ひとりの個人から構成されている、ということだ。しかし

一方で、「弱いリーダーであっても、指揮命令系統が明確であれば、強い従属者を抑え込むことはできる」。そこでのミドルマネジャーの位置づけは、「情報ネットワークの中枢に存在し、変化や学習を促進する重要な存在であると同時に、戦略代替案を擁護し、情報を統合し、適応性を促進し、具体的戦略を実行する」ことと捉えている。

　一方マクロ・パワーは、市場環境や競合との力関係の変化から様々な軋轢が生ずる変革期の真っ只中にいる企業にとって、豊富な戦略的方法論を提供してくれる。例えば、M&Aなど他企業との合従連衡をはかる「アライアンス（戦略同盟）」や「戦略的アウトソーシング」は、コア・コンピタンスの概念とワンセットで捉える必要がある。さらに、企業間の相互依存関係が複雑になるほど、従来のコンペティション（競争）からコラボレーション（共創）型戦略形成プロセスが、重要性を帯びてくる。また重要な概念として、コーペティション（協合）＝「競争相手と競創かつ競争しあう」がある。右手で握手しながら左手では殴り合うという状況をマネッジするのだ。特に、日本企業がグローバル・シーンで競争するには、この概念の理解と実践のバランスが不可欠となる。このスクールは、経済活動と政治活動が車の両輪であることを改めてクリアに意識させてくれる。

　決断できない、弱腰、言葉だけの友愛…等々、国家レベルで考えても今の日本は交渉ベタである。グローバリズムという言葉が意味するものは、国境を越えたボーダーレスの付き合いと捉え、そこには互いをリスペクトし合う相互協力という視点が存在する一方で、全く異なる文化や価値観を持つ企業や国家が、さまざまなパワー型アプローチを仕掛けてくる状況だということでもある。それに対抗するには、勝つための戦略を立案し、実行に移す知恵と度胸が必要なのだ。理想として描いた状況下での戦略の実行が不可能である今日、パワー（影響力）を行使していかに戦略の実現しやすい状況を自ら創り出すのか。今後はますますこの「パワーの行使」という考え方が、日本企業にとっても、日本という国にとっても重要となるに違いない。

「もし、すべてのチェスの駒に卑しく狡猾な感情や知恵が多少なりともあるとしたら、いったいどんなチェスのゲームになるだろうか。敵の駒の動きが読めないどころか、自分の駒の動きさえわからないでいたら。ナイトがこそこそと勝手に動いてしまったら。ビショップがあなたのルークの動かし方に呆れ、ポーンを騙して追い払ってしまったら。そしてポーンたちは、ポーンであることであなたに怒りを覚え、不意にチェックメイトをかけることもできる指定の持ち場から離れてしまったら。あなたは、先見の明のある演繹的論法の達人でありながら、自分のポーンに裏をかかれることもありうるのである。傲慢にも数学的なイマジネーションに頼りすぎ、そして情念をもつ駒を軽視すれば、勝負に打ち負かされる可能性は高い」

ジョージ・エリオット『急進主義者フィーリクス・ホルト』[131]より

●

　ラーニング・スクール、特にクインやリンドブロムによる文献は、すでにパワー（権力）と政治の関係について言及しているが、最初に紹介した４つのスクールはこれをまったく無視している。ここでパワー・スクールと名づけたものは、戦略形成をあからさまな影響力を行使するプロセスとしてみなしている。そして、ある特定の利害関係に有利に働くように戦略を導くために、パワーと政治力をその交渉プロセスにおいて活用することを力説している。
　われわれは**パワー**という言葉を、ここでは経済という領域を越えた「影響力の行使」を表す言葉として用いている。この場合に経済とは、従来の市場競争よりも広い意味での経済的パワーを表している。つまり、パワーはより政治に近いものとして捉えられ、この章ではかなり広い意味で用いるつもりだ。それは、ある意味でポジショニング・スクールの位置づけを逆転させることになる。すなわち、営利組織の目的が、経済市場において「合法的に」競争をすることであるならば、「政治的」というレッテルは、いわゆる合法的ではない行為に対して用いられるに違いないからだ。言い換えれば、非合法的、ないしは完全には合法的ではないということである。したがって、政治的という言葉は、純粋に経済的な方法以外の権力の行使と同じ意味をもつことになる。当然ここには、

たとえばカルテルを組むなどの、競合相手を倒すための密かな動きや、特定のアライアンス（同盟）などのように、同等の効果をもたらすための協力体制も含まれるのである。

このことはポジショニング・スクールにおける包括的な基本戦略が、前述した通り、少し見方を変えれば政治的になりうるということを意味する。たとえば、どの時点で市場のポジションを拡大すれば、競合相手を倒すことになるのだろうか、というようなことだ。同様にポーター自身の概念を用いて、政治的な戦略グループや、政治的な包括的戦略について語ることもできる。なぜなら、経済的なゴールと政治的な意図との境界線は微妙であり、かつ捉えにくいからである。ポジショニング・スクールが自らの位置を、片方の側に注意深く定めたために、パワー・スクールはもう片方の側に、然るべき位置を占めることができるとも言える。しかしながら、このような区別もまた不自然に見えるはずだ。なぜなら、現実の行動は、その境目など見分けられない2つの連続体をまたがることになるからである。

組織を取り巻く力関係は、組織に浸透することも可能である。そこでこのパワー・スクールを、ミクロとマクロという2つの視点から識別することにしよう。

まず**ミクロ・パワー**と呼ぶものは、組織の**内部**における政治的な動き、すなわち非合法的、あるいは完全には合法的ではないパワーを扱う。特に本書における戦略マネジメントのプロセスの中に、このパワーが存在する。

一方**マクロ・パワー**とは、組織が**行使する**パワーである。ミクロ・パワーの例として、ある部門の撤退をめぐる衝突が挙げられる。またマクロ・パワーの例としては、倒産寸前の組織が、政府に対して貸付保証を迫ることが挙げられる。ミクロ・パワーは、自己の利益を追求した結果として起こる組織内の同僚との衝突について、マクロ・パワーは、組織そのものが利益を追求した結果、他の組織と衝突したり、あるいは協力したり、ということに焦点を絞っているのである。

戦略マネジメントに関する文献の中で、パワー・スクールについて言及したものは比較的少ない。1970年代にいくつか見受けられる程度だったが、後に

[43][84][107][166][167][267]
なって少しずつ増えた。パワーは、かつて戦略マネジメントにおいては攪乱要因とみなされていた。その存在を知ってはいたが、研究対象となることは稀だったのである。これが変化したのだ。

　もちろん実践の場においては、パワーと政治が組織から消えることはなく、特に大きな組織ではなおさらである。またパワーと政治が、戦略作成プロセスから除外されることもない。単に、書物や文献などで正式に知られるようになるのに時間がかかっただけである。1970年代後半に入り文献がいくつか登場するようになった。マクミランのテキスト*Strategy Formulation: Political Concepts*（『戦略策定：政治的概念』）[284]や、プランニングの政治的な側面について取り上げたサラザンによる研究[429][430]などがそうである。また政治的なプロセスとしての戦略形成を取り上げたペティグリュー[381]や、ボウアーとドーズによる研究[52]なども挙げることができる。しかし、これに政治学という観点から公共の政策決定について取り上げた文献などを加えると、このスクールに関連した文献はかなり多いということになる。

　そこで、本章を3つのセクションに分けることにした。まずミクロ・パワーについて取り上げ、次にマクロ・パワーについて、そして最後にパワー・スクールに関する批評、文脈、そして功績について触れるつもりだ。

ミクロ・パワー

　パワー・スクール論者の目的は、戦略マネジメントの分野において、組織が置かれている基本的な現実に目を向けさせることにあった。なぜなら組織は、夢や希望や嫉妬心や、利害や恐れをもつ個人によって構成されているからだ。当たり前に聞こえるかもしれないが、シニア・マネジャーが戦略を定義し続ける合理的な役割を担っているという印象を、長い間多くの文献が与えてきた。そして他のメンバーは、従順で忠誠心に富む「人的資源」であるため、この定義を快諾するものとされてきた。ここでは、今までとは対照的に、戦略作成をまず政治的なプロセスとしてみなし、それから戦略そのものが政治的であると捉えた上で、ミクロ的な政治力のポジティブな側面について結論を出す。

●──── 政治的なプロセスとしての戦略作成

　仮に戦略作成がプランニングや分析、そして認知や学習のプロセスであるとするならば、戦略作成を対立する個人やグループや提携関係の間で起こる、交渉や妥協のプロセスとして見ることも可能である。不安定な環境、競合し合う目標、見解の食い違い、資源の希少性、といった不透明な状況になると、必ず政治が浮上する。そのためこのスクールの提唱者たちによれば、最もふさわしい戦略を策定することはもちろん、ましてや最適な条件で戦略を実行することなど不可能であるということになる。なぜなら、個人や提携関係の間で競合し合うゴールは、意図された戦略を終始かき乱し、歪めてしまうからである。組織の中で、人はあらゆる「政治ゲーム」をするものだが、その代表的なものについては次ページの囲みで紹介している。

　ザルドとベルガーは、「組織における社会的ムーブメント」の中で、特に次の３つについて記述している。まず**クーデター**は、内部から権力を奪取することであり、その目的は権力を握る者を追い払い、支配体制をそのまま維持することにある。次に**造反**とは、指導者層の交代ではなく、「組織の機能のある側面を変えること」、たとえばあるプログラムや重要な意思決定を変えることだとしている。ただし、従来の政治的なチャネル以外の方法で変えるのである。最後に、「反対運動から抗議行動」にまで及ぶ**マス・ムーブメント**（大衆運動）については、「苦情や不満を表現する、そして／もしくは変化を推進、あるいは拒絶するための集合的な行為」としている。これらの行為は、前述の２つのムーブメントよりもさらに目に見えて目立つ行為であり、多くの人をより巻き込むものである。

　またボルマンとディールは、組織における政治の世界について、次のように述べている。

❶組織とは、多様な個人と利害関係集団の、**一時的な連合・提携**である。
❷提携メンバー間には、価値観、信念、情報、利害、そして現実認識における**相違は永久**に存在する。
❸最も重要な意思決定は、**限られた資源**の配分に関わる。すなわち、誰が何を

手に入れるかということである。

❹このような限られた資源の配分と永続的な相違によって引き起こされる**対立**が、組織のダイナミクスにおける中心的な役割を担うことになる。そして、**パワー**が最も重要な資源となるのである。

❺利害関係にある当事者（ステークホルダー）間で行われる取引、交渉、そして有利なポジションをめぐる駆け引きによって、目標や意思決定が導き出される。【48】

これらの提議は、戦略形成がたった1人の「建築家（アーキテクト）」や同質化した「戦略」チームから生まれる、という考え方から離れるきっかけを与えてくれる。代わりに、さまざまな関係者や関係者間の提携関係は、自らの利益や課題を追求する。しかしパワー・スクールは、「経営上の戦略の概念が、集合的なマネジメントによって創られると考えることには危険がある……マネジメント内部の結束は、それ自体真相追求が必要である……そして、問題がすり替わる可能性がある……」と警告している。【100】

さらに従属するグループが、意思決定のプロセスに関与したり、戦略を歪曲するプロセスに関与することも可能である。したがってパワー・スクールは、行動を決定したり、あるいは新しく行動を別の形でやり直す際に、組織に属しているか否かに関わらず、個人の役割というものをさらに理解することを強力に押し進めるのである。

「マネジメント内部の結束は、それ自体真相追求が必要である」

組織における政治ゲーム
（ミンツバーグ著『人間感覚のマネジメント』【335】より）

- **造反ゲーム**

    通常、これは権力に対する抵抗、あるいは組織内における変化に何かしらの影響を与えようとするのが目的である。一般的にこのゲームをやるのは「地位の低い者」【298】であり、彼らはフォーマルな権力の影響を最も感じるものである。

- 対造反ゲーム
  権力者が、政治的な手段を用いて造反を起こした者に対し、反撃し鎮圧するゲーム。なかには、教会からの破門のように、合法的な反撃手段もある。
- スポンサーシップ・ゲーム
  このゲームは、自分よりも上の権力者を利用して権力基盤を構築するのが目的である。よりステータスの高い人に個人的に接近し忠誠を誓い、その見返りにパワーを手に入れる。
- アライアンス締結ゲーム
  同僚同士がやるゲーム。大体はライン・マネジャーが参加するが、たまに専門家たちも参加する。そして自分が組織の中で昇進するための権力基盤を構築するべく、互いを暗黙のうちに支援する同盟契約を取りつけるのである。
- 帝国建設ゲーム
  特にライン・マネジャーがやるゲームで、権力基盤を構築するのが目的である。しかし、同僚と協力しながらではなく、あくまでも部下と一緒に個人的に進める。
- 予算獲得ゲーム
  公然と、そして比較的明確なルールにのっとってやるゲームであり、目的は権力基盤を構築することである。帝国建設ゲームと似ているが、それほど不和を生じさせるものではない。なぜなら、このゲームの賞品は資源であり、少なくとも狙いはライバルの地位や部門そのものではないからである。
- 専門知識ゲーム
  権力基盤を構築するために、専門知識を誇示したり、もしくはでっちあげ、認可されていない方法で利用するゲーム。真の専門家は、技術的なスキルや知識を活かし、専門知識の独自性、重要性、そして代替できないものであることを強調しながらこのゲームを行う。また、知識を自分だけのものにとどめておく。一方で非専門家たちは、自分たちの仕事を専門家の仕事として見られるように企てる。理想的には、自分たちの仕事がプロフェッショナルであると公表されることにより、それを独り占めすることを狙う。
- 支配者ゲーム
  合法的なパワーをもたない者、ないしは自分よりもパワーが弱い者に対して、合法的なパワーを「振りかざす」ことで権力基盤を築くゲームである（たと

えば、合法的なパワーを非合法的な方法で行使する）。また、マネジャーは、正式なパワーを部下に対して振りかざし、公務員は一般市民に対してそれを振りかざすことがある。

- **ラインvsスタッフのゲーム**
  このゲームは兄弟喧嘩のようなもので、個人のパワーを向上させるばかりではなく、ライバルを倒すことも目的となる。正式な意思決定権をもつライン・マネジャーが、特別な専門知識をもったスタッフ・アドバイザーに対抗する。どちらも合法的なパワーを非合法的に利用しようとするのである。

- **ライバル陣営間ゲーム**
  このゲームも、やはり相手を倒すことを目的としている。通常、アライアンス締結ゲーム、あるいは帝国建設ゲームによって、パワーが大きく二分されてしまったときのゲームである。すべてのゲームの中でも、一番不和が生じやすい。対立は部門間（たとえば、製造メーカーにおけるマーケティング部門と生産部門の対立）、ライバル個人間、もしくは競合する２つのミッション（たとえば、刑務所での拘留に賛成する派と社会復帰を推す派の対立）で起こることがある。

- **戦略的候補者ゲーム**
  組織内の変化に影響を与えるのを目的とするゲーム。個人やグループが政治的な手段を用い、自分たち好みの戦略的な性質をもつ変化を推進しようとする。

- **密告ゲーム**
  通常は短く、そして簡単なゲームであり、また組織的変化に影響を与える目的をもつこともある。特別許可がなければ入手できない情報を、インサイダー（普通は「地位の」低い者）が利用し、その組織に関する疑わしい、あるいは不法な行為について、外部の有力な人間に密告する。

- **急進改革派ゲーム**
  最も利害がからんでくるゲーム。権力の中枢近くにはいるが、中核にはいない「急進改革派」のグループが、組織の基本戦略に新しい方向を与える、専門知識の主体を入れ替える、カルチャーを入れ替える、もしくはリーダーたちを追い払うことを求めるゲームである。

▶**政府による政策決定**　前述のように、ビジネスにおける戦略形成は、政府による政策決定という分類に含めることができる。ここには、意義深い文献がいくつか存在する。ただしその多くは、対外政策や治安機構改革といった特定のものに着目しているため、戦略マネジメント全体に対して役に立つようなものはほとんどない。とはいえ、他のスクールに関連のある重要な研究もある。それは特にプランニング・スクールや、ラーニング・スクール（すでに紹介したリンドブロムの研究がそうである）、コグニティブ・スクール【467】などに関連した有意義な文献である。同様に、このスクールに特化した重要な文献が存在することもたしかである。

　その中で最も知られているのが、グレアム・アリソンによる「政府内の政治」【7】モデルであろう。これは、キューバ・ミサイル危機の研究をもとにしているものであり、おそらく政策決定、ないしは戦略形成を内的政治のプロセスとして捉えた最も包括的な記述である。政治学において他に興味深いと思われる文献は、「政策の齟齬」や「政策の漂流」を題材としたものであろう。【286】【254】【275】齟齬とは、当初の意図が実行の段階において多少歪んでかみ合わなくなってしまうことである。また漂流については前章でも取り上げたが、これは時間の経過とともに、連続して「多少なりとも合理的に順応するようになり……当初の意図を根本的に変更するような変化が、徐々に訪れる」ことである。【254】第１章で触れたように、前者は部分的に実現されない戦略であり、後者は部分的に創発的戦略である。公共部門における実行についてメイジョーンとウィルダヴスキーが言及している【286】が、彼らは、公務員を「博識の政策立案者がガチガチに考案した」戦略を実行するだけの単なる「ロボット」とみなす考え方に対して、非常に批判的である。【286】それは、本章の冒頭に引用したチェスの駒と同じである！

　考えられるほとんどの民間や公共の組織は、控えめに言えば多少なりとも、あるいは時には、政治的になるものである。最も小さいか、あるいは独裁的な支配を受けている組織だけが、ある一定期間に限りあからさまな政治を回避することができる。一方、組織によっては全面的に広がる政治の虜となってしまうこともあり、すべての戦略的な意思決定が闘いの場と化すこともある。そこはむきだしの「政治的な闘技場」とも言える。

　一方、これは国会における最も辛辣な議論と似ていなくもない。このような

光景を、たとえば兄弟で経営しているような小さなファミリービジネスにおいて確認することもできる。1人がマーケティングと販売を統括し、もう1人が生産を管理しているが、互いに口もきかないという状況である。もちろん小さな会社がこのような状況を抱えて長く続くことは難しいが、安定した市場に身を置く大企業であれば、何年間もこのような状況を続けることができてしまうのだ。

　難しい変化に直面すると、パワーが必然的に予期せぬ方法で再編成され、健全な組織にも政治的な闘争がもたらされるのである。このような状況下では、早い者勝ちという風潮が流れ、人々は不安に駆られるようになる。そして特に利害関係の大きい戦略作成において、政治的な衝突を引き起こすことになるのである。ロバート・グリーンとユースト・エルファーズは、『権力(パワー)に翻弄されないための48の法則』[165]というベストセラー書を出版した。そこにあるのは、偉大な政治哲学者、前代未聞の詐欺師や悪名高き人々の発言から引き出されたものである。戦略に非常に直接的な関係がある。

●──政治的戦略の出現

　新たに意図された戦略は、行動のための道標となるだけではなく、権力関係が移行する際のシグナルにもなる。重要な戦略であればあるほど、そして組織の権限が分散していればいるほど、政治的な画策が行われることが多くなる。たしかにこのような画策は、たとえ戦略が計画的であっても創発的であっても、組織が戦略に到達することを難しくする可能性がある。

　計画的な戦略は、意図するものを集合的に実現する、つまり組織全体として実現するものである。しかし考え方や利害が共有されておらず、対立しているような場合には、これはどのように実現されるのだろうか？　また創発的な戦略について言えば、無計画な交渉が戦略作成プロセスを支配するときには、どのようにして行動に一貫性をもたせることができるのだろうか？　この点についてサイアートとマーチは、1963年の文献で非常にうまく説明している。それは、「目標に対する連続的な対応」という考え方である。

　　組織は、さまざまな目標の間に存在する対立を解決するために、少しず

つ時期をずらしながら、異なる目標に専心することがある。政治団体が対立する圧力に対応するために、まず「左寄り」に動いてから「右寄り」に動くのと同じで、ビジネス上の組織もまた、「生産を円滑」にしてから「顧客を満足させる」という具合に、1つずつ対処していくのである。[102]

> 「組織は、さまざまな目標の間に存在する対立を解決するために、異なる目標に専心することがある」

しかしながら、これでは組織は意思決定をすることはできても、戦略を作成することができるようには思えない。

しかしわれわれは、戦略は政治的なプロセスから生まれることが可能であり、現に生まれていると考えている。時として、政治的に到達した1つの意思決定が先例となり、あるパターンを確立することがある。よくあることだが、たとえばある1つの販売部門が、1人の顧客に対して、ある1つの製品の価格を下げると、すべての製品の価格が下げられる、といったことである。これは、「foot-in-the-door」──ドアにつま先を突っ込んでドアを開けさせるという訪問販売のテクニックを思い出す。さらにわれわれのメタファをつけ加えると、これは戦略につながる機会の窓をこじ開けるようなものだと言える。あるいは、正式な指導者層の外側にいるグループの力が強固であるため、組織全体にその意図することを政治的に押しつけることもできる。誰しもが手助けを求めるような、銀行のITグループがいい例である。また、大々的な戦略の変更をめぐり、たとえば新技術を推す「急進改革派」と、それを拒む「頭の固い保守派」という対立するグループが現れたときには、勝ったいずれかが戦略を決めることになる。

政治的なプロセスから戦略が出現したときに気づくことは、それが計画的というよりは創発的、そしてパースペクティブというよりは、ポジションとして現れる傾向が多く見られるということである。政治的にある戦略に到達するということは、通常、取引などのプロセスを1つずつ踏んできたことを意味する。当事者は、とても計画的な意図があったのかもしれないが、おそらくその結果は、組織にとって創発的なものであることが多い。つまり、総体的にそう意図したわけではなく、実は指導者もそんなつもりではなかった可能性が高いのだ。

さらに、明確な戦略的ポジションが台頭することは、想像できる。つまり、連続的に目標に対応していくにつれ、それぞれの派閥のいわゆるポジションが定まっていく。すると、政治的な状況下では、統合されたパースペクティブや1つの共通ビジョンとして、戦略を達成することが難しくなる。しかしながら一般的にこのような政治的な状況下では、プロイ（策略）としての戦略が不足することは、まずない。

●──── 政治のベネフィット

　政治が組織を機能不全に陥れるようなマイナス効果については、あまり言及する必要はないだろう。それは組織内に軋轢を生み、結局はコストが高くつくことになるのだ。本来ならば、顧客サービスに注ぐことのできたエネルギーを浪費してしまい、またあらゆる異常事態を招きかねない。たとえば、時流に取り残された中枢権力を維持し続けたり、正当化されない新しいパワーを台頭させたり、そして効果的に機能しているものが停止してしまうようなところにまで、システムを麻痺状態に追い込むといった事態である。結局、組織の目的は商品やサービスを顧客に提供することであり、人々が喧嘩をするための闘技場を提供することではないのである。

　逆にもっと言及しなければならないのは、組織において政治が機能的な役割を果たすための条件についてである。なぜならこのことについては、一般的に正しく認識されていないからである。

　ほとんどすべての組織においては、3つのシステムが存在する。それらの手段は**合法的**であるとされ、つまり正式にパワーが承認されている。その3つとは、正式な権限、確立された組織風土、そして公認の専門知識である。しかしこれらの手段が、時として非合法な**結果**を求めるために利用されることがある。たとえば、必要とされている変化を拒むといった場合である。さらに4つ目のシステムとして政治が存在するが、その**手段**はわれわれの定義によれば、正式には合法的とは言えない。しかし実際には、合法的な結果を求めるために利用することができるのである。たとえばこのことは、内部告発や急進改革派の計略といったことでも明らかである。そこでは政治的な圧力が、正式な権限をもつ人々の無責任な、あるいは非効率的な行動を正すことに利用されるのである。

これについては、次の4点を通してくわしく記述することにしよう。

第一に、影響力を行使するシステムとしての政治は、ダーウィンの進化論的な働きをし、組織において最も強力なメンバーがリーダーシップをとることを確実にする。

権力とは、1つの指揮系統を好むものである。それによって、弱いリーダーであっても強い従属者を抑えることが可能となる。一方でスポンサーシップ・ゲームであれば、弱いボスを飛び越えることが可能になる。そのように政治は、情報と引き換えに昇進を、昇進と引き換えに情報を、といった相互チャネルを提供することができるのだ。さらに実質上のリーダーたちが、権力の必要性を公然と示すということが証明されてからは、政治的なゲームによって、潜在的なリーダーシップ能力の有無を実証できるようになった。小競り合いには2番手の者で十分かもしれないが、試合に出ることを許されるのは、スターだけである。政治ゲームは、誰がスターであるかを見極めるのに有効だけでなく、競争から弱いライバルたちを排斥する手助けもするのである。

第二に、影響力を行使する他のシステムが、ただ1つだけを押し進めるのに対し、政治は、案件のすべての側面が十分に考慮されるようにする。

権力構造に関するシステムは、情報をヒエラルキーの中心部に集約することによって、ある1つの見方だけを押し進める傾向にある。しかもこの見方というのは、すでに贔屓にされているとわかっているものがほとんどなのである。また、組織に強固に根づいているカルチャーも同様であり、誰もが知っている信念という「言葉」によって、どんな問題をも解釈するのである。地位を確立している専門家は、新しいアイデアに対して排他的になる場合があり、特に彼らがトレーニングを受けた後に展開したアイデアであれば、なおさらである。しかし、政治は人々に、自分たちが望むアイデアの実現に向けて戦うことを強いる。そしていかなる問題についても、さまざまな意見が出るよう促すのである。そして、その意見がたとえどれほど利己的であろうとも、敵が攻撃してくるのだから、もっと広い意味、つまり組織全体の利益という観点で捉えた場合に、その結論が正しいのかどうかを判断しなければならないのだ。コーンフォ

ードがその愉快な「若き学究肌の政治家になるための道標」の中で次のようにコメントしている。

> 仕事は、2種類に分けることができる。つまりわたしの仕事とあなたの仕事である。わたしの仕事は、公共心に溢れる提案をすることであり、それがたまたま（残念ながら）個人的な友人や（もっと残念なことに）自分自身の昇進に関わるものになる。あなたの仕事は、公共心に溢れる提案であるかのように見せかけながら、実は自分や友人の昇進のために狡猾に陰謀を企てることである。[99]

第三に、影響力を行使するより合法的なシステムによって阻止される必要な変化に対して、政治が刺激剤となるよう求められる場合がある。
　権力はヒエラルキーの上層にパワーを集中させるが、ほとんどの場合は、既存の戦略に対して責任を負っている人間によって掌握されている。専門家の場合は、より新しいスキルをもっている可能性のある下級の専門家ではなく、上級の専門家にパワーを集約させる。同様に、カルチャーは過去や伝統に根ざす傾向があるため、変化に対する抑止力として機能することが可能となる。このような抵抗に直面したときに政治は、一種の「目に見えない手段」として必要な変化を推進することができる。

第四に、政治は変化の実施を容易にすることができる。
　たとえばシニア・マネジャーは、アライアンスを組み、意思決定を受け入れてもらうための道のりをスムーズにするべく、頻繁に政治を用いる（これについては、前章でクインの論理的漸進主義に関する研究を紹介した）。

　したがって政治は、たしかにわれわれを苛立たせるが、同時に役立つものでもある。

上層部のセオリー：トップにとっての戦略マネジメント

　ミクロ的な政治力をマスターするにはかなりのスキルを必要とするが、スキルだけでは戦略作成をある程度まで行えるにとどまる。結局、戦略に関して言えば、戦略自身がパワーをもつことを促進するのだ。そして「上層部」にスキルがあれば、パワーをもてるだけでなく、非常に個人的な方法でパワーを用いることもできるのだ。

　このキー・ポイントが、研究者たちがトップ・マネジメントの構造やダイナミクスをより密接に調査するように促すのだ。ハムブリック[174]はそれを次のように述べている。「なぜ組織は、その事を行うのか、あるいは、その方法で行うのかをわれわれが理解したいなら、組織の中で最も力のある演技者である、トップにいる経営陣のバイアスや気質を考慮しなければならない」。ハムブリックとメイソン[176]は、「上層部のセオリー」は、規模、技術や製造ラインでかなり類似している組織であろうと、非常に異なった戦略をとることも多いと主張した。上級管理者レベルでの「経営の裁量権」は、組織の下のレベルでオペレーションに携わるマネジャーよりも、トップにいる経営陣たちに戦略に影響するような裁量を多く認めている。結果として、彼らの価値、信念、プロとしての経験は、下層レベルにいるマネジャーよりかなり広い範囲で戦略的意思決定を形成するはずである。

　たとえば、フィンケルスティーン[138]は、トップ・マネジメントチームの中に財務のバックグラウンドをもった役員の割合が大きくなればなるほど、組織がより買収を好むようになることを示した。またハムブリック[174]はこう結論づけている。トップ・マネジメント・グループのパワー・ダイナミクスというものは、手を組もうとするグループ思考の一般的な傾向を無視することがある。そして、半ば独立した立場をとる「実力者」を生む結果に終わるかもしれない。彼らは、「CEOと互恵的な関係であるがお互い一緒に行動することやチームを組むこともほとんどない」。

●───ミドルアップダウンにおける戦略

「トップ・マネジメント」と呼ばれるものはいったい何だろうか？　戦略マネジメントの分野、特にデザイン・スクールとアントレプレナー・スクールは、「頭脳」が大勢集まるパワーをもったトップにいる人と「使用人」として行動する底辺にいる人たちを区別する組織のイメージを想起させる。

間には、未知なる中間、「ミドル・マネジャー」と呼ばれる人たちがいる。彼らは、戦略の意思決定をする頭脳でも、はっきりと明らかな仕事をする手でもない。したがって、大きな企業が規模や範囲を広げていくにつれ、ミドル・マネジメントは、以前に信じられていたほど必要な存在ではないと非難され攻撃にさらされるのだ。1980年代、株主価値の最大化が、株式を公開している企業のトップ・マネジメントにとって最優先の関心事になったとき、トップ・マネジメントは、あらゆるミドル・マネジメントの仕事を削減することで、「ダウンサイジング」を受け入れたのだ。そうした一時の流行はすべて、うっかりと大切なものを捨ててしまうのではないかという疑いをもつべきだったのだ。非常に多くの企業がどうやって一斉に問題に気づいたのだろうか？　上級管理職は以前は無関心だったのか、それとも、後になって過剰な反応を見せたのだろうか？

一連の反応の中には、ミドル・マネジメントに関する否定的な意見を是正するような記事が多く現れたが、特に戦略プロセスにおけるミドル・マネジメントの役割に関するものだった。たとえば、スティーヴン・フロイドとビル・ウールドリッジは、ミドル・マネジメントを「破壊活動分子」とか「のらくら者」[140]としてみる見方には疑義を唱えた。彼らはまた、「より高いレベルで定義された戦略を実行レベルで行動に移し替える」だけの人々として、ミドル・マネジャーを捉えるこれまでの見方を退けた。彼らはまた次のようにも主張した。経営上の知識はビジネスの現場で役立てる必要があるのだから、「情報ネットワークの中枢にいるミドル・マネジャー」は、変化や学習を促進する非常に重要な存在になると。[140] この点に関してミドル・マネジャーの重要な役割は、「戦略的代替案を擁護し、情報を総合し、適応性を促進し、具体的な戦略を実行すること」である。"In Praise of Middle Managers"（「ミドル・マネジメントを

ほめたたえて[217]」）という論文でヒュイが論じたように、野中は、"Toward Middle-Up-Down Management" (「ミドルアップダウン・マネジメント[365]」) という論文の中で同様の主張をした。

ミドル・マネジメントにおける戦略作成は、トップ・マネジメントとの実りある会話による。フランシス・ウェスリー[505]が指摘したように、トップ・マネジャーはある選択肢をもっている。つまり、パワーに集中し、ミドル・マネジャーを戦略プロセスから閉め出す。あるいは、効果的な「戦略的な会話」をすることで、ミドル・マネジャーを戦略プロセスに組み込むことである。そうした会話は、ダットンら[124]がトップ・マネジメントに対する「問題の売り込み」として描いたように、重要なものである。しかし、ウェスリー[505]は、そうしたプロセスは知覚されたパワーの不均衡に敏感であると述べている。上級マネジメントがその権威を主張するとき、会話は「その端緒を絶たれ」、服従を求められ、ミドル・マネジャーの側に無抵抗さを生じさせる。ところが、パワーギャップを取り除こうとすると、活気に満ちた建設的な関与を生み出しやすくなるのだ[25]。

マクロ・パワー

マクロ・パワーは、組織とその外部環境との間にある相互依存を反映するものである。組織は、サプライヤーとバイヤー、組合と競合相手、そして投資銀行と政府の規制に対応しなければならないだけではなく、組織の行動そのものを標的とする、増える一方の圧力団体にも対処しなければならないのである。マクロ・パワーのパースペクティブから捉えた

> 「マクロ・パワーは、組織とその外部環境との間にある相互依存を反映するものである」

戦略は、まずこのような関係者の要求のマネジメントを行うことであり、そして次に、組織にとって有益な関係者を厳選し、うまく活用することである。

●───組織による外的コントロール

フェファーとサランシクは、その革新的な著作 *The External Control of Organizations: A Resource Dependence Perspective*[386] (『組織の外的コントロー

ル』)の中で、マクロ・パワー理論を概説した(本当は、組織による外的コントロールと題してもよさそうである)。彼らは次のように論じた。組織は「外部環境の要求に適合するために、適応することも、変化することもできる……もしくは、組織の能力に適合するように、外部環境を変える試みをすることもできる[386]」。前者は、エンバイロメント・スクールの基礎となり、後者はパワー・スクールにおけるマクロ・パワーの基礎をなすものである。すなわち外部環境に反応するのではなく、外部環境に影響を及ぼしたり、外部環境と交渉するプロセスのことである。この2つ目の見解によりフェファーとサランシクは、いくつかの組織がどのようにして、明確で計画的ではあるが政治的な性質をもった戦略を追求することができるのかを明らかにした。実は、彼らの文献で紹介している戦略の多くは、ポジショニング・スクールで見た戦略と同じくらい包括的なものであり、時にはまったく同じものがあったりもする！　たとえば、ポジショニング・スクールにおいて吸収合併は経済的な戦略とみなされているが、パワー・スクールでは政治的結末、つまりパワーとコントロールを手に入れるための政治的な手段とみなされているのである。モールトンとトーマス[356]は、「倒産は計画的な戦略である」とまで論じている。

　このような相違点が生じているのは、ポーターや他のポジショニング・スクールの提唱者と比べて、フェファーとサランシクが組織の外的状況に何を、そして誰を含めているかに起因している。パワー・スクールでは、**ステークホルダー(利害関係者)**が株主に加えられ、また「市場」が「外部環境」に取って代わられる。それゆえ組織が、多くの関係者や力に対し、より広く開かれることになるのだ。

　フェファーとサランシクは、市場を開放的な競争の場とする伝統的な考え方(ポーターの言葉を借りれば、組織が自由に「有利な立場に自分をもっていこうと画策する」)が、進化する経済活動においては、組織的で、規制のある、相当な相互依存や複雑性をもった専門的なシステムにほとんど取って代わられたと主張した。このような状況下では、組織にとっての最大の問題は……。

　　……取引や、行動に影響されるさまざまな利害関係との結びつきを管理すること。組織が相互に連結することが増えているため、それによって組織

間にもたらされる効果は、人間の力の及ばない市場の力よりも、規制や政治的交渉によって影響を受けることが多くなっている……交渉や政治的な戦略、組織制度に関連するマネジメントが、いっそう重要視されるようになってきたのである。【386】

結果として、組織が活用できる３つの基本的な戦略が存在する。

❶**組織は、要求が発生するときにだけ対応すればよい**

これは、サイアートとマーチの「目標に対する連続的な対応」【102】のもう１つの例であるが、マクロ・パワーという観点から捉えている。すなわち、一気に要求に対応するのではなく、組織が順々に対処していくということである。たとえば、まず当面の財政上の要求に対処した後に、市場シェアについて考慮する、という具合である。【102】

❷**組織は、情報を戦略的に伏せることも公開することもできる**

こうすれば、期待値をコントロールし、結果を形づくることができるのである。「グループというものは、自分たちがこれまで手に入れてきたもの、また競合が過去に手に入れたものに応じて期待値を形成し、それに呼応して満足するものである。したがって、会社が倒産寸前で、サプライヤーも債権者もオーナーも損害を被っていれば、社員も賃上げなしで済ませることを納得するかもしれない。しかし、オーナーが内緒で利益を着服していると判明すれば、社員の怒りは相当なものになるだろう。各グループあるいは各組織に、相対的にはベストな取引をしていると感じさせることが、組織の利害につながるのである。しかし、各グループが手にしているものについては、秘密にしておくのが得策であろう」。【102】

❸**組織は、グループ同士を対立させることができる**

たとえば、「公務員による賃上げ要求と、地元市民グループによる税金切り下げ要求を並べることができる」。【102】

組織は、外部への依存度を減らすことができる。もしくは、外部環境との相互関係を深めることも可能である。後者の戦略には、組織構造や情報システム

を環境に適応させることが含まれる。一方、外部への依存度を減らす、ないしは依存度をコントロールする戦略には、外的な力を吸収するという意味の吸収合併や、関税や規制といったものが自社にとって有利になるよう政府に働きかけるロビー活動などが含まれる。そこでは、非公式あるいは隠れた手段が使われているかもしれない。20世紀はじめには、多くの組織が団結してカルテルを組んで価格の取り決めを行い、市場を分割することにより、競争的な相互依存を双方にとって有利な協定へと変化させた。後に、このような一連の取り決めは不法行為とみなされるようになったが、今日、似たような行為は密かに続けられている。しかも、以前にもまして普及していることが後に明らかにされる。

全体的に見て、ミンツバーグが記述したように、組織とは結局はさまざまなパワーがあるところに落ち着くことができるのである。極端な場合、外的なパワー・グループの**道具**となることもある。それは、外からの指示、たとえばたった1人のオーナーの指示にしたがって機能する場合である。この対極にあるのは、外的な影響力を比較的**閉め出している**組織である。独占企業などがこの例であり、実質的に影響力をもたない株主によって広く構成されうるものとしている。この場合は、組織は影響力を受けるよりも、それを行使するものとなる。そしてその中間には、影響を及ぼす者の中で、違う関心をもったグループそれぞれにしたがう者が存在し、パワー・システムの**分断**に直面する。1つの例としては、刑務所での拘留に賛成する派と社会復帰を推す派に分かれる場合である。また別の例としては、実権はかなりオーナーに集約されてはいるが、強力な組合と向き合って交渉する、あるいは、たった1人の大事な顧客と交渉するような企業の場合である。むろん、マクロ・パワーの目的は、後者の状態を達成すること、つまりほとんどの外的な影響力を閉め出すことにある。

マクロ・パワーの分野において、一般的に関心が注がれている研究は、ステークホルダー分析、戦略的画策、そして協力的戦略作成に関してである。それぞれについて、次に記述していくことにする。われわれは、これらが他のいずれかのスクールと密接に関わっていることを示していく。少なくとも本書では、これらを戦略プロセスのハイブリッドな見解と捉えている。

● ───ステークホルダー分析

　ステークホルダー分析は、合理的なアプローチを通して政治的な力に対処しようという試みである。ある意味では、これは政治が招く厄介な問題に対応するためにプランニング・スクールがとった解決策である。フリーマンは、下記の「ステークホルダー戦略策定プロセス」と称したモデルの中に、このような考え方を盛り込んでいる。【145】

> 「ステークホルダー分析は、合理的なアプローチを通して政治的な力に対処しようという試みである」

❶ステークホルダーの行動分析

　「ステークホルダー・グループのための戦略的プログラムを構築するにあたって、最初のステップは行動を分析することである……各案件ごとに、いかなるステークホルダー・グループであっても、少なくとも3つの行動カテゴリーが存在する……**実際の、**もしくは**認識されている行動**……**潜在的にどこまで協力的であるか**……つまり、問題となっている案件について、組織がその目的を果たすための助けとなるような今後の行動……（そして）**競争的な脅威**……組織がそのゴールを達成することを阻止する、もしくは阻止する手助けとなるような行動である」。【145】

❷ステークホルダーの行動説明

　「ステークホルダー・グループのために戦略的プログラムを構築するにあたっての2つ目のステップは、ステークホルダーの行動を論理的に説明することである……（これは）マネジャーに自分がステークホルダーになったと想定してもらい、彼らに共感するように働きかけることである……」。【145】

❸提携可能性分析

　「ステークホルダー・グループのために戦略的プログラムを構築するにあたっての最後の分析的ステップは、複数の関係者の間に提携の可能性がないかを探ることである」。【145】

　フリーマンは、このようなステークホルダー戦略の策定プロセスから、4つの包括的戦略を導くことができるとした。これらは、攻撃的（ステークホルダ

ーの目的を変えようとするもの)、防衛的(当該案件を、ステークホルダーが好意的に見る他の案件と結びつけるもの)、現在のポジションを維持するもの、そしてルールを変えてしまう戦略である。

このような分析は、プランニングに傾倒する者の興味を引くかもしれないが、実際には困難だ。なぜなら、企業はじっと待って、誰が彼らにパワーを及ぼすのかを分析し終わった後に、圧力に対して規則正しくバランスをとりながらそれらに対応する方法を見つけなければならないからだ。したがって、次に紹介するマクロ・パワーの応用テーマのほうが、より現実的かもしれない。

●───戦略的画策

外部関係者のパワーを最も効果的にコントロールする方法は、その関係者の行動をコントロールすることである。組織がいかにして戦略的に画策をしながらその目的を達成するかについて、興味深い文献がいくつもある。これらは、ポーターの文献によって刺激を受けたものである。ポーターは、特に『競争の戦略』[391]の中で、いくつかの章をこのことに充て、「マーケット・シグナル」や「競争行動」といったタイトルをつけた。

もちろんこの議論は、ポジショニング・スクールにも同様にあてはめることができる。なぜなら、これは市場におけるポジションを獲得するための競争行動について言及しているからである。ただし、ポジショニング・スクールが長い章であることだけではなく、その持ち味もだいぶ異なるため、その本質を見失うことも考えられるのである。

クラウゼヴィッツは、「戦争とは、政治的手段とは異なる手段による政治である」と記述した。そうした政治の目的は、破壊的な物質的対立なくある一定の目標を達成することである。ポーターが列挙する行動や対抗手段は、すでにポジションを確立し、今後は自分たちに有利に働くよう相対的な均衡を維持しようと望んでいる企業に、主に向けられたものである。画策行為は、戦うよりも双方にとって有利な取り決めを交渉したほうが賢明であることを、ライバルに対して伝達するために使われる。外交で言えば、優位性を獲得するために脅威と約束を混ぜ合わせることにあたる。

> 「ここで言う戦略は、ポジションというよりはむしろプロイ(策略)である」

よってここで言う戦略は、ポジションというよりはむしろプロイ（策略）であり、はじめの段階で確立された安定した規律に、いわば対抗するのである。それは、見せかけや企みなどによって構成され、多くの場合、競合相手を騙すことを意図している。この文献は、企業がいかにその「地位を濫用」しているかについて言及している。ポーターは、その著作の中で**政治**という言葉を使ってはいないが、意図するところが経済的であっても、それはすべて政治について述べているのである。つまり、ポジショニングの政治的な側面なのである。

さらに戦略作成は、ポジショニング・スクールにはあまりふさわしくないような特色をもっている。ポジショニング・スクールでは、システマティックな分析、ハード・データの評価、そして戦略を練り上げることを強調しているが、ここでは、成功はソフトな印象、素早い行動、そして相手がどう出るかに関する直感にかかっているとしている。本書を書いた3人にとっては、こうしたことは、パワー・スクールにあることがふさわしく、戦略的画策については、パワー・スクールに位置づけるべきだということだ。戦略的画策は、本当にポジショニング・スクールの中では見失われる危険性がある！　戦略的画策が、分析のマントで覆われてしまわないとは言えないのだ。次の囲みでは、ポーターが寡占状況下で可能であると考える手段について記している。これをまず検討した上で、果たしてこのような念入りな評価を、実際企業がどのように実行するのか自問自答してほしい。

戦略的画策
（ポーター【391】より引用）

寡占市場において企業の活動は、競合相手の動向に依存するところがある。したがって、企業が的確な行動を取れば、競合との長期的で深刻な争いに巻き込まれずに結果を出すことが可能となる……。

- 主なアプローチの1つとして、自社の優れた経営資源や能力を活用し、自社に有利な結果を強制的に出す。相手の反撃を抑え込んだり、思いどおりの反

撃を加えるこのやり方を、ここでは**暴力的アプローチ**と呼ぶことにする。このやり方は、他社よりも明らかに優れた点をもつ企業にのみ許された手であり、その優位性が維持されている間だけ有効である。しかし、競争相手がこの状況を読み誤って、無謀な行動を開始すると、安定が崩れ業界に混乱が生じる。
- 競争的地位を向上するにあたっては、競争相手の目標に脅威にならないような動きから始めるのが賢明である……。
- 企業のポジションを大幅に向上させる動きの多くは、競争相手を脅かす。なぜなら、それが寡占市場の本質であるからだ。したがって、このような動きを取る場合の成功の秘訣は、反撃を予期し、そして反撃に対して影響を与えることである……脅威となる動きを考える場合、次の主な事項を考慮しなければならない：
    ❶競争相手からの反撃の可能性は？
    ❷反撃開始のタイミングは？
    ❸予想される反撃の効力は？
    ❹反撃の頑強さはどの程度か？　頑強さとは、自分を犠牲にしてまでも、どこまで反撃する意志をもっているか、ということである。
    ❺その反撃に影響を与えることができるか？
- ……また競争相手による反撃を阻止したり、あるいはかわすことも、攻撃に劣らず重要である……優れた防御は、競争相手に……動くことは賢明でない、と判断させることである。また、攻撃の場合もそうだが、衝突後は、競争相手に後退を強いることによって、防御を達成することができる。しかし、最も効果的な防御というのは、衝突そのものの回避である。
- 攻撃および防御を計画し、実施する場合の最も重要なコンセプトは、おそらくコミットメントであろう。コミットメントは、攻撃的な動きに対する反撃の可能性とその速さ、ならびにその勢いを保証することから、防御戦略の要となるものである。……コミットメントとは、本質的には自社の経営資源と意図をあいまいにではなくはっきりと伝える方法である。

　　出典：Reprinted with the permission of The Free Press, a Division of Simon & Schuster Adult Publishing Group, from *COMPETITIVE STRATEGY: Techniques for Analyzing Industries and Competitors* by Michael E. Porter. Copyright © 1980, 1998 by The Free Press, All rights reserved.

ボストン・コンサルティング・グループを立ち上げたブルース・ヘンダーソンは、戦略的画策に関する興味深いアイデアをもっていた。ポーターのものと似ていたが、もっと攻撃的なものであった。彼は、次の2つの点を強調した。「第一に、会社の経営者は、競争相手が顧客と利益を求めて行う努力を中途で自発的に打ち切るように説得しなければならない。第二に、この説得は分析や論理的思考よりも感情や直感に頼るほうが成功する」[205]。またヘンダーソンは、用心深く行う競争的画策に対する5つのルールを提案している。しかしながら、これにはかなりの分析を必要とする。

❶競争相手が自社との駆け引きで何に賭けているかを、できるだけ正確に知らなければならない。こちらが得たり失ったりするものではなくて、相手側のそれである。それがわかると、どの線まで相手が妥協してくるかが明らかになる。
❷競争相手がこちらの手の内を知らなければ、それだけ相手は不利である。こちらがどれだけ非合理的な行動に出るかどうかすら、相手は知らない。
❸競争相手との交渉で有利に話をつけようと思えば、相手側の性格、態度、動機、慣行を知ることが絶対に必要である。
❹こちらの要求が気まぐれであればあるほど、こちらは有利な立場で交渉できる。ただし、相手側に感情的反発を起こさせない場合に限る。
❺こちらの気まぐれが相手に気づかれないほど、こちらは実際に気まぐれにふるまうことができる。

　これらのルールが経営のブリンクマンシップ（瀬戸際作戦）である。駆け引きに必要なアートのことである。競争相手を、戦略の力で心理的に抑えつけて勝つためのガイドラインだ。心理作戦で勝つと、売上高、コスト、利益の面でも勝てることになる。[205]

　ポール・ハーシュ[208]は経済学よりも社会学的な側面から、組織がその戦略を確立し、また守るために、いかに政治的に画策するかについて多彩に記述した。製品特性や流通手段が類似しているのにも関わらず、製薬業界とレコード業界

において企業の収益性に違いがあるのは、製薬会社のより巧妙な政治的な画策によるからだとハーシュは指摘した。これには、製薬業界の「制度上の」環境を積極的に管理することが関係し、それには製品の市場参入や価格設定やプロモーションに対する規制などが含まれる。これらすべてが、法律や規制によって支配されているのである。製薬会社は可能な限り、彼らが活動を行っている制度上の環境を「創出」してきた。時には、複雑な協力や、コラボレイティブ・アクション（共創的行動）を通して創出してきたのである。マクロ・パワーの例としては完璧なものだ！

協力的戦略作成

「ネットワーク」、「集合的戦略」、「ジョイント・ベンチャー」、そしてこれ以外の「戦略的アライアンス」や「戦略的ソーシング」は、すべて戦略マネジメントの現代用語の一部である。実は、ヴォルバーダとエルフリングがこのことを重要であるとして、戦略マネジメントにおいて独立したスクールを形成すると提案しているくらいである。彼らは、これを「バウンダリー・スクール（境界スクール）」と名づけた。[493]

協力的な関係の急増とともに、戦略形成は単一の組織の排他的な領域を離れ、パートナーと一緒に開発する共同プロセスへと変わった。企業は、関係の**ネットワーク**を通して**交渉**し、**集合的**な戦略を考案するのである。もちろん、これにはプランニングとポジショニングの側面はあるが、これから明らかにしていくように、そこにはパワー、特に戦略の交渉の側面が大きく立ちはだかる。このさまざまな要素について順次見ていくことにしよう。

▶**ネットワーク**　会社が互いの関係を広げ、特に関係をより深くしていくにつれて、研究者たちがこれに注目し、ネットワーク・モデルが開発された。この根源は、スウェーデンのウプサラ大学で1970年代半ばに行われた研究にあると、ハカンソンとスネホタが突き止めている。組織は独立して機能するものではなく、サプライヤー、競合相手、そして顧客といった他の利害関係者や他の組織と、複雑に影響し合いながら機能するのである。この見解は、「自己中心的な組織」が「主体性のない環境に直面する孤立したユニット」としてみなされ[172][169]

ている伝統的な戦略形成の、「孤独な開拓者(ローン・パイオニア)」モデルに挑戦することになるのである。[21]

▶**集合的な戦略** 集合的戦略という言葉は、グレアム・アストリーとチャールズ・フォムブラン[23]によって考案され、ネットワークのメンバー間における戦略形成の「共同(ジョイント)」的な性質を説明するための造語である。彼らは、全社戦略(どのようなビジネスをするべきか?)と事業戦略(どこの場所でそれぞれのビジネスを戦うべきか?)に加え、組織は複雑な相互依存に対処するために、集合的レベルで戦略を開発する必要があると論じた。さらにアストリーは、「コラボレーション(共創)」が「コンペティション(競争)」に代わって戦略形成のプロセスを支配するようになったと論じている。

> 現代社会において、相互依存することがあまりにも増えたため、組織は融合して、単独行動を認めない性質をもつ集合的ユニットになってきた。ここでは、組織が競争的な敵対行動を排斥する方向に進むにつれて、コラボレーションが本物になっていくのである。このように集合的な傾向が制度化されることには、注意を払わなければならない。なぜなら、これらは今日における企業社会において、重要な役割を担いつつあるからである。[21]

銀行業界において開発され、初期のケースとして取り上げられるように、「産業のさまざまなセグメントにおいて、共通した利害があるという認識は、広範囲にわたる共通のATM(自動窓口機)ネットワークを見れば一目瞭然である。銀行や貯蓄金融機関が電子ネットワークでつながるにつれて、各州間の銀行取引は、認可を受けた取引業務に限られているという点だけは制限されているが、現実のものになっている」。[141]

ドリンジャー[115]は、集合的戦略は、かつて高度に細分化した産業をいくつかの企業に集約し、実務の標準化に向かわせることができると指摘した。今日、グローバルな取引を実証している、標準化した運搬用コンテナの出現が、このプロセスの例である。それまで、鉄道や船での貨物輸送で使われていた運搬用コンテナは、さまざまな大きさがあった。長距離にわたり品物を移動することは、

しばしば、あるコンテナから荷を降ろし、他のコンテナに積み込むことを必要とした。こうしたことは、非効率であり、コストを上昇させ、取引を妨げた。すべての人にとって、同サイズのコンテナを使う利点は明らかだったが、国際標準化機構（ISO）に支持された集合的戦略行動が、考えを現実に変えるために採用されたのだった。

▶ **戦略的アライアンス**　ネットワークや集合的戦略という考え方が基盤となり、さらに進んだ考え方が実践の場を駆け抜け、一陣の風のように執筆活動や研究が行われることとなった。その考え方とは、**戦略的アライアンス**という考え方である。これは、さまざまな協力的協定（たとえば、共同で新しい製品を開発するために研究開発のスキルを共有すること）のことを言う。これは通常、サプライヤーと顧客、またパートナー間の協定を指す。そしてますます頻繁になっていくのだが、結局その当事者は、他の領域(ドメイン)では競合相手となるのだ。

> 「戦略的アライアンスとは、さまざまな協力的協定のことを言う」

「ジョイント・ベンチャー」は戦略的アライアンスであり、自分たちが創り出した新規ビジネスにおいて、パートナーは対等な立場にある。一方で「協力的契約」という言葉は、長期契約、ライセンス（認可）、フランチャイズ、そして完成品引渡し方式の取り決め、というような**対等ではない**協力体制を指す。昔からジョイント・ベンチャーはあちこちに存在していたが、このような協力的契約は、躍進したのである。日々、何かしら新しい形態が考案されているようである。表8-1で、さまざまなアライアンスについて紹介する。

▶ **戦略的ソーシング**　いわゆる戦略的ソーシングと呼ばれるものは、特に人気を博している協力的契約の形態になった。これは、「イン・ハウス（企業内）」で賄ってきたものを外注することである。「つくるか買うか」の意思決定について耳にしたものであるが、今では、「アウトソーシング」やその関連語である「オフショアリング」という言葉のほうが広く知られるようになったのである。

ヴェンケイトサンによるもとになるセオリーでは、会社は「サプライヤーが卓越した相対的優位性をもっている、つまり規模がより大きい、根本的に低

表8-1 ▶ 戦略的アライアンスの種類

▼アライアンスの種類	▼事例
コラボレーション広告	アメリカン・エキスプレスとトイザらス（テレビ宣伝とプロモーションのための相互協力）
研究開発のパートナーシップ	サイテルと住友化学工業（次世代のバイオテクノロジー薬品を開発するために戦略同盟）
リース・サービス契約	シグナとユナイテッド・モーター・ワークス（米国内に拠点を持たない企業や政府に対して金融サービスを提供）
流通チャネルの共有	日産とフォルクスワーゲン（日本では日産がフォルクスワーゲン車を販売し、欧州ではフォルクスワーゲンが日産車を扱う）
技術移転	IBMとアップル・コンピュータ（次世代OSソフトウェアを開発するための協定）
共同入札	ボーイング、ゼネラル・ダイナミクス、ロッキード（最新戦術戦闘機の契約を成立させるために協力）
クロス・マニュファクチュアリング	フォードとマツダ（同一の製造／組立ライン上で類似する車種をデザイン、生産）
資源開発のベンチャリング	スウィフト・ケミカル、テキサスガルフ、RTZ、USボラックス（カナダを拠点とした天然資源を採鉱するベンチャー）
政府と産業界	デュポンと国立癌研究所（デュポンは国立癌研究所と協同で、IL臨床実験の初期段階を実施）
インターナル・スピンオフ	カミンズ・エンジンと東芝（窒化ケイ素製品を開発／マーケティングするために新しい会社を設立）
クロス・ライセンシング	ホフマン－ラ・ロッシュとグラクソ（米国内で抗潰瘍薬品であるザンタックをホフマン－ラ・ロッシュが販売することに両社が合意）

出典：Pekar and Allio [375]

価格構造である、もしくは高いパフォーマンスを達成するインセンティブがあるという場合には、その要素を外注すべきである」[490]としている。要するに、コア・コンピタンスが欠如しているところについては、外部に任せることである。しかし、ランペルとバハーラ[257]は、インドや中国といった国々へのオフショアリングが向かう現在のトレンドは、企業は自分たちのキー・コンピタンスを管理し続ける一方で、非本質的でありながらやらざるを得ない活動を他にさせようとする望みに動機づけされるものであるとしている。

　ネットワーク、アライアンス、集合的戦略、そしてアウトソーシングを一同に捉えると、ある組織がどこで終わり、次の組織がどこから始まるのかを理解

することが難しくなる。[4]つまりネットワークは、内部では硬直化したヒエラルキーに取って代わり、また外部では市場を開放するため、組織間の境界線を不鮮明にしつつある。そして、これがただでさえ複雑な戦略作成プロセスを、もし本書の残りの記述を信じるのなら、さらに数段複雑にしているのである。

▶**アライアンスは政治的か？**　こうした活動は、本章のサブタイトルを使えば、明らかに交渉のプロセスとしての戦略形成に関するものである。しかし、この章のタイトルの下に入れてよいものなのだろうか？　つまりこのようなアライアンスを、同じようにパワーに関するものということで、純粋経済学と対比して論ずることができるのだろうか？

　この話の大部分は、まっすぐ経済学に向かっているように思われる話だ。さらにもっと複雑な状況にも関わらず、一生懸命に競争の戦略を創るもう１つの方法というだけである。次ページの囲みでは、ハメルと彼の同僚たちがこのことについて触れている。しかし、ここには目に見える以上のものが存在する可能性がある。

　表面的には経済的な戦略の政治的な側面に関しては、すでにわれわれが議論したものと一貫性をもつが、多くのアライアンスは、計画的であろうがなかろうが政治的な側面をもつ。そのことに関して言えば、われわれが意味しているのは、アライアンスが純粋にオープンな競争力に対立する立場をとるということなのだ。アライアンスとは、協同であるがゆえに、排他的なものである。したがってアライアンスは、少なくともしばらくの間はより確立された関係を選ぶことによって、競合相手の動きを封じ込めることが可能なのだ。

　アライアンスによっては、競争を減少させる、あるいは市場を獲得する目的でわざわざ結ばれるものもある。もちろん、すでに確立している企業が、弱小企業あるいは新興企業のビジネスを間接的に攻撃するために、あからさまに手を組む政治的なアライアンスもある。そして、ブランデンバーガーとネイルバフが[55]**コーペティション（協合）**と名づけた、本来ならば競合相手であるもの同士の協力的契約は、どうであろう？　協力の水面下に競争が潜んでいることもあるが、協力することで競争を取り除くこともできる。企業は、これらをきれいに区別しておくことが可能なのだろうか？　それとも、すでにフランスとい

った国の大企業と政府の間で見受けられるように、突然、ある究極の巨大なネットワークに束縛されるようになるのだろうか？　要するに、経済的な行動がもたらす政治的な結末に敏感にならなければいけないのである。これこそが、パワー・スクールの真の主眼点である。

コラボレーション・アドバンテージの原則

(ハメル【185】他)

- **コラボレーションはかたちを変えた競争である**
コラボレーションに成功している企業は、新しいパートナーは自分たちに武装解除させようと目論んでいることを片時も忘れない。提携に踏み切る際には、具体的な戦略目標を掲げたうえで、パートナーのそれが自分たちの成功にどのような影響を及ぼすのかについて理解している。

- **互いの足並みが揃っていることは成功を測る第一条件ではない**
むしろ、時々対立したりするくらいが健全である。波風の立たない提携など、皆無に等しい。知らず知らずのうちにそのコア・スキルが移転していようと、パートナーは満面の笑みを浮かべるかもしれない。

- **コラボレーションにはおのずと限界がある。ただしコラボレーションを理由に、競争に妥協してはならない**
戦略的提携は、法的な契約条項やトップ・マネジメントの思惑を超えて、その提携期間は延長していき、また進化していく契約である。いかなる情報が交換されるかも日々異なり、それらはエンジニアやライン・マネジャーによって決定される。
コラボレーションに成功している企業は、あらゆる社員に、パートナーのマル秘のスキルや技術が何であるかを徹底させており、またパートナーが要求しているものは何か、かつ彼らが享受するものは何かについて常時監視している。

- **パートナーから学習することこそ最も貴重である**
成功企業は戦略的提携を、パートナーの広範な組織能力を理解するための窓と位置づけている。そして提携をテコにして、公式の契約事項以外の領域でもパートナーのスキルを習得し、その新しい知識を体系的に社内に伝達している。

出典：ゲイリー・ハメル、C.K.プラハラッド、イブ L.ドーズ「ライバルとのコラボレーション戦略」『DIAMONDハーバード・ビジネス・レビュー』2005年2月号

パワー・スクールの前提条件

ここで議論をまとめるために、パワー・スクールの前提条件を紹介しよう。

❶戦略形成は、パワーと政治によって形づくられる。たとえ組織内のプロセスであっても、あるいは外的環境における組織自体の行動であっても同様である。

❷このようなプロセスから生まれる戦略は、創発的である場合が多く、パースペクティブというよりは、ポジションやプロイ（策略）という形態をとる。

❸ミクロ・パワーは、政治ゲームという形態の中での説得や交渉、時には直接対決を通した相互作用の結果として戦略形成を捉えている。つまり、ミクロ・パワーが発生するのは、偏狭な利害関係や一時的な提携関係の中でのことであり、どんなに重要な時期であっても、誰も優位に立てないような状態でのことである。

❹マクロ・パワーでは、組織が自らその繁栄のために、他の組織をコントロールしたり、もしくはそれらと協力する。これは、戦略的画策と同様に、さまざまなネットワークやアライアンスにおける集合的戦略によって達成される。

パワー・スクールの批評、文脈、功績

さて、各スクールにおけるわれわれの批評は、少なくともある観点から見ると、独自のパターンを形成しているようである。ここでは戦略形成はパワーのことである。しかし**パワー**に関して**だけ**ではないのである。他のスクールと同様に、このスクールでも論点を明確にするために、明らかに誇張した言い方をしている。しかしリーダーシップやカルチャーといった統合を図る力の役割は、ここでは軽視される傾向にある。また戦略それ自体の概念についても同様である。軋轢や分裂に対して注意を払いすぎるために、パワー・スクールは、実際に形成されるパターンを、どちらかと言えば対立的な状況下であっても見過ごす可能性がある。

さらに政治的な側面は、組織において肯定的な役割を果たすこともあるが(特により確立された合法的な影響力によって必要な変化が妨げられている場合)、逆に組織において、多大な損害と歪みをもたらすこともある。しかしながら、積極的にこれを実践する者はもちろん、このことについて執筆する者の多くは、愛情をもって捉えているように思える。そして、対処しなければならない他の問題を曇らせてしまう可能性もある。たとえば、アライアンスという形態をとるマクロ・パワーは、大きな組織の社会においては、不法な結託という深刻な問題を招きかねない。それにも関わらず、こうした側面はほとんど文献では取り上げられていない。このようなコンセプトと恋に落ちてしまったのである。

　以上のような懸念は別にしても、戦略形成をパワーや政治を取り除いたプロセスとして説明することは、ほとんど意味をもたない。これは、特に次のような場合において言えることである。

a)**重要な変化**の時期に、力関係に重大な変化が起こり、必然的に衝突が生まれる。
　そしてマクロ・パワーは、
b)**大規模な成熟した組織**において。
　そしてミクロ・パワーは、
c)**複雑で、非常に分散化したプロフェッショナル組織**(たとえば大学、研究所、映画会社)で見受けられ、多くの関係者がさらに自己の利益を追求しようというパワーと嗜好をもっているときに起こる。
　また政治的な活動は次のような場合に共通して発生する、
d)**閉塞状態**の期間、つまり戦略的な変化が止められたとき、それはパワーの座にある者の自説に凝り固まった態度が起因する。そして、
e)物事が**変化しつつ**あるとき、つまり、組織が明確な方向性を確立できず、したがって意思決定は野放しになる。

　パワー・スクールは、戦略マネジメントにとって有益な用語を紹介している。たとえば、「提携関係」、「政治ゲーム」、そして「集合的戦略」といったものである。また、戦略的な変化を促進させるときの政治の重要性をも強調している。そこでは現状を維持したいと望んでいる確立した関係者と対立しなければならない

のである。もちろん政治は、戦略的な変化を拒む要素の１つでもあるが、次の思考スクールで言及するカルチャーの力ほどの効果はないかもしれない。

Chapter 9
THE CULTURAL SCHOOL:
strategy formation as a collective process

第 9 章

カルチャー・スクール
［集合的プロセスとしての戦略形成］

カルチャー・スクールへの
監訳者ツアーガイド

　カルチャーが戦略マネジメントの分野で発見され、その重要さゆえに脚光を浴びるようになったのは、1980年代の日本企業の成功に端を発する。ミンツバーグ等はカルチャーの構成要素を、世界に対する解釈とその解釈を反映する行動として捉えており、それは、社会的プロセスの中で集合的に共有された信念として凝縮するとしている。したがって、そうした世界に対する解釈と行動の結合が緊密になればなるほど、共有化された信念は、伝統や慣習、行動スタイル、さらには企業のもつストーリーやシンボル、そして製品といった目に見えるものまでにも強く反映され、企業文化として根づくことになる。

　カルチャーは、組織全体への強い伝播力を有すると同時に、組織に対し独自性を与える。結果としてそれは、組織に戦略的安定性をもたらす反面、時には戦略的変化に対して抵抗・拒否を示すことにもなる。そうした意味では、パワー・スクールが自己の利益にフォーカスし、戦略的「変化を促進」する際の政治的影響力を扱うのに相対して、カルチャー・スクールは組織の共通の利益にフォーカスし、戦略的「安定を維持」する機能を有する。つまり、カルチャー・スクールとパワー・スクールは表裏一体の関係にあるといえる。

　このようにカルチャーは、組織が好む思考スタイルや分析方法、そして戦略形成プロセスに大きな影響力をもつ。これからの日本企業にとって、直面せざるを得ない変革の修羅場を乗り越えて新たな成長を実現するには、変革のカルチャー・マネジメントはますます重要性を増す。

　特にグローバル市場で戦うためには、従来のカルチャーの戦略的慣性を克服すると同時に、いかに新たな「柔軟性と革新」のカルチャーを創造できるのかが鍵となる。合併や買収などアライアンスに伴う"カルチャーの衝突と融合"の中で戦略的変化を推進するために、変革に抵抗せずに、各組織独

自のカルチャー間の衝突を如何に的確にマネジメントし、1＋1＝2以上のプラス・シナジーを創出することができるかが重要になるということだ。バーニーによれば、「カルチャーが模倣に対する最も効果的で継続性のある参入障壁」となる。カルチャーのもつ独自性と曖昧さが、戦略の模倣・再現を困難にするという訳だ。

一方今の日本企業では、過去の採用計画の歪み、またリストラや組織構造の簡素化・効率化によって組織ピラミッドはタテ・ヨコに大きく塑性変形しており、ミドルマネジャーによって形成・維持されるはずの文化はすっかり失われ、組織スキルのみならず健全な組織カルチャーが伝承されない断絶の危機が発生している。これらは、中・長期的にはボディブローとして、組織のケイパビリティに大きなダメージを与えている。

本来であれば、カルチャーこそが企業のコンピタンスの中核となるものであるが、企業に安定性と継続性、そして独自性をもたらす戦略的重要性をすっかり見失っているのだ。1990年代以前の日本企業の成功は、日本のカルチャーに大いに関係すると考察されてきた。しかし、その後の長く続く停滞を背景に、"それは本当なのか？"という疑問が出ているのは確かである。また、日本のカルチャーは失われてしまったと考える学者もいる。「時代が異なる」と断言することはたやすいが、時代が違っても、日本のカルチャーがもたらすコンピタンスが本当に現代の経営環境に通用しないのかどうか、今の時代的文脈の中で再度熟考することは重要だ。

今こそ、現場の中に深く入り込み、失われてしまった、あるいは以前そこには存在したが埋没してしまったカルチャーを再度クローズアップすることによって、コア・コンピタンスを再発見する「実践としての戦略」が不可欠である。もちろん、カルチャーのもつ変革を阻害する要因はうまくマネジしなければならないが、日本、および日本企業にとって独自カルチャーの復活・創造、そしてそれをベースにしたマネジメントは、最重要課題の1つである。それには、世界の外からもう一度日本を客観的な目で見てみることだ。

「按針さん、それはとても簡単なことです。世界観をちょっと変えればいいんです」

ジェイムズ・クラヴェル著『将軍』より

●

　パワーを鏡に映して見ると、そこにはカルチャー（文化・組織風土等）が見える。パワーは組織と呼ばれるものの実体を取り上げ、それをバラバラに分断して捉える。一方カルチャーは、個が集まったものを組織と呼ばれる統合化された実体の中へと織り込んでいく。要するに、パワーは主に自己の利益に焦点を絞るが、カルチャーは共通の利益に的を絞るのだ。われわれがカルチャー・スクール、つまり戦略形成がカルチャーという社会的な力に根づいたプロセスとして捉えるスクールに関する文献は、パワー・スクールの実像を浮かび上がらせることからもわかる。一方は、戦略的な変化を促す際の内的な政治の影響力を扱い、もう一方は、戦略的な安定を維持しようとする際の、カルチャーがもつ影響力について言及している。そして時としてこれは、戦略的な変化に対し積極的に抵抗することにもなるのである。

　カルチャーは、決して新しい概念ではない。どのような研究分野であっても、そこには中心となるコンセプトが存在する。すなわち、経済学では市場、政治学においては政治、そして戦略マネジメントでは戦略、といった具合である。そしてカルチャーは、長い間人類学の中心となるコンセプトであった。人類学という分野で捉えると、われわれの周りにあるすべてがカルチャーということになる。われわれが吸収する食べ物にも、耳にする音楽にも、そしてコミュニケーションの手段にまでカルチャーは存在するということだ。同時にカルチャーは、これらのことをわれわれが行うやり方に関して、独自性を与えるものと言える。要するに、ある組織を他の組織と、ある産業を他の産業と、ある国家を他の国家と区別するものがカルチャーなのだ。そしてカルチャーのもつ二元性、つまり広く普及するものでありながら、一方で独自性をもつということが、戦略マネジメントに応用する際に反映されてきたのである。

　カルチャーが1980年代に戦略マネジメントの分野で「発見」されたのは、日

本企業の成功のおかげと言える。当時日本企業は、アメリカの企業とは物事の進め方が異なるように見えた。しかしその一方では、平然とアメリカの技術を模倣していたのである。すべては日本のカルチャーに原因があるとみなされ、特に、カルチャーがどのようにして日本の大企業の中に出現したのかに多くの関心が寄せられた。

　このことについて書かれたアメリカの文献が多数登場し、続いてコンサルタントによる、企業のカルチャーを強化するためのコンサルティング活動が盛んに行われた。しかしこのような動きは、戦略に対する理解を深めることにはならなかった。なぜなら大半が、組織や従業員の動機づけに関するものばかりだったからだ。戦略マネジメントにおけるカルチャー・スクールの主眼点は、その後に台頭することになる。ところが、戦略マネジメントに対する日本人のアプローチについては、ここで述べたようにラーニング・スクールにおいてより的確に取り上げられたというのは、まったく興味深いことだ。

　カルチャーは、第三者が観察することで研究されるか、あるいは純粋に中から生まれたパースペクティブという観点からも研究することができる。これらのアプローチは、コグニティブ・スクールの２つの流派に相当する。前者は、なぜ人々がそのような行動をするのかを解明するにあたって客観的な立場をとり、そしてこれは、社会と経済にどう関わっているかというその人の目的によって説明がつくとしている。後者はカルチャーを、解釈の主観的なプロセスとして捉えている。

　人類学は、当初客観的な見方をしたが、後に主観的な見解を組み入れた。これに反して戦略マネジメントは、ある意味では逆のアプローチだった。それについては本章で明らかになる。われわれはまず、カルチャーの概念について説明し、次にこのスクールの前提条件について記述していく。さらにスウェーデンの研究者たちが手がけた草分け的な研究を紹介する。このグループは、1970年代にカルチャーのもつ解釈的な側面に関する一連の考え方を発展させた。しかしながら、1990年代になって、そうしたアプローチの１つである、いわゆる「実践としての戦略」は、抽象的な規範やイデオロギーから生まれるものより、むしろマネジャーが実践する方法に焦点を合わせた。最終的にわれわれは、最近の別のパースペクティブを取り上げる。それは、企業の「リソース・

ベースト・ビュー」の考え方として知られるようになったものであり、市場における優位性は、競合相手が容易に代替品を見つけられない、稀少でまねのできない組織における資源によって維持されると考えられるものである。われわれの見地では、これは、企業におけるカルチャー・システムに独自性があるかどうかに関わってくることになる。そして本章の結びとして、カルチャー・スクールの批評とその功績および文脈の評価について記述する。

カルチャーの本質

人類学者たちは、延々とカルチャーの定義について議論をしている。しかしここでは、考え方の要となるアウトラインにだけ的を絞る。カルチャーは本質的に、世界に対するさまざまな解釈、そしてその解釈を反映した行動やそれによってつくられたものによって構成されている。こうした世界の解釈というのは、認知を越えて、社会的なプロセスの中で集合的に共有されているのである。個人の立場のカルチャーというのは存在しない。活動によっては個人的なものもあるが、それがもつ意味合いは集合的なものである。

したがってわれわれは、**組織的な**カルチャーを集合的知覚と関連づける。言うなればそれは、「組織の心（mind）」、共有化された信念となるのだ。その信念は、伝統や慣習、さらには物語、シンボル、そして工芸品、製品や建築物といった形あるものにまで反映される。ペティグリュー[382]は、このことを次のように表現している。すなわち、組織のカルチャーを「表出された社会的細胞」とみなし、これを人間の体内にある細胞になぞらえた。そしてカルチャーという細胞が、組織の構造をつくる骨と組織的なプロセスである筋肉とを結合させるのだ、と述べた。ある意味でカルチャーは、組織の生命力、または組織という肉体に宿る魂を表している。

> 「カルチャーという細胞が、組織の構造をつくる骨と組織的なプロセスである筋肉とを結合させる」

解釈と行動が密に結合すればするほど、カルチャーがそれだけ深く根づくことになる。表面的にも明らかなつながりがあるかもしれない。たとえば、多くのソフトウェア会社で見受けられるカジュアルな服装がそうである。これは言ってみれば、創造性というものがワイシャツやネクタイとは相容れないもの

だ、という信念の表出なのである。しかし、さらに深いレベルで解釈と行動の関係を理解することは難しい。もちろん部外者が理解することは難しいが、そのカルチャーの中で働く人たちにも理解しにくいのである。トヨタやヒューレット・パッカードのマネジャーは、それぞれのカルチャーを言葉で表現する公式の信条を列挙することは可能だ（たとえば、「HPウェイ」のように）。しかし、そのカルチャーの本質と、それがどう行動に影響を及ぼすかについて、詳細に説明することが果たしてできるだろうか？　われわれは、カルチャーというものが人間の意識レベルには存在せず、無意識レベルに存在するのではないかといぶかっている。

　たしかにカルチャーの強さというのは、それを意識するレベルに反比例するかもしれない。ゲリー・ジョンソンが指摘したように、カルチャーは人々がお互いに対してどう行動するのかということや、人々が語る「組織の歴史に現在が埋め込まれた」物語や、人々が使う言語などの中に現れる。そしてカルチャーが形となったものによってできあがる「クモの巣」で企業は守られている。そしてそのような「当たり前の前提」で特徴づけられた企業こそが、いわゆる強いカルチャーをもった企業なのだ。[228]

　カルチャーのこうした特色を、象の寓話のまた別の一節が的確に捉えている。これは、一連のスクールの概念がはじめて形成されたときに書かれたもので、（そしてこの寓話が最初に使われたのは）フランス南部で開催されたカンファレンスにおいてであった。それは、戦略プロセスのカルチャー的な側面について取り上げたジョン・エドワーズの論文の中で紹介されている。[127]

> 　　　7番目の男は、みんなから少しばかり遅れ、
> 　　　　　　少し離れていた。
> 　　彼は、獣が何であったか感じようとしたのだろうか？
> 　　　彼は、どんなルールにしたがったのか？
> 　　匂いを嗅ぎ、足跡をたどり、気配を感じることによって、
> 　　　　　彼の前に象が現れたのだ。

　言い換えれば、物事が見えすぎてしまう者よりも、目の不自由な男たちのほ

うがよっぽどカルチャーを感じ取れるのかもしれない！

　カルチャーは、コミュニティとしての組織を表現したものでもある。この点を突き詰めることで、ゴーフィーとジョーンズは次ページの囲みで次のように主張している。「社交」や「連帯」が、組織が育むカルチャーの種類を決める。しばしば、コミュニティが信念、あるいは「イデオロギー」を共有し、それが彼らを結束させるのだ。組織における**濃厚な**カルチャーについて説明するために、**イデオロギー**という言葉を使う。それは、組織のメンバーによって熱意をもって共有されている強い信念の塊が存在することである。そしてそれが組織を、他の組織と区別するのだ。たとえばバーガーキングのカルチャーは、ハンバーガーを"直火で焼く"といったおいしさの追求に結びつけられるが、一方でマクドナルドの**イデオロギー**は、効率性、サービス力、そして清潔さを熱狂的に崇拝する長年の信念に結びつけることができるのである。

　もちろん、資本主義や社会主義といった政治的なシステムにもイデオロギーは存在する。同様に社会や、日本人、カリフォルニア人といった人種集団にもカルチャーがあり、また航空会社、銀行といった産業にもカルチャーは存在する。実際に、「産業の処方箋」[168][458]という概念は、実は各産業のカルチャーを説明しているのである。たとえば、マクドナルドの先導によって形をなしたファストフード産業がそうであるが、製品を生産したり販売したりするために、「その業界でどのように物事を行うのか」ということは、カルチャーそのものなのである。

　明らかに、社会や産業、そして組織におけるこのようなさまざまなレベルのカルチャーは、至るところで相互に影響し合うものである。たとえば日本のカルチャーは、日本企業の強力なイデオロギーによって特徴づけられているが、その反対も然りである。つまり、日本企業のカルチャーが日本の強力なイデオロギーによって特徴づけられているとも言えるのだ。ロスとリックスは[420]、その国のカルチャーが環境の解釈に与える影響について指摘している。つまり、同じ会社が複数の違った国に進出している場合、その戦略的な対応は各国によって異なるのである。たとえばリーガーは[417]、国のカルチャーが、さまざまな国の航空会社の組織構造や意思決定スタイルに影響を与えることを実証している。

現代の企業をまとめているものは何か？

(R. ゴーフィーとG. ジョーンズ[157]より抜粋)

　現代の企業をまとめているものは何か？　短く答えれば、カルチャー……一言で言ってカルチャーとは、コミュニティである。人々が他の誰かとどのように関係するかの結果なのである……。

　社会学は、コミュニティをはっきりと人間関係の2つのタイプに分ける。つまり、社交と連帯である。社交とは、コミュニティのメンバー間にある一定の偽らざる友情である。連帯とは、個人的な結びつきにかかわらず、共有の目的をすばやく、効果的に追求する一定の組織能力である……。

　ビジネスコミュニティにおいては、高い社交のもたらす恩恵は、明確で多くのものからなっている。まず、ほとんどの従業員は、そのような環境の中で働くことは楽しいものであることに同意する。それは、モラルや団結心にも役に立つ。社交は、創造性にとっても恵みとなる。なぜなら、それは、チームワーク、情報共有、そして新しいアイデアに対して開放的である意識を助長する……。社交はまた、個人が形式的な仕事の要求を超えようとする環境を創る……。

　（一方）連帯は、高度の戦略フォーカス、競争的脅威に対してのすばやい反応、低いパフォーマンスについての不寛容を生み出す。それは、結果としてある程度容赦ないものでもある。組織の戦略が正しければ、この種の中心となる目的や行動が、呆然とするくらい効果的なものになる……。

あなたの組織の社交性のレベルを査定するために、次の質問に答えなさい：
❶ここにいる人たちは、友人をつくろうとしているし、関係を強くしておこうとしている。
❷ここにいる人たちは、とても仲良くやっている。
❸わたしたちのグループにいる人たちは、オフィスの外でも社交的である。
❹ここにいる人たちは、本当にお互い好意をもっている。
❺人々がわたしたちのグループを離れても、関係を続ける。
❻ここにいる人たちは、お互い好意を持っているので、他人のために尽くす。
❼ここにいる人たちは個人的な問題についても、お互い秘密を打ち明けて相談

することがある。

あなたの組織の連帯のレベルを査定するために、次の質問に答えなさい：
❶わたしたちのグループ（組織、部署、ユニット、チーム）は、同じビジネス目的を理解し共有している。
❷仕事は効果的そして生産的に行える。
❸わたしたちのグループは、低いパフォーマンスを改善するために、強い行動をとる。
❹勝とうとするわたしたちの集団意識は高い。
❺競争優位の機会が訪れたときには、わたしたちは素早く動いてそれらを利用する。
❻わたしたちは、同じ戦略目標を共有する。
❼わたしたちは、誰が競争相手かを知っている。

カルチャー・スクールの前提条件

次にカルチャー・スクールの主な前提条件、言うなればその信念を要約する。[i]
❶戦略形成は、社会的な相互作用のプロセスであり、組織のメンバーによって共有される信念や理解に基づいている
❷個人は、他の文化に対する適応（文化変容）や、社会化のプロセスを通して、こうした信念を手に入れる。それはほとんどの場合、暗黙のうちで言葉を介さないが、時としてより形式的な教義によって強化される
❸したがって組織のメンバーは、そのカルチャーを支える信念については断片的にしか説明することができず、またその起源や説明に関しても曖昧なままである
❹結果として戦略は、ポジションというよりも、特にパースペクティブの形をとることになる。そのパースペクティブは、必ずしも明らかではないが、集合的な意図に根づいており、パターンに影響を与える。そのパターンによっ

て、組織の資源や能力が守られ、競争優位に活用されるのである。したがって、戦略は（たとえ完全に意識的ではなくても）計画的であると説明することができる

❺カルチャー、特にイデオロギーは戦略的変化を促すことはせずに、むしろ既存の戦略を永続させることを押し進める。そして、組織全体の戦略的なパースペクティブの中での戦略ポジションの変更を促す程度にとどまる

カルチャーと戦略

　スカンジナビアを除けば、1980年以前にマネジメントに関する文献の中で、カルチャーが大きく取り上げられることはなかった。ところが、少しずつカルチャーに触れる文献が登場した。英国では、アンドルー・ペティグリューが英国の化学製品会社ICIに関する詳細な研究を行い、重要なカルチャー的要素を明らかにした。またアメリカではフェルドマンが、カルチャーと戦略的変化の関連性について検討し、またバーニーは、カルチャーが競争優位を支える１つの源となるかどうかの可能性を追求した。カナダではファーサロトゥとリーガーが、受賞対象となった博士論文をいくつか執筆している。その１つは、カナダのある輸送会社における「文化革命としての戦略的ターンアラウンド」について、もう１つは、国のカルチャーが航空会社に及ぼす影響について言及している。

　もちろん、戦略的な変化を拒む要因としてカルチャーを取り上げている文献は古くからあった。そしてステークホルダーが力関係をデザインするときにとるアプローチと同じように、カルチャーをデザインするための便利なテクニックについて言及している文献も存在する。しかしわれわれは、これらはプランニング・スクールに入るべきものだと考えている。次の引用が、このことを明確にしている。「会社のカルチャーと事業戦略を一致させるためには、すでに概説した手順（４つのステップ）が、企業の戦略的プランニング・プロセスの一部となるべきである」。

　したがってカルチャーと戦略のコンセプトの結びつきは、複数かつ多様である。文献の中で発展してきたその中のいくつかを次に要約する。

● 意思決定スタイル

　カルチャーは、組織が好む意思決定のスタイルやその分析の活用にも影響を与える。ゆえに、戦略形成プロセスにも影響を与えるのである。ゼネラル・モーターズは、発足から間もない頃、その自由奔放な起業家的アプローチを異なるビジネス（ビューイック、オールズモビル、ポンティアック、シボレーなど）へ適合させるために、アルフレッド・スローンによって再編された。そして新しいカルチャーは、慎重な分析と計画的な意思決定に重点を置いたのである。やがて何年か後に、ジョン・デロリアンはゼネラル・モーターズのトップ・マネジメントとしての体験を1冊の本にしようとした。彼は、意思決定がスムーズに流れることに異常に執着したカルチャーについて次のようにコメントしている。各経営幹部はすべての会議の前に、「渡されたプレゼンテーションの書類に、あらかじめすべて目を通すことになっていた。会議では決して予期せぬことが起こってはならなかった……われわれは同じ書類を少なくとも3回は手にした。まず最初に書類を読むとき、会議の席上でプレゼンテーションを聞いているとき、そして会議の議事録を読むときである」[513]。

　カルチャーは、知覚上のフィルター、もしくはレンズの働きをするため、意思決定にあたっての前提条件を確立させる作用がある[457]。観点を変えると、カルチャー・スクールこそが、組織という集合的な世界にコグニティブ・スクールの解釈論を持ち込むのだ。だからこそ、異なるカルチャーをもつ組織が同じ環境下で活動していたとしても、その環境を実にさまざまなやり方で解釈するのである。本書の第6章でも述べたように、人は見たいと思うものだけを見るのである。組織においてのカルチャーが「支配的な論理」を進め、それが情報のフィルターとしての役割を果たす。それは、戦略作成の際、一部のデータのみに焦点を当て他を無視することにつながるのである[400]。

● 戦略的変革への抵抗

　共有された信念に対するコミットメントは、組織行動の一貫性を促し、ひいては戦略の変更を阻止するものである。「……戦略ラーニングが……起こる前に……ある意味で、組織が従来の"支配的な論理"を捨てる必要がある……IBM

は新しい戦略を開発する前に、メインフレームの論理回路を一部捨てる、もしくは忘れる必要があった」。カルチャーのとても深い信念と暗黙の前提条件が、抜本的な変化に対する強力な内的障壁となるのである。

> 「カルチャーは、知覚上のフィルターとして働く」

おそらくカール・ワイクがこのことを最も的確に捉えているだろう。「企業はカルチャーを**もたない**。企業はカルチャー**そのもの**なのだ。だから変化をもたらすことは、決して容易なことではない」。

　ローシュは次のように述べている。カルチャーは変化する外的状況からマネジャーの目をそむけてしまうプリズムの役割を果たす。さらに「マネジャーがこのような近視眼な見方を克服できた場合でさえ、彼らのカルチャーという観点からしか、変化する出来事に対応できない」。マネジャーは、過去に成功した信念に執着してしまうのだ。これはもちろん、カルチャーの中に埋め込まれた、パースペクティブとして確立された戦略に固執するということでもある。たとえば、これまで製品の低価格路線で知られていた企業が売上げの低下に直面すると、さらに価格を下げることによって対応しようとする。それは産業の処方箋が脅かされたとき、同種のことが産業レベルでも起きる。技術革新がすべてをひっくり返してしまったときでさえも、目の不自由な人たちは、はじめにいたところにとどまろうとするのだ。アブラハムソンとフォムブランが指摘する通り、組織を相互に結ぶネットワークは、惰性の度合いを高め、「戦略的な姿勢」における類似点を生み出す共通の価値観や信念をもつことを推進するのだ。またハルバースタムやケラーといった他の著者は、アメリカの製造業者が互いを「ベンチマーク」する傾向にあることを指摘した。そしてそのことは、「ネットワーク」の外にいる製造者の脅威に対して無関心になる可能性をもたらす、と記述している。

●──戦略的変革に対する抵抗の克服

　組織のカルチャーがもつ戦略的な惰性をいかに克服するかにも注目が集まった。ローシュは、いかなる企業のカルチャーにおいても、柔軟性と革新性が非常に重要なパートを占めるものだ、ということをトップ・マネジャーは理解しなくてはならないと述べた。彼はそのようにする方法を数多く提示しており、

「ポートフォリオをもたないトップ・マネジャー」と題したものも紹介している。トップ・マネジャーの役割は、疑問を投げかけ、信念に対してのチャレンジを促し、新しいアイデアを提案することである。そして、社外のディレクターを使って「変革の時代において、彼らの信念が適切かどうかについて重要な問いかけをさせ」、「ミドル・マネジャーのための社内教育プログラムを外部の専門家と一緒に」実施し、そして「マネジャーの機能別部門や事業部門間のローテーションをシステマティックに行う」こととしている。[281]さらにローシュは、重要な信念は文書化するべきだと信じていた。「もしマネジャーが、自分たちが共有する信念を認識していれば、それによって先が見えなくなることもなく、ひいては状況の変化によって自分たちのカルチャーが時代遅れになるような場合には、それを素早く理解することができる」[281]。マネジャーは、**カルチャー**の監査を担うべきだとローシュは考えており、組織において共有化されている信念に対してのコンセンサスを広げていくべきだとしている。では、前にも述べたのではあるが、こういったやり方で本当に深い信念をもつことができるのかどうかという疑問が湧いてくる。

　ビョルクマン[44]は、戦略の急進的な変革というものは、カルチャーの根本的な変革に基づかなければならない、と研究の中でも指摘している。彼は、4つの段階を経て起こると書いている。

❶戦略的漂流

　急進的な変革の前には、組織がもつ信念と環境の特徴との間にギャップが次第に広がっていることが多い。つまり「戦略的漂流」[227]が起きるのである……。

❷既存の信念の溶解

　戦略的漂流は通常、やがて財政的な低下と組織の危機感をもたらす。このような状況下では、以前は疑問視されなかった組織の信念が露呈し、問われる。その結果、組織の緊張感と不統一感が高まり、今までの同質的な信念の崩壊が生ずる。

❸実験と再策定

　それまでの組織の信念が捨て去られると、多くの場合、組織は混乱期に突入する。この期間、新たな戦略的ビジョンが登場する可能性もある。そして通

常は、ビジョンにしたがって新旧のアイデアが混ざり合い、実験的ではあるが戦略的な意思決定をひとまず完結させる。そして前向きな結果が得られると、新しい物事の進め方に対するコミットメントが大いに強まることになる……。

❹ **安定化**
前向きなフィードバックは、機能すると考えられる新しい信念に対する組織メンバーのコミットメントを、次第に高めることにもなる。[44]

● ─── **支配的な価値観**

　成功している企業、もしくは「超優良(エクセレント)」企業は、サービス、品質、そして革新といった重要な価値観に「支配」されていると言われている。それによって競争上の優位性を維持するのである。それは、マネジメントに関する書籍としては最多の販売部数を誇る、ピーターズとウォータマン共著の『エクセレント・カンパニー』で取り上げた重要なテーマでもある。[379]興味深いことにこの本は、戦略に関する文献ではない(戦略という言葉は参考文献欄に2回登場するだけである)。しかし、非常に安定した戦略的パースペクティブを持続するために、組織がどのようにして競争優位を活用しているかについて書かれたものである。

　少し前の文献で、この2人の著者は彼らの同僚と一緒に、今ではすっかり有名になったマッキンゼーの7-Sのフレームワークを紹介した。[497]彼らは、カルチャーをアルファベットの「S」で始まるように「Superordinate Goals (上位目標)」と名づけ、これを中心に置き、その周りに戦略(Strategy)、組織構造(Structure)、システム(Systems)、スタイル(Style)、スタッフ(Staff)、そしてスキル(Skills)を配置した(図9-1)。彼らは、組織が成功するには、このような組織のあらゆる側面が調和して適合しなければならないとした。

● ─── **カルチャーの衝突**

　合併、買収、そしてジョイント・ベンチャーの戦略は、異なるカルチャーの対決という見地から検証されてきた。たとえば「カルチャーの衝突」は、1980年代に起きた合併のブームが、なぜ当初の期待を満たさなかったかを説明するのに使われている。製品や市場の「合理的な」観点から見れば、2つの企業を

図9-1 ▶ マッキンゼーの7-S

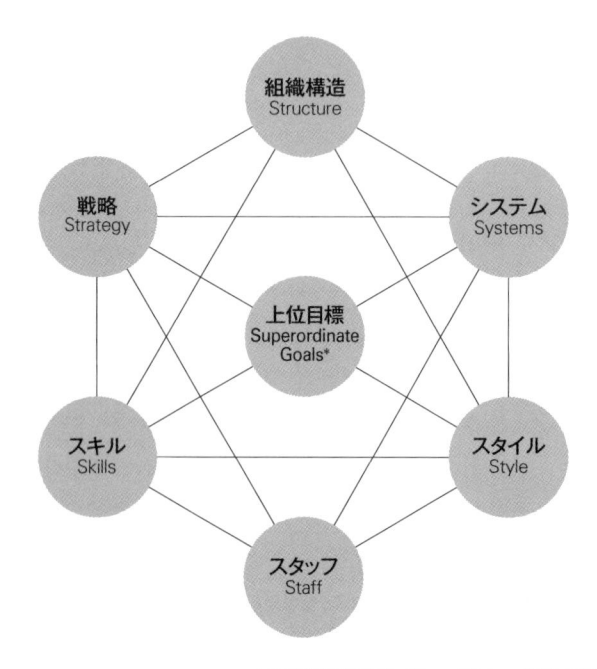

- 組織構造 Structure
- 戦略 Strategy
- システム Systems
- 上位目標 Superordinate Goals*
- スキル Skills
- スタイル Style
- スタッフ Staff

＊監訳者注：近年は、Shared Values（共通の価値観）が用いられる。

組み合わせることは理にかなうとしても、表面的にはなかなか現れないカルチャーの違いが、その融合を狂わせる可能性があるのだ。どの組織でも、その組織を形づくっているのは独自のカルチャーである。だからこそこうした戦略が、必ず問題を引き起こすことは目に見えているのだ。

カルチャー・スクールに関するスウェーデン派の見解

1965年にスカンジナビア経営研究所、通称SIARが、コンサルティング・ファーム＆リサーチ研究所として設立された。その知的リーダーは、*Organization Theory for Long-Range Planning*（『長期戦略計画のための組織論』）[416]を出版したエリック・レンマンと*Management for Growth*（『成長のためのマネジメント』）[367]を出版したリチャード・ノーマンであった。この2つの貴

重な文献は、主として組織のカルチャーに根ざした概念的フレームワーク、創造的で自由な理論化のスタイル、そして、いくつかの集中的なケース・スタディから推論された野心的な結論とも言える方法論的アプローチを紹介している。そしてこれらは、1970年代を通して、スウェーデンのあらゆる大学、特にイェテボリにおいてその時代の研究者を刺激したのである。彼らは、徹底的なフィールド研究に基づいて複雑な理論をまとめあげた。そして、多彩な言葉を用いてどちらかと言えば不鮮明なコンセプトを分類していった。[231][196][197][200][199][464][465][232][233]

　マイケル・ポーターやジョージ・スタイナーの文献を読んだ後に、「幽霊神話」、「組織のドラマ」、そして「不適格」と言った言葉に直面することは、それ自体一種のカルチャー・ショックである。しかし、戦略マネジメントの味気のない文献を考えると、これは歓迎すべきことであろう。

　スウェーデンのグループは、カルチャー以上のものに言及した。これまでに論じてきた他のスクールの中のいくつかを織り交ぜて、豊かな概念のネットワークをつくり上げたのである。これには、デザインやコンフィギュレーション・スクールの精神である適合や調和、また、価値観、イメージあるいは神話、政治、認知、さらに組織の停滞、衰退、危機、そしてターンアラウンドというテーマに沿った組織学習などが含まれる。戦略の分野の他のスクールで見受けることのない野心的な努力で、著者たちはこのすべてを、組織の成長と戦略的変化の理解にまとめようとした。しかしながら彼らの文献の中で、**戦略**という言葉が頻繁に使われることはない。この研究は、どのスクールよりもカルチャー・スクールに該当するとわれわれは考える。なぜなら、集合的な状況下における適応への関心を最優先させていることや、何よりも戦略的変化の前提条件として、集合的な「再構成(リフレーム)」の必要性を挙げているからである。

　文献の多くは、組織の停滞や衰退に集中している。またカルチャー的、政治的、そして認知の力が、いかに適応を妨げることによって停滞や衰退を生じさせているのかについて述べている。それではどのようにして変化を成し遂げるのか、と研究者たちは問う。予想通りこれに対するスウェーデンからの解答は、組織を集合的な社会的システムとして理解することに特化していた。

　「適合」は、こうした研究に重要な役割を果たした。たとえばレンマンは、[416]
戦略的変化を達成する4つのメカニズムについて説明している(彼はこれを調

和と呼んだ)。それは、①環境を反映するマッピング、②環境を補足するマッチング、③「共通の環境を共同で探究するために、隣接するシステムと協力し、またサポートする」ジョイント・コンサルテーション(共同協議)、そして④「システムが自分を環境の中にマッピングする能力」である支配、この4つである。

また、神話という概念もこうした文献の中で目立っていた。たとえばヘドバーグとヨンソンは戦略を現実と神話の間に置き、これを、不規則に変化しその後で革命的なやり方で変わる「メタ・システム」と称した。これらは、本書でパースペクティブと呼ぶものや、カルチャー、そして特にイデオロギーとも類似しているように思われる。もちろん、これらはすべて信念のシステムや世界観と同じ概念に包まれている。

> 神話とは……世界に関する理論である。それを直接検証することはできない。戦略が象徴する運用可能な仮定にしたがう実行によってのみ、検証することができるのである。そのときでさえ、神話を条件付きの検証にかけることしかできない……神話は、人間の頭脳に複合概念として格納されており、必ず簡素化され、部分的には間違っている。それでも有力な神話が疑問視されない限り、組織の行動のもととなる現実解釈を提供してくれる……しかし、出発点が理論であろうと現実であろうと、両者の間で確認された不適合によって戦略的な変化の引き金が引かれるのである。[199]

ヨンソンは別のところで神話についてもっと細かく取り上げているが、彼は神話をイデオロギーであるとも記述した。

> 神話は、組織が行動するときに、安定した基盤を提供する。神話は、何を間違えてしまったのか、といった不確実性を取り除き、代わりに確信を与える。われわれにはできる、われわれ次第だ……何をすべきかという確信をもっていれば、行動は促進されるのだ。[231]

「神話は、組織が行動するときに安定した基盤を提供する」

1970年代後半になると、イェテボリのグループは分散してしまい、SIARは伝道師としての熱意を

失ってしまった。そしてこのスウェーデンの一派は、次第に姿を消してしまったのである。しかしスウェーデンにおいては同じ精神をもつ研究が、ブランソ
[68][299][300][301]
ンやメリンによって受け継がれていった。
[132]

● 実践としての戦略：戦略プロセスを深堀する

　20世紀末に近づくと、伝統的なカルチャー・スクールでは、カルチャーが行動を導き、行動が順々にカルチャーを強化するという信念が研究者たちに疑われるようになった。その理由の一部としては、日本とアメリカの経済が辿った対照的な運命があげられる。日本が1990年代の停滞の時代に入り、アメリカ経済がハイテク産業のおかげで蘇ったと考えると、日本のそれまでの戦略的成功は、彼らのカルチャーの文脈とは切り離された経営上の革新として捉えられた。

　さらに、戦略を説明するためにカルチャーを使うことは、不評を買ってしまった。なぜならカルチャーが、あまりに全方位的な説明として使われたためであった。つまり、成功した組織は「正しい」カルチャーをもっているものだし、一方でうまく機能していない組織は、「間違った」カルチャーをもっている、というものだ。成功する企業になるためには、「正しいカルチャー」を育んでいかなければならなかったが、彼らには、成功するまでそれができたかどうかがわからなかったのだ。

　戦略の結果に関与する社会的側面をよりよく理解するためには、どのようにマネジャーが戦略を作成するのかを深く掘り下げる必要があると、研究者たちは感じていた。

　これを行うために、彼らは社会人類学に向かった。それは、社会システムを理解する鍵としてのカルチャーの信念や規範より、むしろ社会的実践を考えるというものである。

　2003年1月発行の『ジャーナル・オブ・マネジメントスタディーズ』特別号
[507][508]　　　　　　　　　　　　　　　　　　　　　　　　　　　　　　　　　　　　　[263]
で、彼らがその成果を「実践としての戦略」と呼んだものは、ラングレー、ブ
　　　　[64]　　　　　　　　　　　[507]　　　　　　　　　　　　　　　　　　　　　　　　　　　　　　　[229]
ラウンとデュギド、ウィティングトン、そしてジョンソンとハフの先行する研究に基づくものだった。

　実践としての戦略の研究者たちは、戦略を理解するためには、戦略作成に巻

き込まれるマネジャーたちの日々の現実を詳細に、そしてきわめて近くで研究する必要性があると信じている。つまり、彼らの認知プロセスではなく、ミーティング、プレゼンテーション、コミュニケーションといった活動の結果に注目したのだ。

戦略作成に携わるマネジャーたちは、その実践において主人でもあり奴隷でもある。それはいわば、音楽家と彼らが演奏する楽器のようなものである。戦略を作成する行為としての実践を戦略と切り離して考えることには意味がない。いくつかの鍵となる考え方が、このような動向を明示している。

① 戦略とは「組織が有するものではなく、そのメンバーが行うこと」である[223]。
② 「戦略は、戦略プラン、年次報告、戦略ワークショップやそれらに関連した書類などのような個々の実践に結びついている特別な活動である」[223]。
③ プロセスとしての戦略の核心に迫るには、人類学者が未開のカルチャーに分け入って熱心に研究するのと同じくらいに、マネジャーの中に思いきって入り込み、彼らを研究する必要があるのだ。「多くのプロセス研究は、概して上級経営陣によるまた聞きの回顧録頼みである。植民地の軒先で部族の首長から聞いた話に基づいて部族の慣習を解説する、初期の人類学者を思い起こさせるのは珍しくない。人類学が進化すると、民族誌学者は、実行と実践の世界に直接足を踏み入れ、その中で活動するようになったのである」[230]。

最後のポイントは、実践としての戦略の中心的な教義の強みと弱みの話である。大量のサンプルによる研究では、戦略形成のニュアンスと複雑さが十分に考慮されていない、と批評する動きは当然と言える。しかし、「戦略」が出現するところ（「戦略プランニング」が撤退するようなところ）に向かうことは、デロリアンがゼネラル・モーターズで経験したような誤った考えを助長するかもしれない。つまり、戦略とは形式的な会議における策略や儀式からなるという信念である（図9-2）。

戦略に多大な影響をもつあらゆる種類の出来事や行動というのは、非常に大きな関心事である。それらの多く、あるいはいくつかは、実践としての戦略研究者によって認識されていないものがある（こうしたことの例は、すでにラー

ニング・スクールで述べた)。

　ことによると、研究者が現場で明らかにするずっと前に、決定的に重要な組織の出来事が起こっていたことだってあるだろう。歴史が重要であるに違いない。マネジャーは組織に加わる数十年前にされた意思決定の結果も扱わなければならない。長期間にわたるパースペクティブは、今日的な関心事によって焦点が定まらなくなっている戦略を、もっと鋭く鮮やかにすることもできる。

競争優位の基盤としての資源

　ここで話を、カルチャーのソフトな側面から、ハードな側面に移すことにする。

●────物質文化

　カルチャーは、人々の集団が時間をかけて創り出す、共有される価値である。そして、対話すること、祝うこと、悲しむことといった純然たる社会的行動を通して実現するものであるが、共通の使命をもってともに働くことによって実現するものでもある。そして、彼らが抱えている資源と相互作用するのである。[148][412][475]

　機器類や建物といった有形の資源、および科学的なノウハウや予算システムといった無形の資源が、組織のメンバーと相互に影響を及ぼし合い、人類学者が「物質文化」[403]と呼ぶものを生み出すのだ。これはもちろん、相互関係と言える。つまり信念や価値観が資源を創り出し、資源

「カルチャーは、人々の集団が時間をかけて創り出す、共有される価値である」

図9-2 ▶ 実践としての戦略の実態

	「戦略」と呼ばれている	「戦略」とは呼ばれない
戦略的である	リサーチが機能する	リサーチをしくじる
戦略的ではない	むだな、あるいは、間違った方向へ向かうリサーチ	問題なし

が信念や価値観を創出し、形づくるのだ。自動車を例にとって見てみよう。自動車はヨーロッパで発明され、富裕者層のための、優れた技術をもつ職人の手によって贅沢品として造られた。アメリカ人はこれを、一般大衆のための、特別な技術をもたない職人によってつくられる標準的な低価格品として創り替えた。

このことは、カルチャーの深い相違点を浮き彫りにしている。つまりヨーロッパ人には、長年にわたる職人技能（クラフトマンシップ）の伝統があった。一方アメリカ人は、熟練工の不足を、製品を標準化し、大量生産の技術を取得することで補った。やがてアメリカとヨーロッパの自動車メーカーの間で起きた競争は、異なるカルチャーの競争へと発展していった（そして意義深いことに今になってもそのままである）。アメリカ人のやり方をまねて彼らに勝とうとした多くのヨーロッパ企業は、パズルのピースをいくつか導入することはできても、システム全体を捉えることはできないことを知った。日本人も、第2次世界大戦後に同じことを試みたが諦め、代わりに、より自分たちのカルチャーに合った自動車製造のやり方を開発することにした。そしてこのことが、やがてアメリカの優位を揺るがすことになったのである。

市場で競争するのは、製品ではなく生産のシステムである、という考え方は目新しいものではない。経済学者は、生産システムの効率性が競争において中心的役割を担うと長い間主張してきた。ただし多くの経済学者は、このような優位性がどの程度カルチャーの独自性だけでなく、企業の独自性、つまり組織のカルチャーにも根ざしたものになり得るか、つまり戦略的優位性の根本には、独自性が存在するかもしれない、ということについては見落としている。ところが、イデス・ペンローズはこのような経済学者の1人ではなかった。

●───なぜ企業は多角化するのか？

ペンローズは1959年に、経済学の中核に存在する謎について検証し、文献を出版した。すなわち、なぜ企業は多角化するのか？　という謎である。企業が自分たちの既存の市場で取り扱うことのできない新製品を考え出したときに、なぜ新しい市場への参入を思い悩むのであろうか？　なぜ最も高い値をつける者に、単純に製品を売らないのか？　彼女は独創的な答えを用意していた。

すなわち、市場の失敗である。簡単に言えば、市場は、新奇性のある製品やテクノロジーやアイデアを評価する能力が欠けているのである。ネズミ捕りですでに名を馳せている企業は、あなたの新しいネズミ捕りのほうが優れているなどとは到底信じられないのである。したがってあなたは、それを証明するべく自ら製品を生産し、マーケティングしなければならないのである。

ペンローズは、多くの企業がこの道を選び、非常に多くの多角化した大企業が存在すると主張した。しかし、実は彼女の答えにはもっと深い意味があり、それは経済学者よりも、むしろ戦略研究者に歓迎された。つまり企業は、市場の不完全性からその優位性を導き出しているということである。独自性は、企業の発展の基盤を提供し、独自性のある製品を創ることによって、企業はまた独自性のある能力、もしくは「資源」を開発する。研究や開発にもっと投資することで、広範囲にわたる生産能力やマーケティング能力を生み出し、そして顧客について学ぶようになるのである。

● ───**リソース・ベースト・セオリー**

　ペンローズの洞察を、戦略という観点からはじめて展開させたのがバーガー・ワーナーフェルト[503]である。彼は受賞論文の中で、**リソース・ベースト・セオリー**と名づけた理論について次のように述べた。[423]

❶資源という見地から企業を見ていくと、伝統的な製品のパースペクティブとは異なる洞察に直面する。特に多角化企業については、まったく新しい見方ができる

❷高収益につながる資源のタイプを識別することは可能である。参入障壁に似ているが、これらはいわゆる資源のポジション障壁と呼ばれるものに関連している

❸大企業にとって戦略は、既存の資源を活用することと、新しい資源を開拓することの間のバランスを見つけることを意味する

❹買収は、非常に不完全な市場において資源の塊を手に入れること、とみなすことができる。稀少な資源の購入によって、他の条件が同じならば、この市場の不完全性を最大限に活用し、安く購入して大きなリターンを得るチャン

スを最大化することが可能となる[503]

　プラハラードとハメルが、第7章で述べたダイナミック・ケイパビリティについての概念を世に広めた1990年までは、ワーナーフェルトの概念は実際には定着しなかった、と後に彼自身が語っている[504]。実際、著者たちがそれぞれ認めるように、この2つの見解は、企業の内的能力の維持と発展に着目している点において比較的関連している。この「内から外へ」という見解は、ポジショニングの「外から内へ」という見解とは対立するものである。

　しかしながらわれわれは、リソース・ベースト・セオリーと、ダイナミック・ケイパビリティに関する見解を切り離した。一方はカルチャー・スクールへ、もう一方は、ラーニング・スクールに置いた。それは、われわれが大変に重要だと捉える相違点のためである。つまりリソース・ベースト・セオリーというのは、組織の発展段階において、企業の内的能力を根づかせることの重要性を強調している。そしてこれは実際には、カルチャーに根づかせることとも言える。一方、**ダイナミック**・ケイパビリティ・アプローチは、本質的には戦略的学習のプロセスを通して開発していくものであると力説している。そしてこれは、それぞれが訴求する明らかに異なったオーディエンスの反響をもたらした。一方は学術誌における活発な議論の対象となり、もう一方はコンサルタントや現役のマネジャーのお気に入りとなったのである。

　こうしたことは、些細なことにこだわりすぎているように見えるかもしれないが、われわれはそうは考えていない。人によって戦略プロセスの捉え方は異なるものだ。ある特徴に対してどちらに重きを置くのかによっても異なるのである。ここでは、学習するための能力に主眼を置くことと、カルチャーに根づく能力に主眼を置くことを天秤にかけている。

　ジェイ・バーニーが、リソース・ベースト・ビューを完全な理論として発展させた。彼は1991年に発表した論文で、まず、この全体的なパースペクティブの構成単位となる、資源の概念の概説から始めた。この中には、「企業が管理するすべての資産、能力、組織的なプロセス、情報、知識など」が含まれ、これによって効果的な戦略を創り、そして追求することが可能となる。そしてこれらの資源は、物理的資本となる資源（物理的な技術、工場や設備、地理

的立地条件、原材料へのアクセス）、人的資本となる資源（トレーニング、経験、判断、知性、関係など）、そして組織的資本となる資源（形式化したシステムや組織構造、ならびにグループ間の非公式的な関係）に分類することができる。[28]

したがって企業は、有形の資源と無形の資源の塊と言える。この塊を１つのシステムにまとめあげているのは、クモの巣状に張り巡らされ、共有化された解釈の網である。そしてこれが資源を維持し、一新させ、そして形づくる。そしてさらに、経済と社会、つまり物質文化と社会的カルチャーとを結びつけるのである。

「したがって企業は、有形の資源と無形の資源の塊と言える」

では企業はどの資源が戦略的なものかをどのように認識することができるのであろうか？　つまり競争に直面したときに、どの資源が最大のベネフィットを継続的に提供できるのかという意味である。多少ポーターを連想させるが、バーニーは４つの条件を明記した。[28]

・**貴重であること**
　戦略的であるためには、資源は明らかに価値の高いものでなければならない。そして、組織の効率性と有効性を改善する能力をもたなければならない。
・**稀少であること**
　資源は稀少で、需要が高い限りは戦略的である。よって、街の最高の立地条件を独占したスーパーのチェーン店は、ユニークな顔のカリスマ的なハリウッド・スターに似た優位性をもつ。
・**模倣できないこと**
　資源は、貴重で稀少でなければならないが、同時にまねるのが難しくなければいけない。模倣できないということは次の３点に由来する。つまり、歴史的事実（前述のスーパーの立地）や「本質的な曖昧さ」（そもそも映画スターのカリスマ性とはいったい何なのか？）、あるいは単にあまりにも複雑すぎること（競合は、匹敵するような資源を創り出すのは割高で時間のかかるものであることを知っている）である。

・**代替が存在しないこと**

資源が稀少で模倣できないものであっても、競合がその代替となるものを見つけることができれば、戦略的ではないのである。長期間にわたる地上波の放映権争いが、インターネットの登場でどうなったかを考えてみてほしい。

こうした特質を備えた資源をもつことは、企業にライバルより優位な競争的ポジションをもたらす。しかし、それは持続的競争優位、つまり、多様な経済や市場の状況にも関わらず持続するような優位をもたらすのだろうか？　この質問の答えとして、マーガレット・ペトラフは、価値があり、稀で、まねのできない、代わるものがないような資源を持続的競争優位に変えるために必要な、次の4つの条件を示した。[378]

❶**異質性**

リソース・ベースト・ビューは、企業を、本質的にお互いに競争関係にある資源の集合体とみなす。資源の集合体は企業ごとにさまざまで、つまり異種混在の状態であり、持続的競争優位を創る資源を生み出すもとになることは事実である。仮に同じ産業にあるすべての企業が類似した資源の集合体をもっているときには、持続的競争優位は現れない。歴史上の偶然や意思決定によって資源の集合体が変異することで、持続的競争優位をマネジャーが生み出す土台が提供されるのだ。

❷**競争の事前の制限**

同一の産業内の競争相手とは異なる資源の集合体をもつことは必要であるが、持続的競争優位を獲得するには十分な条件ではない。その産業にいる他の企業も同じように資源を見つけ、まねをすることができるからだ。他の企業が同じ資源の集合体を創ろうとするのを思いとどまらせる、あるいは妨げるための障壁は、競争優位の持続性を生み出すには重要な要因となる。こうした障壁の例として、何社かの企業だけが、新製品に高度な専門技術を組み込むのを認められている排他的なライセンス、あるいは、トロントやニューヨークといった主要な都市部に本拠地を置くことができるホッケーチーム数の制限がある。

❸競争の事後の制限

競争の事前の制限が、競争相手が同じ資源の集合体を創ろうとするのを妨げる障壁を扱うなら、競争の事後の制限は、競争相手が、先駆者たちが行っていることを効果的にまねするのを難しくさせる障壁に関係している。競争の事後の制限の例としては、戦略的に有利な立地に出店することで、ライバルがそれより不利な場所に出店せざるを得ないということがある。

❹経営資源の固着性

外部の資源供給者からの継続的なサポートに依存しないならば、資源の集合体は、持続的競争優位を与えるだろう。これはしばしば、持続的優位性をもたらす資源の集合体が、高度な専門スキルをもった個人の雇用を要求するときに起こる。ひとたび、こうした個人が企業に対する自分たちの価値を認めると、彼らは高いサラリーを要求したり、あるいは、競争相手に寝返ったりする。そうした行動は、先駆者たる企業の持続性を減らしてしまう。この例には、1940年代末のハリウッドのスタジオシステムの崩壊がある。第2次世界大戦前に、映画スタジオは、スターたちを7年間の独占契約で雇用していた。映画スタジオの競争的持続優位性は、スターたちを育てて手放さないことにあった。俳優たちは、彼らが強制労働と考えていたことと戦い、ついには1950年代に独占契約するシステムをどうにか破ることになった。

今日では、俳優たちは、作品ごとに契約を交わし、彼らに求められているものに応じて、金銭的な報酬を調整するようになった。結果として、スタジオ側は、持続的競争優位を得るために異なる資源の集合体を創らなければならなくなったのである。

● 重要な資源としてのカルチャー

資源を基礎とする優位性を守る最初の手だては、模倣を防止することである。もちろん特許や商標がこれを容易にしてくれる。さもなければ、長期的に見ればおそらく最善の防止策は、無形の関係、システム、スキル、そして知識によってもたらされるだろう。そしてこれは、再びわれわれをカルチャーへと引き戻すのである。

そこで、"Organizational Culture: Can It Be a Source of Sustained Competitive

Advantage?"（「組織のカルチャー：持続的競争優位の経営資源となり得るか？」）と題された論文の中で、バーニーは2つの理由を挙げて、カルチャーが模倣に対する最も効果的で継続性のある障壁になると記述した。第一にカルチャーは、独自性のあるものを創り出すことを促進する。第二に、カルチャーには本質的な曖昧さが溢れており、これが理解を困難にし、ましてそれを再生するのは不可能に近い。たとえそれが組織の中にいる誰であってもである。したがって、たとえば組織を離れた誰かがその組織の独自性を複製する競合の助けにはならないのである。逆説的には、組織が自分のカルチャーを理解して複製することができないということが、おそらくこれまでに考案されたどんな防犯システムや法的措置よりも、その戦略的優位性を保証することになるだろう。もちろん、そのことが戦略的優位性の弱点でもあるのだ。だからこそ、それを理解しないリーダーによって、簡単に壊されてしまうことにもなり、組織に対する影響を評価できないまま大がかりな改革を行ってしまうのだ。

　こうした理解の逆説を題材にした議論が持ち上がっている。コナーとプラハラードは、「知識を基礎とする見解が、資源を基礎とするパースペクティブの本質である」と主張した。つまり企業を、有形の資源のいいとこどりした集合体としてではなく、知識創造プロセスと暗黙知のヒエラルキーとして見るべきである、ということだ。たとえば、コカ・コーラのようなブランドの戦略的価値は十分に明確である。しかし、このようなブランド構築に注がれるノウハウはどうであろうか？　また、このノウハウをもつ人たちの経験はどうか？　そうすると、「人的資源」が、模倣できないことの究極の源になるのか？　という疑問が湧いてくる。

　コグートとザンダーは、そうではないと主張している。彼らは、模倣できないことの源は、「社会的コミュニティ」としての組織全体にあるとしている。これは、共通のアイデンティティを生み出した個々人をつないでいるシステムにまつわるものである。そして、共通の「知っていること、価値を置くもの」によって規定された、規律を守る礼儀正しい人間となる。

● ────リソース・ベースト・ビューはどこへ向かうのか？

　戦略に関するリソース・ベースト・ビューは、研究者のコミュニティで大い

なる成功を享受していた。しかし、バーニーが、残念そうに、その発展について10年の回顧の中で述べているように、成功によってより綿密な精査が行われるようになる。リソース・ベースト・ビューは、堂々巡りに終始する可能性があることを指摘している学者もいる。つまり、われわれは、持続的競争優位性をもつものとして企業を特定する。そして、その持続的優位性を生み出すために必要なものとして、リソース・ベースト・ビューによって定義された特徴をもつ資源を探索する。

　こうした堂々巡りを回避するためには、資源が価値があるか、稀少性があるか、まねのできないものか、代替できないものかどうか、定量化し特定できることが望ましい。しかし、これは非常に難しいことがわかった。現在まで、最善のものとして、そして最も広く引き合いに出された研究は、ミラーとシャムジーによるものだ。彼らは、完全な寡占が崩壊する前後におけるハリウッドの映画スタジオのパフォーマンスに関して、（特許や経営上の専門知識のような）資産を基礎とする資源のインパクトを検証した。彼らの分析は、価値ある資源を持続的競争優位に関連づけるものであり、ハリウッドの映画スタジオが解体されたときには資源の価値も減じたと主張さえした。しかしながら、納得せず議論する研究者たちもいるし、他の研究者たちは、この研究が、実際のところはリソース・ベースト・ビューが定義したようには、資源の価値を評価していないとした。

　しかし、リソース・ベースト・ビューに批判的である研究者でさえ、それが戦略にとって重要な貢献をしたことを認めている。ポーターが、戦略マネジメントの焦点を外的環境に移行させたために、変化やいわゆる環境の「乱気流」、さらには「超乱気流」の周辺で大袈裟な考え方が発展したのは事実であり、企業は変化すべきであるという印象を与えた。事実、企業は永続的に変化するのだ。この考えにしたがおうとする企業にとって、リソース・ベースト・ビューは補正装置の役割を発揮する。再びカルチャーに根ざす内的能力に、振り子のようにいったん離れながらも戻るのである。実際に、SW（強みと弱み）を外的なOT（機会と脅威）ともに確実に考慮するので、戦略マネジメントにおいてSWOT分析は健在なのである。

　しかし、戦略マネジメントにおいてわれわれが必要としているのは、振り子

なのだろうか、それともバランスなのだろうか？　本当に企業は、ある一方、そしてそれから片方に振れるべきなのか？　結局のところ、少なくともしばらくは、内から外へは、外から内へよりもよいのか？　1960年代半ばにバランスの取れた適合を重視したデザイン・スクールのやり方が、おそらく正しいのかもしれない！

カルチャー・スクールの批評、功績、文脈

　もしポジショニング・スクールがそのわざとらしい精密さについてとがめられるのなら、カルチャー・スクールは、その概念の曖昧さについてとがめられる。唯一ではないが、特にスウェーデン派の考え方では、概念は驚くべき速さで台頭し、衰退していく。しかしその多くは、互いにそう違うものではないのである。リチャード・ルメルトがかつて皮肉を言ったように、「もし2人の学者が同じアイデアをもっていれば、そのうち1つは余計である」（1982年モントリオールでの講演より）。そこで秘訣は、ラベルを張り替えて幸運を祈るだけである。

　一方、社会学の「ハード」な方法論は、カルチャーのような手に触れることのできない事象を、リーダーシップの研究でもそうであったように、おそらく見過ごすことだろう。スウェーデンの研究者たちやカルチャー・スクールの他の研究者たちの想像力は称賛に値するものなのである。

　このスクールの1つの危険性は、必要な変化を阻止することができるということである。一貫性のあるマネジメントを好む、言うなればレールに沿って進むことを好むのがこのスクールである。カルチャーとは、非常に重厚で、確立され、あらかじめ定められたものである。すなわち、資源とは然るべきところに備えつけられ、根づくものなのだ。伝統とコンセンサスを重要視し、また変化をとても複雑で難しいものとして特徴づけることにより、このスクールは一種の停滞を促すことになる。もちろん、このスクールの提唱者は、これは組織体がもたらすものであり、その理論がもたらすものではないと言うだろう。たしかにメッセンジャーに噛みついても仕方がないことだ。

　しかし皮肉にも、最初にカルチャーを創り出すこと自体が難しく、後になっ

て改造することはさらに難しいが、壊すことはいとも簡単なのである。首尾一貫しない「プロフェッショナル」なマネジャーに十分な権限を与え、何が起こるか見てみればわかる（次の囲み参照）。しかし一方では、先に述べたように、今日では変化に対する大袈裟な考え方が横行しているので、古きよき安定性に関するメッセージが猛烈に必要とされているのである。

　解釈的なフレームワークとしてのカルチャーがもつもう１つの危険性は、戦略的優位性と組織の独自性が同等であると捉えていることである。多くの場合、他と違うということはよいことである。しかし、それは本質的なことではないし、自然にそうなるわけでもない。なぜなら、他と違うということは、ある種の傲慢さを生みかねないのである。現状の背景にある論拠を誰が疑問視させるのか？　組織において、NIH（「ここで発明されたものではない（自前主義）」）はよく知られている現象である。

濃厚なカルチャーを破壊する簡単な5つのステップ
（ミンツバーグ【340】）

- ステップ１：最低限の利益だけを管理しましょう（お金を管理することでは、お金は生まれないのに……）。
- ステップ２：すべての行動に対して計画を作成しましょう。　自発的な行動はお控え下さい、また学習もご遠慮下さい。
- ステップ３：マネジャーはマネジメントをうまく行うこと以外に何も知らなくて済むように、マネジャーを動き回らせるようにしましょう（たとえばボスをおだてて、実際のビジネスをさせるよりも、ポートフォリオをマネッジさせるほうがより良いと思わせるのだ）。
- ステップ４：いつも客観的でありなさい。つまり、人を物として扱うのです（特に、機器類を購入したり販売するやり方で、従業員を採用したり解雇するのだ──すべては「ポートフォリオ」なのだ）。
- ステップ５：いかなる作業も、簡単な５つのステップで成し遂げましょう。

逆説的に言えば、現状を正当化する受け売りの語彙を、マネジャーに提供することで、リソース・ベースト・セオリーがこの傾向を過度なものにする可能性がある。理解し難いどんな組織の実践も、模倣できないという理由で正当化できてしまう。さらには、それ自体が稀少な資源に基づくものとして、暗黙のうちに了解されるということもある。いったい誰がパフォーマンスの本当の源を把握しているのだろうか？

リソース・ベースト・セオリーは興味深い洞察をいくつか創出する。しかし、それらを戦略マネジメントの分野に適応するのは容易ではない。資源にまつわる曖昧さは、なぜ成功を収めた戦略が、長きにわたって疑問視されないかを説明してくれるかもしれない。しかしそれはマネジャーに、いつ、そしてどのようにしてその戦略に異議を唱えるべきかについては教えてくれない。マネジャーは成功した戦略を解きほぐすように分析すべきなのか？　いわば分解して模倣するべきなのか？　それとも単純に、別の企業にとっても同様に曖昧な他の戦略を創り出したほうがよいのだろうか？

さらに、不均衡に関する問題も存在する。戦略の分野で必要なのは、外的競争に取りつかれた後に、内的資源に焦点を絞るような間違いを正すことではなく、適切な要素すべてにおけるダイナミックなバランス感覚である。だからこそ本書では、戦略マネジメントに対する可能なアプローチのポートフォリオとしてだけでなく、各章を単一のプロセスの異なる側面としても捉えてほしい。なぜなら、これらはすべて**戦略形成**と呼ばれる一匹の獣について取り上げているからである。

総体的にカルチャー・スクールの論文、特にリソース・ベースト・セオリーの論文の問題点は、すでに存在するものをあまりにも簡単に説明してしまい、これから何が生ずるのか、という難しい質問は避けていることである。だからと言って、カルチャー・スクールの功績が重要ではない、ということではない。まったく逆である。組織の政治に注目してみえてくるバラバラな対立と比べると、組織のイデオロギーを統合した総意（コンセンサス）を提供してくれる。そして、デザイン、コグニティブ、そしてアントレプレナー・スクールの個人主義に対し、このスクールは、社会的プロセスの重要な集産主義的側面を取り入れている。これによって、個人のスタイルとともに組織のスタイルを語るこ

とができるようになる。そして、すべてを切り刻んでバラバラにして考える一般的傾向に異議を唱えるのである。つまり「ポートフォリオ」などの一部として「作用するもの」を分断する傾向に挑むのである。要するに、統合化されたパースペクティブの構築を好むということだ。プランニングやポジショニング・スクールが歴史に無頓着であるのとは対照的に、言うなれば、服を着替えるように戦略を変えるのとは対照的に、このスクールは、組織がこれまで歩んできた豊かな歴史というタペストリーの中に戦略を根づかせる。カルチャー・スクールでは、戦略形成は集合的認知のマネジメントである。これは、大変重要な考え方でありながら、これはマネジするのが非常に難しい。

　もちろんこれらのことはすべて、ある種の組織、つまり、より「伝道」的な性質をもち、濃厚なカルチャーをもった組織には特にあてはまるものだ。また、確立された大企業にもあてはまる。そのような大企業では、停滞したカルチャーが長きにわたって続いている戦略を補強しているのである。またカルチャー・スクールは、組織という生命体のある特定の時期に最も適応するように思われる。これには**強化**の時期も含まれており、この間は、濃厚な戦略的パースペクティブが精力的に追求され、そしてついには停滞期へと移っていく。これはやがて、**変化への抵抗期**に移行することが多く、こうなると、必要な戦略的適応は、その戦略的パースペクティブを含む確立されたカルチャーの慣性によって阻止される。またこのスクールは、再構成（リフレーム）の時期というものを理解させてくれるかもしれない。この期間は、新しいパースペクティブが集合的に進化していくのである。またさらには、**文化革命**という戦略のターンアラウンドを伴う期間を、理解する手助けをしてくれるかもしれない。

注

（ⅰ）ジョンソン【227】による文献の中に、同じような、しかしより詳細で、コグニティブ・スクールの側面についても触れた記述がある。

Chapter 10
THE ENVIRONMENTAL SCHOOL:
strategy formation as a reactive process

第10章
エンバイロメント・スクール
[環境への反応プロセスとしての戦略形成]

エンバイロメント・スクールへの監訳者ツアーガイド

　エンバイロメント・スクールは、従来のリーダーシップや組織に取って代わって、はじめて「環境」を戦略形成上の主語に置いた。そこでは、環境が戦略を規定し、組織はあくまでも環境に従属する受動的なものとなる。また、リーダーシップとは、環境を把握し、組織が適応していることを保証するものに過ぎない。ここでの環境とは、組織以外のすべてを指す。このスクールの戦略形成に対する功績は、他のスクールでの大前提となっている「戦略の選択」に関する自由度を、改めて議論する機会を作ったことにある。なぜならエンバイロメント・スクールでは、「戦略の選択」は、環境が一義的に決定するものだからだ。また、安定した環境は、よりプランニングを好むとし、組織はある種の生態学的ニッチへと駆り立てられるとしている。

　このスクールの発端は、「条件適応理論」に遡る。この理論によれば、アメリカとフランスでパン屋の機能が異なるように、状況が変われば行動も変わる。すなわち、戦略マネジメントは「最善策が1つだけ」あるのではなく、環境のさまざまな側面に起因して、"時と場合"によって変化するものと捉えている。外部環境の不確実性に対処するためには組織を分化し、CEOはこれら分化した各組織を統合するような管理体制を敷くことが重要であると、この理論の提唱者たちは主張している。

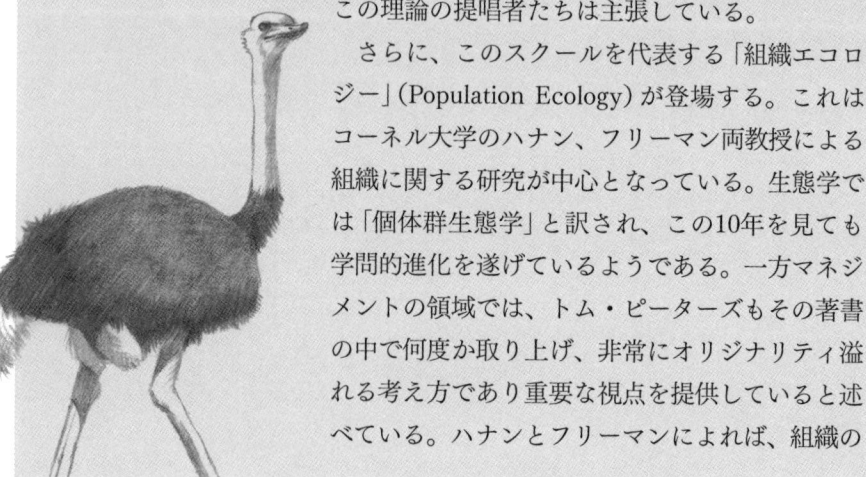

　さらに、このスクールを代表する「組織エコロジー」(Population Ecology)が登場する。これはコーネル大学のハナン、フリーマン両教授による組織に関する研究が中心となっている。生態学では「個体群生態学」と訳され、この10年を見ても学問的進化を遂げているようである。一方マネジメントの領域では、トム・ピーターズもその著書の中で何度か取り上げ、非常にオリジナリティ溢れる考え方であり重要な視点を提供していると述べている。ハナンとフリーマンによれば、組織の

基本的な構造と特徴は、その組織が誕生してからすぐに決定されるものであり、環境が組織の適合条件を決め、その条件を満たす組織が生き残り、そうでない組織は排除されてしまうのだ。

　エンバイロメント・スクールが主張する「組織には本当の意味での戦略的選択はなく、どこかに『環境の命令』がある」という考え方は批判されてきたが、外部環境と戦略家との相互関係や、組織が戦略をコントロールする限界についての議論が高まる中、戦略家の影響力が弱まっている現状を鑑みると、このスクールの重要性が増しているように感じられる。特に、環境が支配者であり、資源の「固定環境収容力」が競争市場を規定するという主張は、変革の限界に直面している企業にとって、事業の方向性を洞察するためのキーワードを与えてくれる。

　ミンツバーグ等は、特に条件適応理論における「環境」の範囲の抽象性を批判しながら、組織はDNA遺伝子によってプログラミングされたものではないとし、戦略マネジメントにおける選択の幅と組織的自由度の重要性を指摘している。どのようなときに、どのような組織が「戦略的選択」の制限を受けるのか？　制約を受けるという現実を踏まえた上で、ではどのように環境と適合し、変革を実行できるのかについては、このスクールが次のコンフィギュレーション・スクールへの橋渡しとなっている。

　ダーウィンの進化論になぞらえ、組織もまた自然淘汰されるものなのか、それとも突然変異が起こるのか？　ガラパゴス状態に陥った日本企業はこれからも生存可能なのか？　身体が小さいときには俊敏でクレバーだった組織が、大きくなり過ぎたために絶滅の危機に直面する様は、生態学とリンクし大変興味深い。重要なことは、自らの組織がどのような環境にいて、自らは一体どういう生き物であり、今後はどうあるべきか、ということを深く客観的に理解した上で、戦略を決定・実行することではないか。幸いなことに、恐竜やゾウガメと異なり、組織には集合的に学習し進化する頭脳とカルチャーがある。

「自由意志を信じなくてはならない。われわれには他に選択の余地はないのだから」

ノーベル文学賞を受賞したイディッシュ語文学者のアイザック・バシェビス・シンガーが、自由意志を信じるか、それとも運命を信じるかと聞かれて。
ファディマンの引用[133]

◉

　これまで述べてきたスクールの中の主役たち、つまり経営幹部、プランナー、ブレーン、組織などから、1つだけはっきりと欠落しているものがある。それは、組織の外にある力であり、そして組織理論家が好んで用いる（どちらかと言えば漠然とした意味でだが）「環境」と呼ぶものである。他のスクールは、環境を1つの要素として捉えているが、エンバイロメント・スクールは、環境をまさに当事者そのものとみなす。

　その結果、このような見解に傾倒する研究者たちは、組織を受動的なものとして考えるようになった。すなわち環境が組織の取り組み議題を決定づけ、そして組織とはその環境に反応するために時間を費やすもの、として捉えている。つまり戦略作成は、環境を鏡に映し出すプロセスということだ。本来ならばこのスクールは、戦略マネジメントの範囲を越えたところにあるはずである（実際、それはわれわれが好む結末である）。それにも関わらず、このような考え方で戦略作成を描写する文献が台頭し、このサファリ・ツアーでも少し寄り道をするのには、いくつかの理由がある。

　まず第一の理由は、このスクールが環境を、リーダーシップや組織と並んでプロセスの中核となる3つの力の1つとして置いたために、バランスよく戦略形成全体を捉えることができるようになったということだ。少なくともこのスクールは、マネジャーは本当に「戦略的な選択」ができるのか否か、といったどちらかと言えば無意味な議論を引き起こした。つまりこのような選択を否定することは、戦略家を全知の神とみなすこと同様、賢明な話ではないのである。しかしもう少し控えめな形で言えば、このスクールの見解は、戦略マネジメントに関わる者に対し、外的状況の要求を把握した上で、利用できる意思決定の

力の範囲を認識するように促すのである。その上、このスクール自体は、戦略と向き合っている環境がもっているさまざまな次元(ディメンション)を明らかにするのに役立ち、また環境が戦略形成に及ぼす影響の可能性についても示唆している。

　もちろん、「環境」が他のスクールの中で無視されてきたわけではない。ポジショニング・スクールでは間違いなく存在していたが、そのあり方がかなり特定されていた。それは、経済の力として、つまり産業、競争、そして市場を象徴するものとして描写されていたのである。たしかにわれわれは、戦略的な選択については、ポジショニング・スクールが似たような位置づけにあると結論づけた。つまり、決定論的な考えを自由意志の覆いで包みこんだのだ。ポジショニング・スクールで描かれたたくましいマネジャーたちは、競争的な状況が指示する通りに行動するのが賢明である、ということだ。

　同様に、コグニティブ・スクールの１つの流派が、偏見と歪曲に焦点を当てているということは、環境の影響を反映しているということだ。しかしこれは、混乱を招くシグナルを発信しており、完全に理解するにはあまりにも複雑である。また、ラーニング・スクールの中では、環境の複雑さが強調されていた。しかし環境に反応するというよりは、むしろ環境は、経験したり、それで実験したり、イナクト（想造）したり、そこから学習したりするものだとしている。そして他のスクールでは、環境は考慮しない傾向にあった。時には付随的なもの、あるいは、少なくともすでにあるものという前提で捉えられてきた。

　さてここでは、リーダーシップや組織は外的環境に従属するものとなる。たしかにさまざまなスクールを探検するにしたがい、中枢にいる戦略家(ストラテジスト)のパワーが次第に弱まりつつある。デザイン、そして後のアントレプレナー・スクールでは、経営幹部が支配者となっていた。プランニングとポジショニング・スクールでは、戦略家(ストラテジスト)を支える者としてプランナーや分析者(アナリスト)が紹介され、考え方が修正された。コグニティブ・スクールの片方は、複雑な世界における戦略的な思考者の限界に焦点を当てた。(もう片方は、戦略家(ストラテジスト)のビジョンに想像力を与えた)。さらにその他の戦略家たちが、ラーニングそしてパワー・スクールによって紹介され、彼らはカルチャー・スクールで完全な集合体となった。しかしそれでも、戦略家(ストラテジスト)が誰であろうとも、つまり個人であろうが集合体であろうが、また協力的であろうが対立的であろうが、戦略家(ストラテジスト)の概念は最高位に君臨し

続けたのだ。ところがこの章では、環境が支配者となる。本当のところスクールによっては、組織は環境と似たようなものだとする見方もある。それは、ある種の骨格のようなものだとも言えるし、真の姿そのものを描き出すカリカチュア（風刺画）とも言えるからだ。

ではいったい、この「環境」と呼ばれるものは何なのだろうか？　そのことについては、実はこの章ですら多くを語ってはいないのだ。通常は、「外にある」実体が明確につかめない力の集合体として扱われている。つまり、組織ではないものすべてを指す。そして普通は、抽象的な次元（ディメンション）の集合体として描写されることが多い。たとえば、「怒ったお客さんが扉をドンドンと叩いている」という捉え方ではなく、それは「敵意のある」状況ということだ。また、「技術革新が予想外に連続的に起きている」という捉え方ではなく、「ダイナミックな」状況として捉える。そして、「込み入った心臓移植」ではなく「複雑な」状況と捉えるのである。そして時にはこれらすべてが、組織をある種の生態学的（エコロジカル）**ニッチ**（*i）へと駆り立てる包括的な力へと変えられるのだ。ただし、それはアントレプレナー・スクールにとってのニッチではない。アントレプレナーでは、ニッチは競争から守られているところであり、市場を開拓することができるのである。しかしここでのニッチは、生態学と同様に、まさに競争の中心地となる。そして、コアラが同じユーカリの葉に群がるように、組織は自分自身と同じような実在物と競争するのである。要するに、エンバイロメント・スクールにとってのニッチは、ポジショニング・スクールにおける市場と同じである。だだしここでは、**絶えず**競争状態なのである。

エンバイロメント・スクールは、当初、いわゆる「条件適応理論」（コンティンジェンシー理論とも呼ばれる）から生まれたものである。これは、ある特定の環境の側面と、組織に特有な特徴との関係を説明するものであった。たとえば、外的環境が安定していればいるほど、内的な組織構造はより明確に形づくられるのである。後にこのような考え方は、戦略作成へと拡張されていった。安定した環境はよりプランニングを好む、というのはその好例である。さらに、自分たちを「組織エコロジスト」と称する、組織に関する理論家グループが登場し、外部環境の変化に応じてとる行動が組織の適応力を改善することはないだろうと主張した。起業家やマネジャーが、組織ができて間もないときに行う

選択は、現実的で決定的なものである。それはたとえば、組織が受け入れる組織構造や組織が使う技術である。しかし、こうした選択が、後になって組織を悩ませることもあれば、利益を生み出すこともあるのだ。言い換えれば、いったん組織が立ち上がり走り出せば、その戦略的な選択は、生き残りや失敗に対してはほとんど影響がないとみなされるのである。鍵となる選択は、初期に創られたものであり、そうした選択が、組織の運命を決めるのだ。一方で「制度主義者」と呼ばれる人々は、異なるフレームワークに基づきながらどこか似ている結果に行き着く。環境によって加えられた政治的およびイデオロギーの圧力は、劇的に戦略的な選択を制限すると主張した。この結果、環境は「鉄の檻」となったのである。

それでは、このスクールの前提条件について要約した後に、このような異なる見解について触れていくことにしよう。

エンバイロメント・スクールの前提条件

❶ 環境は、組織に対して包括的な力の集団として現れる。そして、戦略作成プロセスにおける中心的な当事者となる。
❷ 形成プロセスにおいて、組織は環境に対する反応の中で組織を形づくるが、その後次第に環境に反応できなくなる。
❸ 組織の長期間にわたる生存は、形成期間に行われる初期の選択による。
❹ 時間が経つにつれて、リーダーシップは、組織のパフォーマンスや生存可能性に次第に影響を及ぼせなくなる。
❺ 淘汰の圧力を切り抜けた組織は、最終的に優れた生態学的(エコロジカル)ニッチに集まり、そこでは、組織は同じような技術、製品や経営スタイルを共有する傾向にある。

条件適応の見解

エンバイロメント・スクールのルーツは、条件適応理論にある。これは、組織を運営するにあたって「最善の方法は1つ」である、という古典的なマネジメントの独断的な主張に対抗して発展した(包括的な見解として、ドナルドソ

[117]
ンを参照)。条件適応理論家にしてみれば、「それはすべて何か次第」なのである。つまり、組織の規模、技術、状況の安定性、外的な競争などによるのである。

このことは、状況が変われば行動も変わるという常識的認識を確信させてくれた。たとえば、アメリカとフランスではパン屋の機能は異なるということだ。だが同時に、環境をより体系的に説明する必要も出てきた。そこで、環境のどの側面に起因するのかを識別する研究が開始された。そしてミンツバーグによって、次の主な4つのグループに要約されたのである。

❶安定性

組織環境は、**安定しているもの**から**動的なもの**までその範囲が及ぶ。それは、何十年にもわたって同じマツ製の彫刻品を買う顧客をもった木彫師の安定した環境から、次に何が起きるのか決してわからない警察隊の動的な環境までということだ。そして、不安定な政府を含むさまざまな要素が、環境を動的なものにする……顧客需要の予想外な変化などもそうだ。パターンはあらかじめ見分けることはできないため、本当の問題は、予期せず起こる変化によって引き起こされるのだ。

❷複雑性

組織環境は、**単純なもの**から**複雑なもの**までその範囲が及ぶ。単純な知識で単純な製品を製造する……折畳式の箱を製造するメーカーの単純さから、……最先端の科学分野の知識を活用して、非常に複雑な成果を生み出さなければならない宇宙開発事業団の複雑性までということだ。(複雑な環境は、会計事務のようにどちらかと言えば安定しており、一方で動的な環境は、競馬の賭けのように、比較的単純であるということに着目してほしい。第11章では、4つの考えられる条件に見合う組織の形態について記述していく)。

❸市場の多様性

組織のターゲットとする市場は、**統合化されたもの**から**多様性のあるもの**にまで広範囲に及ぶ。鉄の鉱山が唯一の原産品を1つの製鋼工場に販売することから、貿易委員会が自国の産業製品を全世界に向けて売り込もうとすることまで、ということだ……。

❹対立

最後に組織環境は、**親密な状況**から、**対立関係**という範囲にまで及ぶ。名声のある外科医が患者を選り好みする状況から、すべての契約について入札を行わなければならない建設会社や、さらに戦争を行っている軍が置かれた対立関係の状況までということだ。対立は、競争や組織と労働組合の関係、組織と政府や他の外部グループとの関係に影響される。また、それらの資源によっても左右されるのだ[331]……。

条件適応理論は、このような側面に対する反応について描いているが、その大半は組織構造に関係するもので、後に、戦略に関係するようになった。た[405][406][404]とえばダニー・ミラーの最大の功績は、コンフィギュレーション・スクールにおけるものであったが、彼は次のように主張した。

「異なる状況は、戦略への異なるアプローチを出現させる」

- 「……リスクを取る起業家は……得てして……動的な環境と関連づけられる」。
- 「……多くのチャレンジと機会を提供する環境においては、戦略はより包括的で多面的になる[308]」。

戦略マネジメントにとっての条件適応理論を、単に包括的に見直すようなことはここでは行わない。なぜなら、各章の後にわれわれが行っていることがまさに条件適応であるからだ。

組織エコロジーの見解(*ⅱ)

自らのアプローチに**組織エコロジー**という名前をつけた研究者たちの研究に、エンバイロメント・スクールが最も強く表現されている。条件適応理論家は環境への適応の余地を残しているが、フリーマンやハナン[188]のような組織エコロジストは、「組織の主だった特徴が、学習や適応から生まれることは疑わしい[188][189]」と論じている。ハナンとフリーマンは、*The Populatinon Ecology of Organizations*（『組織の個体群生態学』）の中で、生物学と生態学の手法を取り入れた組織エコロジーに関する見解について最も広範囲に言及している。

もし彼らの言う通りならば、われわれが通常目の当たりにしている組織における変化をつくり出すものは、いったい何かということである。組織エコロジストは、変化の多くは必然ではないと述べている。組織の基本的な構造や特徴は、その組織が誕生してから間もなく決まる。マネジャーの初期の行動、たとえば、製造工場、設備、専門スタッフに投資することは、慣性をつくり出し、その後、マネジャーの行動の自由を奪う。実践が硬直化すると、初期の選択によって生じた慣性は、意思決定者によって受けとられるべき情報を制限する。そして組織再編に抵抗するユニットのような、組織内の政治的な力を生み出すのだ。また、市場への参入や撤退に関する法的、経済的な障壁といった慣性を助長する外圧がある。それには、外部情報の入手や獲得に関する制約、変化への抵抗を生み出す既存の合法的な様式、そして組織が一連の方法（「産業の処方箋」など）で行動するよう互いに締め付け合うような、集合的合理性に関する問題が含まれる。

組織エコロジストは、ダーウィンのよく知られた変異・淘汰・保持モデルを利用するが、われわれがラーニング・スクールで確認したものとは異なる。ここでは、プロセスが集団というレベルにおいて行われる。実際には生物学者が離れたところから集合的行動という観点でショウジョウバエを理解するように、組織エコロジストは組織を理解する。そして彼らは変化を説明するにあたり、個別の組織がほとんど偶然に起こす革新と、集団レベルでの生存競争との間の相互作用に着目している。

個別の組織が、ある革新を経て誕生するということは、集団に変異をもたらすということだ。その革新は組織を有利な立場に導くが、生存するためには十分な資源の供給を確保する能力が必要である。しかしながら、各環境の資源には限りがある。それは、生物学の言葉を使えば、「固定環境収容力」ということである。

急速に成長している新しい産業では、大半の既存組織を支える環境収容力があるだろう。しかし既存の組織が成長し、より多くの組織が参入するようになると、環境収容力を超えてしまう。さらに、産業が成熟するとその環境収容力が衰え、製品需要も横ばいになるかもしれない。[123] 資源をめぐる争いが起こり、適合しきれない組織が追い出される。当然これは競争であるが、ポジショニン

グ・スクールの言う競争とは様相が異なる。なぜなら、ここでは組織が争って互いを直接攻撃することがないからである。むしろ適合の基準を定め、この基準を満たす組織が生き残り、そうでない組織はつまみ出されるのである。

組織エコロジーは継続的な適応のプロセスとして戦略を捉えようとはしないが、戦略そのものを否定はしない。ハナンとフリーマン[188]は、組織にはほとんどの場合偶発的であっても、選択権があると主張している。つまり、環境を最大限に活かし、ひいては適合を最大化させることができるし、さもなければ、将来の緊急事態に備えて特定の資源を確保しておくこともできるのである。最初は効率性に重点を置き、もう一方は柔軟性を重視している。組織はキャパシティの超過に備えて、どの種の資源をどれだけ残すかということを決定することで、将来に対して賭けをしなければならないのだ。

ハナンとフリーマンの後に続いた多くの組織エコロジー研究は、組織が生き残る確率を上げる、もしくは下げる要因は何かを探究するものとなった[203]。基本となるメタファの話を続けよう。多くの場合、組織の有する財産はバランスシートの「負債」の観点で見ることもできる。たとえば「負債の大小」からは、大きな組織のほうが資源に恵まれ、ひいては失敗する確率が低いことが予想できる。「負債の新旧」は、産業に参入したばかりの企業のほうが、その産業により長く身を置いている企業よりも失敗する可能性が高いことを意味する。そして「青年期の負債」は、幼年期から成熟期にかけての移行期間こそが、組織にとって最も危険であることを意味している。なぜなら誕生は、革新的なアイデアと起業家的なエネルギーによって実現し、成熟期は豊富な資源とパワーによって特徴づけられるが、その中間では、組織はアイデアとエネルギーをすでに使い果たしてしまったり、資源とパワーをまだ確立していない場合があるからだ。

遅かれ早かれ、組織はすべてのこうした段階を通過する。これは、組織がすべてのこうした負債を経験することを意味しているのだろうか？　ヘンダーソン[203]は必ずしもそうではないと言っている。負債のいくらかは、ある環境の下でだけ起こるかもしれない。ところが別なケースでは、実際のところ影響力をめぐって競争しているかもしれない。それゆえ、負債の相互作用は、複雑かつ予測できないものになる。経営的な視点では、組織エコロジーはむしろ実用性という面で限界があるということだ。

●───誰が適応しなければならないか？

　組織エコロジーに対する批判はおびただしく、いくつかの明白な問題点を中心に展開する。たとえば「組織という集団におけるこうした変異は、どこから現れたのか？」と疑問を呈したファン・デ・フェンは、起業家と発明家の役割を示唆し、一方でアストリー[22]は、環境は比較的開放されており、どのような変異を押しつけられてもそれを受け入れると指摘した。

　批評家たちは、組織はショウジョウバエのようなものではなく、また意思決定は、遺伝学的素質によってプログラミングされているものではないと反論した。組織エコロジストは、望遠鏡の反対側から世界を捉えていたのかもしれない。そのために近くにあるものが遠くに映り、詳細がまとまりのないぼんやりとしたものへと溶けてしまったのである。

　変化の問題を考えてみよう。組織エコロジーはその主張を確立するまでに、はるかかなたの長い時間を必要とする。「最も大きく、最もパワフルな組織であっても、長期間にわたって生き残ることはできない」という主張を正当化するために、ハナンとフリーマンは独立戦争まで遡る必要があったのである！　その当時存在し、そしてハナンとフリーマンが調査を行った時期にも残っていた企業は、たったの20しかなかった（そのうちの7つは、他の企業の部門としてである）。そして彼らは、次のようにコメントしている。「おそらく、最も大きく、そして支配的であった組織の集団としての生態を研究するには、もっと長い時間の長期展望が必要であろう」[188]。しかし200年も必要なのだろうか？

　さらに組織は、環境と呼ばれる抽象的なものによってではなく、別な組織の積極的な戦略的行動によって死滅する可能性もある。実のところ生物学においてさえも、自然淘汰によるのではなく、内的に誘発された変化による、種の適応能力に関する議論が一般的となっている。この議論の大半は、スティーヴン・ジェイ・グールドによる「断続平衡」モデルによって刺激されたものである。このモデルは、少なくとも生態学的な観点から見れば、変化があまりにも急だったので、ダーウィンの唱えた自然淘汰を維持することができなかった、と論じた。「地質学的記録は、漸移的な変化にも急変的変化にも同じくらいの証拠を提供する」、つまり「……"完全にできあがった"状態で……突然現れる」[163]ので

ある。

　さらにグールドは、「絶滅は恥ではない」と主張し、次のように指摘した。「恐竜たちは1億年もの間地球を支配したのに、数万年しか生存していない種が、彼らを失敗のシンボルとして捉えているのである！」。そしてグールドは、生命とは「複雑な枝分かれと放浪の物語であり、束の間の生存者が、その環境を局地的に変えて適応しようとする……」[164]と述べた。マネジメント分野ではこの精神に基づき、また生態学からも引用しながら、アストリーが**個別**の適応と**共同社会**の適応とを識別した。前者は、遺伝的、そして身体的である可能性をもっている。これは、「個別の組織が、その環境における局地的な変異に対応することができる」ということを意味し、場合によっては暫定的に対応することも可能である[21]。つまり、組織が戦略を作成する際に見られることとほぼ同様である。こうしたことは、「共同体エコロジー」の発展を導き、特別な組織の誕生と死滅よりむしろ、組織形態の出現と衰退を考慮している。

制度上の圧力による順応

　組織理論の父、マックス・ウェーバーは、技術上の合理性と管理上の合理性が厳しく追求される中で組織は形づくられると捉えた。そして、これら合理性の追求は、増長し続ける官僚体制の中にその姿を現すものとした。ウェーバーを一躍有名にした言葉を借りれば、マネジャーが直面するものが形になるのは、合理性という「鉄の檻」の中でのことである。

　ウェーバーがその研究を終えたところから、多くの組織社会学者が研究を始め、「制度理論」として知られるようになった見解を導き出した。これは、組織がその環境下で直面する制度上の圧力、つまり他の組織から、そして組織であることからくる圧力について言及しているのである。

　制度理論は、環境を2種類の資源のための貯蔵庫とみなす。その種類とは、経済的資源と象徴的資源である。経済的資源とは、なじみのある有形のもので、お金、土地、そして機械類である。一方、象徴的資源には、たとえば、効率がよいという評判、過去の実績をたたえられたリーダー、そして有名な企業との提携といった関係をもっていることから生まれるプレステージが含まれる。戦

略とは、経済的な資源を確保し、それらを象徴的な資源に変換する、あるいはその反対に象徴的な資源を確保し、経済的な資源に変換する方法を見つけることである。それによって、不確実な環境から組織を守ることができるのだ。したがって戦略プロセスは、「インプレッション・マネジメント」という領域に突入していく。

> 「したがって戦略プロセスは、『インプレッション・マネジメント』という領域に突入していく」

　この領域における環境は、主だったサプライヤー、消費者、規制やその他の政府機関の間の相互作用、そしてもちろん、競合との相互作用によって構成されている。そして時間の経過とともに、実際の行動を支配する複雑で強力な基準になるのだ。組織が成功するためには、この基準を直視し、習得しなければならない。このことによって時間とともに、同じ環境にいる組織が、似たような組織構造や行動に適応していくようになるのだ。

　メイヤーとローワンが、**制度上の異種同型化**[302]と呼んだ制度理論について、次のように主張した。制度上の異種同型化という考え方が覆いとなり、組織は守られる。たとえば、「模倣という行為は問題にされず、組織は一言で言えば、正当化されるのだ」[302]。

　制度理論は、3種類の異種同型化を識別する。**強制的な**異種同型化は、基準や規制といったことによって順応させる圧力を意味する。たとえばすべての航空会社は、厳重な安全基準にしたがわなければならず、これが一種の組織構造と戦略の均一化へとつながる。[255]**擬態の**異種同型化は、借用と模倣の結果である。組織は、成功した競合のアプローチをコピーする。なぜならそれは、成功へつながるばかりではなく、自社もまたベスト・プラクティスの最先端にいることを、第三者に納得させたいからである。相も変わらず、マネジャーたちの間で人気がある「ベンチマーキング」はこうした圧力の証拠となる。[495]**規準となる**異種同型化は、専門家の意見に強く影響された結果として生まれる。多くの組織は、自分たちのプロフェッショナルな規準を意思決定の際に持ち込む専門家たちによって支配される。たとえば、契約の交渉は弁護士に委ねるということが広まっているが、このことが企業間の均一化を進め、形式ばらない、特有のビジネスのやり方を排除しているのである。[114]

　制度理論家たちはこのようにさまざまな形式が結びついた結果、組織は独立

した意思決定のスコープがほとんどないポイントに無理矢理向かわされていることに気づいている[103]。したがって他の研究では、異種同型化の圧力に対する組織的対応の多様性に焦点を絞ってきた。たとえば、オリバーによれば、組織は次のようにさまざまな行動に適応する[369]。（1）黙従（完全に制度上の圧力に屈服すること）。（2）妥協（一部のみこのような圧力に応じること）。（3）回避（順応する必要性を除外しようとすること）。（4）反抗（制度上の圧力に対して積極的な抵抗を示すこと）。そして（5）意図的操作（圧力を緩和、ないしは変える試み）。しかし、これが、エンバイロメント・スクールの仮定を崩すものではないことに注意してほしい。なぜなら、こうした戦略的スタンスすべて、反抗や意図的操作でさえ、制度上の圧力に対する反応であるからだ。

エンバイロメント・スクールの批評、文脈、功績

　戦略的な選択という制限をもった考え方に関するわれわれの懸念については、すでに記述した。では次に、もう少しこれについてくわしく説明していくことにしよう。

　戦略的なマネジメントの目的を鑑みた場合に、条件適応理論が有する最大の弱点は、その環境の特質があまりにも抽象的であること、つまり、曖昧にまとめられているのだ。戦略は、特定のポジションの選択を行わなければならない。有能な戦略家（ストラテジスト）であれば、たとえ深い湖の中であっても立つ場所を見つけることができる。逆に無能な戦略家（ストラテジスト）は、浅い湖でも時には溺れてしまう。だからこそこの分野においては、差別化を図る戦略が大変重要な概念となるのである。つまりそのことが、表面的には似たような環境下で、組織がどう異なるのかを説明しているのである。

　現実的に言えば、すべてに寛容な、あるいは複雑で、敵意に満ちた、あるいはダイナミック（荒れ狂っているのはもちろんのこと）な「環境」に組織が直面することはない。しかし、このような状況がどこかしらの市場で、ある特定の技術あるいは顧客の嗜好に限って断続して存在することはある。とはいっても、このようにまとめられたレベルで戦略をマネジしようとするのは、無謀に思える。戦略家（ストラテジスト）たちは、時間、適応性、状況に応じてニュアンスを変えるといっ

た「奥行きのある」表現を用いた「きめの細かい」厳密な調査を必要としているのだ。次章でも検討するが、戦略マネジメントは、エンバイロメント・スクールの類型のような豊かな表現を取り入れたほうがよいかもしれない。それは、自分たちの歴史の中で、どのような組織が、どの時点で、何を経験するかを詳細に記述しているのである。

● 行動する以外に選択の余地はない

　しかし、われわれの本当の懸念は、組織エコロジストだけに限ったことではないが、特に彼らが描写した「戦略的選択」に関するものである。組織には本当の意味での戦略的選択はなく、どこかに「環境の命令」が存在するのだという考え方は、あらゆることを根拠に批判されてきた。では、非常に異なる戦略をもっている2つの企業が、似たような環境下でどのようにして成功するのだろうか？　組織は、果たしてどこまでその「環境」とはっきり区別されているのか、特に境界線を不鮮明にするアライアンスやジョイント・ベンチャーが増加している中ではどうだろうか？　環境が組織を「選択」するのか、それとも組織が環境を「イナクト（想造）する」のか？　結局のところ、あらゆる組織がそこで機能しているということを除いたら、いったい何をもって「産業を取り巻く環境」と言えるか？　それはたとえば、一企業によって環境が独占されているような場合である。産業においては、限られてはいるが、このようなプレーヤーが存在する場合があるのだ。さらに、環境はそもそも「存在」するのだろうか、それとも人々が知覚しているだけなのだろうか。つまりそれ自身が社会的解釈なのだろうか？　そして最後に、選択肢をもたない生命ある有機体などあるのだろうか？

　われわれは、組織が選択をするか否かの議論は、人が幸せになれるのかなれないのかを議論するのとほぼ同じくらい有益であると考える。それぞれが全体的な広がりをもっており、それに対する予言は自己満足になるだろう。もし幸福や選択を信じるのであれば、それはどこにでもある。もし信じなければ、それはどこにも見つからないかもしれない。それに、このような議論に没頭することが、人を不幸せにし、そして選択する時間を奪ってしまうことになるかもしれない。

もちろんショウジョウバエは、生物学における組織エコロジストのお気に入りである。遠くから観察していると、彼らは自然淘汰の法則を受け入れているかのように見える。しかし近くから観察すると、

> 「選択肢をもたない生命ある有機体などあるのだろうか」

上に行くか下に行くか、右と左どちらに行こうかと絶えず選択をしていることがわかる。なぜなら、彼らには無限のオプションが与えられているのである！　組織エコロジストたちが朝の通勤ラッシュにもまれて職場に向かう姿を、ショウジョウバエが上空から観察していたとしよう。通勤途中のこの有機体は、ほとんど前に進むことができず、ましては左にも右にも、上にも下にも進むことができない。そして有機体がオフィスにたどり着くまで後を追ったショウジョウバエは、生態学的な力が働いて組織エコロジーの論文ができあがったのだ、と結論づけるのだろうか？　そしてそのことについて間違いを犯してはいないだろうか？　ショウジョウバエにとってどっちの方向に飛んでいくかという選択は、大学教授がどのような論文を執筆するか、さらに言えば、どの理論を批評するか、という選択と同じくらい重要なことである。もしショウジョウバエも大学教授について執筆することができるのなら、世界はどんなに面白いだろうか。

　おそらく、ハナンとフリーマン自身による指摘が最も的を射ているかもしれない。それは、「選択への圧力を軽減するために、大規模で支配的な組織は、他の大きくて力のある組織と連動することができる」というコメントである。2人によれば、「選択への圧力は、さらに上のレベルへと跳ね上がる。したがって、個々のシステムが失敗するのではなく、ネットワーク全体が失敗に終わる」[188]のである。究極のネットワークは社会そのものである、と認識する心構えができているなら、これは十分に正しい。この議論を進めながら、全員で「自然な」結論に到達するにしたがって、自分たちがより大きな構図の小さな駒にしか過ぎないことを認識（あるいは認識しない場合もあるが）したのなら、組織エコロジーも戦略的なマネジメントも、あるいは生命そのものも意味があったのだろうかと問うてみたほうがよいかもしれない。

　そこで、最善のアドバイスは、冒頭でも紹介したアイザック・バシェビス・シンガーの言葉であろう。「自由意志を信じなくてはならない。われわれには

他に選択の余地はないのだから」。

●───制約の中での選択

　戦略的なマネジメントは、実際にはその生態的地位に適応するので、組織を至近距離から、つまり、いわば戦略家（ストラテジスト）の立場で捉えなければならない。そこで考慮しなければいけないのは、選択の**存在**ではなく、選択の幅を広げる、ないしは制限する**条件**なのである。たとえばヘイグは、組織が自分たちで制約を選び、それゆえに自分たちの選択肢に自ら制約を課しているのだと主張した[171]。

　マギル大学のグループは、戦略作成において歴史的に現れたパターンの研究の中で、これに関する興味深い事例を確認している。たとえば、1970年代におけるカナダ航空は大規模で非常に力のある組織であり、揺るぎなく統制されたカナダ市場においては最大手であった。しかし、その規模ゆえに選択が制限された。ジャンボ・ジェット機が開発されたというのに、「世界クラス」の航空会社のいったいどこが、それを購入しないでいられただろうか？[349]　一方、1930年代にスタインバーグの店は、厳しい不況下で活動する小さなスーパーマーケット・チェーンだった。しかし、十分なコンピタンスをもっていたので、大型チェーン店ができないような選択をすることができ、たとえば大型店が撤退したところに出店を図ったのである[345]。

　同様にウィリアム・テイラー[476]は、どちらかといえば敵対的な環境（民族主義的な様相が濃くなりつつあるケベック州のフランス語を話す地域で、英語を公用語とする制度）に対して、4つの小さな組織がどう反応したかに関する研究を行った。彼は、「戦略を変える組織の意思または欲求」と名づけたその組織の[476]内的なカルチャーが、適応における最も重要な要素であることを発見した。たとえばテイラーが研究した病院は、本来ならば最も制約を受けていると考えられた。しかし、実際には比較的うまく適応していたのである。そこでテイラーは、「この研究を通して確認された戦略的な適応に関する外的な制約は、非常に範囲が広く、組織的な画策の余地を十分に残すものである」[476]と結論づけた。これこそが戦略マネジメントの中心的メッセージなのかもしれない！

　われわれの考えでは、戦略マネジメントを刺激的な分野にしているのは、実践者や研究者双方が、豊かでニュアンスを醸し出す世界、驚きに満ち、想像力

に溢れた行動を好む世界に絶えず直面しているからである（あるいは少なくとも、直面することを選択できるということである）。成功する戦略家〔ストラテジスト〕は、至近距離まで近づき、詳細を理解する。成功する研究者も然りである。こうして、エンバイロメントの分野が、マネジメントにおける他の分野と区別されるのは、まさに戦略的選択に焦点を絞っているからである。つまり、どのようにそれを見つけ、どこで見つけるべきか、あるいは発見できないときにはそれをどう創り出せばよいのか、そしてさらにどう活用していくかということなのである。したがって、組織エコロジストが集団の存在について議論しなくてよいのと同じように、戦略マネジメントでは、選択の存在について議論をする必要はもはやないのである。それぞれが、その中核となる概念を建設的に開発しなければならないのである。

　そこで、集団としての組織、組織の環境、そして特に組織が取り得るさまざまな形について、エンバイロメント・スクールから学ぼうではないか。さらには、このスクールの考え方が最も適応するところを検討し、どのような組織が最も制約を受けており、そしてどのようなときに戦略的な選択が制限されてしまうかを検討してみよう。たとえば、組織のライフサイクルにおける**成熟期**の間ではどうであろうかという風に。しかしながら、過度に誇張された表現や抽象的な概念で脱線しないようにしなければならない。もちろん解答のない議論を延々と続けることも避けなければなるまい。

注

　（＊ⅰ）生態学におけるニッチとは、自然という組織体内での場所、すなわち、生物社会で個体の占める位置を示すものであり、そこには競争が存在する。経営学で用いられるニッチとは、収益可能性の高い特定市場分野を指し、そこは競争を回避することが可能な場所である。

　（＊ⅱ）Population Ecology ＝ 生態学では「個体群生態学」。生物の個体群の動態を個体間の相互作用と環境の関係から説明しようという学問（小学館　デジタル大辞泉より）。ここでは意味的に捉え、「組織エコロジー」と訳す。

Chapter 11
THE CONFIGURATION SCHOOL:
strategy formation as a process of transformation

第11章

コンフィギュレーション・スクール
[変革プロセスとしての戦略形成]

コンフィギュレーション・スクールへの
監訳者ツアーガイド

　このスクールは、一言で言うと「変革をどうマネッジすべきか？」という課題に対し、組織が置かれる状況をどう捉え、次への変革のプロセスをいかにコントロールするのかという考え方を示したものと言える。しかし、このスクールは変革のハウツーを示した規範的アプローチではないということには、注意が必要だ。つまり、考え方や手法の例を学んだ後に、どうそれを取り入れるかは読み手が考えることになるのだ。とはいえ、ヒントはさまざまな角度から多種多様に散りばめられている。

　このスクールによれば、組織には大きく2つの局面がある。1つは、コンフィギュレーション（配置構成の状態）と呼ばれる、組織とその周辺の状況が置かれたある特定の安定した状態である。もう1つは、トランスフォーメーション（変革）と呼ばれる変化のプロセスで、このプロセスにより組織は現在のコンフィギュレーションの状態から次のコンフィギュレーションの状態へと飛躍・変化する。したがって、戦略形成とは、あるべきコンフィギュレーションの状態にトランスフォームするためのプロセスそのものとなる。

　コンフィギュレーション・スクールは、戦略マネジメントに不可欠な静的・動的局面に関して、前述のすべてのスクールのメッセージを統合しながら、1つの方向へと調和させる枠組みを提示している。つまり、各スクールに代表される考え方は、"適切な時と文脈"に応じて選択される訳だ。たとえば、創業時のベンチャー企業は、起業家的リーダーや単純な組織のもとに実行可能な先見性の高い戦略に依存する傾向がある（アントレプレナー・スクールの選択）。ミンツバーグ等は、組織の発展段階に沿ってさまざまなパターンを、独自の視点から紹介している。

　例えば「量子的飛躍理論」によれば、戦略の方向性が、徐々にだがある日突然外部環境とずれてしまい、戦略的革命による変化が起こる。その変革の種子は、戦略革命が必要になるまで組織の片隅に隠れているが、あるタイミングで突然拡散を開始するのだ。ある意味それは創発的戦略とも言えるが、重要なことは、「組織があらかじめ変革の種子を内包している」ということで

ある。この理論は大規模かつ安定した大量生産型企業で発生する。こうした組織では、定型業務への依存度が高く、戦略転換に抵抗し、他の戦略代替案を本気で議論しようとはしない。したがって、革命的変化で破壊されると、今までの安定的秩序が突如崩壊するため、変化に耐えられず存在自体が崩壊してしまうこともありうるのだ。

　中・長期にわたって革新を続け、発展・成長を遂げる企業というのは、実は外から突然現れた外科医が手術を行い成功するというパターンよりも、組織の中から創発的に変革の烽火が上がるパターンが多い。それが起きない・起こせない企業は、いかに外から優秀な外科医を頼み短期的手術に成功しても、こうした革命的変化を生き残ることはできない可能性が高い。"変革は辺境から"とよく言われるが、要するに、変革の種子は辺境にすでに埋もれながらも存在する。そうした将来性のある種子や人材を辺境から発掘し、育て、徹底支援するのがCEOの役割として重要である。アンビバレントな変革の状況をマネジメントするために、CEOは、「変革の場」を創造することに注力しなければならないのだ。

　変革シナリオの「計画と実行と成功」を厳しく要求される環境に置かれた企業にとって、新たなコンフィギュレーションの状態を描きながら、いかに統合的パースペクティブのもとに、トランスフォーメーション・プロセスを創出できるかは、今後の生き残りの鍵となる。そうした意味でも、マッキンゼーの変革プログラムをはじめとするさまざまな変革推進の事例は参考になるはずである。特に、危機意識を醸成するというのは、単に問題の文脈を記述するだけで終わるのではない。時間軸に明確なデッドラインを刻み、単に環境の変化に対応するだけでなく、自らが不連続・断続的変化を生み出す能力、創造する能力、政治的に仕切る能力が必要不可欠なのだ。

「地球の歴史をたどってみると、どの局面においても一兵卒の生涯によく似ている。それは、長々と続く退屈の時期と、一瞬の恐怖の時期の繰り返しなのだ」

スティーヴン・ジェイ・グールド

●

　これまで述べたことのすべてを包括する。コンフィギュレーション・スクールのメッセージはこの一言に尽きる。このスクールは、それぞれのスクールがその最もふさわしい時と、その最もふさわしい場所に存在するという独自の考え方をもっており、すべてのスクールの土台となるという点で他のスクールとは一線を画す。つまり、このスクールが他のスクールのメッセージを統合して、1つの方向に調和させることが可能だということだ。

コンフィギュレーションとトランスフォーメーション

　このスクールには、2つの重要な側面がある。1つは、組織とその周辺の文脈についての状態を示すもので、**コンフィギュレーション**と表現する。もう1つは、戦略作成プロセスを示すもので、**トランスフォーメーション**と表現する。
　実はこの2つは、コインの表裏の関係にある。もし、組織がありのままの状態に適応するのであれば、戦略作成は、ある状態から次のあるべき状態へと飛躍するプロセスとなる。つまりトランスフォーメーションは、コンフィギュレーションの結果生じる必然的なプロセスなのである。組織には、一貫性をもつべき時期と変化すべき時期があるのだ。
　これはわれわれが最初の章で記した、戦略マネジメントのもつやや不思議な特徴と一致する。文献には明確に、戦略マネジメント自体は**変化**に関わることであると示されているが、戦略自体は変化に関するものではなく、むしろ継続性を追求するものである。行動のパターンを確立するための計画的なプランであっても、結果的には確立されたパターンを生み出すことになる創発的なパターンであっても、どちらにしても戦略が求めるものは継続である。つまり、戦略作成のプロセスは、組織が進む方向を変えるために始まったとしても、その

結果として実現した戦略は、その方向性を安定させるのである。そしてコンフィギュレーション・スクールが、最もこれにふさわしい。このスクールは、与えられた状態においては相対的に安定している戦略が、時には新たな状態へと劇的に変化するために、その安定性が阻害されることがあると述べている。

ポジショニング・スクールは「形を示す」スクールである。これに対しコンフィギュレーション・スクールは、次の２つの点において「配置構成する」スクールだと言える。第一に、組織の「状態」、「モデル」、「理想型」を定義づけるために、ある特定の状況下において、組織の特徴を示すさまざまな要素を集合させてまとめて１つにする方法を示す。たとえば、新興産業で創業したばかりの組織の場合は、起業家的リーダーや、先見性のある戦略に依存する特徴があるのだ。第二に、「段階」、「時期」、そして組織の「ライフサイクル」を定義づけるために、これらのさまざまな状態が、時を経て一定の順序に配列される方法を示す。同じ例を続けると、起業家的組織は、年を経てその産業が成熟化すると、プランニング・プロセスに依存するプロフェッショナル・マネジャーと言われる人々の下で、創業の段階から形式化した組織構造へとシフトしていくようになる。

もちろん「状態」というのは、安定した立場で身を守ろうとする行動をとることを暗に意味している。そのような見方をする人々にとって、戦略作成は、組織が新たな状態へ移行するために（状態の不在を避けるためにもできるだけ早く）、状況を揺さぶって動きやすい状況をつくってくれるものである。したがって、このスクールのもう一方では、むしろこの戦略プロセスを劇的なトランスフォーメーションの１つとして捉える。たとえば、それをこのスクールでよく使われる言葉に置き換えると、「ターンアラウンド」と「再活性化」である。

諺でよく使われる馬と馬車、結婚における男と女の関係のように、コンフィギュレーションとトランスフォーメーションはいつも一緒かもしれない。しかし、少なくとも戦略マネジメントの文献と実践に示されているように、実際この２つの性質はまったく異なる[125]。コンフィギュレーションのほうは、概念の捉え方が重要なため、学者によって研究され説明される傾向がある。一方、トランスフォーメーションはマネジャーによって実行され、またかなりコツを必要とする内容なので、特にコンサルタントによって処方される傾向がある。われ

> 「われわれの使っているサファリのメタファを使うと、一方は追跡し、他方は罠をかけるのだ」

われの使っているサファリのメタファを使うと、どちらもまだ象を探していることに変わりはないが、一方は追跡し、他方は罠をかけるのだ。馬と馬車の比喩を用いると、馬（プロセス＝トランスフォーメーション）は時々、馬車（状態＝コンフィギュレーション）を次の場所まで牽引しなければならないのだ。

細分派と併合（統合）派

チャールズ・ダーウィンは生物界の分類学上において、「細分派」と「併合（統合）派」[105]を峻別した。細分派とは、相違点を重視して、種や亜種を細かく分けようとする。併合派とは、生物の類似点を主張して大きく分類する。エンバイロメント・スクールの提唱者は、強硬な細分派になる傾向がある。彼らは「変数」を分離し、それぞれを連続したスケールの上に並べ、組み合わせてはその関係の研究をすることを好む。一方、コンフィギュレーション・スクールの人々は、臆面もない併合派である。彼らはすっきりした簡潔なカテゴリーに括って世界を眺める。微妙な差異は全体的な集合に組み込まれ、消えてしまう。それは統計学上、異常値は分布の中央値の影響を受け、無視されるのと同様である。

こういう話もまた、簡素化のなせる業である。事実当然のことながら、コンフィギュレーション・スクールに対する最も説得力のある批評は、さまざまな問題を、複雑で微妙な理論に組み込んだ細分派（たとえば、第９章で触れたスウェーデンのグループ）の高度な研究となるだろう。これとは対照的に、併合派の説明は簡潔というよりはむしろ断言的とも言えるが、しかしそれだけにわかりやすい。そのため、彼らのほうが実践では広く受け入れられているが、より的確というわけでもない。

コンフィギュレーション・アプローチは、必ずしも学術的な主流というわけではないが、社会科学のすべての分野に見られるものである。主流となり得ないのは、数値化や細分化を好む「科学的」であることに対する強迫観念が、あまりにも強すぎるからである。しかし、歴史の分野では著しい例外となる。つまり理論的分析はあまりしないが、併合化は一般的である。歴史学者は歴史の

ある時期を切り取り、その部分だけを特定して集中的に研究する。たとえば、ある革命について研究する歴史学者は、通常、革命について包括的に理論構築を行ったりはしない。しかし例外もある。クレイン・ブリントンは革命について類型学的考察を試み、トインビーやロストウ、ブロウデルはさまざまな時代を歴史的に包括して捉えている。

実のところ、戦略マネジメントはこの研究から学ぶところがある。いずれにしても、社会と組織は相通ずるところが多いからだ。たとえば戦略的ターンアラウンドは、政治的、文化的革命のようなものと考えることもできる（たとえば、ファーサロトゥ）。また、「時代区分」自体の特質について書いた歴史学者もいる（初期のゲルハルト、ポコラ、ポペスクなど）。その時代区分のおかげで、われわれも組織の歴史における各段階を理解することができる。

戦略マネジメントにおいては、当然のことながら併合化が一般的であった。これは、理論と実践が密接に結びついているためと考えられる。研究者は、実践者にとって有益なものを提供することを勧められる。そこでこのスクール、また戦略マネジメントという分野全体の起源を追うと、実に1962年の経営史家、アルフレッド・D・チャンドラーが書いた先駆的な本、『組織は戦略に従う』にまで遡る。歴史の慣例にのっとって、チャンドラーの本では主に個別のケースを扱い、特にアメリカで最も重要な4企業、デュポン、シアーズ・ローバック、ゼネラル・モーターズ、スタンダード石油（ニュージャージー）各社の、戦略および組織構造の発展を中心に書かれている。しかし、最終章でチャンドラーは、それぞれについて、4つの明確な段階（後で説明）の順を追って、戦略と組織構造の理論を展開した。彼はまた、広く引用されている「組織構造は戦略に従う」（それを採用したデザイン・スクールの章ですでに扱っている）、という結論を導き出している。

われわれはまず、もうすでに示されたこのスクールの前提条件から始める。そして、コンフィギュレーションに関する研究を見てから、トランスフォーメーションに関するより実践的な研究へと移る。そして最後には、このスクールに関する批評、および文脈と功績に関してわれわれの意見を述べる。

コンフィギュレーション・スクールの前提条件

　コンフィギュレーション・スクールの前提条件は、ある意味で他のスクールの前提を包含するが、それぞれがきちんと定義された文脈においてのことである。しかし、この包含することが、コンフィギュレーション・スクールを他のスクールと区別することになる。

❶組織は、ほとんどの場合、特徴的なある種の安定したコンフィギュレーションの状態として表現することができる。つまりそれは、明確に区分されるある一時期に、組織がある特定の組織構造の形に適応するということだ。その組織構造は、ある特定の文脈に適合し、その文脈がある特定の戦略を生み出すために、特定の行動を組織にとらせることになる。

❷この安定した時期は、時折トランスフォーメーションのプロセスによって遮断され、別のコンフィギュレーションの状態へと大きく飛躍する。

❸このような連続的なコンフィギュレーションの状態とトランスフォーメーションの時期は、時を経て組織のライフサイクルのようなパターン化した順序を形成する。

❹そこで戦略マネジメントの鍵は、現状の安定を維持するか、あるいは通常は最低限適応可能なレベルの戦略的変化を維持することである。しかし、定期的にトランスフォーメーションの必要性を認識し、組織を破壊することなく、その混乱するプロセスを乗り切るマネジメントを行うことも重要である。

❺したがって戦略作成のプロセスは、各スクールに代表される考え方、すなわち概念のデザインまたは形式的プランニング、システマティックな分析、またはリーダーシップのビジョン、協同学習または競争的影響力の行使、個人的認知への集中、集合的共同化、または環境への単純な反応のいずれかである。しかし、それぞれがその適当な時期と適当な文脈の中に見出されなければならない。つまり、戦略形成に関するそれぞれのスクールの考え方自体が、ある特定のコンフィギュレーションを象徴しているのである。

❻結果として生じた戦略は、プランまたはパターン、ポジションまたはパース

ペクティブ、あるいはプロイ（策略）という５Ｐのいずれかの形態をとるが、これも時と状況に応じて決定される。

コンフィギュレーションの研究

　コンフィギュレーションに関する研究の議論のはじめに、マギル大学のマネジメント・ポリシー研究グループで行われた初期の研究をいくつか取り上げる。次に、そのグループではじめて博士号を取得し、特にコンフィギュレーション・スクールに関して豊富な研究を行ってきたダニー・ミラーの研究内容について議論する。最後に、この性質をもったその他の研究をレビューする。

●───マギル大学におけるコンフィギュレーションの研究

　1970年代はじめに、プラディップ・カンドゥワラがマギル大学の経営学部に加わり、コンフィギュレーション・アプローチへの関心が喚起された。カンドゥワラはカーネギー・メロン大学時代の博士論文で、このアプローチに関する実証的検証を行っている。彼の研究によれば、組織が有効に機能するかどうかは、権力の分散や特定のプランニング・アプローチなどといった際立った特質を単独に利用することではなく、複数の特質が相互に影響し合うことに関係する。つまり組織は、さまざまな特徴を、互いに補完し合うやり方でまとめていくことで、効果的に機能するものだということだ。たとえば、ある種のプランニングは、ある種の組織構造の形態、それに見合った指導スタイルと相互に影響し合うのだ。

　この発見にわれわれの１人が興味をもち、特にそれは、組織をカテゴリー化して捉えた２冊の本に反映されている。そのうち１冊は組織構造（ミンツバーグ）について、もう１冊は組織の力関係（ミンツバーグ）についてである。この２つを合わせると、次ページ以下の囲みにあるように、組織はそれぞれ、起業家的、機械的、プロフェッショナル、多角化、アドホクラシー、伝道的、そして政治的というように類型化される。

組織構造とパワーのコンフィギュレーション
(ミンツバーグ『人間感覚のマネジメント』【335】より引用)

起業家的組織

　組織は単純で、その多くは小規模で若く、上司と部下たちという1つのユニット程度の大きさである。組織構造は非形式的で柔軟性に富み、調整の多くはリーダーによって行われる。このため、官僚主義に陥ることなく、絶えず変化する環境の中でもビジネスが行われる。典型的な例は、起業家的企業である(時には創業者支配の下で大きく成長する)。しかし、大きめの組織においても、危機に直面すると、このリーダーシップの形態に立ち戻ることがある。われわれはここで、ビジョニングとして戦略形成を見つけることができる(アントレプレナー・スクールで述べたように)。

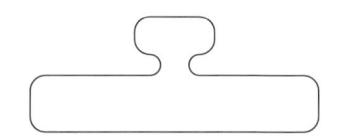

機械的組織

　高度にプログラム化され、潤滑に作動する機械のように機能する。この組織は、職務が次第に専門化され、仕事が高度に標準化された産業革命の産物である。機械的組織は、実行ベースの上にリーダーが乗っている起業家的組織とは対照的に、片側に他の人々の仕事をプログラムするテクノクラート的スタッフを配置し、もう一方に協力するサポート・スタッフを配置構成している。また、中央にはやや単純な労働をする多くの人々をコントロールするためのライン・ヒエラルキーが形成される。機械的組織は、大量生産または大量サービス技術が確立している自動車、航空、郵便事業などの安定、成熟した産業に多い。特に、ここでわれわれは、プランニングとして戦略形成を見つけることができる。

プロフェッショナル組織

　ここではプロフェッショナリズムが支配する。組織はその権限のかなりの部

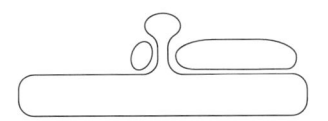

分を、高度に訓練された実務担当の専門家に委ねる。それはたとえば、病院の医師、研究所の研究者などである。そのため、組織はかなり分散化した構造になる。しかし、職務はむしろ標準化されているため、専門家は主に個人で仕事をし、お互いに調整を行えると考える。図に示されたとおり、専門家を支える多数のスタッフがいるが、彼らの行動を管理するテクノクラシーやライン・マネジメントはほとんど必要とされない。ここで、ベンチャリング（つまり、個人あるいは小規模グループのラーニング）として戦略形成を見つけることができる。

多角化組織

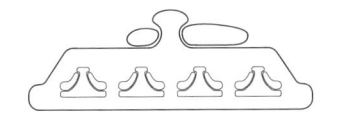

多角化された組織は、統合された組織というより、むしろ緩やかな管理構造で結びつけられた、独立したユニット集団である。コングロマリット企業や複数のキャンパスをもつ大学のように、それぞれの「部門」が独自の構造をもってそれぞれの状況に対応する。遠隔の中央「本部」は、パフォーマンス・コントロール・システムにより個々のユニットをマネッジする。そうして、戦略形成のさまざまなスクールを、それら自身のコンフィギュレーションに従って、その部門の中で見つけることができる。

アドホクラシー組織

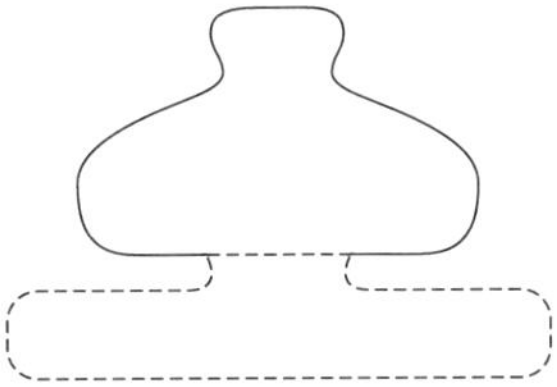

航空宇宙産業や映画制作、はたまたゲリラの闘争に至るまで、今の時代、多くの産業は複雑な方法で革新を行わなければならない。そのためにはさまざまな分野の専門家を、効果的なチームにまとめる必要があり、そこで「相互調整」を行い、その活動を常任委員会、タスク・フォース、マトリックス構造などで支えなければならない。権力の強さは、専門的技量を基準にするため、図にも示されているようにラインとスタッフの区別は消え、同様に、トップ・マネジメントとその他の人々の区別も消滅する。アドホクラシー組織によっては、クライアントのために直接プロジェクトを実行する場合もあり（広告代理店など）、また自分たちのためにプロジェクトを実行する場

合もある（新製品開発に大きく依存する企業など）。特に、ここで（ベンチャリングと同様に）集合的学習として戦略形成を見つけることができる。

伝道的組織

　組織が強いカルチャーに支配されているとき、メンバーは結集するように鼓舞される。そのため、部門の区別は曖昧になり、職務の専門性もほとんどなく、ライン・マネジャーとスタッフ・グループ、実務担当者とその他などの区別が小さくなる。メンバー全員が共有している価値観や信条が、組織をまとめる力となる。そのため、個人にはかなり自由に行動する権利が与えられ、ほとんど純粋な分散化の状態を示す。ある宗教の団体やクラブは明らかにこの例であるが、このような傾向は多くの日本企業に見られ、また強いカルチャーを中心に組織された欧米企業にも見られる。それゆえここでは、カルチャー・スクールにおける戦略形成を見つけることができる。

政治的組織

　支配的な要素がなく、組織の権力システムが安定しない場合には、衝突が起こりやすくなり、コントロール不可能な状態になり、力がバラバラに働くといった特徴をもつ政治的な形になる。政治的組織によっては、特に困難なトランスフォーメーションの段階における一時的なものもあれば、また異なる力が相互に引っ張り合う政府機関や、市場の力からあまりにも長期にわたって保護され絶滅寸前の事業体など、長期間継続するものもある。それゆえここで、パワー・スクールにおける戦略形成を見つけることができる。

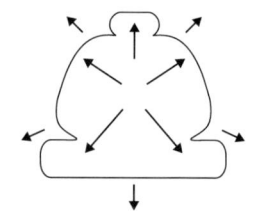

　それぞれのコンフィギュレーションは、観念化されたものであることを強調しておく。つまり、簡素化した、まさに現実の戯画にすぎず、実際の組織は、驚くほど似ていることはあっても、このどれにもぴったり当てはまることはないということだ。

その後の文献では、次のようなさまざまな研究を報告しているが、それは、第１章で明らかにされた４つの戦略形成のプロセスであるビジョニング、ベンチャリング、プランニングそしてラーニングに関連したもので、10年以上にわたり組織における戦略を追跡したものだった。[341]

1971年にマギル大学で、通常30～50年またはそれ以上の長期間にわたるさまざまな組織の戦略に関して、大規模な追跡調査プロジェクトが始まった。アプローチとしては歴史的であり、安定した戦略の時期とトランスフォーメーションの時期を明確にし、またさまざまな疑問を提示するように設計された。その疑問とは、たとえばどのように異なる戦略がお互いに結びつくのか、どのような力によって戦略的変化が引き起こされるのか、どのようなときに戦略は計画的に策定されるのか、そしていつ、どのように戦略は出現するのか、などである。

この研究では戦略は、ある特定の時期に維持すべき行動のパターンとして明示される。たとえば、カナダ航空における航空機の購入やスタインバーグにおける新店舗展開などである。このような戦略は共通の時系列スケールに沿って示され（図11-1でスタインバーグの例を示す）、組織の歴史において明確な段階を示す。その段階には以下のものがある。

- **発展**段階（人材リクルート、システム構築、戦略的ポジションの基礎強化、等）
- **安定**段階（戦略と組織構造の微調整、等）
- **適応**段階（組織構造と戦略的ポジションの最低限の変更）
- **模索**段階（混乱、絶え間ない変化、または実験によって新たな方向性を探索）
- **革命**段階（多くの特性が同時に変化する急速なトランスフォーメーション）

このような段階が時間の経過の中でどのような順序で現われるのか、ということも興味深い。これについては主な４つのパターンが見出される。

- **周期的隆起**
  特に伝統的な組織で一般的に見られる。長期間の安定が時折革命によって遮断される。

図11-1 ▶ スタインバーグ小売チェーンの戦略展開

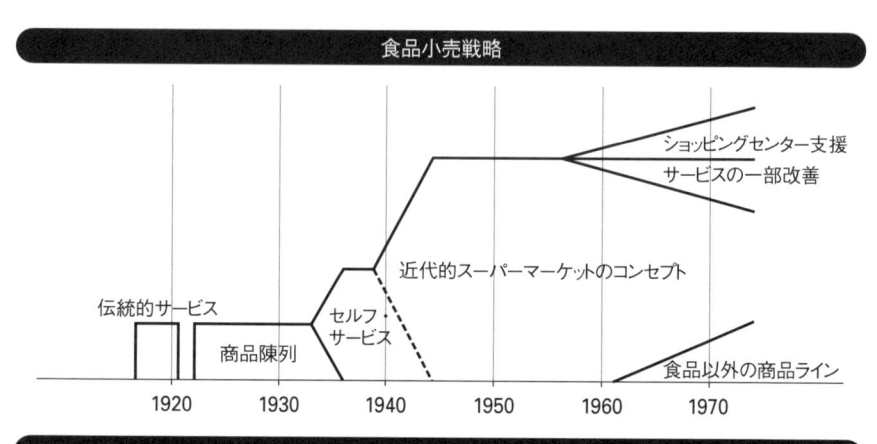

食品小売戦略

- 伝統的サービス
- 商品陳列
- セルフ・サービス
- 近代的スーパーマーケットのコンセプト
- ショッピングセンター支援
- サービスの一部改善
- 食品以外の商品ライン

1920　1930　1940　1950　1960　1970

地域拡大戦略

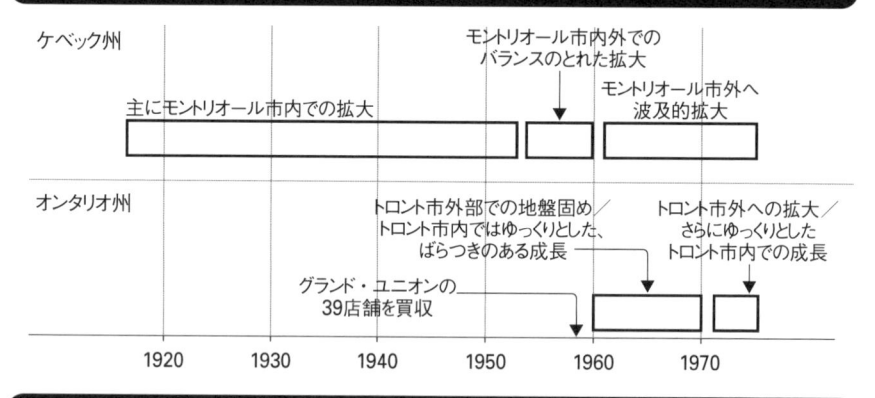

ケベック州
- 主にモントリオール市内での拡大
- モントリオール市内外でのバランスのとれた拡大
- モントリオール市外へ波及的拡大

オンタリオ州
- グランド・ユニオンの39店舗を買収
- トロント市外部での地盤固め／トロント市内ではゆっくりとした、ばらつきのある成長
- トロント市外への拡大／さらにゆっくりとしたトロント市内での成長

1920　1930　1940　1950　1960　1970

財務戦略

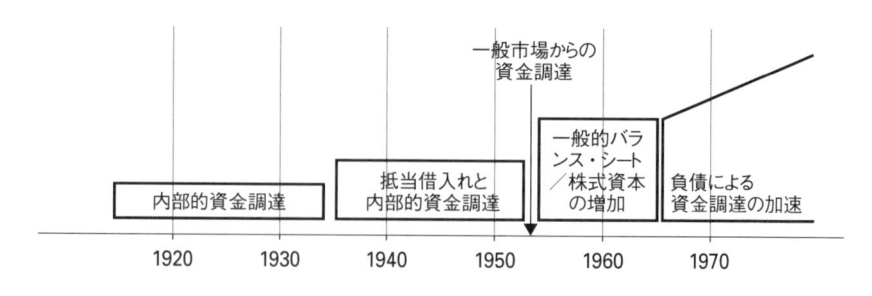

- 内部的資金調達
- 抵当借入れと内部的資金調達
- 一般市場からの資金調達
- 一般的バランス・シート／株式資本の増加
- 負債による資金調達の加速

1920　1930　1940　1950　1960　1970

- **振り子的変化**

  安定に向かって適応しながら収束していくことが、その後の変化を求めて発散する動きにつながっていく。それは驚くべきことに、定期的なサイクルで起こる。

- **ライフサイクル**

  発展段階の後に、安定期または成熟期などの段階がくる。

- **定常的進展**

  組織は多かれ少なかれ堅実な適応をする。

　明らかに、最初の3つのパターンは4つ目のパターンよりも、コンフィギュレーション・スクールの前提条件と両立する。

　このようなパターンは、372ページ以下の囲みで示された組織の形態にうまくあてはまるように見える。周期的隆起は特に機械的組織の特徴を示し、時々「ターンアラウンド」を目指す改革によって変化する傾向にある。対照的にアドホクラシー組織では振り子的変化を好むようで、そのプロジェクトに最大限発散させながら、そのあまりの種類の多さに今度は収束して秩序を取り戻そうとするのだ。プロフェッショナル組織は定常的進展を好むようで、大きなトランスフォーメーションはほとんど起こらず、実行レベルで常に適応が行われる。ライフサイクルはすべての組織の特徴であり、ある意味で、おそらくミッドライフ・クライシスと呼ばれる中年期の危機を何度も乗り越えていくつかが他より長生きをするだけである。起業家的組織は、このサイクルの初期のステージでは特に好まれるが、成熟した組織のターンアラウンドの時期など、強いリーダーが決定的なコントロールを発揮するときにも現れる。

◉──── コンフィギュレーションに関するミラーの功績

　当初マギル大学に所属してからモントリオールのエコール・デ・オーテ・ゼテュード・コメルシアンへ移って以来ダニー・ミラーは、この分野への造詣が深い。彼は、特に組織のさまざまな特質を横断的に統合した。そのために、大規模なサンプルにより広がりを押さえると同時に、特定の組織について踏み込んで研究し、深さを追求することを熱心に行った。彼はまた、379ページの囲

みで示した通り、ポジショニング・スクールとの関連づけを試みた。

　ミラーの調査のうちいくつかは、前章で触れた通り、伝統的な条件適応理論を反映しているが、戦略マネジメントのコンフィギュレーション・スクールにはうまく合致する。このスクールでは、ミラーが好んで原型(アーキタイプ)と呼ぶ、戦略、組織構造、状況、プロセスの状態を取り上げる。また、原型間の**変遷**にも触れる。それは、戦略および組織構造的な変化を、漸進的変化というよりも、むしろ**量子的飛躍**による変化と捉えるものだ。[309][310][311][315][316][317][318][319][320][321][322]

▶ **原型(アーキタイプ)**　ミラーは博士論文において、出版されている企業研究を用い10の戦略形成の原型(アーキタイプ)——4つの失敗と6つの成功を導き出した。[307][308]たとえば、**停滞する官僚主義**においては、「以前から安定した単純な環境が、企業を眠らせようとお守をしてきた。トップ・マネジメントは感情的に古い戦略にしがみつき、情報システムはあまりにレベルが低く、変化の必要性を説く材料を提供できない」[322]。他の失敗原型(アーキタイプ)には、**無頭の巨人**(中枢部が弱い一連の事業体)と**二番刈り**(新しいチームが乏しい資源と不十分な経験でターンアラウンドを図ろうとする)がある。成功原型(アーキタイプ)には、**支配的企業**(強固に確立され、一般に重要な挑戦を免れ、決め手となる特許、中央集権的組織、伝統的戦略をもつ)、**起業家的コングロマリット**(組織を創立し、運営を続ける、非常に大胆で独創的な人物が投影されたもの)、**イノベーター**(通常はニッチ戦略、単純な組織構造、多角化していない製品ライン、そして多くの革新的な製品をもつ小規模の企業)がある。

▶ **量子的変化に関する見解**　後に、ミラーとフリーセンは、組織における変化を**量子的飛躍**による変化と表現したが、その考え方はコンフィギュレーション・スクールの核心につながる。[318][319][322]量子的飛躍による変化は、多くの要素が同時に変化することを意味し、まず戦略、次に組織構造、そしてシステムと、一度に1つずつ変わっていく「漸次的」変化と対照的である。そのような変化は、彼らの言葉を使えば急速的、つまり**革命的**に起こるのである。とはいえ、展開は徐々に行われることもあろう。

　さらにこの考え方は、組織が変化や継続に抵抗するさまざまな力に対し、ま

コンフィギュレーションとは何か？

(ダニー・ミラーとジョンO. ホイットニー【325】より抜粋)

　コンフィギュレーションは、たとえば無比のサービス、先駆的発明といった統合的テーマのもとに一体化された組織要素の集合として定義される。最初の集合は、コアと呼ばれるもので、ミッション、（ミッション達成に必要な基本的な能力や資源といった）資産や市場によって構成される。これらは、企業の存在理由の構成要素となっている。２つ目は、コアを支えるシステム、プロセスや組織構造を含んでいる……上手く形成された組織では、企業に独特の効果をもたらすシナジーが、２つの集合の中やそれぞれの集合間で生み出され調和する。簡潔に言えば、コンフィギュレーションの構築は、次の２つである。①企業が何をどのように行うのかについて選択すること、②企業が実行しようとすることが相互強化に必ずつながるようにすること……。

　コンフィギュレーションは強力な武器にもなる。たしかに、突出したコンピタンスや競争優位性の真髄は、競合によって模倣されたり、買われてしまうような組織の特徴ある資源やスキルを有することにあるのではない。むしろ、テーマを編成する能力や組織内の異なる要素間から生まれる相互補完力にあるのだ。そうした要素とは、ミッション、資産、市場、そしてサポーティング・システムなどである。事実、企業はこうした要素間の相互依存システムかもしれないし、こうした要素すべてが効果的に競い合うように調和されなければならないものなのかもしれない……。

企業のミッション

　すべてのコンフィギュレーションは、ミッションを具体的に示さなければならない。つまり、注意を集中させる何か、何が重要で、何が重要でないかを人々に伝えるものである。「キャタピラーを包囲しろ」は、新しく登場した競合相手である日本の小松製作所が、集中することで効果を上げたミッションである。

資産：コア・コンピタンスと活動

　資産とは、従業員や顧客にとって、企業のアイデンティティの土台を構成するものである。また資産とは、技術、手順、プログラム、たぐいまれなる才能

や資源であり、組織上のタスクを明確にし、人と人との間に相互作用を及ぼすのである……そしてそれらがはっきりとしてくると、企業を他と引き離し、徐々に顧客ロイヤリティを浸透させ、ユニークな製品やサービスを創り出すのだ。

市場：企業のケイパビリティと顧客ニーズをマッチさせる

　資産は、市場がその価値を評価するときにのみ問題となる。特に競合が追随できないときはそうである。企業の中心となる能力や資源は、外部の関係者たちによってその価値を十分に認められなければならない。さもなければ、そのコンフィギュレーションは、無用で実りのないものになるだろう。たしかに、ほとんどのコンフィギュレーションは、特定のニッチや心の中にある顧客ニーズによって築き上げられるものだが……。

包括的なサポート体制を築き上げる

　コンフィギュレーションの種は、適切なサポート構造によって耕され、育てられることなしには、根づくことはありえない。そうしたサポートは、しきたりや儀式、パワーとレポートシステム、プランと情報システム、人事政策、管理上のルーチンを含んでいる……。

　上質なワインは、異なるテイストを調和のとれたバランスにブレンドするような、複雑さとニュアンスをもっている。上質なワインは、単純でとがった香りがひき立つのを嫌うのと同様に、調和のとれないフレーバーの不協和音も嫌う。それはまた、上手く構成された企業にとっても必要なことなのである。

ず1つ、次にまた別のものと専念することによって解決することができる、ということも示唆している。また常に戦略のいくつかや他のポジションは周辺部で変化をしているかもしれないが、戦略的パースペクティブの大きな転換はめったに起こらないということも、事実のようである。たとえば、スタインバーグの例では、60年間の間に起こった重要な方向転換はたった2回である。カナダ航空では、最初のポジショニング以来40年間、大きな転換は一度もなかった。それ以外のとき、組織はほとんどの時間を与えられた戦略パースペクティブの遂行(たとえば、ある特定の小売方式を完璧にするなど)に使っている。これは、戦略を変更するのではなく、すでにそこにある戦略を利用することが、

成功につながることを示している。

　しかし、その一方で世界は変化する。時に緩やかに、また時に劇的な転換を遂げる。そこで、ある時期にコンフィギュレーションは、環境との適合性を失うことがある。そして、多くのものが一度に変わるときに、ミラーとフリーセンが**戦略的革命**と呼ぶものが起こるのだ。要するに、組織は新しい戦略、組織構造、カルチャー、つまり新しいコンフィギュレーションの中に、できるだけ早く統合された形を再構築して、新たな安定へと飛躍しようとするのだ。

　しかし、ラーニング・スクールで議論した創発的な戦略、つまり組織を横断して雑草のように広がっていくあの戦略はどうなってしまうのか。量子的飛躍の理論によれば、本当に新しい戦略は、通常戦略的革命が必要になるまで組織のどこか片隅に隠されているのだ。そして、新たな戦略をゼロから開発したり、競合の戦略を模倣したりする代わりに、組織は出現したパターンの中に新たな計画的方向性を見出すのである。

　変化の量子的飛躍理論は、規模が大きく、確立された大量生産型、つまり機械的組織に特にうまく適合するようである。彼らは標準化した手順に依存しすぎるため、重大な戦略的変化をひどく忌み嫌う傾向がある。そしてこのような組織は、短期間のトランスフォーメーションによって、長期にわたる安定を遮断される。対照的にアドホクラシー組織は、先ほど振り子的変化と名づけたような、もっとバランスのとれた変化と安定のパターンをとる（ミンツバーグとマヒューの映画制作会社の例を参照）[343]。革新的なアウトプットを生み出すビジネスを行う組織は、当然の如くある一定の期間は、創造性を維持するためにあらゆる方向へ飛び出し、その後しばらくは、結果として生み出されたカオスの中に秩序を見出すため、腰を落ち着ける必要が生じるのだ。

▶ 変化は革命的か、漸進的か　ミラーはコンフィギュレーション・スクールにおいて、変化を革命的と捉えているが、これに対しクインは、ラーニング・スクールで議論したように、変化を漸進的と捉えている。実際これは前章で触れたように、生物学におけるスティーヴン・ジェイ・グールドの断続平衡説と、変化を漸移的進化とするチャールズ・ダーウィンの説との間の議論と同様に、戦略マネジメントにおける大きな議論の１つとなった。もちろんそのどちらで

あるかは、視点の置き方と優位性の選び方によって決まる。たとえば、グールドの時間に対する知覚においては、百万年をほんの一瞬として捉えている。そのため、1人には漸進的に見える変化が、もう1人には革命的と見えるのかもしれない。

　戦略マネジメントの研究者で、このように異なる結論に達した人々は、実は異なる組織のタイプや、その組織の発展における異なるエピソードに焦点を当てている。また、研究する現象も異なっている。[511]たとえばクインは、経営陣の思考プロセス——主に意図や知覚について、個別にインタビューを行っている。一方ミラーは、組織の記録されている動向——主に行動と結果を追跡した。つまり、2人は同じプロセスにおける、連続する2つの段階を説明してきたとも言えるのだ。戦略家（ストラテジスト）は漸進的に学習し、それから革命的なやり方で戦略的変化を押し進めることができる。一方組織は、どちらへ向かうべきかが明らかになるまで時期を待ち、戦略の窓が開いた瞬間、一気に飛び出すのである。

　これは、戦略プロセスに関するそれぞれのスクールの考え方を尊重し、その考え方をある包括的な枠組みの中で組み合わせることがいかに重要であるかを示している。たとえばコグニティブ・スクールは、戦略家（ストラテジスト）がどのように考えるかをわれわれに示そうとする。アントレプレナー・スクールは、戦略家（ストラテジスト）がどのように飛ぼうとするのか、またカルチャー・スクールは、どのように着地するのかを示そうとしているのだ。そしてコンフィギュレーション・スクールでは、その流れを形成する順序を提示する。

▶ "超優良（エクセレント）"と"超優良（エクセレント）"の危険　ミラーとミンツバーグは初期の論文で、[323]「統合のパースペクティブ」と呼んでいるコンフィギュレーション・アプローチが、組織を説明する上で豊富な論拠を提供する、と論じている。さまざまな組織形態を説明するときに、数多くの要素を考慮することができるのだ。さらにコンフィギュレーションとは、かなり自然な状態と言ってよいだろう。それゆえダーウィン派は、組織を駆り立て、組織のさまざまな要素の中にある種の一貫性を見つけさせようとするのだ。それは相乗効果をもたらし、非常に効率的になることが可能となる。たしかにそのような一貫性により、組織は理解しやすくなり、ゆえに管理しやすくなる。たとえば有能なマネジャーが、与えられたコン

フィギュレーションにふさわしい技法だけを適用して管理するといったことだ（アドホクラシー組織におけるマトリックス型組織、機械的組織における品質管理サークル等）。

　ミラー[314]は、後の論文でさらに理論を進めている。彼は、コンフィギュレーションが「戦略の本質」であるかもしれない、と示唆している。戦略はパターンであるため、時間の経過に伴い一貫性がなくなり矛盾が生じてくる。つまり、それはすべてに通用する総合的な戦略はないということを意味する。さらにミラーは、コンフィギュレーションの優位性についても考えを深めた。たとえば、コンフィギュレーションが模倣をさらに困難にし、また組織がより迅速に反応することを可能にする、と述べている。

　しかし、マネジャーにとって物事があまりにも簡単になってしまうという、重大なマイナス面もあるのだ。「単純化というのは、マネジャーの判断力を狂わせ、組織を、限られたスキル、関心、環境に縛りつけるため危険である」。そこで、ピーターズとウォータマン[379]やポーター[391]などは、「傑出した成果を生み出すには、多くの場合、献身的で情熱的なひたむきさが**要求**される」、そしてそれが問題ともなると示唆している。まさに"超優良"企業（エクセレントカンパニー）を生み出すものが、その後の失敗をも生み出すのである。

　ミラーは、*The Icarus Paradox*（『イカロスのパラドックス[312]』）という本でこの点について言及し、超優良（エクセレント）の危険性について、空を飛ぶことができるギリシャ神話の登場人物がその能力ゆえに太陽に近づいてしまい、そのために羽が溶けてついには落ちて死んでしまうという伝説を引用している。同じ流れでミラーは、彼の研究で明らかになった成功から失敗へと導く４つの主な「軌跡」について述べた。

> 「単純化というのは、マネジャーの判断力を狂わせるので危険である」

- **集中**軌跡は、几帳面で品質志向の**職人**と、熟練した技術者と完璧なオペレーションをもつ組織を取り込み、厳格にコントロールされ、細部に固執する**何でも屋**に変えてしまう。そうすると、その企業の狭量で技術志向の組織風土が、完璧ではあるが的外れのサービスによって顧客を遠ざけてしまうのだ。
- **起業化**軌跡は、成長志向で起業家的な**ビジネスの作り手**や、構想力に富むリ

ーダー、創造的なプランニングおよび財務スタッフによってマネッジされている企業を、衝動的で欲深い**帝国主義者**に変えてしまう。そして、精通していないビジネスの中であわてふためいて拡大し、資源を無駄に浪費するのだ。

- **発明的**軌跡は、どこにも負けない研究開発部門、柔軟な頭脳活動、最高技術水準の製品などで**パイオニア**になろうとする人々を夢想家の**逃避主義者**に変えてしまう。そしてその逃避主義者は、カオスを愛する科学者信仰によって動かされ、壮大で未来的な発明を絶望的に追い求めることで、資源を浪費してしまうのだ。

- 最後に、**分断的**軌跡は、**セールスマン**や、比類なきマーケティング能力、傑出したブランドネーム、広大な市場をもつ組織を、信念のない官僚的な**漂流者**に変えてしまう。そのセールスに対する狂信が、戦略デザインの問題を覆い隠してしまい、陳腐でつながりのない「ミー・ツー」型製品ラインを生み出すことになるのだ。[312]

建設的なコンフィギュレーションがどのようにして破壊的なものになるのか。そして、それでも依然としてコンフィギュレーションの状態を保ち続けることができるのかに注目しよう。たしかに、コンフィギュレーション自体が問題になる。ミラーの議論に疑いをもたないように、一度ならずこのような軌跡に「はめられた」ことがある企業として彼が名前を挙げた企業には、IBM、プロクター・アンド・ギャンブル、テキサス・インスツルメンツ、クライスラー、ゼネラル・モーターズ、アップル・コンピュータ、ウォルト・ディズニー・プロダクションなども含まれているのだ。なんと素晴らしい一流企業の数々！われわれは、ただ単に成功と失敗、成長と衰退、というサイクル（それは、もちろん、「自然な」人間の状態である）で我慢するべきかもしれない。

● コンフィギュレーションの探究

トランスフォーメーションとコンフィギュレーションに関する研究は、われわれが他のスクールを議論している最中にも、常に存在していた。たとえば、ポジショニング・スクールの戦略グループ、コグニティブ・スクールのリフレーム（枠組みの再構成）、アントレプレナー・スクールのターンアラウンド、

カルチャー・スクールの停滞（トランスフォーメーションの不在として）に関する議論などである。事実、各スクールの最後に文脈を議論するところで、そのスクールに最もふさわしい組織のタイプと時期を説明する際に、コンフィギュレーション的思考を必ず差し挟んできた。実は、そうやって手の内を見せていた。ここでは、コンフィギュレーションについていくつかの研究を考察し、次のセクションでは、変遷について同じことを行う。

▶ **戦略と組織構造**　戦略マネジメントに広く存在する、コンフィギュレーションに関する他の研究を見るときには、まずチャンドラーの戦略と組織構造に関する先駆的な研究から始めるべきである。以前述べたように、「米国の大企業」の発展を研究する中で、チャンドラーはその歴史の中に４つの区切りがあることを明らかにした。それが順番に**ライフサイクル**における**ステージ**を示すのだ。[81]

- 第一に、初期に必要な資源の獲得である。それは、工場、設備、人材、またはすでにこれを行っている小さい会社の買収や合併（ゼネラル・モーターズの誕生のように）などである。そして、マーケティングと流通チャネルが構築され、供給をコントロールする（これは垂直統合として知られるようになる）。
- 第二に、経営陣は、処理量を調整する機能別組織体制（生産、販売等）を確立し、資源をより効率的に使うことに目を向ける。
- 第三に、次の成長期が訪れ、初期市場においては限界に達する。企業は、既存の事業に関連した新しい市場、または新しい事業に対応するように多角化を始める。
- 第四に、組織構造における２度目の転換が必要となる。これはデュポンがはじめて取り入れた事業部制として知られるもので、それによってある特定の部門がそれぞれの事業を運営し、全体的財務コントロールに関して本社に報告をすることが可能になる。

チャンドラーが研究を終えたのはかなり昔のことである。もし今日、彼がその研究を最新のものに改訂することになったら、多角化や垂直統合に向かう初

期の動きとは逆に、ビジネスの統合やアウトソーシングのステージをつけ加える気になるかもしれない。今日の大企業は、キー・ビジネスやコア・コンピタンスに集中し、提携先のネットワークを拡大するほうを選択し、彼ら自身の活動の多くを削ぎ落とすのが通例である。これは、チャンドラーの4段階とともに、コントロールと開放を行ったり来たりする振り子のサイクルを示す。

　チャンドラーの研究は、特にハーバード・ビジネス・スクールにおける博士論文によって引き続き広がりをみた。しかしそれらの論文は、彼のような特定の企業に深く踏み込んだものではなく、多くの企業を対象としたサンプル数の大きな調査であり、多角化の戦略と各事業部の組織構造との関係をより理解するのに役立つものであった。

　おそらく最もよく知られている研究はリチャード・ルメルトのもの（1974年に本として出版された[424]）である。1949年には『フォーチュン』誌のベスト500社のうち、70%の企業が**単一事業**または**主力事業**に注力していたが、1969年までにはその半分以上の企業が多角化を行い、その多くは**関連事業**あるいは**非関連事業**（主にコングロマリット）に移行したり、さもなければ吸収されたりして、より多角化した企業によってその地位を置き換えられた。これと同時に、チャンドラーがすでに明らかにしていたように、それらの企業は、自分たちの新しい戦略と製品別事業部制を適合させたのだ。それは、製品をベースにした多角化に対応するために、従来の機能別組織から新たな製品別事業部制組織へと移行させたということだ（1949年には20%だったものが、1969年には75%に伸びた）。それ以来、若干の後戻りはあったものの、ルメルトが出したより広範な結論は、今日になってさらに強化されているとさえ言えるだろう。アブラハムソンとフェアチャイルド[2]、さらにカールソン[78]などによってなされたマネジメントの流行に関する広範な研究も然りだ。つまり、戦略だけでなく、「組織構造はまた、流行にも従う[424]」のだ。

▶ **探索型と防衛型**　かなり性質の異なるコンフィギュレーションの研究ながら、実践者だけでなく、研究者の中でもまさしく人気が高いのが、マイルズとスノーの研究である[303][305]。彼らは、4つの業界、すなわち大学テキスト出版、エレクトロニクス、食品加工、ヘルスケアに属する企業の研究をもとに、企業行動

を４つの大きなカテゴリーに分類した。そして、それぞれを**防衛型**(ディフェンダー)、**探索型**(プロスペクター)、**分析型**(アナライザー)、**受身型**(リアクター)と名づけた。それぞれは、「選択した市場に関連のある特有の戦略」をもっている。そして同様に、「技術や組織構造、プロセスに関する固有のコンフィギュレーション」が関係している。【305】

- **防衛型**(ディフェンダー)は安定性を重要視し、特に「安定した事業領域をつくるために、市場のある限られた部分をどのように占有するか……限られた製品群が、市場全体の中の狭いセグメントに向けられる」【305】。そこでは**防衛型**(ディフェンダー)が競合を締め出すために、競争に勝つ値づけをしたり、製品の品質維持に全力を傾ける。それには技術的な効率と、組織の厳しいコントロールが重要になるのだ。
- 対照的に**探索型**(プロスペクター)は、革新的な新製品や市場機会を積極的に探し出す(時には利益を度外視してまで)。ここでの重要なポイントは、技術と管理体制双方における柔軟性を維持することである。
- **分析型**(アナライザー)は**防衛型**(ディフェンダー)と**探索型**(プロスペクター)の間に位置し、「利益を獲得する機会を最大にしながら、リスクを最小限に抑える」ことに努力するため、そのアプローチは「バランスの取れた」と形容するのがふさわしい。【305】
- **受身型**(リアクター)は他の３つとは異なり、環境に反応する。これは失敗であり、「一貫性がなく不安定」である。つまり、これは「上記の３つの戦略のうちのどれをも組織が追求できないときに、この対応姿勢を余儀なくされるという『残された』タイプの行動を示している」【305】。

ということでマイルズとスノーの分類は、整理すると２つの基本型になる。それぞれは、機械的組織とアドホクラシー組織に対応しているように見える。３番目はハイブリッドなものであり、４番目はまさに不適当な反応と言える。

▶ **合理的、官僚的、政治的行為者**　われわれは第８章で、キューバ・ミサイル危機の際にソ連とアメリカの意思決定者たちがとった行動に関する、グレアム・アリソンの有名な研究について言及した[7]。これもコンフィギュレーションに関する研究の素晴らしい例であり、戦略(または政府においては「政策」)、組織構造、経営スタイルの異なる次元(ディメンション)をつなぎ合わせている。アリソンは次

のように主張した。人々は、「外交政策や軍事政策の問題について、自らの思考に重大な影響を与える、暗黙の概念モデルで考える」。別な言い方をすれば、明らかな現実であるかどうかに関わらず、彼らは、心の中に、コンフィギュレーションをもっている。そして彼は、特に３つについて概説した。

　"合理的行為者モデル" は、政府の行動を「統一された政府のほぼ合目的的な行為」と見る。目標は明確で、選択が行われ、行動に移される。「国家が何をするであろうか、あるいは何をしたであろうかということに関する予測は、特定の目的に照らして、ある状況において何が合理的かを計算することで可能となる」。

　アリソンはこのモデルを、有用ではあるが、他の２つで、「置き換えるほどではないが、補足する」必要があると述べた。**"組織プロセスモデル"** は、政府内部のシステマティックなプロセス、つまり、官僚的システムとしての組織の「強み、標準的な実行手順、知識などの集積」に焦点を当てた。重要なことは、意思決定において、ギアや梃子として機能する関連部門の中での行動パターンを理解することである。

　"政府内の政治モデル" では、政府が行う政治に集中している。「何が起こるかは、政府のプレーヤーによるさまざまな交渉ゲームの**結果**とみなされる」。焦点は、「プレーヤーの知覚、動機、権力そして策略」である。物事は、それぞれのプレーヤーの相対的力関係と能力に基づき、「誰が誰に何をしたか」を理解することによって説明される[7]。

　それゆえ、組織のふるまいは、合理的なデザインプロセスだけでなく、組織に浸透している社会的、政治的プロセスの結果であるかもしれない。これにより、意思決定者は異なるコンフィギュレーションをどう捉えるのかという疑問が生じる。興味をそそられる研究で、ダイクは次のように指摘している[125]。意思決定者たちは、与えられたコンフィギュレーションの中で、日々の仕事を実行に移す一方で、代替可能なコンフィギュレーションに気づき、興味を示す。したがって、コンフィギュレーションが存続あるいは放棄されるかは、意思決定者が、現状のコンフィギュレーションを競合するものと比較してどう評価するかに依存する。

　ダイクは40年にわたり、小さな宗教大学を追跡している。そこで、確立さ

れているコンフィギュレーションに関する
ディベートや議論、また検討されたり、拒
絶された他の議論についても追跡してい
る。「そこではメンバーたちが、合理的で

> 「そこではメンバーたちが、合理的であると思われる現状や合理的であると思われる選択肢の狭間で、持続的緊張を体験している」

あると思われる現状や合理的であると思われる選択肢の狭間で、持続的緊張を
体験している」ことを発見するのだ。[125]

●──変遷期の探究

　コンフィギュレーションに関する研究のもう一方では、組織における大規模
な変化の時期について考察している。このよい例として、アンドルー・ペティ
グリューによる、英国の化学製品会社ICIにおけるトランスフォーメーション
に関する研究がある。[382][383]ペティグリューは、この変化を１つのエピソードとして
ではなく、**連続した**エピソードとして捉えている。

　ペティグリューは、ICIにおける1969年から1986年までの変化のプロセスに
ついて、以下のような結論を出している。

❶変化は継続的で漸進的なプロセスとしては起きなかった。
❷変化のパターンは、急激な変革期が周期的なインターバルを置いて起きると
　いうものだった。変革のための活動が高いレベルを示した３つの期間のうち、
　1960年と1964年の間に起こったもの、1980年と1986年の間に起こったもの、
　この２つは、本質的イデオロギーや、組織構造、事業戦略の変化を特徴とす
　る点で、革命的なものと分類される。……このような一連の変化の時期には
　さまれた時期は変化の実行と安定化のときであり、……革命的な変化のため
　に、イデオロギーの根拠が準備される組織学習の時期である……。
❸この大きな変化の時期は、いずれも世界の経済不況と一致し、その結果……
　ICIの関連ビジネスの業績に及んだ。つまり、ICIの大規模な変化は、深刻な
　経済的困難に遭遇したときだけであったのだ。しかし、この変化の重要な一
　面は……操業の困難にあたり、マネジャーたちが積極的な戦略によって変革
　の気運をつくり出すことである……。
❹革命的な変化は、ICIにおけるリーダーシップや権力の変化にも結びついて

いた……。

❺最後に、革命的な変化の時期には、チャンドラーの……組織は戦略に従う、という格言的な考え方を擁護する証拠はほとんど見当たらない。むしろICIにおける変化のパターンは、トップの意思決定者たちの核となる信念を現実と折り合いをつけるようにし、2つが複雑に入り混じったものであった。そしてその後に、組織構造、システム、報奨の変化が起こり、同時に事業戦略の変化が出現し、これらの変化の後に、ゆっくりしたペースで実行に移された……正当化され、実施されたのだ。[383]

ペティグリューの結論が、どのようにミラーの量子的飛躍の変化という考え方を擁護しているか注目しよう。また、彼が組織の生涯における際立った時期を中心に、多くの戦略スクールの概念をどのように組み合わせたのかも注目しよう。

ゲリー・ジョンソン[227]が同じような研究を、英国の小売洋品店について行っている。彼の結論はわれわれが第9章で議論した、戦略を解釈的に見ることに焦点を当てる傾向はあるものの、合理的で適応的（または漸進的）な見方もその中に一緒に織り込んでいる。ジョンソンは、彼が調査したマネジャーたちは、「自分たちを論理的な漸進主義者と考えており、それが経営のためには思慮深い方法だと信じている」と結論づけた。しかし彼らは、核となる信念によって、自分たちが直面している複雑な問題をどのように解釈し、それに基づいてどのように行動するかということを決断する。チャレンジが「知的な議論というよりもむしろ、政治的でカルチャー的活動」として捉えられてしまうということが、変化に対する障壁をつくり出すのだ。しかし、「戦略的漂流」が生じて業績が下がるために、漸進的な調整ではなく根本的な変革が必要になる。「政治的アライアンスと［チャレンジと変化］、習慣とルーチンを……解体し……パラダイムを"融解"する必要がある」。そしておそらく部外者が、新たなパースペクティブとアイデアを導入する重要な役割を果たすのかもしれない。

変化のプロセスが、輪郭がはっきりせずに概念的であるというのは、比較的ありそうなことだ。組織のメンバーは、変化が起こっていることはわ

かるだろうが、どこへ向かっているのか、または何を意味するのかについてはわからないだろう。しかしこの変化のプロセスは、特定の戦略導入の前には必要なことであるかもしれない。

それには、「合理主義的で科学的なマネジメントと一般的に同一視される、分析的なプランニング・アプローチが要求」されるであろう。しかしこれらは、「プロセス上すでに［古い信念］となったものを破壊する変化のプロセスがすでに進行していなければ、効果を発揮できない」[227]。

ところで、デイヴィッド・ハースト[215]が最近出版した面白い本について触れよう。これは彼が、自分自身の経営幹部としての経験をもとに書いたもので、組織変化が、危機と再生の「エコサイクル」モデルを使って説明されている。図11-2に示したように、モデルは2つのループで構成され、それが交差して無限大の記号になっている。森のエコサイクルは、成長と開拓の段階を通る。「利用可能な場所すべてにおける急激な開墾」[215]、そして保存、すなわち確立した有

図11-2 ▶ 組織のエコサイクル

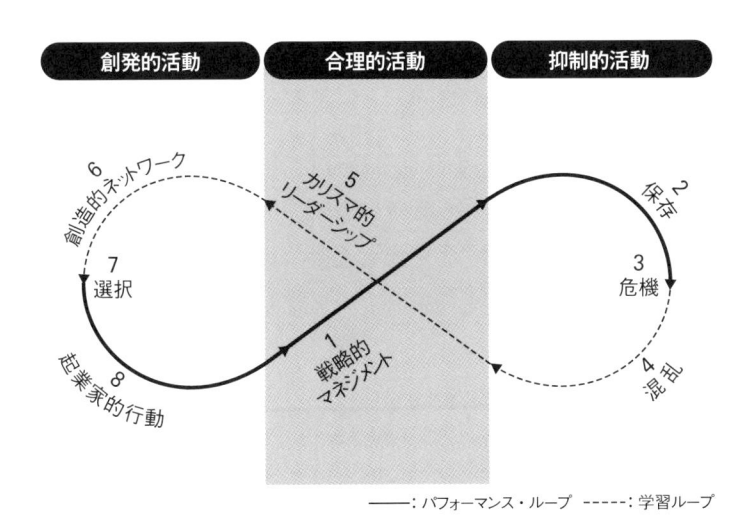

創発的活動 | 合理的活動 | 抑制的活動

1 戦略的マネジメント
2 保存
3 危機
4 混乱
5 カリスマ的リーダーシップ
6 創造的ネットワーク
7 選択
8 起業家的行動

――― : パフォーマンス・ループ   ----- : 学習ループ

出典：Hurst[215]

機体間の安定した関係、その後に自然の山火事等による創造的破壊、これが再生につながっていく。そして人間の組織サイクルも、創発的活動と抑制された活動の間で、同じようなフェーズをたどるとハーストは主張した。起業家的な行動が保存につながり、またはチャンドラーが説明したように、確立された手順に落ち着き、それが必然的に危機と混乱を引き起こす。そしてそのことが創造的な反応を促し、新しいサイクルが始まるのだ。図の「前面」にあるループの半分、つまり実線で示されたモデルの「パフォーマンス・ループ」は、「伝統的なライフサイクル」である。ハーストによれば、ここに「戦略的マネジメント」が見つかる。図形の背面にある半分、つまり破線で示された「学習ループ」は、「あまり知られていない"死"と"再構想"の再生サイクルを示す。これが「カリスマ的リーダーシップ」の領域である。[215]

　チャンドラーのような線型のライフサイクルと際立って対照的なのは、このモデルが危機と再生の果てしないループを示していることで、われわれの多くのスクールのアプローチがつながって見えることである。時によってステージ間のつながりはスムーズでほとんど線型であり（つまり、より細分派の精神において「微細」または「境がない」）、また時には急速で非線型（主に併合派）の傾向がある。

組織をトランスフォームする

　ターンアラウンド、再活性化、ダウンサイジングなど組織における主要な変化に対処するマネジャーたちの手助けを目的とした、かなりの数の文献とコンサルタント業務がある。この問題を十分に扱うには、本書の第2巻を追加しなくてはならないが、われわれとしてはあまり乗り気ではない（たぶん、読者もそうだろう）。そこでその代わりとして、この研究に関する全体的な構造と少々の説明を提供したいと考えている。

　始める前に1つ注意がある。これはすべて「管理された変化」である。しかし、この言葉には矛盾がある（次ページの囲み参照）。少なくともこの「管理された」が、強制的に起こしたことを意味するのなら、変化は「管理される」べきはない、という説も成り立つ。マネジャーたちはよく、組織の人間は変化に抵抗

すると言うが、たしかに真実だろう。しかしそれは、人々があまりにも長い間**過剰**に管理されていたためだ。解決法によって原因がもっと明らかになることがある。もしそうであれば、変化を「管理する」最善の方法は、それが起こるのを容認すること、つまり、人々が直感にしたがってトライし、自分の行動を変えるような状態をつくり出すことである。「自分を高めれば変化に対応できる。そうすれば、自分の時代が必ず来る」[87]。

> 「自分を高めれば変化に対応できる。そうすれば、自分の時代が必ず来る」

● ───**何を変えるか**

最初の質問は、組織において**何**を変えられるか、である。これについての考え方の1つが次ページの囲みで説明されている変革キューブである。組織における総合的な変化が実際どんな意味をもつかを示している。それは、戦略と組織構造に関するもので、概念的なものから具体的なものまで、そしてかなり形式的な行動からむしろ非形式的な行動にまで及ぶ。

「チェンジ・マネジメント」は矛盾に満ちている

(ジム・クレマーの*Pathways to Performance*[87]より)

怪しげなコンサルティング業界や「知的職業」が、「チェンジ・マネジメント」サービスを提供すると主張し、開発してきた……「チェンジ・マネジメント」は、戦略計画と同じように危険なほど魅力的な推論から来ている。それらは、宇宙船エンタープライズのジャン=リュック・ピカードのように、行動行程表は、客観的にプロット可能な整然とした思考と実行のプロセスであるという根拠の薄い仮定に基づいている。しかし、それはこれまで可能であっても、高速で変化する今日の世界には当てはまらない。

成功を導く変化は、学習、成長、発展から生まれる

変化は管理することができない。変化というものは、無視され、抵抗に遭い、時には反応が生じ、うまく活用され、あるいは変化そのものが創造されるかも

しれない。つまり、変化は整然としたステップ・バイ・ステップによるプロセスに沿って進めることはできない……われわれが、変化の犠牲者になるか勝者になるかは、変化に対する準備ができているかによる……かつてエイブラハム・リンカーンが語ったように、「準備しておけば、そのときはやってくる」のだ。これこそが、変化を管理する唯一の方法である。

……われわれは、怠慢でひどいサービスのせいで、静かにこっそり立ち去る顧客をすぐには取り戻すことはできない。市場が変化したからといって、われわれは自分たちの組織を、突然革新的なチームに変えることはできない。革新的な新技術が出現したときに、何年にもわたるずさんな習慣や複雑に入り組んだプロセスを、根本的かつ迅速に設計し直すことはできない。コスト圧力が強まったからといって、劇的に組織をフラット化したり、何年もの間これまでのやり方で指揮や管理をしてきたすべての人たちに、突然権限を委譲することはできない。

というのは、長期間にわたる文化、システム、習慣、スキルの変化が関係するからだ。それらは、必要とされる前に改善されなければならない。中国の古い諺にあるように、「のどが渇く前に井戸を掘れ」だ。

……変化に効果的に対処するには、自分でコントロール可能なものとして変化を捉えないことだ。自分を高めれば変化に対応できる。そうすれば、自分の時代が必ず来る……。

ミンツバーグの「変革キューブ」

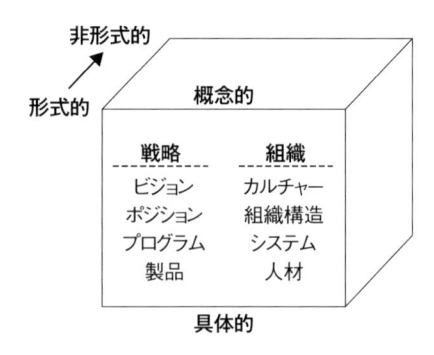

```
              非形式的
                ↗
形式的  ┌─────────────────┐
       │    概念的        │
       │                  │
       │  戦略    組織    │
       │  ────   ────    │
       │  ビジョン  カルチャー │
       │  ポジション 組織構造 │
       │  プログラム システム │
       │  製品    人材    │
       └─────────────────┘
              具体的
```

組織における変革についてはよく議論されるが、多くの場合はバラバラな形でしか行われていない。ターンアラウンド、再活性化、風土改革、TQM、起業化、新製品開発等などはよく耳にする。変革のキューブは、こうしたすべてを体系的パースペクティブの中で理解するように設計したものだ。

　キューブ表面の左側は、**戦略**に関する変化で、組織が向かう方向を示し、右側は**組織**に関するもので、組織の状態を示す。組織を変えるときには、この両方を考えなければならない。

　キューブの上のほうは、戦略と組織はどちらもかなり**概念的**、または抽象的なものを示し、下のほうにいくとかなり具体的、または具象的なものまで幅があることを示す。戦略面では、ビジョンが最も概念的であり、組織面ではカルチャーがこれに当たる。そして具体的な方向に向かっては、戦略的ポジションや組織構造、さらにプログラムとシステム、最後は製品と人材となる。組織において変革可能なもので最も幅が広く、しかし最も抽象的なものは、ビジョンとカルチャーであり、逆に最も具体的なものは、実際の製品であり、人（そこにいる人を替えるか、またはその行動を変えることで）である。

　組織は簡単に1つの製品や個人を変えることができる。しかし、他のものを変えずにビジョンや組織構造のみを変えるのは、まったく意味がない。つまり、このキューブのどこかに介入する場合は、そこから下はすべて変えなければならないのである。たとえば、システムや人を変えずに組織構造を変えたり、戦略的ポジションやプログラム、製品の変更なしにビジョンを変えることなどはまったく無意味なのである。

　最後に、このすべてのことが、キューブの表面のように明白で形式的なものから、後ろ側のようにもっと暗黙的で非形式的なものまである。たとえば、戦略的ポジションはもっと計画的（形式的）であったりもっと創発的（非形式的）であったりする一方、人は形式的に教育を通じて変わったり、また非形式的な指導で変わることもある。

　要するに、組織が真剣に変革に取り組むには、このキューブのすべてをカバーしなければならないということだ。戦略と組織、最も概念的なものから最も具体的なものまで、非形式的と形式的の両方、すべてを含むのである。

©Henry Mintzberg, all rights resserversed

● 変革のマッピング・プロセス

やっとわれわれは変革の方法について考察できる。ここでは、ある種の地図(マップ)を必要とする。それは、組織を変えるために長年にわたって開発されてきたアプローチの数々を、混乱を避けるために整理し、パースペクティブを示すためである。図11-3はそのような地図(マップ)を示しており、そこでは変革の方法が二元的にプロットされている。横軸は、ミクロからマクロまでの変革の幅を表している。ミクロ的変革は組織内に集中する。たとえば、工場における職務の再設計や新製品開発などである。また、マクロ的変革は組織全体を対象としており、たとえば市場におけるリポジショニングや、物理的設備すべてを変えることで

図11-3 ▶ 変革方法のマッピング

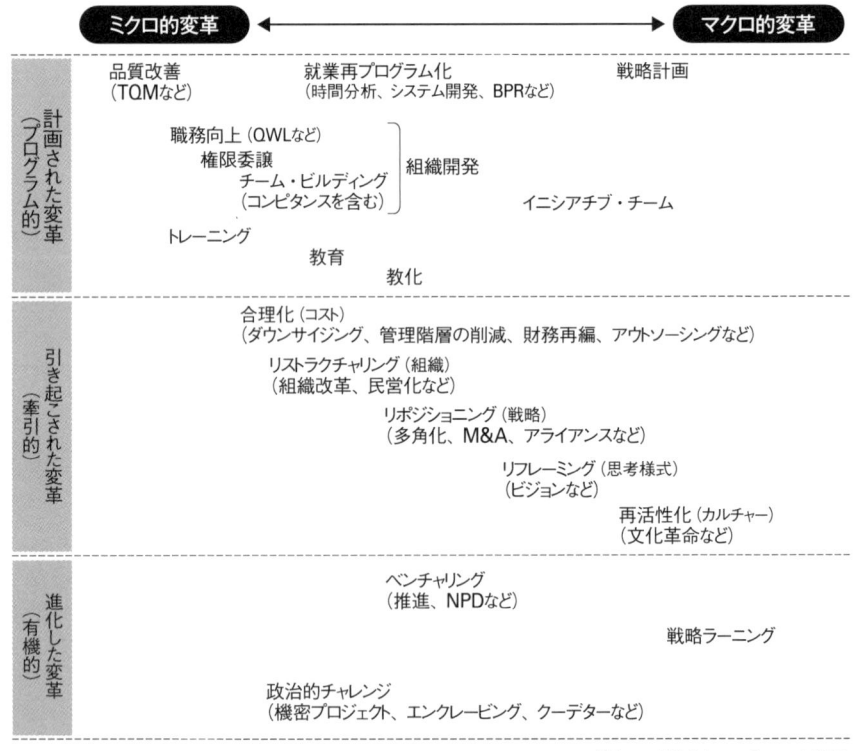

	ミクロ的変革 ◀━━━━━━━━▶ マクロ的変革
計画された変革（プログラム的）	品質改善（TQMなど）／就業再プログラム化（時間分析、システム開発、BPRなど）／戦略計画／職務向上（QWLなど）／権限委譲／チーム・ビルディング（コンピタンスを含む）／組織開発／イニシアチブ・チーム／トレーニング／教育／教化
引き起こされた変革（牽引的）	合理化（コスト）（ダウンサイジング、管理階層の削減、財務再編、アウトソーシングなど）／リストラクチャリング（組織）（組織改革、民営化など）／リポジショニング（戦略）（多角化、M&A、アライアンスなど）／リフレーミング（思考様式）（ビジョンなど）／再活性化（カルチャー）（文化革命など）
進化した変革（有機的）	ベンチマーキング（推進、NPDなど）／戦略ラーニング／政治的チャレンジ（機密プロジェクト、エンクレービング、クーデターなど）

©Henry Mintzberg, August 1997.

ある。

　デイヴィッド・ハーストは別の表現を使っている。「**操舵手**は常に変化をマネッジする（ミクロ）。**航海長**が針路を変えることは稀で、そのような必要が察知されたときのみである。**船長**による針路の変更はもっと稀である。なぜなら、組織における全体的な価値観の変化を必要とするためだ。そして、**発見者**は一生に一度、新世界を発見することもある（ほとんどマクロ）」（未刊行物）。

　本書の中では明らかに、よりマクロサイドを扱う。しかしわれわれは２つの理由により、ミクロからマクロまでの全体をマッピングする。第一の理由は、単に変革のさまざまな手法へのガイドを示し、全体の文脈にはめ込むためである。第二の理由は、ミクロ的変革でもマクロ的結果をもたらすことがあるからである。それこそ、創発的戦略の意義である。１つの行動が重要な行動パターンにつながる。また、新製品の導入が、市場における組織のリポジショニングに結びつくこともあるかもしれないのだ。

　図11-3の縦軸において、変革のプロセスには３つの基本的なアプローチがあることを示している。計画された変革、引き起こされた変革、そして進化した変革である。**計画された変革**はプログラム的である。そこには、したがうべきシステムと手順の一式がある。それは、品質改善のプログラムやトレーニング（ミクロ）から、組織開発や戦略計画（よりマクロ）まで及ぶ。たとえば、組織開発における伝統的なステートメントを考えてみよう。

> 組織開発は（１）**計画的**で、（２）**組織全体に関わる**ことで、（３）**トップによって管理され**、（４）組織の**効率**と健全性の増加を、（５）**行動科学**の知識を駆使して、組織の"プロセス"に**計画的に介入する**ことを通して行うことである。（太字の部分はリチャード・ベックハード『組織づくりの戦略とモデル』より引用）[37]

　引き起こされた変革とは、導かれたものである。通常は影響力をもつ権限をもった一個人または小グループが、変革を監督し、確実に変化を起こさせる。ここでわれわれは、リストラクチャリングによる合理化から再活性化まで、現在流行している（ほとんどは）「再」（リ）がつくすべての言葉を検証する。ドー

ズとタンハイザーは、これに関するさまざまなことを戦略的文脈の変化、組織的文脈の変化、感情的な文脈（カルチャー）の変化と呼んでいる。このような引き起こされた変革の連鎖は、**図11-3**で見ると、左上のミクロ的で計画された変革から、右下のマクロ的で進化した変革に近いものまで斜めに並んでおり、オペレーティング・コスト、組織構造、戦略的ポジション、経営者の価値観、そして全社的なカルチャーの変更を含む（最後の３つはそれぞれ、ポジショニング、コグニティブ、カルチャー・スクールの関心に相当する）。

　最後に、**進化した変革は有機的なもの**である。それはまさに自然に発生するか、少なくとも重要な権限をもたない地位にいる人々によって導かれるものである。最初の２つのアプローチのように、引き起こされたり、形式的には手順によって、あるいはもっと非形式的にはマネジャーによって、ある意味で「管理されて」いるのではなく、この３つ目の変革のアプローチは、管理されたりマネジャーにがっちりコントロールされてもいない。ミクロ側に近いところで、われわれは政治的チャレンジ（もちろん、パワー・スクールの**クーデター**のようにややマクロ的にもなりうる）を示し、真ん中にベンチャリング、そしてマクロ側に戦略ラーニング（この２つはラーニング・スクールで議論した）がある。

　図11-3ではさまざまな変革の方法を、３つのカテゴリーと、ミクロからマクロまでの軸に置くことで明らかにした。もちろん、他の人は別のポジションに置くかもしれない（たとえば、計画された変革の提唱者は、本当の意図は有機的反応を起こすことだ、と主張するかもしれない）。これに関して、大議論を展開するつもりはない。この図はわれわれの意見を示したまでである。どの地図でも必ず簡素化され、混乱を招きそうな地形についてはわかりやすい全体像を示そうとするものだ。

●───包括的変革のプログラム

　マネジャーは、簡単に何かを選んでそれを変えようとすることができる。たとえば営業のトレーニングを強化したり、研究所を再編成したりといったことである。変革のほとんどは、このような**断片的な**ものである。いつも何かしら、どこかで行われている。トム・ピーターズは、彼自身が「チャンキング！」と

叫ぶように、とにかく断片的変革の長年のファンだ。彼は、「動きがとれないような状態になるな、いつでも何かを取っ捕まえて変えろ」、と提案している。

しかし変革キューブは、このことが概念的（そしてマクロ）なものより、もっと具体的（そしてミクロ）なレベルにおいてうまく機能するだろうと示唆している。従業員の1グループを再トレーニングしたり、1つの部門を再編成することはできるかもしれないが、その変化を他に関連させることなく戦略をリポジショニングしたり、カルチャーを変化させることはできない。実際に、「カルチャーを変えろ」と言ってもそれは無意味な言葉の羅列にすぎない。要するに、他が変わらなければカルチャーはまったく変化しないのである。

そこで、包括的な変革、すなわち**トランスフォーメーション**に関する大規模なプログラムについて、膨大な数の文献が登場し、コンサルティング活動が行われてきた。それぞれが組織の「ターンアラウンド」や「再生」のために、多様な変革の方法をどう結びつけて論理的なつながりをもたせるか、を提案している（ターンアラウンドは、迅速で大きな革命を意味する。再生は包括的変革をもっとゆっくり構築していくことである）。しかし、こうした仕事は混乱を招くことになる。研究者やコンサルティング会社は、それぞれ独自の成功のための方程式をもっている。周期的に訪れる一時的なブームは山ほどあるが、何が一番うまく機能するかに関しては、意見は一致していない。しかし流行であるのだから、たとえば、「ターンアラウンド」といっても、結局はまた同じ方向を見ていることになりかねないことをよく覚えておいてほしい！

この世の中のどこにも、魔法の方程式などないのだ。現在、変革が過剰にもてはやされているからといって、すべての組織がいつもすべてを変える必要があるというわけではないのだ。それは「無秩序」にすぎない。では秘訣はというと、継続によって変革のバランスをとっていくということである。秩序を維持しながら必要なとき、必要なところで変革を遂行するのである。古いものをすっかり取り除いて新しいものを迎え入れるのが現代的なやり方かもしれない。しかし、古くても非常に役に立つものと、新しくて最高のものを統合する方法を見つけることは、困難ではあっても一般的にはるかに効果的である。最近あまりに多くの組織が、思慮に欠ける変革に身をさらしている。新しい最高経営責任者の登場や、新しい流行があるという理由だけで、すべてを混乱に陥

れていいことにはならないのだ。

> 「不可能に見える状態ではなくなる」

それでも組織が、真剣かつ包括的に変わらなければならないときはある。そこでの経営上の秘訣は、どこで介入するか、何を変えられるか、何を他の人に変えさせるか、いつ、どのくらい早く、そしてどの順に、ということを考えることである。小さく始めて大きくしていくか、はじめから大きなことをするか。人々の配置替えやビジョンの手直しから始めるか、それともチャートをつくり直すか。その後で、戦略、組織構造、カルチャー、または株主価値に集中するのか。すべてを一度に変えるか、または「断片的に」変えるのか。

一方で、マネジメントというのは、単に変化の起きやすい状態を創ってから、変化を自然に起こさせるべきではないか。一番いい変化は、現場から、例えばどこかの工場の片隅から、あるいはある顧客の訪問から。そんなところから「トップ」にまで広がっていくものだと信じて。

こうしたことすべては混乱しているように思えるかもしれないが、そのときにはフランスの哲学者アランの「変革はすべて不可能に見える。しかし一度やり遂げてしまえば、不可能に見える状態ではなくなる」というコメントを考えてみることだ。このことを念頭に置いて、包括的な変革のための枠組みをいくつか見ていこう。

▶ **マッキンゼーの変革プログラム**　1995年、マッキンゼーの3人のコンサルタント、ディックハウト、デンハム、ブラックウェルは、変革に関する興味深い記事を発表した。そこでは25社の調査に基づき、6つの基本的な「戦略」を概説している。

- **進化論的／制度構築**
  「ライン・マネジャーが変革を推進できるように、企業の価値観、トップ・グループの組織構成、業績評価システム」を徐々につくり直す。
- **ショック療法により、焦点を変える**
  「行き詰まり状態の権力構造にゆさぶりをかける」。リーダーたちは、「一挙

に……管理体制を簡素化し、新しい事業部門を定め、マネジメント・プロセスを再設計する」。

- **トップのリーダーシップ**

  結果をすぐに出すため、「トップから口火を切って主要な改革を始める」。たとえば弱い事業を売却し、「同時に、最も影響のある組織上のボトルネックのみを排除する」。

- **マルチフロント・フォーカス**

  「変革は、幅広いレンジを対象としたタスク・チームによって推進される」。それには、幅広い領域にわたり、たとえばコスト削減、営業力の活性化等を推進する。

- **システマティックなリデザイン**

  ここでもタスク・チームが、パフォーマンスを上げるために変革プロセスを推進するが、「コアとなるプロセスのリデザインと組織的改革を、並行して計画する」。

- **部門レベルの機動力化**

  「変革のリーダーたちが、ミドル・マネジャーや現場の従業員から寄せられた山積みされたアイデアを利用可能にするために、タスク・チームに権限委譲する」[112]。

　これは、さまざまな変革の発端やその中心となる活動を説明している。しかし、重要な疑問点は、大規模なトランスフォーメーションを起こすためには、さまざまな活動は時が経つにしたがってどのような順序で行われるべきか、ということである。まず最初にトップ・ダウンの場合、次にボトム・アップの場合を考察してみよう。

▶**トップ・ダウン型変革：GEの変革プロセス**　最も有名なのは、1981年から2001年の間にジャック・ウェルチの指揮の下で行われた、ゼネラル・エレクトリックのアプローチである（図11-4）。ウェルチの側近であったデービッド・ウルリヒは、リチャード・ビーティと共著の論文[36]の中で、組織の「ハードウェア」（戦略、組織構造、システム）と「ソフトウェア」（従業員の行動と思考態度）が

図11-4 ▶ 変革のリーダーシップ：3幕のドラマ

プロローグ：競争環境のグローバル化
変革への引き金

第1幕：変革への目覚め

組織のダイナミクス
変革の必要性
- 変化の必要性の認識
- 変化への抵抗
- 応急措置の回避

個人のダイナミクス
過去の終わり
- 過去からの解放
- 過去との決別
- 夢からの覚醒への対処

第2幕：ビジョンの構築

組織のダイナミクス
動機づけのビジョン
- ビジョンの創出
- コミットメントの獲得

個人のダイナミクス
過渡期
- 死から再生への過程
- 終わりと新たな始まりへの展望

第3幕：組織の再構築

組織のダイナミクス
社会的組織の構築
- 創造的破壊
- 社会的要素の組み直し
- 人々の動機づけ

個人のダイナミクス
新たな始まり
- 心構えの調整
- 新たなシナリオ
- 新たなエネルギー

エピローグ：歴史は繰り返す

出典：*CONTROL YOUR DESTINY OR SOMEONE ELSE WILL* by Noel M. Tichy, Stratford Sherman, copyright © 1993 by Noel M. Tichy and Stratford Sherman. Used by permission of Doubleday, a division of Random House, Inc.

図11-5 ▶ 成熟化した組織のリエンジニアリング・プロセス

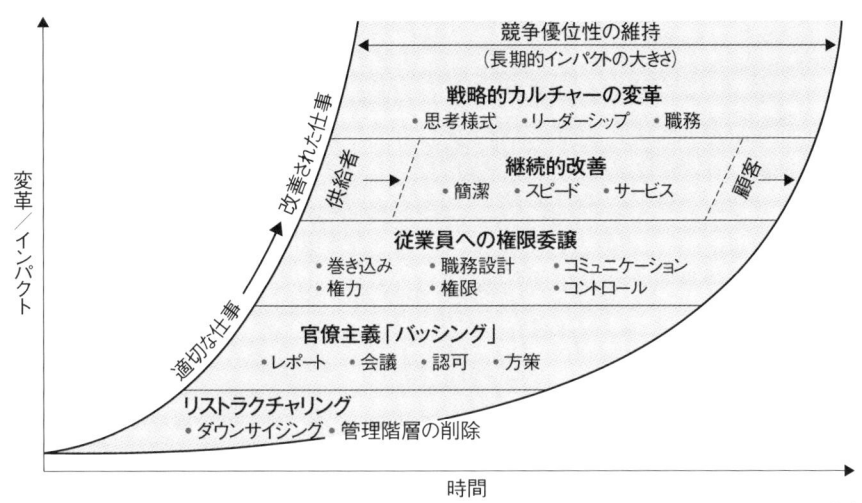

（図：縦軸「変革／インパクト」、横軸「時間」。曲線に沿って下から上へ、リストラクチャリング（ダウンサイジング・管理階層の削除）、官僚主義「バッシング」（レポート・会議・認可・方策）、従業員への権限委譲（巻き込み・職務設計・コミュニケーション・権力・権限・コントロール）、継続的改善（簡潔・スピード・サービス）、戦略的カルチャーの変革（思考様式・リーダーシップ・職務）、競争優位性の維持（長期的インパクトの大きさ）。矢印「適切な仕事」「改善された仕事」、「供給者」「顧客」の表示あり）

出典：Beatty and Ulrich [36]

含まれる５つのステップ・プロセス（それは同時に連続して起こる）を示した。その説明は、**リストラクチャリング**から始まる。それは、ダウンサイジングや組織の管理体制の簡素化・フラット化が行われ、次に**官僚主義がバッシング**され、「不必要なレポート、認可、会議、方策やそれに続くものをやめる」ことを意味する。そして、**従業員への権限委譲**の段階を迎え、**継続的改善**へと続くのである。さらに、「これらの４つの成果として」、企業カルチャーが根本的に変わるのだ。[36] この流れが図11-5に示されている。

　類似したものにベイドン-フラーとストップフォードの「復活のクレセンド・モデル」がある。

❶革新への刺激：革新にコミットしたトップ・チームを創造する。
❷業務の単純化：不必要なもの、複雑で混乱を招くものを取り去る。
❸能力の構築：新しい能力を開発する。
❹優位性のレバレッジ：勢いを維持し、優位性をストレッチする。[24]

ドーズとタンハイザーは40社の調査において、ほとんどすべての企業が、ポートフォリオ・リストラクチャリング、ダウンサイジングとアウトソーシング、ベンチマーキング、そして何らかのプロセス改善と品質管理の努力をトランスフォーメーションの中に含んでいる、と記した。彼らが発見したのは、「エネルギーを使う緊迫した活動の時期は……研修・勉強会、ワークショップ、またはその他の労使集会のような、"転機となる"あるいは"るつぼの"さまざまな事柄によって通常引き起こされる」ということである。彼らは、「より効果的で、長期にわたる」トランスフォーメーションにおいて、次のようなパターンを説明している。

- 「視点を内部から外部へ」
  まず効率を改善し、それから新たな機会を創造する。
- 「トップ・ダウンから権限委譲された行動へ」
  「トランスフォーメーションは、時に会社全体で実施される以前に……サブ・ユニットで試験的に行われる」が、「習慣を断ち切るプロセスは、通常トップが強く推進する」。その後の活動は、「サブ・ユニットが主導権を握る」ことが多い。
- 「感情と知性から組織へ」
  「ほとんどすべての場合……最初のトランスフォーメーション・サイクルは、感情的なプロセス(「るつぼ」の一部)を通してフォーカスされた新しい戦略の理解によって推進され、その後、組織の文脈の中でもっと広範で、微妙で、さまざまな面をもつ変化に反映される」。

実際には最高経営責任者が、事業の売却や経営幹部の更迭といった初動の戦略的行動を素早くとる。しかし次のステップでは、人々の「ハートをつかむ」ことが重要である。このような「感情的な変化は、戦略的な流れの中でさらに微妙な変化を可能にする」。それは、組織環境においても同様である。それによって最高経営責任者は、もっと「各階層レベルでの創発的イニシアチブ」が起きるように、はじめて「放任する」ことができるのだ。

要約すると、時が経つにつれてトランスフォーメーション・プロセスの性質は、エネルギー集中による**破裂**とエネルギー分散の**時期**から、もっと小さく目立たない振動という2つのサイクルの間を行ったり来たりする。成功するトランスフォーメーション・プロセスは、企業の大変動から、進行中の学習と再生に移るのだ。[119]

▶**ボトム・アップ型変革**　上に挙げたものは、戦略マネジメントからの最も有効な見方である。少なくとも初期段階では、トップ・ダウン型変革はリーダー主導で戦略的である。しかし「組織開発」における初期の研究を見ると、他の人々は、組織の間隙で起こった小さな変化が組織全体の変革のプロセスを動かすといった、もっとボトム・アップのプロセスとしてトランスフォーメーションを説明している。[368]変革とは前もって決められた軌跡ではなく、実地踏査の旅のようなものであり、また、計画されたり引き起こされるというよりも、むしろ学習のプロセスに近い。しかしながらうまく機能すれば、それは著しく戦略的になりうる。

　このことが、ビアたちが1990年に『ハーバード・ビジネス・レビュー』誌で発表した「プログラム型組織改革の逆説」という論文の真意である。「プログラム的な変革の誤った理解」を論じた後で、彼らが調査した「成功するトランスフォーメーションは、工場や、本社からずっと離れた部門といった企業の周辺部で通常始まるのだ」。そして、「CEOや企業の中核的スタッフ部門からではなく、実行部門のゼネラル・マネジャーによって導かれるものだ」。[38]最も優れた最高経営責任者は、「変革の場」は創造するが、どのように変化を起こすかは他の人々に任せ、最もうまく再活性した部門をモデルとして、他部門に示す。次ページの囲みでは、そのような部門のマネジャーのために、ボトム・アップ型変革の「効果的な変革の6つのステップ」を紹介する。

　そして407ページの囲みでは、この数年後にまた『ハーバード・ビジネス・レビュー』に載った、驚くほどよく似たタイトルの、「企業変革の落とし穴」という論文から引用した変革のステップを示す。これは、ハーバード・ビジネス・スクールでビアと同じ学部に所属する、同僚のジョン・コッターが書いたものである。しかし、コッターのこの「企業を変革する8つのステップ」はトップ・

ボトム・アップ型変革
──事業ユニットやプラント・レベルにおけるマネジャーのための「効果的な変革の6つのステップ」

（ビア、アイゼンスタット、スペクター【38】より）

第1段階　企業の問題点の共同分析によって、改革への意思表示を結集する。……組織上の問題点は何か、何を改善すべきか。このテーマについてゼネラルマネジャーは社員の共同分析を支援し、全員の最初の意思表示を結集する。

第2段階　競争力のある組織づくりと経営方法について、共通のビジョンを開発する。組織の中心的グループがひとたび問題の分析に取り組めば、ゼネラルマネジャーは、新たな役割と責任に基づくタスク連鎖型組織のビジョン開発へと社員をリードできよう。

第3段階　新ビジョンに関する合意、実行力、及び結集力を育成する。

第4段階　上から強制せずに、全部門の活性化を図る。……迅速な改革が必要な場合には、新しい方針を全組織を通じて一斉に実施したい気持ちになろう。しかし、そうなると、……全社プログラム型改革のケースと同様の失敗を招き、改革のプロセスを挫折させてしまう。

その落とし穴にはまらないために、各部門に"新しい車輪を発明させる"、つまり新しい組織づくりの方法を一任させることが望ましい。

第5段階　公式政策、システム、構造に基づき、組織の活性化を制度化する。……新しいアプローチはすでに確立……。

第6段階　活性化の過程で起きる問題に対応して、戦略をモニターし、調整する。組織改革の目的は、……絶えず変化する競争的環境に対応できる"学ぶ組織"がそれなのだ。……それは当然ゼネラルマネジャーの責務であるという意見もあろう。しかし変化のプロセスのモニターについては、……社員の参加がなくてはできない。

出典：マイケル・ビア、ラッセル・A・アイゼンスタット、バート・スペクター「プログラム型組織改革の逆説」『DIAMONDハーバード・ビジネス』1991年4-5月号

トップ・ダウン型変革
――統括的マネジャーのための「企業を変革する8つのステップ」

(コッター【253】より)

❶緊急課題であるという認識の徹底
- 市場分析を実施し、競合状態を把握する。
- 現状の危機的状況、今後表面化しうる問題、大きなチャンスを認識し、議論する。

❷強力な推進チームの結成
- 変革プログラムを率いる力のあるグループを結成する。
- 1つのチームとして活動するように促す。

❸ビジョンの策定
- 変革プログラムの方向性を示すビジョンや戦略を策定する。
- 策定したビジョン実現のための戦略を立てる。

❹ビジョンの伝達
- あらゆる手段を利用し、新しいビジョンや戦略を伝達する。
- 推進チームが手本となり新しい行動様式を伝授する。

❺社員のビジョン実現へのサポート
- 変革に立ちはだかる障害物を排除する。
- ビジョンの根本を揺るがすような制度や組織を変更する。
- リスクを恐れず、伝統にとらわれない考え方や行動を奨励する。

❻短期的成果を上げるための計画策定・実行
- 目に見える業績改善計画を策定する。
- 改善を実現する。
- 改善に貢献した社員を表彰し、奨励を支給する。

❼改善成果の定着とさらなる変革の実現
- 勝ち得た信頼を利用し、ビジョンに沿わない制度、組織、政策を改める。
- ビジョンを実現できる社員を採用し、昇進させ、育成する。
- 新しいプロジェクト、テーマやメンバーにより改革プロセスを再活性化する。

❽新しいアプローチを根づかせる。
- 新しい行動様式と企業全体の成功の因果関係を明確にする。

- 新しいリーダーシップの育成と引き継ぎの方法を確立する。

    出典：ジョン　P. コッター「企業変革の落とし穴」『DIAMONDハーバード・ビジネス・レビュー』2002年10月号

ダウン型である。コッターは次のように記した。「変革を推し進めるには、新たな制度をつくり出さなければならず、当然強力なリーダーシップは必須である。真のリーダー人材を社内登用するか、もしくは外部から連れてこない限り、変革の第一段階はうまくいかない」[253]。

　では、変革のプロセスはトップ・ダウン型であるべきなのか、ボトム・アップ型であるべきなのか。専門家を信用するならば、コインを投げてみなければならないだろう。さもなければ、どのようにして修復するかを意思決定する前に、まず組織のどこが壊れているかを理解するよう心掛けることだ。組織をトランスフォームする決まった方法などないのだ。そもそも、組織がトランスフォームする必要があるかどうか自体、それを決める定型パターンなどない。

　事実、この議論の発端となった変革の戦略について提案しているマッキンゼーのコンサルタントであるディックハウトたちは、どのアプローチを使うべきかは、その組織の目標、必要性、そして能力によると主張した。彼らは、この文献に賛同する数少ない人々である。彼らの研究では、「それぞれのトランスフォーメーションは、特定問題と機会の組み合わせへのユニークな反応である……リーダーは、組織に埋め込まれた「暗号を解読した」かのように見える……それゆえに、業績を改善するためにエネルギーが放たれ、注がれるのだ……」[112]。この文献に関する議論を終えるうまい表現であるが、実践は必ずしも素晴らしくよかったわけではない。

　トランスフォーメーションに関する文献は、計画された変革、引き起こされた変革に関するものが実に一般的である。言い換えると、手順を通した形式的なものだろうが、あるいはリーダーによる非形式的なものであろうが、「管理された」変化ということである（ビアらのアプローチのように、たとえリーダーが組織内でうまく活動したとしてもだ）。この「管理された」変化が、組織の中で有機的変化を引き起こすかもしれない。つまり有機的変化を引き起こすことが、このようなアプローチの目的なのだ。しかし、アプローチ自体は有機的

とは言えないのだ。変化は組織の中で管理されなければならない、と反論する者もいるだろう。しかしわれわれは、その多くが経営幹部のエゴとコンサルタントの収入のためではないか、と疑問に思う。

　最高経営責任者が、全員を一同に集めた会議を想像してみよう。「おいみんな、わたしはこの変革ということについて考えてみたんだ。わたしはみんなが思っているようなヒーローじゃない。変革が起こるのであれば、**君たちが**それを起こす主人公だ。わたしはここで手助けや、便宜を図り、刺激を与えることをしよう。だがこの場所を素晴らしいところにするのは、**君たちの役目だ**」。果たしてこの人は、『フォーチュン』誌の表紙を飾れるだろうか。または、あなたの大好きなコンサルタント会社からこう言われたらどうだろうか。「外部環境は大変厳しいです。しかしこの会社には、立派で優秀な社員がかなりいらっしゃいます。彼らにチャンスさえ与えれば、きっと喜んで主導権をとっていくでしょう。やってみてください。驚くような変革が起きるかもしれませんよ。ではわたしは、55ドルいただくことにしましょう」。

　そして、救いようのない企業、自然に死なせるより治すほうがずっとお金がかかるような企業の場合はどうだろう。このような老人病に取りつかれた企業にコンサルティングが必要だろうか。そして、そうした企業に生命維持装置を取りつけるような人々が本当に必要なのだろうか。

コンフィギュレーション・スクールの批判、文脈、功績

●───マギロマニア

　コンフィギュレーション・スクールへの最も辛辣な批判は、レックス・ドナルドソン[116]によって行われ、彼はこのスクールを一度は「マギロマニア」(マギル狂)と呼んだ。ドナルドソンは、コンフィギュレーションは理解しやすく教えやすいからといって、理論化するには欠点のあるアプローチに相当すると論じている。

　　シンプルな組織構造あるいは機械的官僚主義の組織は、現実にはめった

に存在しない。ほとんどすべての組織は、その間のどこかに位置するのである。MBAの学生だろうが経営幹部であろうが、ほとんどが中間レベルの規模、基準、組織形態等をもつ組織の出身である。マネジャーは、ある程度の経営上の変革に関与する。つまりそれは、規模の増加、多少のイノベーション、この製品ラインは成熟しているがあちらの製品ラインはまだ、などといったものである。彼らは自分の経験をマッピングできるフレームワーク、さらに高度に差別化され、段階的で規範的なアドバイスを生み出すフレームワークを必要としている。コンフィギュレーションは彼らにとって、ありのままではあるが極端に簡素化された風刺画のようなものだ。つまり、シンプルな組織構造、機械的な官僚主義、革新的なアドホクラシー組織、このようなモデルはあまり役に立たないのだ。[116]

組織には、「白か黒かではなく、さまざまなグレーゾーン」[116]がある、と彼はつけ加えている。このような「理想的なタイプ」はボキャブラリーを提供するが、このボキャブラリーは、組織の多様性を表現するには荒削りである。「どのコンフィギュレーションにも問題がある」[116]。たとえば、多角的な部門をもつ企業は、異なる戦略を追求する異なる組織構造をもつ部門をもっているかもしれない。

ドナルドソンは、コンフィギュレーション・スクールの重要な拠り所である量子的飛躍の変化のために、批評の矛先を残していた。企業が静的な状態にあるか、あるいは急速に変化をしているかを決めつけることは、実証的にも概念的にも誤りであると彼は論じている。「ほとんどの場合、ほとんどの組織は、漸進的に変化しているのだ」[116]。さらに言えば、異なるコンフィギュレーションの中間に位置する組織は、もっと安定したコンフィギュレーションに達するまで、その戦略が実行できないという不安定な状態にあるということだ。それでは変化をどのようにマネッジしたらいいのか疑問である。

> 「組織には、白か黒かではなく、さまざまなグレーゾーンがある」

ドナルドソンの批判は、理論が正しいか否かという二者択一の疑問の上に成り立っている。しかし、すべての理論は間違いである。それは紙に描かれた単なる言葉や絵でしかない。現実は常にもっと複雑なものである(たとえば、地球は平らではないが、丸くもない。赤道の部分で膨らみ、また山というありと

あらゆる隆起物がついている)。そこで、特に現場のマネジャーにとっては、実用性が重要な基準となる（地球が平坦であるという理論は、特にオランダでは滑走路を建設する時に役立つだろう）。

これはドナルドソンの批判を打ち消すものではない。コンフィギュレーションとして捉えられる世界にもまた欠点がある。しかし、彼がその代わりとして好む第10章で取り上げた条件適応理論に対して、等しく重要な疑問が湧き起こる。つまりマネジャーは、欠点のある理論の中から選択しなければならないということである。

そしてこの章で示そうとしたように、コンフィギュレーションは、たとえボキャブラリーにすぎないとしても非常に役に立つものである。なぜならそのボキャブラリーによって、いかなる方法で組織の異なる形を結びつけたらよいか、ということの理解が進むからである。さらに、ツールとしての理論は進化する。生物学の分類学者が、今日のような高度に複雑で強力な分類にたどりつくには、長い時間がかかった。もし彼らが、観察できるさまざまな種のすべてを十分に網羅できないからと、研究全体を投げ出していたらどうなっていただろうか。

1990年代の中頃、クレイグ・ラッセル教授に指導された博士課程の学生グループは、組織のコンフィギュレーションとパフォーマンスの関係の経験主義的研究すべてを評価する、というプロジェクトに着手した[239]。そのグループは、この関係を検証する40の研究を明らかにした。そして彼らは、こうした研究の中でコンフィギュレーションとパフォーマンスの関係性の強さを確認した。こうした知見は、研究者が、広くコンフィギュレーションを定義したり、個々の産業にフォーカスしたり、ずっとコンフィギュレーションの進化を観察したときに、関係性の強さが増していることを示している。

変化の速度が遅くなろうが速くなろうが、結論はまだ出ていないし、結論の出ない状態が続くであろう。漸進的変化と量子的変化に対しては、他の章でも引用したように十分な証拠があり、どちらも十分に役に立つのである。もちろん、条件適応理論と一致するものもあれば、コンフィギュレーション理論と合うものもあり、この議論については誰を信じるか注意が必要である。

● ── **併合の必要性**

　パターンとは、見る者が決めることである。そのため、すべてを併合するということは、どこか独断的なものとみなされる。コンフィギュレーションによる説明は、わかりやすくするための歪曲が行われているということである。しかしそのことは、どの概念にも、どの理論にも、ただのカテゴリーであるどの言葉にもあてはまる。すべて何らかの簡素化をしているのだ。そこで問題は、この歪曲の程度が他と比べてどれだけ重大か、ということになる。好き嫌いは別にして、この複雑な世界を理解するためにはカテゴリーが必要である（言葉がない世界を想像してみよう）。そこで、限界を認識しながらも併合が必要になる。

　１つ明白な例をとると、われわれは、大陸を分類することは役に立つと知っている。オーストラリアは１つの大きな大陸である。それは地理的にも明確であり、たとえば言語やアクセントで人々の特徴までもが区別できる。グリーンランドもまた、これらの条件にあてはまる。いや、他と区別できるという条件的には、オーストラリア以上に明確だとも言える。ただしこの「島」は、それほど大きくはない。それなのに、なぜグリーンランドは大陸の分類から除外されるのか。アフリカは大陸に含まれている。この場合は、言語などについては他よりももっと多様だが、土地の面積は巨大である。では、なぜヨーロッパは大陸とみなされるのか。言語は非常に多様であり、東方との明白な境界線などない。大陸という呼び名をつけたのがヨーロッパ人だったから、という理由だけでヨーロッパは大陸なのだろうか。

　カテゴリーとは、コンフィギュレーションも含めて、少なくとも事象を見分けるために創り出された想像の産物、一方では想像力のなさの産物と言えるのだ。

● ── **境界の重要性**

　したがってコンフィギュレーション・アプローチによって、乱雑な世界のニュアンスを無視してはならない。われわれには、物事の間にある複雑な相互関係を洗い出す、きめの細かい研究が必要である。ラファエルが指摘したように、

生命の最も豊かな姿は、海と陸の間、森林と平原の間などの境目に存在するのだ。組織の世界でも同様である。適切なカテゴリーから外れ、整然としたコンフィギュレーションの枠を超えたところで、エキサイティングな革新が起こるのである。ある意味でわれわれは、このスクールの置かれた1つの文脈を具体的に述べることはできない。それは結局、このスクールが複数の文脈に関するスクールであるからだ。だからこそ、ニュアンスを含んだ文脈や、カテゴリー分けされていない文脈、あるいはまだカテゴリー分けされていない文脈、おそらくカテゴリー分けすることさえできない文脈などを見落としてしまわないように、注意を払わなければならないのだ。

　組織はまた、コンフィギュレーションから利益を得ると同時に、苦しめられもする。これはイカロスのパラドックスに関するミラーの研究から、はっきり導き出される。成功を促進するその一貫性こそが、失敗へと導くのだ。「適正な程度のコンフィギュレーションを選ぶことは、複雑な均衡を必要とする行動である。マネジャーたちは、コンフィギュレーションにあまりにも無頓着なために、カオス状態に陥ることは避けなければならないし、一方では、コンフィギュレーションに過度に取りつかれすぎることも避けなければならないのだ。極上のワインは、味わいに複雑さとニュアンスがある。それは、さまざまな風味を調和の取れたバランスにブレンドするからである」[314]。

　全体的にコンフィギュレーション・スクールの功績は、戦略マネジメントにおいては明らかである。このスクールは、戦略形成の世界、特にその膨大で多彩な文献と実践が散らばった世界に秩序をもたらす。本書でたった今通ってきたことを肝に銘じておこう。沼地と草原、森と川の境界を横切るサファリではなく、10の異なるエコ（またはマインド）・システム、つまり、示唆されたほどデコボコだらけでもない単一の世界から考え出された10のコンフィギュレーションを通ってきたということを覚えておいてほしいのだ。しかし、ここまで来たのなら、これらの塊への感謝の念ももってもよいだろう。ホワイトヘッドの忠告を心に留めおこう。「単純なものを追求しろ。しかしそれを疑え！」

> 「適正な程度のコンフィギュレーションを選ぶことは、複雑な均衡を必要とする行動である」

注

（ⅰ）ミクロ的変革は、変革キューブの具体的なレベルに集中する傾向があるが、そうである必然性はない。工場の作業デザインのビジョンを変えることもできる。同様に、マクロ的変革は多くの場合、概念的レベルから始まるが、その必然性もない組織は、ビジョンの傘がなくとも物理的設備を変えることが可能である。もっとも、論理的ではないが（しかし、起こらない、ということにはならない！）。

（ⅱ）図の中で「再」（リ）のつく言葉には、さらに同意語や類義語として、リニューアル、再考、再ビジョン化、再コンフィギュア化、再発掘、リフォーム、再調整、再削減が加えられる。

（ⅲ）つまり、計画されたものから、引き起こされ、進化する変革までの流れは、変革キューブの形式的から非形式的までのスケールに一致する。しかし、注意すべきなのは、すべてに概念的なものから具体的なものまで、幅広い可能性があることである。第3章で指摘したように、戦略計画は概念的な傾向にあるが、具体的な結果を出すためのものであり、戦略ラーニングまたは政治的チャレンジはその範囲のどこにでもありうるものである。

Chapter 12
'Hang on, ladies and gentleman, you have yet to meet the whole beast'

第12章
新たなるパースペクティブ
[皆さん、ちょっと待って。まだ獣全体に出会った訳ではないのだから。]

他のサファリ・ツアー同様、われわれは約束したようなことをすべて果たすことはできない。つまり、この章も象ではない。

第1章で忠告したように、読者である皆さんにしか象の全体像を見ることはできないのだ。つまり、象はこの本の紙面上ではなく、皆さんの心の目（mind's eye）の中にだけ存在するのである。ロバート・オーンスタインは、『意識の心理　知性と直観の統合』で次のように記述した。

> 象の1つのパーツだけを見ている人は皆、見ている箇所だけを分析して評価することはできるが、そこから想像がつく限りにおいて「固い表皮で覆われている」とか「長くて柔らかい」とか、「どっしりしていて円柱状の」などの要素を組み合わせてみたところで、象の全体像を捉えることはできない。全体を見渡したパースペクティブがなければ、われわれは、個々の研究においても道を見失ってしまう。このようなパースペクティブは、知識のあり方がまったく別物であり、個々のパーツを研究するのと同じようにやれば成果を達成できるというものではない。独立した観察を単に直線的に積み上げたからといって見えるものではない。[370]

本書で紹介した論文は、直線的に言葉を並べる伝統的知識様式を用いている。もう一方の様式は、言葉を越えたところで、おそらくある種のイメージとなって人間の心（mind）に到達する神秘的なものなのだ。それゆえ皆さんには、パーツを見せることはできても、象を見せることはできないのだ。しかしながら、象を見つける手助けはできる。それが、この最後の章の目的である。

まず、10のスクールのさまざまな特徴についておさらいし、これまでの章のまとめを記述していく。続いて、土台無理なことを承知の上で、戦略マネジメントという野生動物を飼いならす試みとして、この分野に共通するさまざまな問題点について触れる。そして最後に、獣の全体像を垣間見る方法について記述していくことにしよう。

> 「皆さんには、パーツを見せることはできても、象を見せることはできないが、象を見つける手助けはできる」

尻尾と牙、そしてプランとパターンについて

　象には、たしかに体と足、鼻と牙、そして耳と尻尾がある。象は、このようなパーツを単に寄せ集めたものだけではないかもしれないが、はじめに述べたように、全体を捉えるためにはパーツを理解しなければならない。戦略形成という獣に関するあらゆる特徴をここにまとめてみた。

　象以外の獣を用いてすべてを説明することから始めよう。戦略サファリで出会ってきた獣は各スクールを象徴しているものだ。これから、各スクールの発展について記述し、その盛衰を示す。つまり、各スクールに寄せられた関心の度合いと、どのスクールがどのスクールに代わって台頭したかを描写するのだ。そして最後に、10のスクールの特徴をまとめた長い表で要約する。

● 各スクールを象徴する獣たち

　なぜ象だけなのか？　1匹の動物だけを見たいがために、サファリ・ツアーに参加する人などいるのだろうか？　実際、これまで気づかぬうちにさまざまな象以外の獣たちに遭遇してきた。以下にその名前を披露する。

　サファリ・ツアーが始まり、最初に出会ったのがクモである。孤独なクモは、とても慎重に巣をデザインする。その巣は、クモの卓越したコンピタンスを活用するのには十分強かった。その近くにはリスがいた。リスは、来るべき季節に備えて資源を集めて計画的に準備していた。水牛はそんなことにはお構いなしで、注意深く選んだポジションに満足気に腰を下ろしていた。このポジションを破壊できるものなどいるのだろうか？

　ところが一匹オオカミは、そんなものは破壊できると考えていた。水牛を一人占めできるのに、なぜわざわざガゼル（羚羊）をめぐってライオンと争う必要があるだろうか？と起業家は考えた。リスクがあるって？　フクロウは木の中に腰を据えてそう考えた。フクロウは内にすべてを取り込んでいた。きわめて認知的に。しかし、正しく取り込んでいただろうか？　ひょっとしたら、自分だけの空想の世界を創り出していたのではないだろうか？

　さらにサファリ・ツアーは進み、木から木へと飛び移り、陽気で適応性があ

り学習能力をふんだんにもち、それぞれが見つけたものに反応し合うサルの群れに遭遇した。この間、パワフルなライオンたちは、ガゼルに目を光らせ、どれを倒そうかと思案中だった。そして若いライオンの何頭かは、誰が最初に獲物にありつけるかと、互いにじっと見つめて牽制し合っていた。

クジャクは周りのことなど眼中になく、自分をきれいに見せることだけを考えていた。いわゆるカルチャーと同じように、クジャクは変わることがない。そう、決して変わらないものと言えば、ダチョウも同様である。ただし、ダチョウはその環境の中にいる誰も見ようとはしないし、1人でいたいのだ。しかしこれは、戦略マネジメントの原野ではとても危険な行為なのである。

そして最後に、カメレオンがあちらこちらで突進しているのを確認することができただろうか？ あるコンフィギュレーションから別のコンフィギュレーションへと、多彩に変化しているように見受けられるが、果たしてそんなに変化しているのだろうかと思ってしまう。

考えてみたらなんとわれわれは、まだ一度も象を見ていないのである。

●——— 10スクールの進化

象とは複雑なシステムであり、成長・発展するものだ。これは、個々それぞれの象に言えることであり、また象と呼ばれる種にも言えることである。目の不自由な男たちが遭遇した象は、長い進化の歴史の産物であった。そこで、生物学者が、比較的簡単なものから非常に複雑なものまで、すべての種の進化に関する首尾一貫した構図を組み立てようとすることが、どれほど難しい作業かを想像してみよう。

同じように戦略マネジメントの分野は、若干速度を上げながら、1960年代初頭から相当進化してきた。最初はその文献も実践もゆっくりと発展したが、やがて速度を増した。1970年代にはある側面が、1980年代には他の側面が発展してきた。そして1990年代には、さまざまな方向へと展開して、今世紀になっても、速度が遅くなる気配はない。今日では、さまざまな異分野が戦略マネジメントの活力源にもなっている。そして、認識するのが容易な初期のスクールは、後に続いたより複雑で、微妙な違いのあるスクールへと展開されていったのだ。

図12-1ではこのような発展を捉えるべく、10のスクールにおける活動を示した。これらのグラフは印象に基づくものであり、研究者や実践者が各スクールに寄せた関心の度合いを、主観的に評価したものである。

最初のグラフは3つの規範的スクールによる継続的な支配を表している。初期のデザイン・スクール、1970年代のプランニング・スクール、そして人気は衰えてきたもののまだ影響力をもっているのが、1980年代のポジショニン

図12-1 ▶ 10スクールの進化

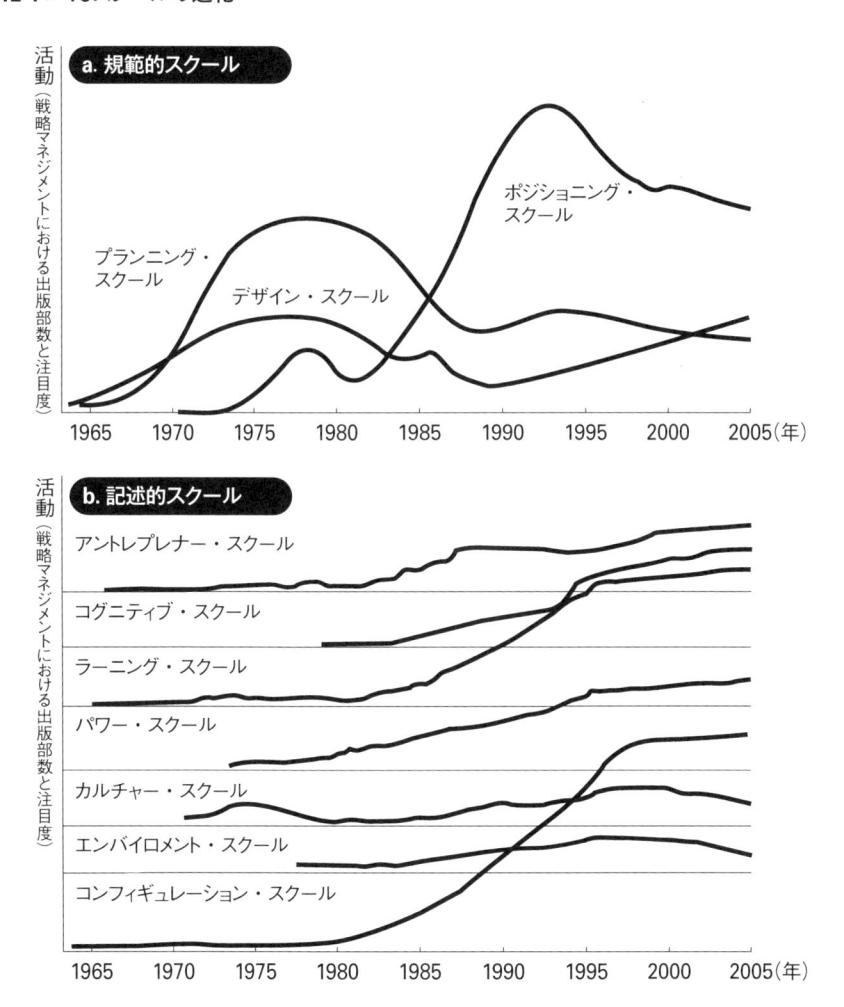

活動（戦略マネジメントにおける出版部数と注目度）

a. 規範的スクール
- プランニング・スクール
- デザイン・スクール
- ポジショニング・スクール

1965　1970　1975　1980　1985　1990　1995　2000　2005（年）

b. 記述的スクール
- アントレプレナー・スクール
- コグニティブ・スクール
- ラーニング・スクール
- パワー・スクール
- カルチャー・スクール
- エンバイロメント・スクール
- コンフィギュレーション・スクール

1965　1970　1975　1980　1985　1990　1995　2000　2005（年）

グ・スクールである。そして1990年代から、この分野はもっと折衷主義的になり、他のスクールすべてが重要性を帯びてきたのである。

　最近では、特にパワー・スクールのミクロ的な側面である役員会の役割、経営チームのダイナミクス、権限を行使するためのレトリックの活用などに対して、学問分野はさる事ながら、特に実践面での関心が高まっている。同様に研究の分野ではアントレプレナー・スクールに関連する関心が高まっている。しかし、ここ数年で本格的に稼働し始めたのが、コンフィギュレーションとラーニング・スクールである。もちろん、初期の頃にプランニングやポジショニングについて主張したのと同じように、戦略作成のためのコンフィギュレーション・アプローチについて熱く語る者はいない。しかし学者たちは、戦略プロセスのタイプや戦略開発の段階については多くを語っているし、実践者は至るところで、戦略的トランスフォーメーションにほとんど取りつかれてしまっている。また異なる面から捉えると、「戦略ラーニング」と「ダイナミック・ケイパビリティ」を身にまとった「ラーニング・アプローチ」が、大変な人気を博すようになったのだ。

●───各スクールの特徴

　448ページ以下に掲載してある表12-1では、各スクールのあらゆる特徴についてリストアップしている。本表は要約であり、同時に参考資料でもあるので全部を読みこなす義務はない！

　この資料の一部は記録のためであり、初期の頃の著者たち、基礎となる学問、理解のためのキーワードなどをスクールごとに記述している。[147] 他に、各スクールがどう戦略プロセスを捉えているかを説明している。つまり、その基本プロセス、中心人物、組織を取り巻く環境に関する見解、得意とする状況やステージなどである。

　また、他に興味深いコラムとしては、各スクールの教訓を記したコラム、そして各スクールが意図したメッセージと、実際に理解されているとみなしているメッセージ、すなわち本当に伝えようとしたことを比較する2つのコラムがある。

戦略マネジメントの野獣を飼いならす

　たとえ完全に到達できないまでも、さらに一歩獣に近づくと、各スクールにまたがって存在する問題点が見えてくる。たとえば、戦略はどこまで包括的であるべきか、またその戦略を生み出すプロセスを、どの程度管理すべきか、といったことである。しかし、すべては戦略プロセスを理解するにあたり基本となるものばかりである。

　それぞれの問題点にはラベルをつけ、疑問点、あるいはジレンマとして紹介していくことにしよう。しかし、それぞれについてあまりにも極端な解決策は却下する。つまり、条件付きの解決策を採用する。言い換えれば、答えは通常極端なところではなく、要するに併合化されるのか細分化されるのかどうか、いかに実践において矛盾を調整できるのか、というところにあると信じる。全部で8つの問題点に触れるが、最初の3つは戦略の内容について、残りの5つは戦略プロセスについてである。それぞれある疑問から始まり、そして疑問で結んでいる。映画の大御所サム・ゴールドウィンの思慮深い言葉を引用しよう。「参考までに、わたしのほうからいくつか質問をしましょう」。

● ─── 複雑さに関する問題

　よい戦略とは、どこまで複雑であるべきか？　一方で、直面するさまざまなチャレンジに立ち向かうために、システムは十分な多様性を包含するということを、アシュビーの「最小多様度の法則」[20]がわれわれに示してくれている。たとえば、複雑で不安定な環境は、対応するためにかなり多様性を必要とする。つまり、戦略は複雑で微妙なものでなければならないという意味である。しかし一方では、同じようにもっともらしく聞こえるKISS（ピーターズとウォーターマンによる「Keep It Simple, Stupid」物事は単純にしておけ、バカヤロー！）[379]といった行動規範もある。たとえばアンドルーズはデザイン・スクールにおいて、戦略はシンプルにアイデアを知らしめるものであるべきだと主張した[83]。ところがパスカルは[372]、ラーニング・スクールの精神にのっとり、アメリカ人は日本人が相撲を見るように、戦略の簡単な概念に「夢中になりすぎる」ことを非

難したのである。

　ケネス・ボールディングもまた、このジレンマについて指摘した。「どこかに……意味をもたない固有のものと中身のない普遍的なものの中間あたりに、必ず……抽象概念の目的とそのレベルに応じた、最適な普遍性があるはずだ」[50]。戦略マネジメントにおいて、複雑さに関する問題は、これまでほとんど取り上げられることはなかった。戦略をどこまで緻密に、どの程度まで微妙に違いをもたせ、どこまで包括的に、そしてどこまで一般的なものにするべきか？　そしてそれは、いつ、どこでそうあるべきなのだろうか？

●──統合化に関する問題

　よい戦略とは、どの程度緊密に統合化されるべきだろうか？　ポジショニング・スクール、特にその成長率・市場占有率マトリックスでは、戦略はポートフォリオであり、構成要素が対になった2つの軸の中に収められているという印象を与える。プランニング・スクールは、「シナジー」という言葉を用いているにも関わらず同じような見解を打ち出している。それは特に、資本支出予算編成で見られる。そしてまた、アントレプレナーやカルチャー・スクールのように、構成要素をまったく見ないスクールもある。ここでは、戦略は1つの完全に統合化されたパースペクティブであり、流行りの表現を使えば、「シームレス（継ぎ目がない）」なのである。

　戦略を統合するさまざまなメカニズムが提案されてきた。それは、形式的に統合化を図るためのプラン、メンタルな心の中で統合させるための認知やビジョン、標準的統合を図るためのカルチャー、集合的に統合を達成するためのコミュニケーション、等々である。では、どこまで統合化を図るべきか、どのように、またいつ、そしてどこで行うのが好ましいのだろうか？

●──包括性に関する問題

　よい戦略とは、どこまでユニークで新奇性があるべきか？　有効な戦略は無数にあるのか、それとも「包括的」な基本セットがあり、組織はそこから戦略を選ばなければいけないのか？　組織はルールを守って、あるいはルールに反することによって成功するものだろうか？

ポジショニング・スクールは、戦略とは包括的・普遍的なジェネリックなものであり、先験的に存在し、明確に定義されているものだと教えてくれた。戦略的なポジションというのは、梨と同じで、環境における機会のなる木から摘むことができるとしている（しかし、エンバイロメント・スクールでは、梨は頭を直撃し人を気絶させる）。

　おそらくたくさんの産業ごとの処方箋が存在し、「主流となる」あるいは「ミー・ツー」型模倣戦略には事欠かないであろう。しかし、特にアントレプレナー・スクールとカルチャー・スクールは、戦略とはユニークなものであるに違いない、とわれわれに教えてくれた。つまり、1人の人間のビジョン、ないしは1つの組織のカルチャーだけの、特有のパースペクティブが存在するということだ。同じものは2つとないのである。またラーニング・スクールは、すべての戦略は特異な適応プロセスの産物である、とつけ加えている。そしてデザイン・スクールは、戦略は個人に帰属するデザインのプロセスにおいて**創られる**ために、ユニークなものになると論じている（それは、たとえこのスクールが、戦略の「選択」について繰り返し触れているにも関わらずである）。

　そこで、戦略とは新奇性のあるものか、それとも包括的なものなのか、そしていつ、どこで、ということだけではなく、この2つがどう相互関係をもつのかということにまで疑問は及ぶ。新しい戦略は、いつ、どのようにして包括的な戦略となるのか？　また、戦略グループ（包括的戦略のクラスターとしてのグループ）は、どのようにして形成されるのだろうかといった疑問が浮上するのである。

　以上に述べた、内容に関する3つの問題点がいかにして結びつくのかということに注目してほしい。包括的戦略はよりシンプルであり、構成要素のポートフォリオとしてはさほど統合化されていないように見えるが、おそらくより柔軟なものであろう。また明確な表現も容易である。一方新奇性のある戦略は、より複雑で、おそらくより統合化されているだろう。それゆえ、それだけ柔軟性に欠けると考えられる。なぜなら、仮に統合化された戦略のある一部分を変えようとすれば、すべてを分解してしまう危険性があるからである。また、明確に表現することも難しいという可能性があるが、いったん表現されると覚え

るのは容易である。さらに、仮に戦略が包括的であれば、当然その内容に関心が注がれるが、もしユニークであれば、それを創り出すプロセスに焦点が当てられる。では次に、プロセスに関する問題点について見ていこう。

● コントロールに関する問題

　効果的な戦略形成プロセスは、どの程度計画的、あるいは創発的であるべきか？　つまり、どこまであらかじめ決定され、どこまで頭脳的であり、どこまで中央集権的であるべきだろうかということである。あるいは、後天的な学習に対して、先験的なコントロールはどこまで必要か？　最初の疑問については内容に関する問題でもあるので、プロセスの一環として取り上げられる。すなわち、実現されたパターンに対し、戦略は意図されたプランとみなされるのである。実際は戦略が創発的であればあるほど、中枢にいるマネジメントは、内容をプロセスとして扱わなければならない。言い換えると、望ましい戦略を考案することを望んで、人と組織を計画的にマネッジするのだ。

　最初の３つの（規範的）スクールは、積極的に計画的であることを推進している。アントレプレナー・スクールも同様であるが、そんなに形式ばってはいない。コグニティブ・スクールの一方の流派は、戦略的な事項に関する戦略家のマインドパワーを疑問視している。そしてラーニング・スクールは、計画的であることを排除し、創発的であることを好む。しかし第１章で記述した通り、現実的な戦略というのは、一方的に計画的であったり、一方的に創発的であることはないのである。なぜなら、１つは学習することを除外し、もう１つはコントロールを除外しているからである。そこで、次のような問いかけができる。それぞれ、どの程度の割合が適当であり、またどこで、そしていつ必要なのか？

● 集合に関する問題

　誰が戦略家(ストラテジスト)なのか？「組織の心(mind)」はどう読めばいいのか？　巻末に掲載している表12-1では、戦略家(ストラテジスト)の職務を担う候補者について記した。これは、スクールによって異なる。極論すればデザインやアントレプレナー・スクールの場合は**個人**となるが、対極のラーニング、パワー、カルチャー・スクールでは戦略家(ストラテジスト)は**集団**となる。そしてエンバイロメント、プランニング、ポジショニ

ング、コグニティブでは、おそらく戦略家(ストラテジスト)は**それ自体**であろう。つまり、それぞれ——外の世界（環境）、手順や分析、生物学的な頭脳なのだ。別な言い方をすれば、戦略形成とは基本的に個人的なプロセスなのか、テクニカルなプロセスなのか、生理学的なプロセスなのか、集合的なプロセスなのか、それともノン‐プロセスなのか？　あるいは、以上のすべてなのか？　もしそうであれば、それぞれどのくらいの割合で、いつ、そしてどこで発生するものなのだろうか？

● 変化に関する問題

　ここでは、戦略的な変化に関する３つの異なる問題点、すなわちその存在、パターン、そして発生源(ソース)について議論する。

　まず第一に戦略家(ストラテジスト)は、変化に向かう力と安定性を求める力という相反する力をどのように調和させるのだろうか？　戦略家(ストラテジスト)は、どのようにして秩序、効率性、パターン、コントロールを促し、そして同時に再度コンフィギュアー（構成配置）して適応し、また反応、革新、そして学習していくのか？　多くの文献が伝える印象とは異なるかもしれないが、前述した点を繰り返すように、戦略とは変化ではなく、安定性に根ざす概念である。組織は一貫性を求めて戦略を追求する。ただ、戦略的な変化も時には必要になる。つまり、環境の変化に対応するべく、確立されていた方向性を捨てなければならないときもあるのだ。

　プランニング・スクールでは、組織は安定と変化を同時に享受することができるとしている。明確なプランによって方向性を定めながらも、毎年予定通りに変わることができるという。なんと便利なことだろう。しかし、それは大いに疑問である。他のスクールは、はっきりとどちらかを選んでいる。つまり、組織とは絶えず変化するか、もしくはめったに変化しないか、のいずれかである。たとえば政治という観点からすると、戦略は新たなチャレンジが浮上するたびに、絶えず変化するものである。同様に、戦略ラーニングは決して終わることはない。パターンは形成されるが、イニシアチブが常に現われるので、戦略が固まることはない。しかし、コグニティブ・スクールの一部と同様に、エンバイロメントとカルチャー・スクールでは戦略が変化することは、とても稀なことなのである。組織、もしくはその戦略家(ストラテジスト)は、ニッチに納まり、カルチャ

ーの上で安定し、メンタルフレームの中に入り込み、決してそこから離れようとはしない。エンバイロメント・スクールでは、変化するなら死んだほうがましだとさえ言っている。しかし現実の世界における行動は、この両極端の間にほとんどが納まるはずである。

　次に変化のパターン、ないしはその速度を検討してみよう。コンフィギュレーション・スクールは、偶発的ではあるが、量子的、そして革命的な変化を強調している。デザインとアントレプレナー・スクールでも、同じような変化のパターンが示唆されており、ここでは戦略は、ある種の汚れのない完全な概念とされている。コグニティブとカルチャー・スクールもこのパターンを支持しているが、一方では、これらのスクールにとって戦略はほとんど変化しないものである。これとは対照的にラーニング・スクールでは、戦略家(ストラテジスト)たちは実験を通して複雑な状況を知り、漸進的な変化を容認するようになる（しかし、突然ある洞察が浮上したときには、新しいパースペクティブに飛躍することもある）。またプランニング・スクールも実のところ、意図的ではなくとも、漸進的な変化を促進する傾向にある。一方、パワー・スクールのミクロの側面では、衝突から生じる非連結的で断片的な変化について述べている。

　これらの見解すべてがもっともらしく聞こえるかもしれない。われわれは、事実それらを裏づける実証的な証拠について述べてきたのだ。たとえば量子的飛躍理論は、ほとんどの時間、組織はその確立されている戦略に沿って漸進的に変化するが、時折、革命的な形で方向転換を図ることを示している。これは、特に起業家的組織、そして大量生産を手がける組織について言えることであろう。一方、より革新的なアドホクラシー組織は、継続性のバランスの取れた期間に、前後に揺れる傾向がある。こうして多様な変化のパターンが可能になるが、やはりどれが、いつ、どこで、そしてなぜ、という疑問が残る。

　そして最後に、変化に関する問題にはその発生源(ソース)が関係してくる。新しい戦略はどこからくるのだろうか？　学習するという概念を、１つのスクールにとどめずに広げると、ラーニング・スクールのように組織は実践を通して学習するのか、デザイン・スクールのように考えることによるのか、プランニング・スクールのようにプログラミングによるのか、ポジショニング・スクールのように分析によるのか、それともパワー・スクールのように議論によって学習す

るのだろうか？　ラーニング・スクールでは、組織が学習することは容易であると示唆しているが、コグニティブやカルチャー・スクールでは、大変な困難を伴いながら学習するのだとしている。そしてエンバイロメント・スクールでは、組織はまったく学習しないものだと述べている。では、組織はどれくらい学習するのか、どれくらい簡単に、そしてどのようにして、いつ、そしてどこで学習するのか？

● 選択に関する問題

　この件についてはすでにかなり述べてきた。問題は、戦略的な選択が存在するかどうかではなく、どれくらい存在するのかである。したがって、エンバイロメント・スクールの純粋な決定論や、コグニティブやカルチャー・スクールの非常に似通った見解を却下したのである。その見解とは、環境は戦略家(ストラテジスト)を圧倒するというものであった。同様に、「偉大なるリーダー」は、ほとんど何でもできるというデザインとアントレプレナー・スクールの安易な自発的行動主義も却下した。また、プランニングとポジショニング・スクールが想定している自発的行動主義に関して言えば、世界は、賢いプランナーや分析者(アナリスト)に摘まれるべく熟しているということになる。さらにもう少しくわしく見てみると別のことがわかった。プランニング・スクールは、予期せぬ変化に混乱し、ポジショニング・スクールは、現実の選択に対して用心深くなり、そして両方のケースで自由意志のふりをした決定論が横行するのである。

　おそらく、パワー・スクールのマクロ的側面が最もよいバランスを保っているかもしれない。なぜなら組織のパワーは、資源としての環境に依存しているからである。ゆえに、組織によっては、大半のことには黙従せざるを得ない状況に陥る場合もある。また、時には支配的になることができる組織もあるのだ。もちろん組織によっては、支配できると信じていながらも、不本意ながらしたがうものもある。それはサン=テグジュペリ作の『星の王子さま』【428】のように、太陽を沈めることはできるが、ただし一日のある決まった時間にしか沈めることができないことと同じである！　また、ラーニング・スクールもバランスが取れている。ここでは、困難な世界に立ち向かうにあたり、戦略家(ストラテジスト)は、時間の経過とともに学習することが示唆されている。そして時折、想定していた認知の

限界を超えて、飛躍的な洞察力をもつこともある。そこで、次のような疑問が生ずる。積極的なリーダーシップ、個人化された直感力や集合的な学習が、環境の要求、組織的な慣性、そして認知の限界という力と対立するのは、何であり、いつであり、そしてどこなのか？

●───思考に関する問題

最後は、ことによると最も興味深い問題ではないかと思われるが、計画的なコントロールに関連した話である。パスカルは、[372][373]戦略形成プロセスに取りつかれた組織は戦略形成のコントロールを失う、ということをほのめかしながら、それでもわれわれは、どの程度戦略的思考を望んでいるのかという問題を提起している。パスカルは、ラーニング・スクールのパースペクティブからこのことを捉え、組織は行動しながら先に進むべきであると考えている。

しかし、問題はやはり二分して考える必要はないのだ。われわれは頭脳をもった知的動物なのだから、考えることは必要であるし、時には形式化することも必要である。しかしわれわれは、規範的スクールで批評した通り、行動する能力を犠牲にしてあまりにも意識的になりすぎているに違いない。すなわち、「分析による麻痺状態」である。意識的な思考は、実際はコグニティブ・スクールにおいて十分に解明できなかったが、皮肉にも洞察力とインスピレーションが世に認められたことにより、ラーニング・スクールである程度その名誉を挽回した。われわれは行動しなければならないが、その行動には意味がなければならないというカール・ワイク[500]の指摘が、おそらく最もバランスの取れたものと言えるだろう。だからこそ、彼の研究をラーニング、そしてコグニティブ・スクールの中で見直したのである。

望み通り、本書が戦略形成についてのさまざまな思考を促したとするなら、おそらく、パスカルの指摘を次の疑問に転換するべきである。この疑問は、戦略マネジメントに関する文献ではまだあまり取り上げられていない。「戦略的な思考」とは、そもそも何か？　そしてどのような形態、つまりどのような「戦略的スタイル」が最も効果的か？　戦略作成において、思考と行動をどう組み合わせるのが一番適切なのか？　すなわち、いかに固有なものを創り上げ、それを一般的に伝えるのか、また一般的であることから、いかに固有なものを伝

えるのか？　そして、それはいつ、どこで起きるのだろうか？

獣全体を見るにあたって

　われわれのサファリ・ツアーは、いよいよ終わりに近づいてきた。つまり皆さんは、間もなくこの冒険(旅)のイメージだけをもって家路に就くのである。そこで、このサファリ・ツアーでやり残したことをまとめてみよう。

　本書を通じて一貫して曖昧な表現が、少なくとも1つある。すなわち、各スクールは異なる組織で用いられた異なるプロセス、あるいは同じ組織の異なるステージで用いられた同じプロセスの異なるパーツを説明しているのだろうか、ということである。別な言い方をすれば、各スクールは、さまざまな種(クモ、オオカミなど)なのか、もしくは、さまざまなパーツをもった象のような、ある1つの種なのかどうか、である。戦略家たちは、ビュッフェ・スタイルの食事のように、あらゆるアイデアの中から何かを選ぶべきなのか、あるいは厨房でシェフがするように、嗜好に合うようにアイデアを混ぜ合わせるべきなのか。

　この2つの疑問に対する答えは、いずれも「イエス」でなければならないという理由に基づいて、われわれはどちらも追求してきた。

　すべての戦略プロセスは、異なるスクールのさまざまな側面を組み合わせなければならない。厳格な組織が戦略作成を行う際には、メンタルな側面や社会的側面を考慮しないといったことや、環境からの要求、リーダーシップのエネルギーや組織力を無視するとは誰も思わないであろう。また戦略プロセスは、一方的に計画的、もしくは一方的に創発的な戦略プロセスを現実的に追求することが可能だろうか？　学習することを否定するのは、コントロールを否定するのと同じように意味のないことだ。

　しかしながら、実践も一方に傾くことがある。時として小さなビジネスのほとんどがそうであるように、社会的に双方向であることより、個人的な認知に傾くことがある。戦略によっては、特に成熟した大量生産の製造業のように、合理的で計画的なものがある。また一方では、先端技術を要する産業のように、創発的に適応していくものもある。社会の激変に見られるように、時として環境が非常にたくさんの要求を出してくることもあり、また別のときには、環境

変動と同時の場合もあるが、起業家的リーダーが環境をいとも簡単に操作することができることもある。戦略作成においては、段階(ステージ)や時期を見分けることができるはずだ。

本書の様式そのものは、もちろん異なるプロセスに関して最新の解釈を重要視している。戦略プロセスにおけるさまざまな種を細分するのではなく、併合することについて言及しているのだ。このほうが執筆作業も容易であると同時に、本書を読みやすくしているはずである。また併せて、これはある１つの分野のレビューであること、そしてこの戦略マネジメントという分野は、ここ40年間、プランニングからポジショニング、そしてラーニングといった具合に、どちらかというとデコボコした荒地であった。そこには学者やコンサルタントたちの影響が反映されている。彼らこそが、この分野の思考を推進してきたからである。われわれは好き勝手に、自分たちの都合のために現実をすべて切り刻む。そして時には、獣のある部分だけを活用し、他は処分する。それは、密猟者が象の牙を略奪し、その死体は腐るがままにするようなものである。むろん振り返って見ればみるほど、ますますデコボコが激しくなっているように思われる。そして、微妙な違いであるニュアンスは失われている。

> 「われわれは好き勝手に、自分たちの都合のために現実をすべて切り刻む」

しかし、究極的には戦略にまつわる責任を取らなければならない者、つまり組織のマネジャーたちには、そのような勝手な行為が許されるはずもない。彼らは、生き物として、戦略形成の獣全体に対応しなければならないのである。たしかにマネジャーは、さまざまな方法でプロセスを活用する。そうなると象は結局、重荷になるかもしれないし、あるいは儀式の象徴とされることもあるだろう。しかし、それも象が無傷のままで生存する場合に限るのである。

それでは、歴史的な記録としてという理由以外に、なぜこの本を執筆する必要があったのか？　なぜ細分派の連中にこの分野を任せ、彼らに微妙なニュアンスを織り交ぜてもらう、というのではだめだったのか？　それは、彼らが少なくとも実践に関しては、十分な影響力をもっていないように見えるからだ。といっても、マネジャーが微妙なニュアンスを評価していないということではない。マネジャーは、日々ニュアンスにさらされている。むしろ他の人々と同

様、分類という見地から世界を捉えたほうが、少なくとも最初は理解するのが容易なように思える。なぜなら、分類のほうがわれわれにはシャープに理解できるのである。ニュアンスは、後から見ればよいのだ。

むろん秘訣は、ホワイトヘッドの言葉を引用したように、"単純さを利用しながらそれを疑うこと"である。分類を認識し、そしてそこから一歩踏み込みニュアンスを体得しなければならないのである。

われわれは各スクールの批評において、時には厳しい批評を通して指摘したが、戦略マネジメントにおいて大きな失敗が起きるのは、マネジャーがある1つの見解をあまりにも真面目に捉えすぎてしまったときである。はじめはプランニングに取り憑かれていた。次に、慎重な計算に基づいた包括的なポジションの分析がすべてになった。後になってラーニング・スクールが大流行になり、これを何とか絶え間ないトランスフォーメーションと一致させなければならなくなった。賢者はこう言っているようだ。「学習したまえ」「しかし、迅速に、そして劇的に行わなければならない」。これでは、混乱が起きるのも無理はない。

10のスクールのメッセージをすべて鳥瞰してみると、これらがいかにマネジャーを惑わしているかが明確になったと思う。言い換えれば、重要なのは本全体であって、ある特定の章ではないということだ。たしかに分類は存在するが、あくまでも基礎単位として、あるいはシチューの材料として存在すべきなのである。

図12-2、12-3、12-4と3つの図が続く。最初の図は、異なる状況下での戦略形成への明確なアプローチとしてのスクール、2つ目の図は、戦略の進化を伴う組織の発展の軌跡とスクールとの関係を描いたものであり、3つ目は、戦略形成の統合プロセスの異なる側面としての戦略を描いている。これら3つを合わせると、獣全体を理解できるかもしれない。

● 各スクールをマッピングする

図12-2は、戦略形成に関するさまざまなアプローチを、2つの軸でマッピングしたものである。縦軸は、外的環境が、包括的なものから混乱を招くものまで、どの程度コントロールできるのかを示す。横軸は、合理的なものからありのままなものまで、提示された内的戦略プロセスが、どの程度自由度の高い

図12-2 ▶ 戦略形成マップ

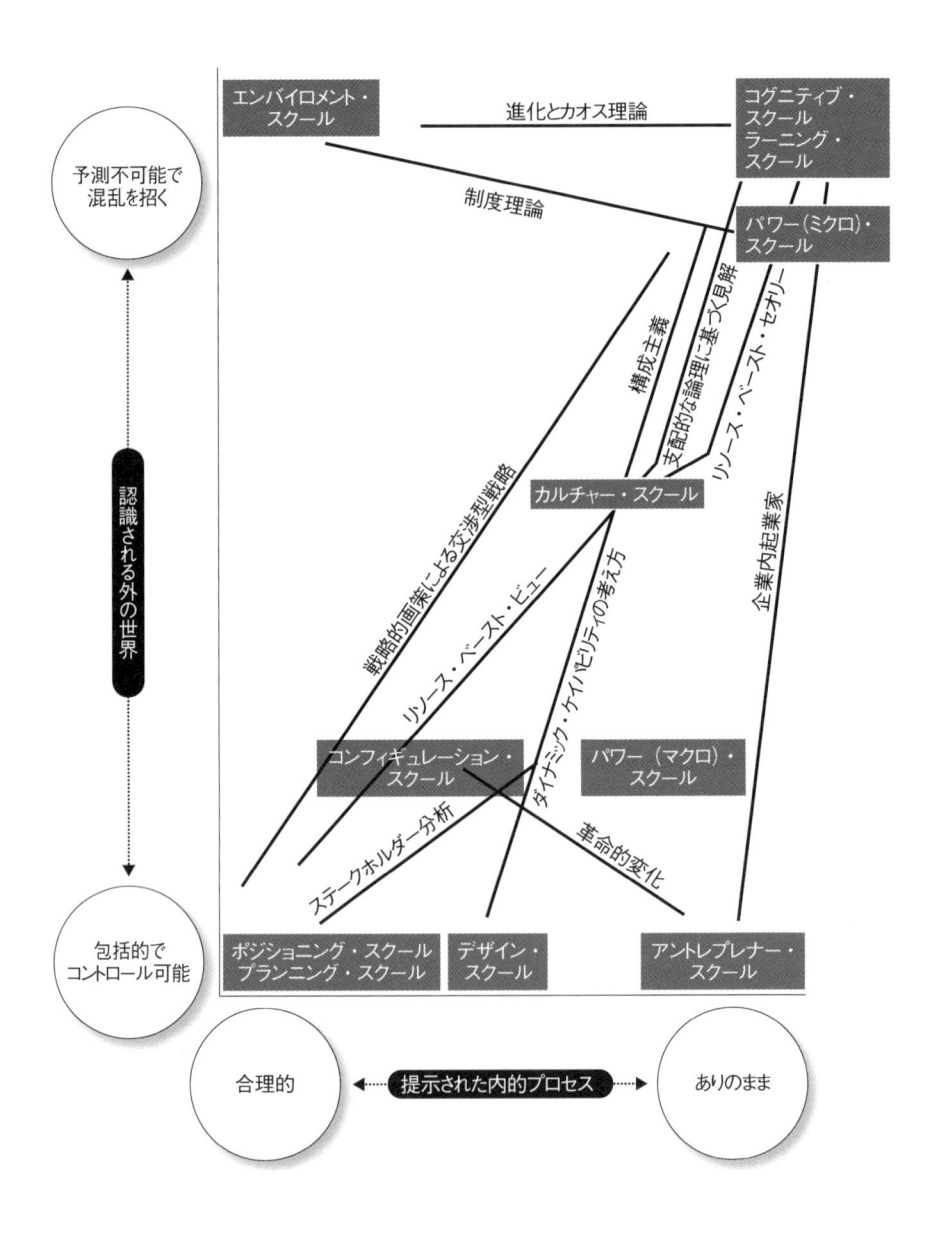

縦軸（認識される外の世界）:
- 予測不可能で混乱を招く
- 包括的でコントロール可能

横軸（提示された内的プロセス）:
- 合理的
- ありのまま

スクール配置:
- エンバイロメント・スクール
- コグニティブ・スクール
- ラーニング・スクール
- パワー（ミクロ）・スクール
- カルチャー・スクール
- コンフィギュレーション・スクール
- パワー（マクロ）・スクール
- ポジショニング・スクール
- プランニング・スクール
- デザイン・スクール
- アントレプレナー・スクール

関連概念・理論:
- 進化とカオス理論
- 制度理論
- 構成主義
- 支配的な論理に基づく見解
- リソース・ベースト・セオリー
- 戦略的画策による交渉型戦略
- リソース・ベースト・ビュー
- ダイナミック・ケイパビリティの考え方
- 企業内起業家
- ステークホルダー分析
- 革命的変化

ものなのかを示す。この図は、戦略形成という空間にわれわれの10のスクールの塊をマッピングしてみたものだ。ここでは別の軸を選ぶこともできるが、目的は、異なるアプローチがいかに広がっていったのかを単純化して示すことである。

4つのコーナーはすべて埋められている。左下のコーナーには、プランニングとポジショニングがあり、ここには、コントロールできると考えられる環境下での合理的なプロセスが存在する。その対角にあるのは、コグニティブであり、近くには、ラーニングとパワー（ミクロ的視点）のスクールがある。これらは、予測できないと考えられている環境下での、自然で有機的なプロセスである。残る2つのコーナーにあるのは、1つはアントレプレナー・スクールであり、表面的にはコントロールできるように見える環境のニッチにおいて、自由度が高いプロセスに見える。もう1つはエンバイロメント・スクールであり、到底コントロールできない環境に対して、組織が合理的に対応することを期待している。他のすべてのスクールも、これらの軸のどこかにプロットされる。また、これまで議論してきたいくつかのハイブリッドな見解も、スクールとスクールをつないだ直線であらわしている。

●──組織の発展段階における戦略形成としてのスクール

図12-2は、外的状況や内的プロセスにしたがって各スクールをひとまとめにしたものだ。同様に、11章でわれわれは、各スクールにふさわしいと思われる組織の形にしたがっていくつかのスクールをまとめてみた。それは特に、起業家的組織がビジョナリーアプローチを好んだり、機械的組織がプランニングやポジショニングを好んだり、またプロフェッショナル組織がベンチャリング（個人学習も含む）を、アドホクラシー組織が集合的学習やビジョンを好むというようなことだ。

しかし、組織というものは、その存続期間中、戦略的プロセスに対して1つのアプローチしかとらないということはない。初期段階において、次に成熟期において、そして何年か後のおそらくはリニューアルの段階において、異なったアプローチをとるものである。だからこそ図12-3で示したように、10のスクールがどのように多種多様な組織の発展段階の軌跡を辿るのかを熟考してい

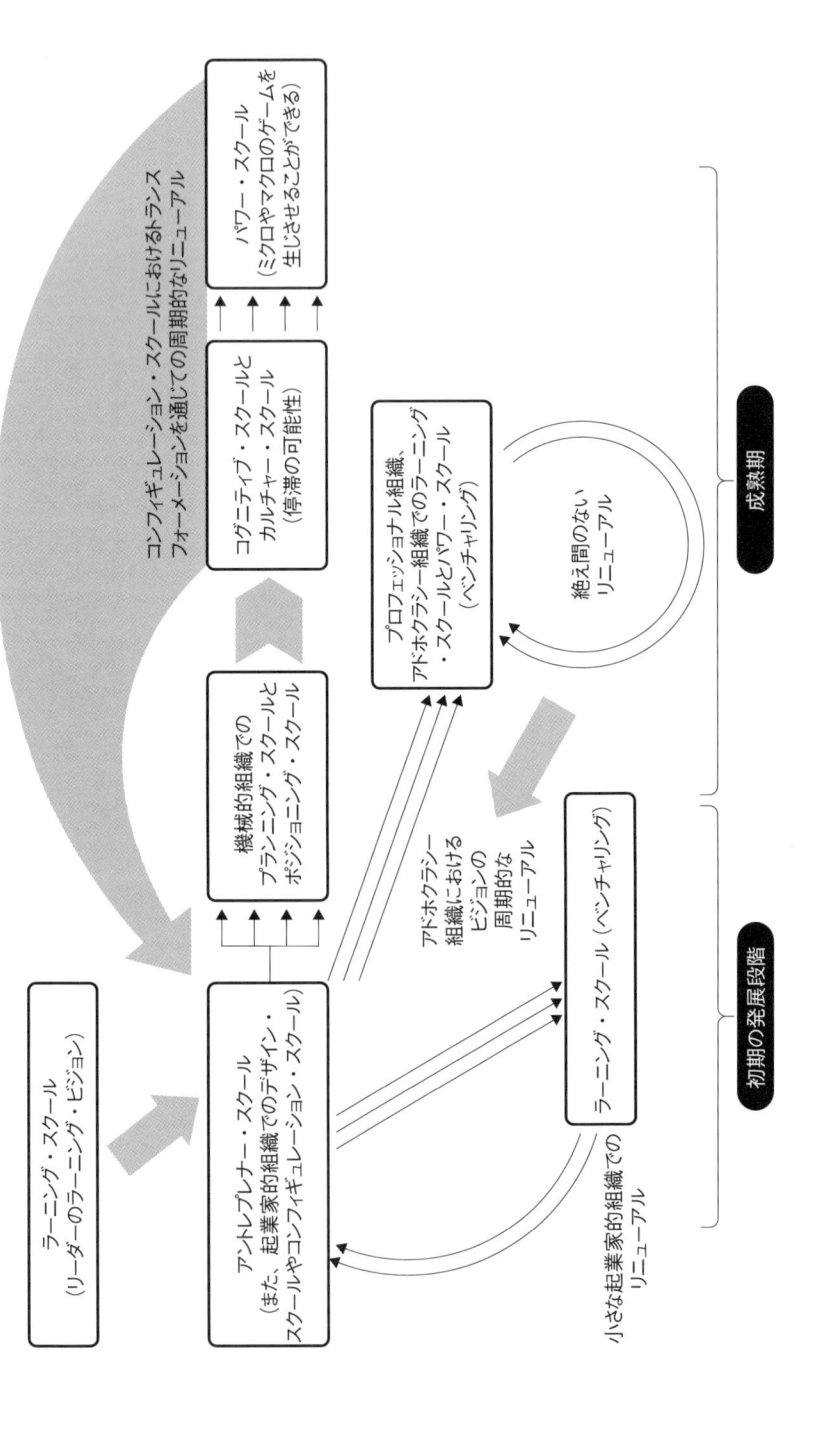

図12-3 ▶ 組織の発展段階における戦略形成としてのスクール

```
ラーニング・スクール              機械的組織での            コグニティブ・スクールと     パワー・スクール
(リーダーのラーニング・ビジョン)    プランニング・スクールと    カルチャー・スクール        (ミクロやマクロのゲームを
                                ポジショニング・スクール   (停滞の可能性)            生じさせることができる)
                                                                                
         アントレプレナー・スクール                          
         (また、起業家的組織でのデザイン・                    
         スクールやコンフィギュレーション・スクール)           

                                プロフェッショナル組織、
                                アドホクラシー組織でのラーニング・
                                スクールとパワー・スクール
                                (ベンチャリング)

                                                    絶え間のない
                                                    リニューアル

         ラーニング・スクール (ベンチャリング)

         小さな起業家的組織での
         リニューアル
```

コンフィギュレーション・スクールにおけるトランスフォーメーションを通じての周期的なリニューアル

アドホクラシー組織におけるビジョンの周期的なリニューアル

初期の発展段階 / 成熟期

る。その際、その軌跡が最も一般的、かといって特殊すぎないようにも配慮した。

▶ **初期の発展段階**　組織、ビジネス、そしてしばしばビジネス以外の活動においても、一般的にはそのはじまりは、創業者の強いリーダーシップのもとでスタートするものだ。起業家や推進者といった人たちは、組織をスタートラインにつかせ、歩みを始めさせる。彼らは、当初、個人学習から生まれた新しい小売りの仕組みや、特別な病院サービスの提供などの、ある種のビジョンをもっている。さもなければ、最初のビジョンは他の組織からコピーされたものだ。しかし、いくつかのケースを見ると、創業者は、組織としてのビジョンそれ自体を、企業の発展とともに進化させていく（家具チェーン店のイケアの創業者は、もともとペンを売ることから始めた！）。アントレプレナー・スクールとデザイン・スクールは双方とも、コグニティブ・スクールの構成主義のサイドと同様に、このステージにおける戦略的プロセスについて記述している。

　こうしたビジョンは、さらにラーニングを刺激するようにデザインされる。特に、ベンチャリングの形において、ビジョンを明快にし、練り上げていくことを念頭においてデザインされるのだ。たとえば、小売りの新しい形がマーケットにおいてどのように機能するのかということである。そしてここでは、ラーニング・スクールが非常に重要なものになる。

　小規模な組織は、創業者たちのコントロールの下で成長し続ける場合もあるが、ミンツバーグが書き記した小さな街の新聞のように、この状態のまま続くこともある。また、ミンツバーグとウォーターズが記したような、小売チェーンや女性の下着メーカーといったビジョニング（ビジョンに引っ張られて成長する場合）とベンチャリング（起業家パワーに引っ張られる場合）、つまりアントレプレナー・スクールとラーニング・スクールの間をぐるぐる回ることもある。しかしながら、多くの組織は、起業家的組織を超えて成長し、機械的組織やプロフェッショナル組織、あるいはアドホクラシー組織のような別の形に変化していくのである。彼らのビジョンが安定し、実態を伴った戦略的ポジションに自らの道を見出すとき、ウォルマートがさまざまな国に展開していったように成熟化へと向かうのである。しかし、第11章で述べたように、こうしたことはさまざまな異なる道を辿るに違いない。

▶ **プロフェッショナル組織の成熟化**　プロフェッショナル組織は、個人あるいは小さなグループのベンチャリングを伴って継続する。たとえば、病院において、新しい手術の手順がドクターの手によって開発されるように。これらの組織は、組織的に自らをリニューアルするのではなく、むしろあらゆる場所でさまざまな刺激を受けてラーニングする傾向にある。そのため、病院、大学、そして他のプロフェッショナル組織においては大きなターンアラウンドを期待しないことだ。[344][191] そして、ラーニング・スクールで見られた絶え間ない進化やリニューアルを、コンフィギュレーション・スクールに求めることはできない。

しかし、同様に、プロフェッショナルが互いに限られた資源を要求し合うように、プロフェッショナル組織は、その広範囲に分散化した形のゆえに、あちこちで衝突を引き起こすのである。そこで、プロフェショナルが自らの企てを正当化し、同僚たちの企てにチャレンジするために、あらゆる種類の戦略的分析を活用するときには、パワー・スクール（ミクロ）や、ある程度ポジショニング・スクールも効力を発揮する。

▶ **アドホクラシー組織におけるリニューアルとしての成熟化**　アドホクラシー組織もまた、多くのベンチャリングに関与するが、個人によるものよりも、通常は専門家チームが担い手となる。たとえばオリンピック組織委員会が新しい競技を検討する場合や、広告代理店が新しいキャンペーンを企画するような、本来の組織とは一線を画して特別に臨時につくられたような組織のことである。プロジェクトのための組織としては、アドホクラシーは冒険家のような性質をもつ。プロフェッショナルな組織にいる冒険家は、結果的に新しいサービスを生み出し、後になってそのサービスは通常のオペレーションになっていく。病院で新しい外科手術の方法が紹介され、それがルーチンになっていくように。つまり、アドホクラシーは決して安定した落ち着いた状態にはならないが、絶え間なくリニューアルし続けながら、結果的には安定して成熟するようになる。それはラーニング・スクールが常に学習を続け、常に他に先んじようとするようなことだ。

しかし、ラーニング・スクールは、プロジェクトそれ自体を超えて広がろうとする。2つの研究にその論拠がある。[343][350][341] 映画会社と建築事務所の研究であるが、

これらがプロジェクトを超えて、もっと大きな組織に拡大していくことを示している。たとえば、映画会社においては本体から分離した側がイニシアチブをとって、1950年代にテレビ向けの映画をつくろうと奮闘した。そして、他のチームにも後に続くよう導き、新しい創発的戦略へと組織を誘ったのである。

　われわれは、映画会社においては、こういうことは明らかに当たり前のパターンとして起こりうることだと気づいた。おおよそ6年ごとのサイクルで、いくつかの戦略的なテーマ、あるいは新しいパースペクティブの周りにこのパターンが集中して出現する。たとえばテレビ向けの映画をつくるようなことだが、その後また次の6年が経つか、あるいは多くのテーマに分かれていくのだ。われわれはこれを「中心に出たり入ったりするサイクル」と呼んだ。また建築事務所では、参考になる事例がいくつか見られる。このことによって、アドホクラシー組織が、それ自身をリニューアルしようとする傾向があることが理解できる。

　これらの組織は分散化するにも関わらず、かなり多くの争いを生む傾向にある。そこではラーニング・スクールが優勢を占めるように見えるかもしれないが、パワー・スクール（ミクロ）がぴったりと後ろについているのである。

▶ **機械的組織における成熟化**　大衆向けのマスプロダクションやサービスに関係する組織は、非常に異なるパターンを示す（ミンツバーグに掲載されている[341]第2章、第6章、第8章のヨーロッパの自動車会社、国営航空会社、テキスタイル企業）。

　これらの組織は、特にその典型的な機械的組織においては、所与の戦略的パースペクティブや戦略的ポジショニングを追求するため、非常に安定している。依然として少しはベンチャリング（起業家的なもの）を残していることもあるので、完全に老いた組織を除いては、その場合は常に同じラーニングである。しかし、ほとんどがプランニングと言ってよい。新しい全体戦略をつくるのではなく、予算編成や運営計画などを通じてすでにつくられている戦略の結果をプログラムするだけだ（第2章で記したように、ほとんどの「戦略プランニング」は矛盾だらけだ）。

　そして、全社的な戦略のパースペクティブという傘の下でいくつかの戦略的

ポジショニングがとられ、新しいポジションを見つけたり、現在のポジションを修正し直すのである。たとえば、航空会社が新しい航路を確立したり、自動車会社が、既存の製品で新しい海外市場を確固たるものにするようなことだ。ある業界が成熟しているかどうかは、利用できるその業界のデータや競合のデータが大量に存在するかどうかでわかる。そして組織が拡大し、確立する方向にあるときには、そのデータを有効利用することができる。われわれはそのことによって、同時にかなりの量の戦略的分析も手に入れることができる。ポジショニング・スクールの一部も同様である。

▶ 機械的組織におけるトランスフォーメーションを通しての停滞とリニューアル

組織が拡大し、よい状態で確立することができると、戦略的リニューアルをしなくても、機械的組織は長期にわたって自らを持続的に支えることができる。事実、多くの組織がそういったことをねらってパワー・スクール（マクロ）に方向を変えている。たとえば、競合や政府などを痛めつけて優位に立つために、自らのパワーを総結集する。さもなければ、将来競合になるかもしれない企業と協力関係を築くか、カルテルを結ぶのである。

しかし、特に環境が変化するときには結果的には停滞してしまうことになりがちである。たとえば、新しい技術が生まれたり、競合が変化するようなときに。そこで、カルチャー・スクールやエンバイロメント・スクールが前面に登場してくるのだ。変化に抗うことを説くコグニティブ・スクールの一部もまた然りである。と同時に、互いに自らの専門領域を超えて、消滅していく資源をめぐって争いを起こすように、政治的なゲーム（パワースクールのミクロ）がより幅を利かせるようになることもある。戦略的分析はこういった争いにも有効なのだ。

事態が非常に悪くなるときには、あるいは、もし組織が十分に幸運に恵まれているならば、事が起こる前に新しい起業家的リーダーが出現するかもしれないし、そのリーダーが「ターンアラウンド」を効果的に行うように組織を導くかもしれない。第8章で述べたように、政治的駆け引きというのは、凍りついた組織を溶かすのに役立つこともあるし、ターンアラウンドに向かうステージを整えてくれることもあるのだ。事実、強いリーダーシップのもとでは、組織

はアントレプレナー・スクールに舞い戻る。ただし、デザイン・スクールやコグニティブ・スクールの構成主義的サイドにより強化されたり、戦略ラーニングを最新のものにすることなどによってであるが……、コンフィギュレーション・スクールにおいて記されたように、トランスフォーメーションの形に変化するのだ。

　このようなターンアラウンドは、コスト削減のようなオペレーション、戦略的ポジションをねらう戦略性の追求、新しい戦略的パースペクティブに導いていくビジョンといった形をとるものだ。しかしこのような組織は、大量製品やマスに対するサービスの提供についてはその活動を止めることはないので、ある期間リニューアルが行われても短期的なものであるので問題はない。そしてすぐにまた、本来の機械的組織の形に戻っていく。プランニングに重きを置き、起業家的リーダーシップを許容しなくなるのだ。われわれは、このことを前述した自動車会社やテキスタイル企業のケースに見ることができる。

　デザインやプランニング・スクールでは、このような変化は機械的組織においてはむしろ規則的に起こることだという印象を与える。しかし、われわれの研究では、むしろコンフィギュレーション・スクールにおいて述べられた量子的変化の性質を強く裏づける証拠があがっている。その性質というのは、規則性をもたず、まれにしか起こらず、劇的で革命的な性質である。事実、航空会社では、その40年の歴史の中でデザイン・スクールやプランニング・スクールが言っているようなトランスフォーメーションを起こさなかった。[341]

●　　　各スクールの細分化

　図12-4は、各スクールが、戦略形成という１つの統合化されたプロセスの周りやその内部でどう配置されるかを示している。

　実際に戦略を創出することをブラック・ボックスで表し中心に置いた。そして大半のスクールがこれをどう捉えているか、つまりミステリアスと見ているのか、無視しようとしているのか、を示している。唯一、コグニティブ・スクールだけが中に入ろうと努力しているが、第６章で指摘した通り、成功したとは言い難い。スクールの中でも特に、デザイン・スクールやプランニング・スクールは、そうすることに異議を唱えるが、第４章でゲーリー・ハメルが引用

図12-4 ▶ 各スクールの細分化
※同様の図を提案してくれたパトリシア・ピッチャーに感謝する

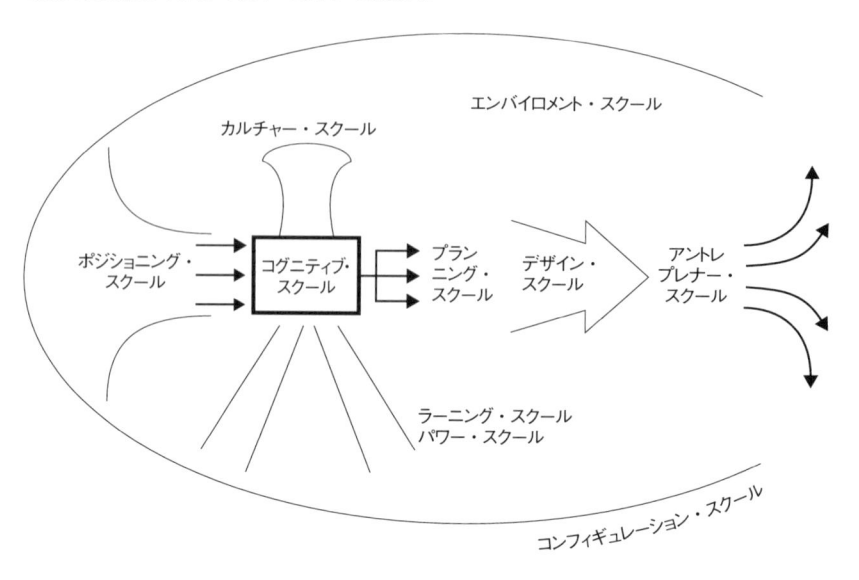

```
                    エンバイロメント・スクール
         カルチャー・スクール

                    ┌─────────┐
  ポジショニング・  →│コグニティブ・│→ プランニング・  デザイン・    アントレプレナー・
  スクール         →│スクール   │→ スクール      スクール      スクール
                    └─────────┘

              ラーニング・スクール
              パワー・スクール

                        コンフィギュレーション・スクール
```

したように、「戦略産業の少しばかりダーティな秘密は、戦略創造に関する理論など存在しない」ことだ。1つのボックスを見つける努力をしなさい。それは、戦略プランニングに関わる多くのものの真ん中に位置している。そのチャートにわずかながらのヒントが隠されている。ラーニングとパワー・スクールは、少なくとも、組織がどのように学び、そして、政治的ゲームがどのように戦略的変化をもたらすのかを解明する点に関しては、多少は貢献している。そしてわれわれの見解としては、他のスクールはこのブラック・ボックスの周りを取り囲んでいる。上下、前後、そしてボックスを超えて身を置いている(すなわちこの図は、第5章で紹介した「"視点"から捉える戦略的思考」と重なる)。

　ポジショニング・スクールは、**"後ろ"** を見る。すなわち確立されたデータ(過去のデータ)を見て分析し、戦略作成のブラックボックスに流し込む。一方で、ブラック・ボックスの中から連続的に現われているのがプランニング、デザイン、そしてアントレプレナー・スクールである。プランニング・スクールは、**前**を見るが、しかしすぐ前までしか見ず、箱の内側で生まれた戦略を何とかプログラム化しようとする。デザイン・スクールは、もっと**先**の戦略的なパース

ペクティブに着目する。そしてアントレプレナー・スクールは、はるか向こうも**見越す**し、また**横**（そば）にあるものも見るのである。そして目先の状況を越え、デザイン・スクールほどにはきちんと表現されない直感的なプロセスによって将来のユニークなビジョンへ到達する。

　われわれの考えでは、ラーニングとパワー・スクールは主に下を眺め、森というよりそれぞれの木々にフォーカスしながら、何が戦略形成の基礎となるのかを見るのである。そして特にラーニング・スクールは、地面を見据え、ラーニングを明らかにするために、時として草の根までに視線を向ける。パワー・スクールは、ある意味でさらに低いところ（さらに深くではない）、すなわち岩の下、場合によっては地下まで、組織が必ずしも見せたいと思わないところにまで目を向ける。つまりこれが彼らにとっての政治的ゲームである。

　また、上から**見下ろし**ているのがカルチャー・スクールであり、ここは信念という雲に覆い隠されているところである。このはるか上にいるのがエンバイロメント・スクールであり、いわば**傍観**しているのである。またプロセスの**中**を、（エンバイロメント・スクールの逆さ望遠鏡とは違い、顕微鏡を通して）見ようとしたコグニティブ・スクールとは対照的に、コンフィギュレーション・スクールは、プロセスを見ている、もしくはプロセスの**周りすべて**を見ていると言ってもいいだろう。

　したがって10のスクールはまた、ありとあらゆる方向から単一のプロセスとして戦略形成を見ていると結論づけることができる。マネジャーがプロセスを総合的に理解できるように、この10のスクールが役立つことを期待している。

　ここ数年の間に、戦略マネジメントに関する異なるパースペクティブを統合するためのさまざまな努力がなされてきた。あるケースでは、たとえば、ファージュン[134]とフレーリー[146]をはじめとする学者たちは、分野をともに結びつける筋道をつけるために、戦略マネジメントの土台を分析した。他の者たち、たとえば、アルベルツとブゼニッツ[8]、ガヴェッティとレヴィンサル[152]、そしてスローン[453]は1つのセオリー、パースペクティブが戦略のあらゆる見解を統合する鍵を握っていると主張した。一方で、ホスキッソン[211]たちは、統合化の基礎を形づくるすべてを包含するテーマを探して、分野の歴史を辿った。ハッツシェンルーターとクラインディエンスト[216]は、戦略を記述するにあたって少数ではあるが重要

な切り口に関して、これまで出版された書物・論文をシステマティックに分析することで、さらに直接的な統合化に取り組んだ。

次の囲みで、HECモントリオール・ビジネス・スクールのパメラ・スローンによるそうした努力の１つを紹介する。これは、彼女の博士論文に基づくもので、本書のために要約したものである。各スクールを競わせるのではなく、

統合としての戦略：相互補完としてのスクール

本質的に、戦略は統合的なものである。戦略は企業を形づくり、そのパフォーマンスに影響を与えるような、行動と意図の"統合"をもたらす。

統合や一貫性は、デザイン・スクールの核心であった。デザイン・スクールについての最も明瞭な考え方を示したアンドルーズは、戦略を４つの識別可能な構成要素をもつものとして言い表した。つまり、企業は市場の可能性という点でどのようなことをするものなのか、企業の能力という点で何をすることができるのか、企業のリーダーは何をしたいと望むのか、そして、社会に対する責務を認めることで企業は何をすべきなのか、という４つである。戦略を形成しようとすることは、構成要素のバランスをとりながら、一貫性をもって全体に構成要素を調和させることである。

しかし、異なる戦略のスクールが現れると、分野はますます細分化される。さらに多彩に表現されるにつれ、われわれは戦略の獣を生み出してきた。その意味するところは、われわれが、戦略形成の本質的な統合性、戦略自体の全体的な見解、そしてその試金石となる一貫性を見失ってきたということである。こうしたことはあまり意味のないことだ。すべての企業は市場でのポジションをもち、リーダーたちが望む、一揃えの資源や能力をもっている。中傷に満ちた世界において成長するためには、デザイン・スクールで述べたように、戦略の形成に倫理的価値を組み込む必要があるのだ。

統合された見解に立ち戻ることは、戦略が異なるスクールを放棄することを意味しているのではない。それぞれのスクールは、どのように、そして、なぜ戦略が形づくられるのを理解したり、パフォーマンスを説明するのを手助けすることに対して、価値ある貢献をするのである。しかし、さまざまなスクール

が一堂に会し、相互に作用し合う中での一部として異なるスクールを捉えるには、戦略的思考に新しい方向性を見出す必要がある。

　わたしの研究は、はじめに戦略形成の全体的見解を示し、そして、異なる戦略的影響が、いかにお互いに作用するかを探求したものだ。わたしは、1つの企業で15年間戦略形成を研究し、多くのスクールが明らかにするものを見つけた。ポジショニング・スクールの前提条件では、競争戦略の見方を説明した。一方で、ラーニング・スクールでは、企業の資源と能力の進化について洞察した。アントレプレナー・スクールの鍵となる特質である経営トップのビジョンは、戦略の認知フレームと結びつき、役割を果たした。倫理的価値観は、カルチャー・スクールと整合のある方法で、戦略形成を促すと同時に制約も与える。それぞれ異なる影響は、異なるゴールに達するための手段を与えてくれる。

　しかし、戦略形成や戦略の一貫性に関しては、異なる戦略の影響どれ1つとっても、単独では説明できないことをその研究は示している。むしろ、戦略がいかに形づくられ、いかに効果的に機能したかを説明するには、スクールの集合的影響について説明しなければならない。異なる影響は、単純な平行軌道上で機能したわけでもないし、常に相互に強化するものでもなかった。それらは、識別できる統合プロセスによって、深いところでつながり結びついたのだった。

　統合は、変化とトランスフォーメーションの複雑なプロセスを通じて起こる。コンフィギュレーション・スクールのように、基本的なプロセスは、市場、企業、リーダーシップ、そして倫理的影響の関係性や相互作用を中心におく、統合的なものである。しかし、パワー・スクールで示したように、統合プロセスは、それらの間にある矛盾、不一致、衝突に特別な注意が必要となる。

　構成要素間の関係は、変化を受けやすく、さまざまな方法で撹乱される。構成要素の1つにある断裂した重大な不連続性は、構成要素の関係に甚大な影響を及ぼす。そうした不連続性の中には、新任のCEOの任命のように、企業のコントロール下にあるものもある。予期しない市場の激動のような、他の構成要素ではそうでないものもある。ここが、エンバイロメント・スクールが機能するところである。

　統合の第1段階　そうした関係が撹乱されるとき、矛盾や衝突が現れる。企業の市場ポジションや企業の資源や能力は、もはや主要な市場での激動の後では一貫性を保てなくなるかもしれない。ビジョンに関する見解の相違をもたらす

経営陣の継承は、企業の資源や能力、あるいは市場におけるポジションに矛盾を生み出すかもしれない。異なる株主の利害が反目し合うときに、衝突が起こるかもしれない。それは、株主の権利を守るためのリストラクチャリングが、従業員やコミュニティの利益を損ねるようなときだ。

統合の第２段階 こうした矛盾を調整することは、統合プロセスの一部である。こうしたことはいつも簡単なわけではない。というのは、戦略の１つ、あるいはそれ以上の構成要素に変化をもたらすことに関連しているからだ。つまり、矛盾を調整すると同時に、異なる戦略的ゴールの継続的な達成の保証を求められるのだ。こうした調整のプロセスは、新しく、そしてさらに安定した統合が現れるまで続く。より高く一貫性のある統合は生き残る。つまり一貫性が欠ければ、統合は結局力を失うのである。

統合のプロセスは、構成要素を、一貫性があり、相互に強化し合う関係に向かわせようとするものであり、積極的で持続的な結果を生み出そうとするものである。しかし、再発を繰り返し、調整できない矛盾、あるいは、戦略的影響の１つを無視してしまったために起こる戦略的盲点によって、混沌とした努力を強いられることになる。そして、結果としてネガティブな結果や究極的には戦略の分裂という、一貫性がない状況をもたらすのだ。

こうした研究は、長い間忘れられてきた戦略の２つの側面を明らかにする。まず、一揃えの戦略的影響や同時に起こる影響を理解することの重要性を指摘していることである。二番目に、戦略の形成を説明するには、統合的な思考の重要な役割を強調すると同時に、異なるスクール同士が、競争関係から補完関係になることを再認識させるということだ。こうした**統合的な**アプローチは、それらの複雑な関係や相互作用を浮き彫りにし、戦略の形成時に出現する、矛盾、衝突、不一致が表面化する。そして、一貫性のある持続可能な戦略を生み出す方法でそれらが調和するのである。

互いに補完し合うものとして捉え、統合化している。

●―――部分を超えて

戦略マネジメントのほとんどのパートが、この10のカテゴリーにきちんと収まるのは便利なことだ。著者、読者、研究者、コンサルタントにとっての仕

事がそれだけやりやすくなったのである。しかしマネジャーにとってはそうではなく、残念ながら実践の場にとっては必ずしも最善というわけにはいかなかった。

だからこそわれわれは、少なくとも本書が完成した今、この分野がより折衷的になり、そしてより微妙なニュアンスをもってきていることを喜んでいる。この新たに台頭してきた無秩序な状態を歓迎したい。これは、従来の古い秩序よりもよっぽど優れている。しかしこの現象を嘆き、戦略マネジメントの分野がコントロールできないものになったと言う者もおり、ある種の支配的な「パラダイム」が必要だと言うのだ。しかしその限界は、1970年代における戦略プランニングで十分味わったはずだ（皆がバカげたフォームにすべてを書き込むことが、ある種、戦略のユートピアだったのだろうか？）。取り憑かれたようにポジショニングにこだわり、情熱をもって学習し、あるいは絶えずトランスフォームするということがそれに続いた。

だが、これが実践において必要とされることなのだろうか。他のものを除外するために1つにならなければならないと、誰が本当に信じることができるのだろうか。われわれに必要なのは、整然とした理論ではなく、優れた実践なのだ。したがってわれわれの見解では、各スクールからなる多様な混成物（ハイブリッド）の登場は喜ばしいことである。つまりこの分野は、成年に達しようとしているだけでなく、その実践もさらに洗練されたものになりつつあるということである。

目の不自由な男たちは、脳の2つの大脳半球を結びつける神経繊維の束である象の脳梁（のうりょう）を、一度も見たことがなかった。また、骨と骨をつなぐ靭帯も見ていない。しかし戦略マネジメントにおいては、このようなパースペクティブの片りんが見えてきた。これはよいことであるし、こうしたパーツも存在する。なぜなら、このような部分がなければ、象はみな死んでしまうからである。組織において同等の関係を理解することなしには、すべての戦略が息絶えてしまう危険があるのだ。

こうした関係性の理解は簡単には訪れない。戦略形成というのは複雑な空間である。そして7±2という数字に慣れている頭にとって、10という数字は大きい。「しかし親愛なるブルータスさま、過ちは星の中にあるのでも、われわれの中にあるのでもなく、プロセスそのものにあるのです！」。戦略形成は、

判断の伴うデザイン、直感的なビジョン、そして創発的な学習である。またそれは、トランスフォーメーションでなければならず、そして永続的なものでもある。個人的な認知、社会的な相互作用、協力、そして衝突にもよる。さらに事前に分析を行い、後にプログラミングをして、そして途中過程において交渉をすることも必要である。これらは、すべて環境が要求するものに対する反応でもある。このいずれかを除外しようとしたならば、どんなことになるか見てみたいものだ！

戦略マネジメントを追え

　さて、サファリ・ツアーを終わらせるときがきた。そして図書館、教室、オフィス、勉強会・研修会、そして安楽椅子からも離れて、罠の仕掛けてある原野に本当に飛び込むときがきたのである。そこでは、明確なビジョンをもたなければ本物の獣に出会うことはできない。われわれは学者やコンサルタントには、引き続き各スクールの重要なパートを探究し続けるよう勧める。まだまだ牙や鼻や尻尾について学ばなければならないのだから。しかしもっと大事なことは、各スクールの狭い範囲を越えなければならないことである。つまりすべてのスクール、そしてそれ以上のものを結びつけている戦略形成と称するこの獣が、実際どうやって生きているのかを知る必要がある。

　もっと的を射た疑問を投げかける必要はあるが、あまり多くの仮説を立ててはいけない。そうすれば、仮説的概念に押し切られることなく、離れたところに関心をもつことが可能となる。また、もっと包括的になる必要もある。それは、プロセスと内容、静的と動的、制約と閃き、認知と集合、計画と学習、そして経済的と政治的、という具合に視界を拡げることだ。つまり、部分を探究することに加え、戦略形成という獣の全容にもっと注意を払う必要があるのだ。われわれは、決してそれを見つけることはできないだろう。決してすべてを見ることはできないだろう。

　とはいえ、今までより明確に見えるようになることはたしかである。最後に、次の寓話を贈ることにする。

戦略の国からやってきたギャングは、
とにかくアクションを求めていた。
彼らは、10のスクールを残して、
抜け目のない獣を探しに出た。
そしてこう叫んだ。
「あのサファリ・ツアーに参加したのだから、
もう目は不自由ではないのだろうか？」

注

（ⅰ）これに関連し、戦略マネジメントに特化したものではなく、むしろ総体的に組織理論にまつわるものとして、フェファー【384】【385】を参照することができる。さらに反対の主張としては、ヴァン・マネン【487】【488】を挙げることができる。

（ⅱ）混成物（ハイブリッド）というのはわれわれだけの用語である。ワイン・ゴブレットが女性の顔の輪郭になるという、かの有名なイメージと同様に、パースペクティブを裏返すと、各スクールは混成物（ハイブリッド）になる。

表12-1 ▶ 10スクールの特徴（まとめ）

▶ メタファとしての動物	デザイン ▶ クモ	プランニング ▶ リス
教訓	「飛ぶ前に見なさい」	「とりあえずひと針縫えば、あとの9針の手数が省ける」
土台を築いた著者	セルズニック1957、アンドルーズ1971	アンゾフ1965
基礎となる学問	なし（メタファとしての建築学）	（都市計画、システム理論、サイバネティクス等と若干の繋がり）
推進者	ケース・スタディを教える教師、リーダーシップ愛好者（特にアメリカ）	「プロフェッショナル」マネジャー、MBA、専門スタッフ、コンサルタント、特にフランス、アメリカ、共産主義政府
意図されたメッセージ／実現されたメッセージ	適合／思考	形式化／プログラム化
キーワード	調和／適合、卓越したコンピタンス、SWOT、策定／実行	プログラミング、予算編成、スケジューリング、シナリオ
戦略	計画的パースペクティブ	要素分解されたプラン（あるいはポジション）
基本的プロセス	個人的、断定的、計画的	形式的、計画的
変化のパターン	時々、量子的	周期的、漸進的
中心人物	最高経営責任者	プランナー、手順
環境、リーダーシップ、組織	支配的リーダーシップ、従順な組織	支配的組織、従順な環境
好ましい状況	安定している、包括的	シンプル、安定、理想的にはコントロール可能であること
好ましい組織形態	機械的組織	大規模な機械的組織
最適なステージ	再構想	開発とプログラミング

ポジショニング ▶水牛	アントレプレナー ▶オオカミ	コグニティブ ▶フクロウ
「事実だけはお伝えしよう」	「リーダーの元へ導け」	「信じれば、見える」
パーデュ大学（シェンデル、ハッテン）1970年代、ポーター1980／1985	シュンペーター1950、コール1959、その他経済学界から	サイモン1947／1957、マーチとサイモン1958
経済学（産業組織論）、軍事史学	なし（経済学における初期の文献）	心理学（特に認知心理学）
プランニング・スクール同様、特に分析スタッフ、コンサルティング「ブティック」、そして特にアメリカの軍事に関する文献の著者たち	一般ビジネス誌、小説家、中小企業経営者、特に発展段階の経済において	心理学指向：ひとつの流れでは悲観論者、もうひとつの流れでは楽観主義者
分析／計算	ビジョンの構想／中央集権化	フレーム／憂慮や想像
包括的戦略、戦略グループ、競合分析	大胆な試み、ビジョン、洞察	マップ、フレーム、スキーマ、解釈、認知スタイル
計画された包括的ポジションおよびプロイ（策略）	独自のパースペクティブ（ビジョン）	メンタル・パースペクティブ
分析的、計画的	ビジョン構想力、直感的、計画的包括（ポジションが出現可能）	メンタル、創発的
断片的、頻繁	時宜を捉える、好機を狙う、革命的	まれ
アナリストと分析	リーダー	頭脳
支配的組織、分析されうる環境	支配的なリーダー、従順な組織、ニッチな環境	認知をもとにするリーダーシップ、環境を凌駕、あるいは環境に制限される
単純、安定、そして成熟（したがって定量化可能）	ダイナミックだが単純（すなわち理解可能）	複雑
大規模な機械的組織	起業家的組織	いかなる形態も可
評価	スタートアップ、ターンアラウンド、小規模	独創的な構想、ターンアラウンド、慣性

表12-1 ▶ 10スクールの特徴（まとめ）（続き）

▶ メタファとしての動物	ラーニング ▶ サル	パワー ▶ ライオン
教訓	「最初は失敗しても、何度でも挑戦を繰り返しなさい」	「ナンバーワンを監視しろ」
土台を築いた著者	リンドブロム1959／1968、サイアートとマーチ1963、ワイク1969、クイン1980	アリソン1971（ミクロ）、フェファーとサランシク1978、アストリー1984（マクロ）
基礎となる学問	なし（心理学における学習理論、数学のカオス理論にリンク）	政治学
推進者	経験者、適応者、特に日本とスカンジナビア諸国	権力と権謀術数を好む人々、特にフランス
意図されたメッセージ／実現されたメッセージ	学ぶ／プレイ	掴む／独占
キーワード	漸進的、創発戦略、意味づけ、ベンチャリング、推進、コア・コンピタンス	交渉、衝突、提携、利害関係者、集合的戦略、アライアンス
戦略	学習したパターン	政治的、そして協同的なパターンやポジション、またプロイ（策略）も
基本的プロセス	創発的、非形式	衝突的、創発的（ミクロ）、計画的（マクロ）
変化のパターン	継続的、漸進的もしくは断片的、時々量子的	頻繁、断片的
中心人物	いかなる学習者であっても	権力を持つ者（ミクロ）、組織全体（マクロ）
環境、リーダーシップ、組織	支配的リーダー（いかなる学習者も）	支配的組織にある（あるいは、中にある）パワー
好ましい状況	複雑、ダイナミック（したがって予測不可能）	軋轢、敵意（ミクロ）、コントロール可能もしくは協同的（マクロ）
好ましい組織形態	アドホクラシー、プロフェッショナル	アドホクラシーあるいはプロフェッショナル（ミクロ）、閉鎖的な機械的組織（マクロ）
最適なステージ	発展的、前例のない変化	流動的（ミクロ）、支配、協同（マクロ）

カルチャー ▶ クジャク	エンバイロメント ▶ ダチョウ	コンフィギュレーション ▶ カメレオン
「リンゴは必ずその木の近くに落ちる」	「すべては成り行き次第」	「すべてには時季がある……」
レンマンとノーマン1960年代、他に明らかな起源はなし	ハナンとフリーマン1977、条件適応理論家（例：ピュー他1960年代）	チャンドラー1962、マギル・グループ（ミンツバーグ、ミラー他）1970年代
人類学	生物学、政治社会学	歴史学
社会的、精神的、コミュニティ指向の人々、特にスカンジナビアと日本	組織エコロジスト、実証主義者、特にアングロサクソン系の国々において	統合者
連合する／永続させる	対処する／降伏する	統合、トランスフォーム／併合あるいは革命的変化
価値、信念、神話、象徴主義	適応、進化、条件適応、選択、複雑性、ニッチ	コンフィギュレーション、原型、ステージ、ライフサイクル、トランスフォーメーション、変革、ターンアラウンド、再活性化
集合的パースペクティブ	特定の包括的ポジション（ニッチ）	文脈に応じて、すべてのスクールを含む
観念的、集合的、計画的	受身、押しつけ、創発的	統合的、一時的、そして文脈に応じてすべてのスクールを含む（トランスフォーメーションでは計画的）
まれ	まれで量子的（条件適応理論において断片的）	時々、革命的
集合体	「環境」	文脈に応じて、すべてのスクールを含む
（確立された）支配的組織	支配的な環境	すべてのスクールを含む
受身	競争的、叙述的	すべてのスクールを含む
伝道的組織、また停滞した機械的組織	機械的組織	すべてのスクールを含む。トランスフォーメーションにとってはアドホクラシーで伝道的組織が望ましい
安定性（強化、慣性）	成熟、死	革命的（ターンアラウンドした再活性化）、さもなければすべてのスクールを含む

謝辞

著作権のある図や表の転載を許可していただけたことに、感謝の念を表したい。

- 31ページの表2−1「環境変化の機会や脅威に関するチェックリスト」、32ページの表2−2「組織の強み・弱みに関するチェックリスト」
  From *Strategic Management Skills*, Addison-Wesley, (Power, D. J., M. J. Gannon, M. A. McGinnis and D. M. Schweiger, 1986). Reprinted with permission of Daniel Power.
- 60ページの図3−1「スタイナーの戦略計画モデル」
  Reprinted with the permission of The Free Press, a Division of Simon & Schuster Adult Publishing Group, from *TOP MANAGEMENT PLANNING* by George A. Steiner. Copyright © 1969 by the Trustees of Columbia University in the City of New York. All rights reserved.
- 64ページの図3−2「スタンフォード研究所の計画システム」
  From *A Framework for Business Planning*, Stanford Research Institute, (Stewart, R. F., 1963). Figure Courtesy of SRI International.
- 66ページの図3−3「ゼネラル・エレクトリックにおける年間計画サイクル」
  From "Annual Planning Cycle at General Electric" in "How to Ensure the Continued Growth of Strategic Planning," *Journal of Business Strategy*, (Rothschild, William E., 1980). Bill Rothschild, CEO Rothschild Strategies Unlimited LLC and author of 'global best seller' *The Secret to GE's Success* and blog on www.strategyleader.com. Copyright © Emerald Group Publishing Limited. Originally published in *Journal of Business Strategy* Volume 1 Issue 1.
- 67ページの図3−4「戦略計画の4つの階層」
  Adapted with the permission of The Free Press, a Division of Simon & Schuster Adult Publishing Group, from *The RISE AND FALL OF STRATEGIC PLANNING*: *Reconceiving Roles of Planning, Plans, Planners* by Henry Mintzberg. Copyright © 1994 by Henry Mintzberg. All rights reserved.
- 114ページの図4−1「BCG成長率・市場占有率マトリックス」、117ページの図4−2「蒸気タービン発電機の経験曲線(1946-63年)」、242ページの図7−3「アメリカにおけるバイクと関連部品の輸入高」
  Used by the permission of The Boston Consulting Group, Inc.
- 121ページの図4−3「業界構造の要素」
  Reprinted with the permission of The Free Press, a Division of Simon & Schuster Adult Publishing Group, from *COMPETITIVE STRATEGY: Techniques for Analyzing Industries and Competitors* by Michael E. Porter. Copyright © 1980, 1998 by The Free Press. All rights reserved.
- 123ページの図4−4「ポーターの基本戦略」、125ページの図4−5「ポーターの価値連鎖の基本形」
  Reprinted with the permission of The Free Press, a Division of Simon & Schuster Adult Publishing Group, from *COMPETITIVE ADVANTAGE: Creating and Sustaining Superior Performance* by

Michael E. Porter. Copyright © 1985, 1998 by Michael E. Porter. All rights reserved.

- 187ページの表6－1「意思決定時のバイアス」
 Reprinted with the permission of The Free Press, a Division of Simon & Schuster Adult Publishing Group, from *FORECASTING, PLANNING, AND STRATEGY FOR THE 21st CENTURY* by Spyros G. Makridakis. Copyright © 1990 by Spyros G. Makridakis. All rights reserved.
- 191ページの図6－1「戦略的意思決定の並列情報処理モデル」
 Reprinted by permission, Patricia Doyle Corner, Angelo J. Kinicki, Barbara W. Keats, "Integrating Organizational and Individual Information Processing Perspectives on Choice," *Organization Science*, Vol. 5, No. 3, August 1994. Copyright © 1994, the Institute for Operations Research and the Management Sciences (INFORMS), 7240 Parkway Drive, Suite 310, Hanover, MD 21076 USA. INFORMS is not responsible for errors introduced in the English translation of the original figure.
- 230ページの図7－1「企業内ベンチャリングのバーゲルマン・プロセス・モデル」
 Reprinted from "A Process Model of Internal Corporate Venturing in the Diversified Major Firm" by Mr. Robert Burgelman published in *Administrative Science Quarterly*, Vol. 28, No. 2 (June 1983) by permission of Vol. 28, No. 2. Copyright © Johnson Graduate School of Management, Cornell University.
- 255ページの図7－4「知識スパイラル」
 From *The Knowledge-Creating Company* by Nonaka I. & Takeuchi H. (OUP, 1995) reprinted by permission of Oxford University Press Inc.
- 256ページの図7－5「クロッサン、レーン、ホワイトによる組織学習のための統合フレームワーク（1999）」
 From *ACADEMY OF MANAGEMENT REVIEW* by Mary Crossan, Henry Lane and Roderick White. Copyright © 1999 by Academy of Management (NY). Reproduced with permission of Academy of Management (NY) in the format Tradebook via Copyright Clearance Center.
- 303ページの表8－1「戦略的アライアンスの種類」
 Published in *Long Range Planning*, Vol. 27, Pekar, P., Jr. and Allio, R., "Types of strategic alliances" in "Making Alliances Work: Guidelines for Success" by Pekar, P., Jr. and Allio, R., pp. 12-24, Copyright © Elsevier (1994).
- 391ページの図11－2「組織のエコサイクル」
 From *Crisis & Renewal: Meeting the Challenge of Organizational Change* by D. K. Hurst, Harvard Business School Press Copyright © 1995. All rights reserved.
- 402ページの図11－4「変革のリーダーシップ：3幕のドラマ」
 From *CONTROL YOUR DESTINY OR SOMEONE ELSE WILL* by Noel M. Tichy, Stratford Sherman, copyright © 1993 by Noel M. Tichy and Stratford Sherman. Used by permission of Doubleday, a division of Random House, Inc.
- 403ページの図11－5「成熟化した組織のリエンジニアリング・プロセス」
 Published in *Organizational Dynamics*, Vol. 20, Richard W. Beatty and David O. Ulrich, "Re-Energizing the Mature Organization," 1 page only, Copyright © Elsevier (1991).

次の文章の引用を許可していただいたことに感謝の念を表したい。

- 19ページ囲み「戦略という獣：共通認識」
 From *ACADEMY OF MANAGEMENT REVIEW* by E. E. Chaffee. Copyright © 1985 by Academy

of Management (NY). Reproduced with permission of Academy of Management (NY) in the format Tradebook via Copyright Clearance Center.

- 80ページ囲み「戦略計画7つの大罪」
Published in *Long Range Planning*, Vol. 27, Wilson, I., "The Seven Deadly Sins Of Strategic Planning" in "Strategic Planning Isn't Dead—It Changed," pp. 12-24, Copyright © Elsevier (1994).

- 108ページ囲み「クラウゼヴィッツに基づいたアメリカ合衆国の戦争の原則」
From Harry G. Summers, Jr., *On Strategy: The Vietnam War in Context*, originally published by Carlisle, PA: Strategic Studies Institute, U.S. Army War College, 1981; reprinted by Washington, DC: U.S. Government Printing Office, 1981, pp. 59-97.

- 140ページ囲み「『ホンダの課題』は、どう対応すればいいのか？」
Used with permission from Richard Rumelt.

- 153ページ囲み「"視点"から捉える戦略的思考」
From *Arenas of Strategic Thinking*, Foundations for Economic Education, (Nasi, J., 1991).

- 164ページ囲み「起業家精神とプランニング」
From "How Entrepreneurs Craft Strategies That Work," by Amar V. Bhide, *Harvard Business Review*, March 1994. All rights reserved.

- 175ページ囲み「直感」
From *ACADEMY OF MANAGEMENT REVIEW* by Dane, E. and Pratt, M. Copyright © 2007 by Academy of Management (NY). Reproduced with permission of Academy of Management (NY) in the format Tradebook via Copyright Clearance Center.

- 193ページ囲み「アンラーニング」
Reprinted by permission of Inderscience Enterprises Limited, www.inderscience.com, who retain copyright.

- 211ページ囲み「構成主義的アプローチを使って」
From *ACADEMY OF MANAGEMENT REVIEW* by Smircich, L. and Stubbart, C. Copyright © 1985 by Academy of Management (NY). Reproduced with permission of Academy of Management (NY) in the format Tradebook via Copyright Clearance Center.

- 225ページ囲み「論理的漸進主義の処方箋」
Published in *Omega*, Vol. 10, J. B. Quinn, "Prescriptions For Logical Incrementalism" in "Managing Strategies Incrementally," pp. 613-627, Copyright © Elsevier (1982).

- 250ページ囲み「戦略はどのように創発するのか？」
"How does strategy emerge" in "Strategy Innovation and the Quest for Value" from *MIT Sloan Management Review*, (Hamel, G., 1998). Copyright © 1998 by Massachusetts Institute of Technology. All rights reserved. Distributed by Tribune Media Services.

- 263ページ囲み「戦略マネジメントのためのカオス理論」
From "The Seeking of Strategy Where It Is Not: Toward a Theory of Strategy Absence" in *Strategic Management Journal*, Vol. 6, Inkpen, A. and Choudhury, N. 1995. © John Wiley & Sons Limited. Reproduced with permission.

- 297ページ囲み「戦略的画策」
Reprinted with the permission of The Free Press, a Division of Simon & Schuster Adult Publishing Group, from *COMPETITIVE STRATEGY: Techniques for Analyzing Industries and Competitors* by Michael E. Porter. Copyright © 1980, 1998 by The Free Press. All rights reserved.

- 305ページ囲み「コラボレーション・アドバンテージの原則」
 From "Collaborate with Your Competitors—and Win" by Gary Hamel, Yves L. Doz, and C. K. Prahalad, *Harvard Business Review*.「ライバルとのコラボレーション戦略」『DIAMONDハーバード・ビジネス・レビュー』2005年2月. January 1989. All rights reserved.
- 317ページ囲み「現代の企業をまとめているものは何か？」
 From "What Holds the Modern Company Together?" by Goffee R., in Kerr S. ed., *Ultimate Rewards*, Harvard Business School Press, Copyright © 1997. All rights reserved.
- 379ページ囲み「コンフィギュレーションとは何か？」
 Published in *Beyond Strategy: Configuration as a Pillar of Competitive Advantage*, Danny Miller and John O. Whitney, "What are Configurations?" Copyright © Elsevier (1999).
- 393ページ囲み「『チェンジ・マネジメント』は矛盾に満ちている」
 From *Pathways to Performance*, Clemmer Group, (Clemmer, J., 1995). Jim Clemmer's practical leadership books, keynote presentations, workshops, and team retreats have helped hundreds of thousands of people worldwide improve personal, team, and organizational leadership. Visit his web site, http://jimclemmer.com/, for a huge selection of free practical resources including nearly 300 articles, dozens of video clips, team assessments, leadership newsletter, Improvement Points service, and popular leadership blog. Jim's five international bestselling books include The VIP Strategy, Firing on All Cylinders, Pathways to Performance, Growing the Distance, and The Leader's Digest. His latest book is Moose on the Table: A Novel Approach to Communications @Work.
- 406ページ囲み「ボトム・アップ型変革」
 From "Why Change Programs Don't Produce Change" by M. Beer, R. A. Eisenstat, B. Spector, *Harvard Business Review*.「プログラム型組織変革の逆説」『DIAMONDハーバード・ビジネス』1991年4-5月号. Copyright © 1990. All rights reserved.
- 407ページ囲み「トップ・ダウン型変革」
 From "Leading Change: Why Transformation Efforts Fail" by J. P. Kotter, *Harvard Business Review*.「企業変革の落とし穴」『DIAMONDハーバード・ビジネス・レビュー』2002年10月. Copyright © 1995. All rights reserved.

　著作権のある図表の中には著作権者を探し出せなかったものもある。著作者を探し出すためのいかなる情報も歓迎する。

参考文献

[1] Abrahamson, E., and Fombrun, C. J. "Macrocultures: Determinants and Consequences." *Academy of Management Review* (19, 4, 1994:728-755).

[2] Abrahamson, E., and Fairchild, G. "Management Fashion: Lifecycles, Triggers, and Collective Learning Processes." *Administrative Science Quarterly* (44, 1999:708-740).

[3] Ackoff, R. L. "Beyond Prediction and Preparation." *Journal of Management Studies* (XX, 1[January], 1983:59-69).

[4] Afuah, A. "Redefining Firm Boundaries in the Face of the Internet: Are Firms Really Shrinking?" *Academy of Management Review* (28, 1, 2003:1231-1246).

[5] Alberts, W. "The Experience Curve Doctrine Reconsidered." *Journal of Marketing* (53, 3, 1989:36-49).

[6] Allaire, Y., and Firsirotu, M. "How to Implement Radical Strategies in Large Organizations." *Sloan Management Review* (26, Spring 1985:19-33).

[7] Allison, G. T. *Essence of Decision: Explaining the Cuban Missile Crisis* (Boston: Little, Brown, 1971). 宮里政玄訳『決定の本質 キューバ・ミサイル危機の分析』中央公論社, 1977年.

[8] Alvarez, S. A., and Busenitz, L. W. "The Entrepreneurship of Resource-Based Theory." *Journal of Management* (27, 2001:755-775).

[9] Amram, M., and Kulatilaka, N. *Real Options: Managing Strategic Investment in an Uncertain World* (Boston, MA: Harvard Business School Press, 1999). 石原雅行・吉田二郎・中村康治・脇保修司訳『リアル・オプション 経営戦略の新しいアプローチ』東洋経済新報社, 2001年.

[10] Anand, N., and Peterson, R. A. "When Market Information Constitutes Fields: Sensemaking of Markets in the Commercial Music Industry." *Organization Science* (11, 3[May/June], 2000:270-284).

[11] Andrews, K. R. *The Concept of Corporate Strategy* (Homewood, IL: Irwin, editions 1971, 1980, 1987). 中村元一・黒田哲彦訳『経営幹部の全社戦略 全社最適像の構築・実現を求めて』産能大学出版部, 1991年 (3rd ed.の翻訳).

[12] Andrews, K. R. "Directors' Responsibility for Corporate Strategy." *Harvard Business Review* (58, 6, November-December 1980:28-43).

[13] Andrews, K. R. "Replaying the Board's Role in Formulating Strategy." *Harvard Business Review* (59, 3, May-June 1981a:18-27).

[14] Andrews, K. R. "Corporate Strategy as a Vital Function of the Board." *Harvard Business Review* (59, 6, November-December 1981b:174-184).

[15] Ansoff, H. I. *Corporate Strategy* (New York: McGraw-Hill, 1965). 中村元一・黒田哲彦訳『最新・戦略経営 戦略作成・実行の展開とプロセス』産能大学出版部, 1990年 (*The new corporate strategy* の翻訳・改訂新版). 広田寿亮訳『企業戦略論』産業能率短期大学出版部, 1969年 (旧版).

[16] Ansoff, H. I. "The State of Practice in Planning Systems." *MIT Sloan Management Review* (Winter 1977:1-24).

[17] Argyris, C. *Increasing Leadership Effectiveness* (New York: Wiley, 1976).

[18] Argyris, C. "Teaching Smart People How to Learn." *Harvard Business Review* (69, 3, May-June 1991:99-109).

[19] Argyris, C., and Schön, D. A. *Organizational Learning: A Theory of Action Perspective* (Reading, MA: Addison-Wesley, 1978).

[20] Ashby, W. R. *An Introduction to Cybernetics* (London: Chapman and Hall, 1970). 篠崎武・山

崎英三・銀林浩訳『サイバネティクス入門』宇野書店，1967年．
【21】 Astley, W. G. "Toward an Appreciation of Collective Strategy." *Academy of Management Review* (9, 3, 1984:526-533).
【22】 Astley, W. G. "The Two Ecologies: Population and Community Perspectives on Organizational Evolution." *Administrative Science Quarterly* (30, 2, 1985:224-241).
【23】 Astley, W. G., and Fombrun, C. J. "Collective Strategy: Social Ecology of Organizational Environments." *Academy of Management Review* (8, 4, 1983:576-587).
【24】 Baden-Fuller, C., and Stopford, J. M. *Rejuvenating the Mature Business: The Competitive Challenge*, Chapter 6 (Boston: Harvard Business School Press, 1992). 石倉洋子訳『成熟企業の復活　ヨーロッパ企業はどう蘇ったか』文眞堂，1996年．
【25】 Balogun, J., and Johnson, G. "Organizational Restructuring and Middle Manager Sensemaking." *Academy of Management Journal* (47, 4, 2004:523-549).
【26】 Barkema, H., and Shvyrkov, O. "Does Top Management Team Diversity Promote or Hamper Foreign Expansion?" *Strategic Management Journal* (28, 7, 2007:663-680).
【27】 Barney, J. B. "Organizational Culture: Can It Be a Source of Sustained Competitive Advantage?" *Academy of Management Review* (11, 3, 1986:656-665).
【28】 Barney, J. B. "Firm Resources and Sustained Competitive Advantage." *Journal of Management* (17, 1, 1991:99-120).
【29】 Barney, J. B. "Resource-Based Theories of Competitive Advantage: A Ten Year Retrospective on the Resource-Based View." *Journal of Management* (27, 2001:643-650).
【30】 Barr, P. S., Stimpert, J. L., and Huff, A. S. "Cognitive Change, Strategic Action, and Organizational Renewal." *Strategic Management Journal* (13, 1992:15-36).
【31】 Bateson, G. "A Theory of Play and Fantasy." Reprinted in *Steps to an Ecology of Mind* (New York: Ballantine Books, 1972:117-193).
【32】 Bateson, G. *Steps to an Ecology of Mind* (New York: Ballantine Books, 1972). 佐藤良明訳『精神の生態学』改訂第2版，新思索社，2000年．
【33】 Baughman, J. P. "Problems and Performance of the Role of Chief Executive in the General Electric Company, 1882-1974" (working paper, Graduate School of Business Administration, Harvard University, 1974).
【34】 Baumol, W. J. "Entrepreneurship in Economic Theory." *American Economic Review* (58, May 1968:64-71).
【35】 Bazerman, M. *Judgment in Managerial Decision Making*, 6th edition. (New York: John Wiley and Sons, Inc., 2005). 長瀬勝彦訳『行動意思決定論　バイアスの罠』白桃書房，2011年．
【36】 Beatty, R. W., and Ulrich, D. O. "Re-Energizing the Mature Organization." *Organizational Dynamics* (Summer 1991:16-30).
【37】 Beckhard, R. *Organizational Development: Strategies and Models* (Reading, MA: Addison-Wesley, 1969). 高橋達男・鈴木博訳『組織づくりの戦略とモデル』産業能率短期大学出版部，1972年．
【38】 Beer, M., Eisenstat, R. A., and Spector, B. "Why Change Programs Don't Produce Change." *Harvard Business Review* (November-December 1990:158-166).「プログラム型組織変革の逆説」『DIAMONDハーバード・ビジネス・レビュー』1991年4-5月号．
【39】 Bello, F. "The Magic that Made Polaroid." *Fortune* (April 1959:124-164).
【40】 Bennis, W., and Nanus, B. *Leaders: The Strategies for Taking Charge* (New York: Harper & Row, 1985). 伊東奈美子訳『本物のリーダーとは何か』海と月社，2011年．
【41】 Bettis, R. A., and Prahalad, C. K. "The Dominant Logic: Retrospective and Extension." *Strategic Management Journal* (16, 1995:3-14).
【42】 Bhide, A. "How Entrepreneurs Craft Strategies That Work." *Harvard Business Review* (March-April 1994:150-161).

【43】 Bigley, G. A., and Wiersema, M. F. "New CEOs and Corporate Strategic Refocusing: How Experience as Heir Apparent Influences the Use of Power." *Administrative Science Quarterly* (47, 2002:707–727).

【44】 Bjorkman, I. "Factors Influencing Processes of Radical Change in Organizational Belief Systems." *Scandinavian Journal of Management* (5, 4, 1989:251–271).

【45】 Bogner, W. C., and Barr, P. S. "Making Sense in Hypercompetitive Environments: A Cognitive Explanation for Persistence of High Velocity Competition." *Organization Science* (11, 2, 2000:337–370).

【46】 Bogner, W. C., and Thomas, H. "The Role of Competitive Groups in Strategy Formulation: A Dynamic Integration of Two Competing Models." *Journal of Management Studies* (30, 1, 1993:51–67).

【47】 Boisot, M. H., ed. *Information Space: A Framework for Learning in Organizations, Institutions and Culture* (London: Routledge, 1995).

【48】 Bolman, L. G., and Deal, T. *Reframing Organizations: Artistry, Choice, and Leadership*, 2nd edition (San Francisco: Jossey-Bass Publishers, 1997).

【49】 Boston Consulting Group Inc., The. *Strategy Alternatives for the British Motorcycle Industry* (London: Her Majesty's Stationery Office, 1975).

【50】 Boulding, K. E. "General Systems Theory: The Skeleton of Science." *Management Science* (2, 3, 1956:197–208).

【51】 Bower, J. L. *Managing the Resource Allocation Process: A Study of Planning and Investment* (Boston: Graduate School of Business Administration, Harvard University, 1970).

【52】 Bower, J. L., and Doz, Y. "Strategy Formulation: A Social and Political Process." In D. E. Schendel and C. W. Hofer, eds., *Strategic Management* (Boston: Little, Brown, 1979:152–166).

【53】 Bowman, E. H. "Strategic History: Through Different Mirrors." *Advances in Strategic Management* (11A, JAI Press, 1995:25–45).

【54】 Boyd, B. K. "Strategic Planning and Financial Performance: A Meta-Analytical Review." *Journal of Management Studies* (28, 4 [July] 1991:353–374).

【55】 Brandenburger, A. M., and Nalebuff, B. J. "The Right Game: Use Game Theory to Shape Strategy." *Harvard Business Review* (July-August 1995:57–81).

【56】 Brandenburger, A. M., and Nalebuff, B. J. *Co-opetition* (New York: Doubleday, 1996). 嶋津祐一訳『ゲーム理論で勝つ経営　競争と協調のコーペティション戦略』日経ビジネス人文庫、2003年.

【57】 Branson, R. "Reflections of a Risk-Taker." *The McKinsey Quarterly* (Summer 1986:13–18).

【58】 Braudel, F. *The Wheels of Commerce: Civilisation and Capitalism* (Weidenfeld & Nicolson History, 2002). 山本淳一訳『交換のはたらき　物質文明・経済・資本主義15-18世紀』みすず書房、1986-88年（ハードカバー版の翻訳）.

【59】 Braybrooke, D., and Lindblom, C. E. *A Strategy of Decision* (New York: Free Press, 1963).

【60】 Bresser, R. K., and Bishop, R. C. "Dysfunctional Effects of Formal Planning: Two Theoretical Explanations." *Academy of Management Review* (8, 4, 1983:588–599).

【61】 Brinton, C. *The Anatomy of Revolution* (New York: Vintage Books, 1938). 岡義武・篠原一訳『革命の解剖』岩波書店（岩波現代叢書）、1952年.

【62】 Broms, H., and Gahmberg, H. *Semiotics of Management* (Helsinki School of Economics, 1987).

【63】 Brook, P. *The Empty Space* (Markham, Ont.: Penguin Books, 1968). 高橋康也・喜志哲雄訳『なにもない空間』晶文社（晶文選書）、1971年.

【64】 Brown, J. S., and Duguid, P. "Organizational Learning and Communities-of-Practice: Toward A Unified View of Working, Learning and Innovation." *Organization Science* (2, 1991:40–57).

【65】 Brown, S. L., and Eisenhardt, K. M. *Competing on the Edge: Strategy as Structured Chaos* (Harvard Business School Press, 1998). 佐藤洋一監訳『変化に勝つ経営　コンピーティング・オ

ン・ザ・エッジ戦略とは？』トッパン，1999年．

【66】 Bruner, J. S., Goodnow, J. J., and Austin, G. A. *A Study of Thinking* (New York: John Wiley, 1956). 岸本弘〔ほか〕訳『思考の研究』明治図書，1969年．
【67】 Brunsson, N. *Propensity to Change: An Empirical Study of Decisions on Reorientations* (Göteborg: BAS, 1976).
【68】 Brunsson, N. "The Irrationality of Action and the Action Rationality: Decisions, Ideologies, and Organizational Actions." *Journal of Management Studies* (1, 1982:29-44).
【69】 Burgelman, R. A. "Managing Innovating Systems: A Study of the Process of Internal Corporate Venturing"(Ph.D. dissertation, Graduate School of Business, Columbia University, 1980).
【70】 Burgelman, R. A. "A Process Model of Internal Corporate Venturing in the Diversified Major Firm." *Administrative Science Quarterly* (28, 1983a:223-244).
【71】 Burgelman, R. A. "A Model of the Interaction of Strategic Behavior, Corporate Context, and the Concept of Strategy." *Academy of Management Review* (8, 1, 1983b:61-70).
【72】 Burgelman, R. A. "Strategy Making as a Social Learning Process: The Case of Internal Corporate Venturing." *Interfaces* (18, 3, May-June 1988:74-85).
【73】 Burgelman, R. A. "A Process Model of Strategic Business Exit: Implications for an Evolutionary Perspective on Strategy." *Strategic Management Journal* (17, 1996:193-214).
【74】 Burgelman, R. A., and Sayles, L. R. *Inside Corporate Innovation: Strategy, Structure, and Managerial Skills* (New York: Free Press, 1986). 小林肇監訳，海老沢栄一・小山和伸訳『企業内イノベーション　社内ベンチャー成功への戦略組織化と管理技法』ソーテック社，1987年．
【75】 Busenitz, L. W., and Barney, J. B. "Differences Between Entrepreneurs and Managers in Large Organizations: Biases and Heuristics in Strategic Decision-Making." *Journal of Business Venturing* (12, 1997:9-30).
【76】 *Business Week*, "The New Breed of Strategic Planner"(September 17, 1984:62-66, 68).
【77】 Buzzell, R. D., Bradley, T. G., and Sultan, R. G. M. "Market Share: A Key to Profitability." *Harvard Business Review* (January-February 1975:97-111).
【78】 Carson, P., Lanier, P., Carson, K., and Guidry, B. "Clearing a Path through the Management Fashion Jungle: Some Preliminary Trailblazing." *Academy of Management Journal* (43, 6, 2000:1143-1158).
【79】 Casson, M. "Entrepreneurship and the Theory of the Firm." *Journal of Economic Behavior and Organization* (58, 2, 2005:327-348).
【80】 Chaffee, E. E. "Three Models of Strategy." *Academy of Management Review* (10, 1, 1985:89-98).
【81】 Chandler, A. D., Jr. *Strategy and Structure: Chapters in the History of the Industrial Enterprise* (Cambridge, MA: MIT Press, 1962). 有賀裕子訳『組織は戦略に従う』ダイヤモンド社，2004年．
【82】 Chandler, A. D. "The Functions of the HQ Unit in the Multi-business Firm." *Strategic Management Journal* (12, 8, 1991:31-50).
【83】 Christensen, C. R., Andrews, K. R., Bower, J. L., Hamermesh, G., and Porter, M. E. *Business Policy: Text and Cases,* 5th edition (Homewood, IL: Irwin, 1982).
【84】 Clark, E. "Power, Action and Constraint in Strategic Management: Explaining Enterprise Restructuring in the Czech Republic." *Organization Studies* (25, 4, 2004:607-627).
【85】 Clausewitz, C. von. *On War* (Penguin Books, 1968).
【86】 Clausewitz, C. von. *On War* (Princeton, NJ: Princeton University Press, 1989). 篠田英雄訳『戦争論』上中下巻，岩波書店（岩波文庫），1968年（Karl Linnebach刊行第14版を底本としたもの）．清水多吉訳『戦争論』上下巻，中央公論社（中公文庫），2001年もある．
【87】 Clemmer, J. *Pathways to Performance: A Guide to Transforming Yourself, Your Team, and Your Organization* (Toronto: Macmillan Canada, 1995).

【88】 Coffey, W. *303 of the World's Worst Predictions* (New York: Tribeca Communications, 1983).
【89】 Cohen, M. D., March, J. G., and Olsen, J. P. "A Garbage Can Model of Organizational Choice." *Administrative Science Quarterly* (17, 1, March 1972:1–25).
【90】 Cole, A. H. *Business Enterprise in Its Social Setting* (Cambridge, MA: Harvard University Press, 1959). 中川敬一郎訳『経営と社会　企業者史学序説』ダイヤモンド社 (経営名著シリーズ 7), 1965年.
【91】 Collins, O., and Moore, D. G. *The Organization Makers* (New York: Appleton-Century-Crofts, 1970).
【92】 Collins, J. C., and Porras, J. I. "Organizational Vision and Visionary Organizations." *California Management Review* (Fall 1991:30–52).
【93】 Collins, J. C., and Porras, J. I. *Built to Last: Successful Habits of Visionary Companies* (New York: Harper Business, 1994). 山岡洋一訳『ビジョナリーカンパニー　時代を超える生存の原則』日経BP出版センター, 1995年.
【94】 Collis, D., and Rukstad, M. G. "Can You Say What Your Strategy Is?" *Harvard Business Review* (86, 4, 2008:82–90).
【95】 Conner, K. R., and Prahalad, C. K. "A Resource-Based Theory of the Firm: Knowledge Versus Opportunism." *Organization Science* (7, 5 [September-October] 1996:477–501).
【96】 Connolly, T. "On Taking Action Seriously: Cognitive Fixation in Behavioral Decision Theory." In G. R. Ungdon and D. N. Braunstein, eds., *Decision-Making: An Interdisciplinary Inquiry* (Boston: Kent, 1982:42–47).
【97】 Cornelius, P., Van de Putte, A., and Romani, M. "Three Decades of Scenario Planning in Shell." *California Management Review* (48, 1, 2005:92–109).
【98】 Corner, P. D., Kinicki, A. J., and Keats, B. W. "Integrating Organizational and Individual Information Processing Perspectives on Choice." *Organization Science* (3, 1994:294–308).
【99】 Cornford, F. M. Microcosmo-graphia Academica (Cambridge, UK: Mainsail Press, 1993:39).
【100】 Cressey, P., Eldridge, J., and MacInnes, J. *"Just Managing": Authority and Democracy in Industry* (Milton Keynes, England: Open University Press, 1985).
【101】 Crossan, M., Lane, H., and White, R. "An Organizational Learning Framework: From Intuition to Institution." *Academy of Management Review* (24, 3, 1999:522–537).
【102】 Cyert, R. M., and March, J. G. *A Behavioral Theory of the Firm* (Englewood Cliffs, NJ: Prentice-Hall, 1963).
【103】 Dacin, M. T., Goodstein, J., and Scott, W. R. "Institutional Theory and Institutional Change: Introduction to the Special Research Forum." *Academy of Management Journal* (45, 1, 2002:45–57).
【104】 Dane, E., and Pratt, M. "Exploring Intuition and its Role in Managerial Decision Making." *Academy of Management Review* (32, 1, 2007:33–54).
【105】 Darwin, F., ed. *The Life and Letters of Charles Darwin, Including an Autobiographical Chapter*, 3 vols. (London: John Murray, 1887). 〈参考〉八杉竜一・江上生子訳『ダーウィン自伝』筑摩書房, 1972年.
【106】 Das, T. K., and Teng, B. "Cognitive Biases and Strategic Decision Processes: An Integrative Perspective." *Journal of Management Studies* (36, 1999:757–778).
【107】 Davenport, S., and Leitch, S. "Circuits of Power in Practice: Strategic Ambiguity as Delegation of Authority." *Organization Studies* (26, 11, 2005:1603–1623).
【108】 D'Aveni, R. A. *Hypercompetition: Managing the Dynamics of Strategic Maneuvering* (New York: The Free Press, 1994).
【109】 De Geus, A. P. "Planning as Learning." *Harvard Business Review* (March-April 1988:70–74).
【110】 Denrell, J. "Selection Bias and the Perils of Benchmarking." *Harvard Business Review* (83, 4, 2005:114–119).

【111】 Devons, E. *Planning in Practice, Essays in Aircraft Planning in War-Time* (Cambridge, England: The University Press, 1950).
【112】 Dickhout, R., Denham, M., and Blackwell, N. "Designing Change Programs That Won't Cost You Your Job." *The McKinsey Quarterly* (4, 1995:101-116).
【113】 Dixit, A. K., and Pindyck, R. S. "The Options Approach to Capital Investment." *Harvard Business Review* (73, 3, 1995:105-115).
【114】 Dobbin, F., and Sutton, J. R. "The Strength of a Weak State: The Rights Revolution and the Rise of Human Resources Management Divisions." *American Journal of Sociology* (104, 1998:441-476).
【115】 Dollinger, M. J. "The Evolution of Collective Strategies in Fragmented Industries." *Academy of Management Review* (15, 2, 1990:266-285).
【116】 Donaldson, L. "For Cartesianism: Against Organizational Types and Quantum Jumps." In *For Positivist Organization Theory: Proving the Hard Core* (London: Sage, 1996:108-129).
【117】 Donaldson, L. *The Contingency Theory of Organizations* (Thousand Oaks, CA: Sage, 2001).
【118】 Downing, S. "The Social Construction of Entrepreneurship: Narrative and Dramatic Processes in the Coproduction of Organizations and Identities." *Entrepreneurship: Theory and Practice* (29, 2, 2005:185-204).
【119】 Doz, Y. L., and Thanheiser, H. "Embedding Transformational Capability." ICEDR, October 1996 Forum Embedding Transformation Capabilities (INSEAD, Fontainebleau, France, 1996).
【120】 Drucker, P. F. "Entrepreneurship in Business Enterprise." *Journal of Business Policy* (I, 1, 1970:3-12).
【121】 Drucker, P. F. "The Theory of the Business." *Harvard Business Review* (September-October 1994:95-104).
【122】 Duhaime, I. M., and Schwenk, C. R. "Conjectures on Cognitive Simplification in Acquisition and Divestment Decision Making." *Academy of Management Review* (10, 2, 1985:257-295).
【123】 Durand, R. "Firm Selection: An Integrative Perspective." *Organization Studies* (22, 3, 2001:393-417).
【124】 Dutton, J. E., Ashford, S. J., O'Neil, R. M., and Hayes, E. "Reading the Wind: How Middle Managers Assess the Context for Selling Issues to Top Managers." *Strategic Management Journal* (18, 5, 1997:407-425).
【125】 Dyck, B. "Understanding Configuration and Transformation through a Multiple Rationalities Approach." *Journal of Management Studies* (34, 5, 1997:793-823).
【126】 *Economist*, "The Return of von Clausewitz—The Fine Art of Being Prepared." (March 9, 2002).
【127】 Edwards, J. "Strategy Formulation as a Stylistic Process." *International Studies of Management and Organizations* (7, 2, Summer 1977:13-27).
【128】 Eisenhardt, K. M., and Martin, J. A. "Dynamic Capabilities: What are They?" In C. E. Helfat, ed., *The SMS Blackwell Handbook of Organizational Capabilities: Emergence, Development, and Change* (Blackwell: Oxford, 2003:341-363).
【129】 Eisenhardt, K. M., and Sull, D. N. "Strategy as Simple Rules." *Harvard Business Review* (79, 1, 2001:107-116).
【130】 El Sawy, O. A., and Pauchant, T. C. "Triggers, Templates, and Twitches in the Tracking of Emerging Strategic Issues." *Strategic Management Journal* (9, September-October 1988:455-474).
【131】 Eliot, G. *Felix Holt, The Radical* (Oxford: Clarendon Press, 1980). 冨田成子訳『急進主義者フィーリクス・ホルト』(ジョージ・エリオット全集6)、彩流社、2011年.
【132】 Engwall, L. "The Viking Versus the World: An Examination of Nordic Business Research." *Scandinavian Journal of Management* (12, 4, 1996:425-436).

[133] Fadiman, C., ed. *The Little Brown Book of Anecdotes* (Boston: Little, Brown, 1985).
[134] Farjoun, M. "Towards an Organic Perspective on Strategy." *Strategic Management Journal* (23, 2002:561–594).
[135] Feld, M. D. "Information and Authority: The Structure of Military Organization." *American Sociological Review* (24, 1, 1959:15–22).
[136] Feldman, S. P. "Management in Context: An Essay on the Relevance of Culture to the Understanding of Organizational Change." *Journal of Management Studies* (23, 6, 1986:587–607).
[137] Feldman, M. S., and Rafaeli, A. "Organizational Routines as Sources of Connections and Understandings." *Journal of Management Studies* (39, 3, 2002:319–331).
[138] Finkelstein, S. "Power in Top Management Teams: Dimensions, Measurement, and Validation." *Academy of Management Journal* (35, 1992:505–538).
[139] Firsirotu, M. "Strategic Turnaround as Cultural Revolution" (doctoral dissertation, McGill University, Faculty of Management, Montreal, 1985).
[140] Floyd, S. W., and Wooldridge, B. "Dinosaurs or dynamos? Recognizing Middle Management's Strategic Role." *Academy of Management Executive* (8, 4, 1994:47–57).
[141] Fombrun, C., and Astley, W. G. "Strategies of Collection Action: The Case of the Financial Services Industry," R. Lamb, ed., *Advances in Strategic Management, Volume 2* (Greenwich, CT.: JAI Press, 1983:125–139).
[142] *Fortune*, "GM's $11 Billion Turnaround" (130, 8, October 17, 1994:54–69).
[143] *Fortune*, "The Entrepreneurial Ego" (65, 2, August 1956:143).
[144] *Fortune*, "14 INNOVATORS Staying Creative, Jazzing Employees, Keeping That Startup Vibe, and Other Tales From the Front." (November 15, 2004).
[145] Freeman, R. E. *Strategic Management: A Stakeholder Approach* (London: Pitman, 1984).
[146] Frery, F. "The Fundamental Dimensions of Strategy." *MIT Sloan Management Review* (48, 1, Fall 2006:71–75).
[147] Gaddis, P. O. "Strategy Under Attack." *Long Range Planning* (30, 1, 1997:38–45).
[148] Gagliardi, P., ed. *Symbols and Artifacts: View from the Corporate Landscape* (New York: Aldine de Gruyter, 1992).
[149] Garud, R., Kumaraswamy, A., and Nayyar, P. "Real Options or Fool's Gold? Perspective Makes the Difference." *Academy of Management Review* (23, 2, 1998:212–214).
[150] Gartner, J. "America's Manic Entrepreneurs." *American Enterprise* (16, 5, 2005:18).
[151] Garvin, D. A., and Levesque, L. C. "Meeting the Challenge of Corporate Entrepreneurship." *Harvard Business Review* (84, 10, 2006:102–112).
[152] Gavetti, G., and Levinthal, D. A. "The Strategy Field from the Perspective Management Science: Divergent Strands and Possible Integration." *Management Science* (50, 10, 2004:1309–1318).
[153] Gerhard, D. "Periodization in European History." *American Historical Review* (61, 1956:900–913).
[154] Gilbert, X., and Strebel, P. "Developing Competitive Advantage." In J. B. Quinn, H. Mintzberg, and R. James, eds., *The Strategy Process* (Englewood Cliffs, NJ: Prentice-Hall, 1988:82–93).
[155] Gimpl, M. L., and Dakin, S. R. "Management and Magic." *California Management Review* (Fall 1984:125–136).
[156] Glaister, K., and Falshaw, J. R. "Strategic Planning: Still Going Strong?" *Long Range Planning* (32, 1, 1999:107–116).
[157] Goffee, R., and Jones, G. "What Holds the Modern Company Together." *Harvard Business Review* (74, 6, 1996:133–148).
[158] Goold, M. "Design, Learning and Planning: A Further Observation on The Design School

Debate." *Strategic Management Journal* (13, 1992:169−170).
【159】Goold, M. "Learning, Planning, and Strategy: Extra Time." *California Management Review* (38, 4, Summer 1996:100−102).
【160】Goold, M., and Campbell, A. *Strategies and Styles: The Role of the Center in Managing Diversified Corporations* (Oxford: Basil Blackwell, 1987).
【161】Goold, M., and Quinn, J. J. "The Paradox of Strategic Controls." *Strategic Management Journal* (11, 1990:43−57).
【162】Goold, M., Campbell, A., and Alexander, M. *Corporate-Level Strategy: Creating Value in the Multi-Business Company* (New York: John Wiley & Sons, 1994).
【163】Gould, S. J. *The Panda's Thumb* (New York: W. W. Norton, 1980). 櫻町翠軒訳『パンダの親指 進化論再考』上下巻、早川書房（ハヤカワ文庫NF）、1996年.
【164】Gould, S. J. "Free to Be Extinct." *Natural History* (August 1982:12−16).
【165】Greene, R., and Elffers, J. *The 48 Laws of Power* (New York: Viking Penguin, a division of Penguin Group (USA) Inc, 1998). 鈴木主税訳『権力に翻弄されないための48の法則』上下巻、角川書店（角川文庫）、2001年.
【166】Greve, H., and Mitsuhashi, H. "Powerful and Free: Intra-Organizational Power And the Dynamics of Corporate Strategy." *Strategic Organization* (2, 2, May 2004:107−132).
【167】Greve, H., and Mitsuhashi, H. "Power and Glory: Concentrated Power in Top Management Teams." *Organization Studies* (28, 8, 2007:1197−1221).
【168】Grinyer, P. H., and Spender, J. C. *Turnaround―Managerial Recipes for Strategic Success* (London: Associated Business Press, 1979).
【169】Gulati, R. "Alliances and networks." *Strategic Management Journal* (19, 4, 1998:293−313).
【170】Hadamard, J. *An Essay on the Psychology of Invention in the Mathematical Field* (Princeton, NJ: University Press, 1949). 伏見康治〔ほか〕訳『数学における発明の心理』みすず書房、1990年、2002年（新装版）.
【171】Hage, J. "Choosing Constraints and Constraining Choice"(paper presented at the Anglo-French Conference at the Tavistock Institute, London, 1976).
【172】Hakansson, H., and Snehota, I. "No Business is an Island: The Network Concept of Business Strategy." *Scandinavian Journal of Management* (5, 3, 1989:187−200).
【173】Halberstam, D. *The Reckoning* (New York: Avon Books, 1986). 高橋伯夫訳『覇者の驕り　自動車・男たちの産業史』上下巻、新潮社（新潮文庫）、1990年.
【174】Hambrick, D. C. "Upper Echelons Theory: An Update." *Academy of Management Review* (32, 2, 2007:334−343).
【175】Hambrick, D. C., and Fredrickson, J. W. "Are You Sure You Have a Strategy?" *Academy of Management Executive* (19, 4, 2005:51−62).
【176】Hambrick, D. C., and Mason, P. "Upper Echelons: The Organization as a Reflection of its Top Managers." *Academy of Management Review* (9, 2, 1984:193−206).
【177】Hamel, G. "Strategy as Revolution." *Harvard Business Review* (July-August 1996:69−82).「革新の戦略　その10原則」『DIAMOND ハーバード・ビジネス』1997年3月号.
【178】Hamel, G. "Killer Strategies that Make Shareholders Rich." *Fortune* (June 23, 1997).
【179】Hamel, G. "Strategy Innovation and the Quest for Value." *MIT Sloan Management Review* (39, 4, Winter 1998:7−14).
【180】Hamel, G., and Prahalad, C. K. "Strategic Intent." *Harvard Business Review* (May-June 1989:63−76).
【181】Hamel, G., and Prahalad, C. K. "Strategy as Stretch and Leverage." *Harvard Business Review* (71, 2, March-April 1993:75−84).
【182】Hamel, G., and Prahalad, C. K. "Competing for the Future." *Harvard Business Review* (72, 4, 1994:122−128).

【183】 Hamel, G., and Prahalad, C. K. *Competing for the Future* (Boston: Harvard Business School Press, 1994). 一條和生訳『コア・コンピタンス経営 未来への競争戦略』日本経済新聞社（日経ビジネス人文庫），2001年.
【184】 Hamel, G., and Prahalad, C. K. "Competing in the New Economy: Managing Out of Bounds." *Strategic Management Journal* (17, 1996:237-242).
【185】 Hamel, G., Doz, Y. L., and Prahalad, C. K. "Collaborate with Your Competitors—and Win." *Harvard Business Review* (January-February 1989:133-139).「ライバルとのコラボレーション戦略」『DIAMONDハーバード・ビジネス・レビュー』2005年2月.
【186】 Hamermesh, R. G. *Making Strategy Work: How Senior Managers Produce Results* (New York: Wiley, 1986).
【187】 Hannan, M. T. "Ecologies of Organizations: Diversity and Identity." *The Journal of Economic Perspectives* (19, 1, 2005:51-70).
【188】 Hannan, M. T., and Freeman, J. "The Population Ecology of Organizations." *American Journal of Sociology* (82, 5, 1977:929-964).
【189】 Hannan, M. T., and Freeman, J. "Structural Inertia and Organizational Change." *American Sociological Review* (49, April 1984:149-164).
【190】 Harbison, F., and Myers, C. A. *Management in the Industrial World* (New York: McGraw-Hill, 1959).
【191】 Hardy, C., Langley, A., Mintzberg, H., and Rose, J. "Strategy Formation in the University Setting." *The Review of Higher Education* (6, 1983:407-433).
【192】 Hart, S. "Intentionality and Autonomy in Strategy-Making Process: Modes, Archetypes, and Firm Performance." *Advances in Strategic Management* (7, 1991:97-127).
【193】 Hatten, K. J., and Schendel, D. E. "Heterogeneity within an Industry: Firm Conduct in the U.S. Brewing Industry, 1952-1971." *Journal of Industrial Economics* (26, 1977:97-113).
【194】 Hayes, R. H. "Strategic Planning—Forward in Reverse?" *Harvard Business Review* (November-December 1985:111-119).
【195】 Hayes, R. H., and Jaikumar, R. "Manufacturing's Crisis: New Technologies, Obsolete Organizations." *Harvard Business Review* (September-October 1988:77-85).
【196】 Hedberg, B. "Organizational Stagnation and Choice of Strategy: Observations from Case Studies" (working paper, International Institute of Management, Berlin, 1973).
【197】 Hedberg, B. "Reframing as a Way to Cope with Organizational Stagnation: A Case Study" (working paper, International Institute of Management, Berlin, 1974).
【198】 Hedberg, B. "How Organizations Learn and Unlearn." In P. C. Nystrom and W. H. Starbuck, eds., *Handbook of Organizational Design*, Vol.1: *Adapting Organizations to Their Environments* (New York: Oxford University Press, 1981:3-27).
【199】 Hedberg, B., and Jonsson, S. A. "Strategy Formulation as a Discontinuous Process." *International Studies of Management and Organization* (7, 2, Summer 1977:88-109).
【200】 Hedberg, B., and Targama, A. "Organizational Stagnation, a Behavioral Approach." *Proceedings of the Conference, TIMS XX* (1973:635-641).
【201】 Helfat, C. E., Finkelstein, S., Mitchell, W., Peteraf, M. A., Singh, H., Teece, D. J., and Winter, S. G. *Dynamic Capabilities: Understanding Strategic Change in Organizations* (Oxford, Blackwell Publishing, 2007). 谷口和弘・蜂巣旭・川西章弘訳『ダイナミック・ケイパビリティ 組織の戦略変化』勁草書房，2010年.
【202】 Hellagren, B., and Melin, L. "The Role of Strategists' Ways-of-Thinking in Strategic Change Processes." In J. Hendry, G. Johnson, and J. Newton, eds., *Strategic Thinking: Leadership and the Management of Change* (Chichester: John Wiley, 1993:47-68).
【203】 Henderson, A. D. "Firm Strategy and Age Dependence: A Contingent View of the Liabilities of Newness, Adolescence, and Obsolescence." *Administrative Science Quarterly* (44, 2,

1999:281-314).
【204】 Henderson, B. D. "The Experience Curve-Reviewed. IV. The Growth Share Matrix, or The Product Portfolio." *Boston Consulting Group Reprint 135.* (1973).
【205】 Henderson, B. D. *Henderson on Corporate Strategy* (Cambridge, MA: Abt Books, 1979). 土岐坤訳『経営戦略の核心』ダイヤモンド社, 1981年.
【206】 Herrman, P. "Evolution of Strategic Management: The Need for New Dominant Designs." *International Journal of Management Review* (7, 2, 2005:111-130).
【207】 Hill, T., and Westbrook, R. "SWOT Analysis: It's Time for a Product Recall." *Long Range Planning* (30, 1, 1997:46-52).
【208】 Hirsch, P. M. "Organizational Effectiveness and the Institutional Environment." *Administration Science Quarterly* (20, September 1975:327-344).
【209】 Hogarth, R. M., and Makridakis, S. "Forecasting and Planning: An Evaluation." *Management Science* (27, 2 [February] 1981:115-138).
【210】 Hopwood, B. *Whatever Happened to the British Motorcycle Industry?* (San Leandro, CA: Haynes Publishing, 1981).
【211】 Hoskisson, R. E., Hitt, M. A., Wan, W. P., and Yiu, D. "Theory and Research In Strategic Management: Swings of A Pendulum." *Journal of Management* (25, 3, 1999:417-456).
【212】 Huff, A. S., ed. *Mapping Strategic Thought* (Somerset, NJ: Wiley, 1990).
【213】 Hunt, M. S. "Competition in the Major Home Appliance Industry, 1960-1970" (doctoral dissertation, Harvard University, 1972).
【214】 Hurst, D. "Changing Management Metaphors—To Hell with the Helmsman" (unpublished manuscript).
【215】 Hurst, D. K. *Crisis & Renewal: Meeting the Challenge of Organizational Change* (Boston: Harvard Business School Press, 1995).
【216】 Hutzschenreuter, T., and Kleindienst, I. "Strategy-Process Research: What Have We Learned and What Is Still to Be Explored." *Journal of Management* (32, 5, 2006:673-720).
【217】 Huy, Q. "In Praise of Middle Managers." *Harvard Business Review* (79, September, 2001:72-79).
【218】 Iansiti, M., and Levien, R. "Strategy as Ecology." *Harvard Business Review* (82, 3, 2004:68-78).
【219】 Inkpen, A., and Chouldhury, N. "The Seeking of Strategy Where It Is Not: Toward a Theory of Strategy Absence." *Strategic Management Journal* (16, 1995:313-323).
【220】 Itami, H., with T. W. Roehl. *Mobilizing Invisible Assets* (Cambridge, MA: Harvard University Press, 1987).〈参考〉伊丹敬之著『新・経営戦略の論理　見えざる資産のダイナミズム』日本経済新聞社, 1984年.
【221】 James, B. G. "Reality and the Fight for Market Position." *Journal of General Management* (Spring 1985:45-57).
【222】 Janis, I. L. *Victims of Groupthink* (Boston: Houghton Mifflin, 1972).
【223】 Jarzabkowski, P., Balogun, J., and Seidl, D. "Strategizing: The Challenges of a Practice Perspective." *Human Relations* (60, 1, 2007:5-27).
【224】 Jelinek, M. *Institutionalizing Innovation: A Study of Organizational Learning Systems* (New York: Praeger, 1979).
【225】 Jelinek, M., and Amar, D. "Implementing Corporate Strategy: Theory and Reality."(paper presented at the Third Annual Conference of the Strategic Management Society, Paris, 1983).
【226】 Jelinek, M., and Schoonhoven, C. B. *The Innovation Marathon: Lessons from High-Technology Firms* (Oxford: Basil Blackwell, 1990).
【227】 Johnson, G. *Strategic Change and the Management Process* (New York: Basil Blackwell, 1987).

【228】 Johnson, G. "Managing Strategic Change—Strategy, Culture and Action." *Long Range Planning* (25, 1, 1992:28-36).

【229】 Johnson, G., and Huff, A. S. "Everyday Innovation/Everyday Strategy." In G. Hamel, C. K. Prahalad, H. Thomas, and D. O'Neal., eds., *Strategic Flexibility: Managing in a Turbulent Environment* (New York: John Wiley & Sons Inc., 1998:13-27).

【230】 Johnson, G., Melin, L., and Whittington, R. "Micro Strategy and Strategizing: Towards an Activity-Based View?" *Journal of Management Studies* (40, 1, 2003:1-22).

【231】 Jonsson, S. A. "City Administration Facing Stagnation: Political Organizational and Action in Gothenburg" (Swedish Council for Building Research, no date).

【232】 Jonsson, S. A., and Lundin, R. A. "Myths and Wishful Thinking as Management Tools." In P. C. Nystrom and W. H. Starbuck, eds., *Prescriptive Models of Organizations* (Amsterdam: North-Holland, 1977:157-170).

【233】 Jonsson, S. A., Lundin, R. A., and Sjoberg, L. "Frustration in Decision Processes: A Tentative Frame of Reference." *International Studies of Management and Organization* (Fall-Winter 1977-1978:6-19).

【234】 Kaplan, R., and Norton, D. *The Balanced Scorecard: Translating Strategy Into Action* (Harvard Business School Publishing, 1996). 吉川武男訳『バランス・スコアカード　新しい経営指標による企業改革』生産性出版, 1997年.

【235】 Kaplan, R., and Norton, D. *The Strategy-Focused Organization: How Balanced Scorecard Companies Thrive in the New Business Environment* (Harvard Business School Publishing, 2000). 櫻井通晴監訳『キャプランとノートンの戦略バランスト・スコアカード』東洋経済新報社, 2001年.

【236】 Katz, R. L. *Cases and Concepts in Corporate Strategy* (Englewood Cliffs, NJ: Prentice-Hall, 1970).

【237】 Keller, M., *Rude Awakening: The Rise, Fall and Struggle for Recovery of General Motors* (New York: Morrow, 1989).

【238】 Kennedy, J., and Pomerantz, G. "USFL Is Awarded $1 In Suit Against NFL Young League Had Sought $1.69 Billion." *Washington Post* (30 July, 1986).

【239】 Ketchen, D. J., Combs, J. G., Russell, C. J., Shook, C., Dean, M. A., Runge, J., Lohrke, F. T., Naumann, S. E., Haptonstahl, D. E., Baker, R., Beckstein, B. A., Handler, C., Honing, H., and Lamoureux, S. "Organizational Configurations and Performance: A Meta-Analysis." *Academy of Management Journal* (40, 1:223-240).

【240】 Ketokivi, M., and Castañer, X. "Strategic Planning as an Integrative Device." *Administrative Science Quarterly* (49, 3, 2004:337-365).

【241】 Kets de Vries, M. F. R. "The Entrepreneurial Personality: A Person at the Crossroads." *Journal of Management Studies* (February 1977:34-57).

【242】 Kets de Vries, M. F. R. "The Dark Side of Entrepreneurship." *Harvard Business Review* (November-December 1985:160-167).

【243】 Keys, J. B., and Miller, T. R. "The Japanese Management Theory Jungle." *Academy of Management Review* (9, 2, 1984:342-353).

【244】 Khandwalla, P. N. "The Effect of the Environment on the Organizational Structure of Firm" (doctoral dissertation, Cambridge-Mellon University, 1970).

【245】 Kiechel, W., III. "Sniping at Strategic Planning." *Planning Review* (May 1984:8-11).

【246】 Kiesler, C. A. *The Psychology of Commitment: Experiments Linking Behavior to Belief* (New York: Academic Press, 1971).

【247】 Kirzner, I. "Entrepreneurial Discovery and the Competitive Market Process: An Austrian Approach." *Journal of Economic Literature* (35, 1997:60-85).

【248】 Knight, K. E. "A Descriptive Model of the Intra-Firm Innovation Process." *Journal of Business*

of the University of Chicago (40, 1967:478-496).
【249】 Knuf, J. "Benchmarking the lean enterprise: Organizational learning at work." *Journal of Management in Engineering* (16, 4, 2000:58-72).
【250】 Kogut, B., and Zander, U. "What Firms Do? Coordination, Identity, and Learning." *Organization Science* (7, 5 [September-October] 1996:502-518).
【251】 Köhler, W. *The Mentality of Apes* (New York: Humanitarian Press, 1925). 宮孝一訳『類人猿の知恵試験』岩波書店，1962年.
【252】 Kotler, P., and Singh, R. "Marketing Warfare in the 1980's." *Journal of Business Strategy* (Winter 1981:30-41).
【253】 Kotter, J. P. "Leading Change: Why Transformation Efforts Fail." *Harvard Business Review* (March-April 1995:59-67).「企業変革の落とし穴」『DIAMONDハーバード・ビジネス・レビュー』2002年10月号.
【254】 Kress, G., Koehler, G., and Springer, J. F. "Policy Drift: An Evaluation of the California Business Program." *Police Sciences Journal* (3, Special Issue, 1980:1101-1108).
【255】 Lampel, J. "Rules in the Shadow of the Future: Prudential Rule Making Under Ambiguity in the Aviation Industry." *International Relations* (20, 3, 2006:343-349).
【256】 Lampel, J., and Bhalla, A. "Let's Get Natural: Communities of Practice and the Discourse of Spontaneous Sharing in Knowledge Management." *Management Decision* (45, 7, 2007:1069-1082).
【257】 Lampel, J., and Bhalla, A. "Embracing Realism and Recognizing Choice In Its Offshoring Initiatives." *Business Horizons* (51, 5, 2008).
【258】 Lampel, J., and Shamsie, J. "Probing the Unobtrusive Link: Dominant Logic and the Design of Joint Ventures by General Electric." *Strategic Management Journal* (21, 2000:593-602).
【259】 Lampel, J., and Shamsie, J. "Capabilities in Motion: New Organizational Forms and the Reshaping of the Hollywood Movie Industry." *Journal of Management Studies* (40, 8, 2003:2189-2210).
【260】 Lampel, J., and Shapira, Z. "Judgmental Errors, Interactive Norms and the Difficulty of Detecting Strategic Surprises." *Organization Science* (12, 5, 2001:599-611).
【261】 Land, E. "The Most Basis Form of Creativity." *Time* (June 26, 1972:84).
【262】 Langley, A. "Between 'Paralysis by Analysis' and 'Extinction by Instinct'." *Sloan Management Review* (36, 3, 1995:63-76).
【263】 Langley, A. "Patterns in the Use of Formal Analysis in Strategic Decisions." *Organization Studies* (11, 1, 1990:17-45).
【264】 Langley, A., Mintzberg, H., Pitcher, P., Posada, E., and Saint-Macary, J. "Opening Up Decision Making: The View from the Black Stool." *Organization Science* (May-June 1995).
【265】 Lapierre, R. *Le Changement Stratégique: Un Rêve en Quête de Réel* (Ph.D. Management Policy course paper, McGill University, 1980).
【266】 Lauriol, J. "Une analyse des représentations de la stratégie et de son management dans la production d'ouvreges de la langue française" (prepared for La Journeé Recherche of AIMS, for FNEGE, in France, 11 October 1996).
【267】 Lawrence, T. B., Mauws, M. K., Dyck, B., and Kleysen, R. F. "The Politics of Organizational Learning: Integrating Power Into the 41 Framework." *Academy of Management Review* (30, 1, 2005:180-191).
【268】 Learned, E. P., Christensen, C. R., Andrews, K. R., and Guth, W. D. *Business Policy: Text and Cases* (Homewood, IL: Irwin, 1965).
【269】 Levitt, T. "Marketing Myopia." *Harvard Business Review* (July-August 1960:45-56).
【270】 Levy, D. "Chaos Theory and Strategy: Theory, Application, and Managerial Implications." *Strategic Management Journal* (15, 1994:167-178).

【271】 Lewin, K. *Field Theory in Social Science* (New York: Harper & Row, 1951). 猪股佐登留訳『社会科学における場の理論』誠信書房, 1985年 (増補版).
【272】 Liedtka, J. "Strategy as a 'Little Black Dress'." In H. Mintzberg, B. Ahlstrand, and J. Lampel eds., *Strategy Bites Back: It is Far More and Less, Than you Ever Imagined…*" (Edinburgh Gate, Harlow: Prentice-Hall, Financial Times, 2005:41–43).
【273】 Lindblom, C. E. "The Science of Muddling Through." *Public Administration Review* (19, 2, 1959:79–88).
【274】 Lindblom, C. E. *The Policy-Making Process* (Englewood Cliffs, NJ: Prentice-Hall, 1968).
【275】 Lipsky, M. "Standing the Study of Public Policy Implementation on Its Head." In W. D. Burnham and M. W. Weinberg, eds., *American Politics and Public Policy* (Cambridge, MA: MIT Press, 1978:391–402).
【276】 Livingston, J. S. "The Myth of the Well-Educated Manager." *Harvard Business Review* (49, 1, January-February 1971:79–89).
【277】 Lorange, P. "Formal Planning Systems: Their Role in Strategy Formulation and Implementation." In D. E. Schendel and C. W. Hofer, eds., *Strategic Management: A New View of Business Policy and Planning* (Boston: Little, Brown, 1979).
【278】 Lorange, P. *Corporate Planning: An Executive Viewpoint* (Englewood Cliffs, NJ: Prentice-Hall, 1980).
【279】 Lorange, P., and Vancil, R. F. *Strategic Planning Systems* (Englewood Cliffs, NJ: Prentice-Hall, 1977).
【280】 Lorenz, E. N. *The Essence of Chaos* (Seattle: University of Washington Press, 1993). 杉山勝・杉山智子訳『カオスのエッセンス』共立出版, 1997年.
【281】 Lorsch, J. W. "Managing Culture: The Invisible Barrier to Strategic Change." *California Management Journal* (28, 2, Winter 1986:95–109).
【282】 Lovallo, D. P., and Mendonca, L. T. "Strategy's Strategist: An Interview with Richard Rumelt." *Harvard Business Review* (4, 2007:56–67).
【283】 Lyles, M. A. "A Research Agenda for Strategic Management in the 1990s." *Journal of Management Studies* (27, 4, 1990:363–375).
【284】 Macmillan, I. C. *Strategy Formulation: Political Concepts* (St. Paul: West, 1978).
【285】 Macmillan, I. C., and Guth, W. D. "Strategy Implementation and Middle Management Coalitions." In R. Lamb and P. Shrivastava, eds., *Advances in Strategic Management*, Vol.3 (Greenwich, CT: JAI Press, 1985:233–254).
【286】 Majone, G., and Wildavsky, A. "Implementation as Evolution." *Policy Studies Review Annual* (2, 1978:103–117).
【287】 Makridakis, S. *Forecasting, Planning, and Strategy for the 21st Century* (New York: Free Press, 1990); also extracts from 1979 draft.
【288】 Malmlow, E. G. "Corporate Strategic Planning in Practice." *Long Range Planning* (5, 3, 1972:2–9).
【289】 March, J. G., and Olsen, J. P., eds. *Ambiguity and Choice in Organizations* (Bergen, Norway: Universitetsforlaget, 1976). 遠田雄志・アリソン・ユング訳『組織におけるあいまいさと決定』有斐閣 (有斐閣選書R 42), 1986年.
【290】 March, J. G., and Simon, H. A. *Organizations* (New York: John Wiley, 1958). 土屋守章訳『オーガニゼーションズ』ダイヤモンド社, 1977年.
【291】 Marsh, P., Barwise, P., Thomas, K., and Wensley, R. "Managing Strategic Investment Decisions in Large Diversified Companies"(Centre for Business Strategy Report Series, London Business School, 1988).
【292】 Martinet, A. C. "Pensée stratégique et rationalités: Un examen épistémologique"(papier de recherche numéro 23, Institut d'Administration des Enterprise, Lyon, France, 1996).

【293】McClelland, D. C. *The Achieving Society* (Princeton, NJ: D. Van Nostrand, 1961). 林保監訳『達成動機 企業と経済発展におよぼす影響』産業能率短期大学出版部, 1971年.

【294】McConnell, J. D. "Strategic Planning: One Workable Approach." *Long Range Planning* (4, 2, 1971:2-6).

【295】McGahan, A., and Porter, M. E. "How Much Does Industry Matter, Really?" *Strategic Management Journal* (18, 1997:15-30).

【296】McGee, J., and Thomas, H. "Strategic Groups: A Useful Linkage Between Industry Structure and Strategic Management." *Strategic Management Journal* (7, 1986:141-160).

【297】McGrath, R. G., and Macmillan, I. "Assessing Technology Projects Using Real Options Reasoning." *Research Technology Management* (43, 4, 2000:35-50).

【298】Mechanic, D. "Sources of Power of Lower Participants in Complex Organizations." *Administrative Science Quarterly* (1962:349-364).

【299】Melin, L. "Structure, Strategy and Organization: A Case of Decline"(paper for an EIASM-workshop, Strategic Management under Limited Growth and Decline, Brussels, 1982).

【300】Melin, L. "Implementation of New Strategies and Structures" (paper for the Third Annual Strategic Management Society Conference, Paris, 1983).

【301】Melin, L. "Strategies in Managing Turnaround." *Long Range Planning* (18, 1, 1985:80-86).

【302】Meyer, J. W., and Rowan, B. "Institutionalized Organizations: Formal Structure as Myth and Ceremony." *American Journal of Sociology* (83, 1977:340-363).

【303】Miles, R. E., and Snow, C. C. *Organizational Strategy, Structure, and Process* (New York: McGraw-Hill, 1978). 土屋守章〔ほか〕訳『戦略型経営 戦略選択の実践シナリオ』ダイヤモンド社, 1983年.

【304】Miles, R. E., and Snow, C. C. *Fit, Failure and the Hall of Fame* (New York: Macmillan, 1994).

【305】Miles, R. E., Snow, C. C., Meyer, A. D., and Coleman, H. J., Jr. "Organizational Strategy, Structure, and Process." *American Management Review* (July 1978:546-562).

【306】Miles, R. H. *Coffin Nails and Corporate Strategies* (Englewood Cliffs, NJ: Prentice-Hall, 1982).

【307】Miller, D. "Strategy Making in Context: Ten Empirical Archetypes" (Ph.D. thesis, Faculty of Management, McGill University, Montreal, 1976).

【308】Miller, D. "Strategy, Structure, and Environment: Context Influences upon Some Bivariate Associations." *Journal of Management Studies* (16 [October] 1979:294-316).

【309】Miller, D. "Evolution and Revolution: A Quantum View of Structural Change in Organizations." *Journal of Management Studies* (19, 1982:131-151).

【310】Miller, D. "The Correlates of Entrepreneurship in Three Types of Firms." *Management Science* (29, 1983:770-791).

【311】Miller, D. "Configurations of Strategy and Structure: Towards a Synthesis." *Strategic Management Journal* (7, 1986:233-249).

【312】Miller, D. *The Icarus Paradox* (New York: Harper Business, 1990).

【313】Miller, D. "The Generic Strategy Trap." *Journal of Business Strategy* (13, 1 [January-February] 1992:37-41).

【314】Miller, D. "Configurations Revisited." *Strategic Management Journal* (17, 1996:505-512).

【315】Miller, D., and Friesen, P. H. "Strategy-Making in Context: Ten Empirical Archetypes." *Journal of Management Studies* (14, 1977:253-279).

【316】Miller, D., and Friesen, P. H. "Archetypes of Strategy Formulation." *Management Science* (24, 9, 1978:921-933).

【317】Miller, D., and Friesen, P. H. "Momentum and Revolution in Organizational Adaptation." *Academy of Management Journal* (23, 1980a:591-614).

【318】Miller, D., and Friesen, P. H. "Archetypes of Organizational Transition." *Administrative*

Science Quarterly (25, 1980b:268-299).

【319】 Miller, D., and Friesen, P. H. "Structural Change and Performance: Quantum Versus Piecemeal-Incremental Approaches." *Academy of Management Journal* (25, 4, 1982a:867-892).

【320】 Miller, D., and Friesen, P. H. "Strategy-Making and Environment: The Third Link." *Strategic Management Journal* (4, 1982b:221-235).

【321】 Miller, D., and Friesen, P. H. "Successful and Unsuccessful Phases of the Corporate Life Cycle." *Organization Studies* (4, 4, 1982c:339-356).

【322】 Miller, D., and Friesen, P. H. *Organizations: A Quantum View* (Englewood Cliffs, NJ: Prentice-Hall, 1984).

【323】 Miller, D., and Mintzberg, H. "The Case for Configuration." In G. Morgan, ed., *Beyond Method* (Beverly Hills: Sage, 1983).

【324】 Miller, D., and Shamsie, J. "The Resource-Based View of the Firm in Two Environments: The Hollywood Film Studios from 1936 to 1965." *Academy of Management Journal* (39, 3, 1996:519-543).

【325】 Miller, D., and Whitney, J. O. "Beyond Strategy: Configuration as a Pillar of Competitive Advantage." *Business Horizons* (May-June 1999:5-17).

【326】 Miller, G. A. "The Magic Number Seven Plus or Minus Two: Some Limits on Our Capacity for Processing Information." *Psychology Review* (March 1956:81-97).

【327】 Mink, M. "Military Strategist Clausewitz—Be Bold." *Investor's Business Daily* (February 19, 2004).

【328】 Mintzberg, H. "Research on Strategy-Making," *Proceedings of the 32nd Annual Meeting of the Academy of Management* (Minneapolis, 1972).

【329】 Mintzberg, H. "Strategy-Making in Three Modes." *California Management Review* (16, 2, Winter 1973:44-53).

【330】 Mintzberg, H. "Patterns in Strategy Formation." *Management Science* (24, 9, 1978:934-948).

【331】 Mintzberg, H. *The Structuring of Organizations: A Synthesis of the Research* (Englewood Cliffs, NJ: Prentice-Hall, 1979).

【332】 Mintzberg, H. "A Note on that Dirty Word 'Efficiency.'" *Interface* (October 1982:101-105).

【333】 Mintzberg, H. *Power In and Around Organizations* (Englewood Cliffs, NJ: Prentice-Hall, 1983).

【334】 Mintzberg, H. "The Strategy Concept 1: Five Ps for Strategy." *California Management Review* (30, 1, June 1987:11-24).

【335】 Mintzberg, H. *Mintzberg on Management: Inside Our Strange World of Organizations* (New York: Free Press, 1989). 北野利信訳『人間感覚のマネジメント　行き過ぎた合理主義への抗議』ダイヤモンド社, 1991年.

【336】 Mintzberg, H. "The Design School: Reconsidering the Basic Premises of Strategic Management." *Strategic Management Journal* (11, 1990:171-195).

【337】 Mintzberg, H. "Strategic Thinking as 'Seeing.'" In J. Nasi, ed., *Arenas of Strategic Thinking* (Foundation for Economic Education, Helsinki, Finland, 1991).

【338】 Mintzberg, H. *The Rise and Fall of Strategic Planning* (New York: Free Press, 1994). 中村元一監訳, 黒田哲彦・崔大龍・小高照男訳『戦略計画　創造的破壊の時代』産能大学出版部, 1997年.

【339】 Mintzberg, H. "Reply to Michael Goold." *California Management Review* (38, 4, Summer 1996a:96-99).

【340】 Mintzberg, H. "Musings on Management." *Harvard Business Review* (July-August 1996b:5-11).

【341】 Mintzberg, H. *Tracking Strategies: Toward a General Theory* (Oxford University Press, 2007).

【342】 Mintzberg, H., and Austin, B. "Mirroring Canadian Industrial Policy: Strategy Formation at

Dominion Textile from 1873 to 1990."*Canadian Journal of Administrative Sciences* (13, 1, 1996:46–64).
【343】 Mintzberg, H., and McHugh, A. "Strategy Formation in an Adhocracy." *Administrative Science Quarterly* (30, 1985:160–197).
【344】 Mintzberg, H., and Rose, J. "Strategic Management Upside Down: Tracking Strategies at McGill University from 1829 to 1980." *Canadian Journal of Administrative Sciences* (20, 4, 2003:270–290).
【345】 Mintzberg, H., and Waters, J. A. "Tracking Strategy in an Entrepreneurial Firm." *Academy of Management Journal* (25, 3, 1982:465–499).
【346】 Mintzberg, H., and Waters, J. A. "Researching the Formation of Strategies: The History of Canadian Lady 1939–1976." In R. B. Lamb, ed., *Competitive Strategic Management* (Englewood Cliffs, NJ: Prentice-Hall, 1984:62–93).
【347】 Mintzberg, H., and Waters, J. A. "Of Strategies, Deliberate and Emergent." *Strategic Management Journal* (6, 1985:257–272).
【348】 Mintzberg, H., and Waters, J. A. "Studying Deciding: An Exchange of Views Between Mintzberg and Waters, Pettigrew and Butler." *Organization Studies* (11, 1, 1990:1–16).
【349】 Mintzberg, H., Brunet, J. P., and Waters, J. A. "Does Planning Impede Strategic Thinking? Tracking the Strategies of Air Canada from 1937 to 1976." *Advances in Strategic Management* (4, 1986:3–41).
【350】 Mintzberg, H., Otis S., Shamsie, J., and Waters, J. A. "Strategy of Design: A Study of 'Architects in Co-Partnership.'" In J. Grant, ed., *Strategic Management Frontiers* (Greenwich, CT: JAI Press, 1988:311–359).
【351】 Mintzberg, H., Taylor, W. D., and Waters, J. A. "Tracking Strategies in the Birthplace of Canadian Tycoons: The Sherbrooke Record 1946–1976." *ASAC Journal* (1, 1, 1984:11–28).
【352】 Mitchell, R. K., Busenitz, L., Lant, T., McDougall, P. P., Morse, E. A., and Smith, J. B. "Entrepreneurial Cognition Theory: Rethinking the People Side of Entrepreneurial Research." *Entrepreneurship Theory and Practice* (27, 2, 2002:93–104).
【353】 Montgomery, C. "Putting Leadership Back into Strategy." *Harvard Business Review* (86, 1, 2008:54–60).
【354】 Morgan, G. *Images of Organizations* (Beverly Hills, CA: Sage, 1986).
【355】 Morgan, G. *Imaginization: The Art of Creative Management* (Newbury Park: Sage, 1993).
【356】 Moulton, W. N., and Thomas, H. "Bankruptcy as a Deliberate Strategy by Troubled Firms" (paper presented at the Annual Conference of the Strategic Management Society, Boston, 1987).
【357】 Myers, I. B. *Introduction to Type: A Description of the Theory and Applications of the Myers-Briggs Type Indicator* (Palo Alto, CA: Consulting Psychologists Press, 1962).
【358】 Nasi, J., ed. *Arenas of Strategic Thinking* (Foundation for Economic Education, Helsinki, Finland, 1991).
【359】 Nelson, R. R., and Winter, S. G. *An Evolutionary Theory of Economic Change* (Boston: Harvard University Press, 1982).
【360】 Neustadt, R. E. *Presidential Power: The Politics of Leadership* (New York: Wiley, 1960).
【361】 Newbert, S. "Empirical research on the resource-based view of the firm: An assessment and suggestions for future research." *Strategic Management Journal* (28, 2, 2007:561–594).
【362】 Newman, W. H. *Administrative Action: The Techniques of Organization and Management* (Englewood Cliffs, NJ: Prentice-Hall, 1951). 高宮晋作監修, 作原猛志訳『経営管理　組織と管理の技術』第2版, 有斐閣, 1973年.
【363】 Noda, T., and Bower, J. L. "Strategy Making as Iterated Processes of Resource Allocation." *Strategic Management Journal* (17, 1996:159–192).

【364】 Nonaka, I. "Toward Middle-Up-Down Management." *Sloan Management Review* (29, 3, Spring 1988:9–18).
【365】 Nonaka, I. "Toward Middle-Up-Down Management: Accelerating Information Creation." *Sloan Management Review* (29, 3, 1998:9–18).
【366】 Nonaka, I., and Takeuchi, H. *The Knowledge-Creating Company: How Japanese Companies Create the Dynamics of Innovation* (New York: Oxford University Press, 1995). 野中郁次郎・竹内弘高著，梅本勝博訳『知識創造企業』東洋経済新報社，1996年.
【367】 Normann, R. *Management for Growth* (New York: Wiley, 1977).
【368】 Nutt, P., Backoff, R., and Hogan, M. "Managing the Paradoxes of Strategic Change." *Journal of Applied Management Studies* (9, 1, 2000:5–31).
【369】 Oliver, C. "Strategic Responses to Institutional Processes." *Academy of Management Review* (16, 1991:145–179).
【370】 Ornstein, R. F. *The Psychology of Consciousness* (New York: Viking, 1972). 北村晴朗・加藤孝義訳『意識の心理　知性と直観の統合』産業能率短期大学出版部，1976年.
【371】 Palich, L. E., and Bagby, R. D. "Using Cognitive Theory to Explain Entrepreneurial Risk-Taking: Challenging Conventional Wisdom." *Journal of Business Venturing* (10, 1995:425–438).
【372】 Pascale, R. T. "Our Curious Addiction to Corporate Grand Strategy." *Fortune* (105, 2 [January 25] 1982:115–116).
【373】 Pascale, R. T. "Perspectives on Strategy: The Real Story Behind Honda's Success." *California Management Review* (Spring 1984:47–72).
【374】 Pascale, R. T., and Athos, A. G. *The Art of Japanese Management: Applications for American Executives* (New York: Simon & Schuster, 1981). 深田祐介訳『ジャパニーズ・マネジメント』講談社（講談社文庫），1983年.
【375】 Pekar, P., Jr., and Allio, R. "Making Alliances Work: Guidelines for Success." *Long Range Planning* (27, 4, 1994:54–65).
【376】 Pennington, M. W. "Why Has Planning Failed?" *Long Range Planning* (5, 1, 1972:2–9).
【377】 Penrose, E. T. *The Theory of the Growth of the Firm* (New York: Wiley, 1959). 日髙千景訳『企業成長の理論』第3版，ダイヤモンド社，2010年.
【378】 Peteraf, M. A. "The Cornerstones of Competitive Advantage: A Resource-Based View." *Strategic Management Journal* (14, 3, 1993:179–191).
【379】 Peters, T. J., and Waterman, R. H., Jr. *In Search of Excellence* (New York: Harper & Row, 1982). 大前研一訳『エクセレント・カンパニー（Eijipress business classics）』英治出版，2003年.
【380】 Peters, T. J. "A Style for All Seasons." *Executive Magazine* (Summer, Graduate School of Business and Public Administration, Cornell University, 1980:12–16).
【381】 Pettigrew, A. M. "Strategy Formulation as a Political Process." *International Studies of Management and Organization* (Summer 1977:78–87).
【382】 Pettigrew, A. M. *The Awakening Giant: Continuity and Change in Imperial Chemical Industries* (Oxford: Basil Blackwell, 1985).
【383】 Pettigrew, A. M. "Context and Action in Transformation of the Firm." *Journal of Management Studies* (24, 6, November 1987:649–670).
【384】 Pfeffer, J. "Barriers to the Advance of Organizational Science: Paradigm Development as a Dependent Variable." *Academy of Management Review* (18, 1993:599–620).
【385】 Pfeffer, J. "Mortality, Reproducibility, and the Persistence of Styles of Theory." *Organization Science* (6, 6, November-December 1995:681–686).
【386】 Pfeffer, J. and Salancik, G. R. *The External Control of Organizations: A Resource Dependence Perspective* (New York: Harper & Row, 1978).
【387】 Pinchot, G. III. *Intrapreneuring* (New York: Harper & Row, 1985). 清水紀彦訳『企業内起業家』講談社（講談社文庫），1989年.

【388】 Pokora, T. "A Theory of the Periodization of World History." *Archiv Orientali* (34, 1966:602-605).

【389】 Polanyi, M. *The Tacit Dimension* (London: Routledge & Kegan Paul, 1966). 高橋勇夫訳『暗黙知の次元』筑摩書房（ちくま学芸文庫）、2003年.

【390】 Popescu, O. "Periodization in the History of Economic Thought." *International Social Science Journal* (17, 4, 1965:607-634).

【391】 Porter, M. E. *Competitive Strategy: Techniques for Analyzing Industries and Competitors* (New York: Free Press, 1980). 土岐坤〔ほか〕訳『競争の戦略』ダイヤモンド社、1995年（新訂）.

【392】 Porter, M. E. "The Contributions of Industrial Organizations to Strategic Management." *Academy of Management Review* (6, 4, 1981:609-620).

【393】 Porter, M. E. *Competitive Advantage: Creating and Sustaining Superior Performance* (New York: Free Press, 1985). 土岐坤〔ほか〕訳『競争優位の戦略 いかに高業績を持続させるか』ダイヤモンド社、1985年.

【394】 Porter, M. E. "Corporate Strategy: The State of Strategic Thinking." *The Economist* (303, 7499 [May 23, 1987]:21-28).

【395】 Porter, M. E. "What Is Strategy?" *Harvard Business Review* (November-December 1996:61-78).「戦略の本質」『DIAMONDハーバード・ビジネス』1997年3月号. 竹内弘高訳『競争戦略論 I』ダイヤモンド社、1999年.

【396】 Porter, M. E. Response to Letters to the Editor, *Harvard Business Review* (March-April 1997:162-163).

【397】 Porter, M. E. "The CEO as Strategist." In H. Mintzberg, B. Ahlstrand, and J. Lampel, eds., *Strategy Bites Back: It is Far More and Less, Than you Ever Imagined...*" (Edinburgh Gate, Harlow: Prentice-Hall, Financial Times, 2005:44-45). First published in *Fast Company* magazine with the title "Great Strategies are a Cause".

【398】 Potts, M. "New Planning System Aims to Boost Speed, Flexibility." *Washington Post* (September 30, 1984).

【399】 Power, D. J., Gannon, M. J., McGinnis, M. A., and Schweiger, D. M. *Strategic Management Skills* (Reading, MA: Addison-Wesley, 1986).

【400】 Prahalad, C. K., and Bettis, R. A. "The Dominant Logic: A New Linkage Between Diversity and Performance." *Strategic Management Journal* (7, 1986:485-501).

【401】 Prahalad, C. K., and Hamel, G. "The Core Competence of the Corporation." *Harvard Business Review* (68, 3, May-June 1990:79-91).

【402】 Priem, R. L., and Butler, J. E. "Is the Resource-Based Theory a Useful Perspective for Strategic Management Research?" *Academy of Management Review* (26, 1, 2001:22-40).

【403】 Prown, J. D. "The Truth of Material Culture: History or Fiction." In S. Lubar and W. D. K. Kingery, eds., *History from Things: Essays on Material Culture* (Washington, DC: Smithsonian Institution Press, 1993:1-19).

【404】 Pugh, D. S., Hickson, D. J., and Hinings, C. R. "An Empirical Taxonomy of Structures of Work Organizations." *Administrative Science Quarterly* (1969:115-126).

【405】 Pugh, D. S., Hickson, D. J., Hinings, C. R., MacDonald, K. M., Turner, C., and Lupton, T. "A Conceptual Scheme for Organizational Analysis." *Administrative Science Quarterly* (8, 1963-64:289-315).

【406】 Pugh, D. S., Hickson, D. J., Hinings, C. R., and Turner, C. "Dimensions of Organizational Structure." *Administrative Science Quarterly* (13, June 1968:65-105).

【407】 Quinn, J. B. "Strategic Change:'Logical Incrementalism.'" *Sloan Management Review* (Fall 1978:7-21).

【408】 Quinn, J. B. *Strategies for Change: Logical Incrementalism* (Homewood, IL: Irwin, 1980a).

【409】 Quinn, J. B. "Managing Strategic Change." *Sloan Management Review* (Summer 1980b:3-20).

【410】 Quinn, J. B. "Managing Strategies Incrementally." *Omega, The International Journal of Management Science* (10, 6, 1982:613–627).

【411】 Raghu, G., Kumaraswamy, A., and Nayyar, P. "Real Options or Fool's Gold? Perspective Makes the Difference." *Academy of Management Review* (23, 2, 1998:212–214).

【412】 Rafaeli, A., and Vilnai-Yavetz, I. "Emotion as a Connection of Physical Artifacts and Organizations." *Organizaton Science* (15, 6, 2004:671–686).

【413】 Raphael, R. *Edges: Backcountry Lives in America Today on the Borderlands Between the Old Ways and the New* (New York: Knopf, 1976).

【414】 Reger, R. K., and Huff, A. S. "Strategic Groups: A Cognitive Perspective."*Strategic Management Journal* (14, 1993:103–124).

【415】 Reger, R. K., Gustafson, L. T., De Marie, S. M., and Mullane, J. V. "Reframing the Organization: Why Implementing Total Quality Is Easier Said Than Done." *Academy of Management Review* (19, 1994:565–584).

【416】 Rhenman, E. *Organization Theory for Long-Range Planning* (London: John Wiley, 1973).

【417】 Rieger, F. "The Influence of National Culture on Organizational Structure, Process, and Strategic Decision Making: A Study of International Airlines" (doctoral dissertation, McGill University, Faculty of Management, Montreal, 1987).

【418】 Rigby, D. K. "How to Manage the Management Tools." *Planning Review* (November/December 1993:8–15).

【419】 Rostow, W. W. *The Stages of Economic Growth*, 2nd edition (Cambridge, MA: Harvard University Press, 1971). 木村健康・久保まち子・村上泰亮訳『経済成長の諸段階 一つの非共産主義宣言』ダイヤモンド社, 1974年 (増補／原書第2版の翻訳).

【420】 Roth, K. and Ricks, D. A. "Goal Configuration in a Global Industry Context." *Strategic Management Journal* (15, 1994:103–120).

【421】 Rothschild, W. E. "How to Ensure the Continued Growth of Strategic Planning." *Journal of Business Strategy* (1, Summer, 1980:11–18).

【422】 Ruef, M. "The Emergence of Organizational Forms: A Community Ecology Approach." *American Journal of Sociology* (106, 2000:658–714).

【423】 Rugman, A. M., and Verbeke, A. "Edith Penrose's Contribution to the Resource-Based Views of Strategic Management." *Strategic Management Journal* (23, 2002:769–780).

【424】 Rumelt, R. P. *Strategy, Structure, and Economic Performance* (Boston: Harvard Business School Press, 1974). 鳥羽欽一郎〔ほか〕訳『多角化戦略と経済成果』東洋経済新報社, 1977年.

【425】 Rumelt, R. P. "How Much Does Industry Matter?" *Strategic Management Journal* (12, 3, 1991:167–185).

【426】 Rumelt, R. P. "Inertia and Transformation." In C. A. Montgomery, ed., *Resources in an Evolutionary Perspective: A Synthesis of Evolutionary and Resource-based Approaches to Strategy* (Norwell, MA: Kluwer Academic and Dordrecht, 1995:101–132).

【427】 Rumelt, R. P. "The Evaluation of Business Strategy." In H. Mintzberg and J. B. Quinn, *The Strategy Process*, 3rd edition (Englewood Cliffs, NJ: Prentice-Hall, 1997).

【428】 Saint-Exupéry, A. *Le Petit Prince* (New York: Harcourt Brace Jovanovich, 1943). 内藤濯訳『星の王子さま オリジナル版』岩波書店, 2000年.

【429】 Sarrazin, J. "Le Role des Processus de Planification dans les Grandes Entreprises Françaises: Un Essai d'Interpretation" (thèse 3ième cycle, Universite de Droit, d'Economic et des Sciences d'Aix-Marseille, 1975).

【430】 Sarrazin, J. "Decentralized Planning in a Large French Company: An Interpretive Study." *International Studies of Management and Organization* (Fall/Winter 1977/1978:37–59).

【431】 Schendel, D. E., and Hofer, C. H., eds., *Strategic Management: A New View of Business Policy and Planning* (Boston: Little, Brown, 1979).

【432】 Schoeffler, S. "Nine Basic Findings on Business Strategy." *The Strategic Planning Institute* (Cambridge, MA: 1980).

【433】 Schoeffler, S., Buzzell, R. D., and Heany, D. F. "Impact of Strategic Planning on Profit Performance." *Harvard Business Review* (March-April 1974:137–145).

【434】 Schön, D. A. "Organizational Learning." In G. Morgan, ed., *Beyond Method: Strategies for Social Research* (Beverly Hills, CA: Sage, 1983).

【435】 Schulz, M. "Organizational Learning." In J. A. C. Baum, ed., *Companion to Organizations* (Blackwell Publishers, Oxford, 2001:415–441).

【436】 Schumpeter, J. A. *The Theory of Economic Development* (London: Oxford University Press, 1934). 塩野谷祐一〔ほか〕訳『経済発展の理論　企業者利潤・資本・信用・利子および景気の回転に関する一研究』岩波書店、1980年。同タイトルにて岩波文庫版（上下巻、1977年）もある。

【437】 Schumpeter, J. A. "The Creative Response in Economic History." *Journal of Economic History* (November 1947:149–159).

【438】 Schumpeter, J. A. *Capitalism, Socialism, and Democracy*, 3rd edition (New York:Harper & Row, 1950). 中山伊知郎・東畑精一訳『資本主義・社会主義・民主主義』東洋経済新報社、1995年（新装版）。

【439】 Schwartz, H., and Davis, S. M. "Matching Corporate Culture and Business Strategy." *Organizational Dynamics* (Summer 1981:30–48).

【440】 Schwenk, C. "The Cognitive Perspective in Strategic Decision-Making." *Journal of Management Studies* (25, 1988:41–56).

【441】 Seeger, J. A. "Reversing the Images of BCG's Growth Share Matrix." *Strategic Management Journal* (5, 1, 1984:93–97).

【442】 Selznick, P. *Leadership in Administration: A Sociological Interpretation* (Evanston, IL: Row, Peterson, 1957). 北野利信訳『組織とリーダーシップ』ダイヤモンド社（経営名著シリーズ 11）、1975年（新版）。

【443】 Senge, P. M. *The Fifth Discipline: The Art and Practice of the Learning Organization* (New York: Doubleday, 1990). 守部信之〔ほか〕訳『最強組織の法則　新時代のチームワークとは何か』徳間書店、1995年。

【444】 Shimizu, R. *The Growth of Firms in Japan* (Tokyo: Keio Tsushin, 1980). 清水龍瑩著『企業行動と成長要因の分析　戦後日本企業の実証的研究』有斐閣（慶應義塾大学商学会商学研究叢書 11）、1979年。

【445】 Shrader, C. B., Taylor, L., and Dalton, D. R. "Strategic Planning and Organizational Performance: A Critical Appraisal." *Journal of Management* (10:2, 1984:149–171).

【446】 Shrivastava, P. "A Typology of Organizational Learning Systems." *Journal of Management Studies* (21, 1, 1983:7–28).

【447】 Simon, H. A. *Administrative Behavior* (New York: Macmillan, editions 1947 and 1957). 桑田耕太郎〔ほか〕訳『経営行動　経営組織における意思決定過程の研究』ダイヤモンド社、2009年（新版／第4版〈増補改訂〉の翻訳）。

【448】 Simon, H. A. *The New Science of Management Decision* (Englewood Cliffs, NJ: Prentice-Hall, 1960, also revised edition, 1977). 稲葉元吉・倉井武夫共訳『意思決定の科学』産業能率大学出版部、1979年（Revised ed.の翻訳）。

【449】 Simon, H. A. "Making Management Decisions: The Role of Intuition and Emotion." *Academy of Management Executives* (1, February 1987:57–64).

【450】 Simons, R. "Rethinking the Role of Systems in Controlling Strategy" (presented at the 1988 Annual Meeting of the Strategic Management Society, Amsterdam, October 1988; published in 1991 by Publishing Division, Harvard Business School, #9-191-091).

【451】 Simons, R. *Levers of Control: How Managers Use Innovative Control Systems to Drive Strategic Renewal* (Boston: Harvard Business School Press, 1995). 中村元一・黒田哲彦・浦島

史惠訳『ハーバード流「21世紀経営」4つのコントロール・レバー』産能大学出版部, 1998年.
- 【452】 Sirmon, D. G., Hitt, M. A., and Ireland, R. D. "Managing Firm Resources In Dynamic Environments to Create Value: Looking Inside the Black Box." *Academy of Management Review* (32, 1, 2007:273–292).
- 【453】 Sloan, P. "Strategy as Synthesis." Ph.D. dissertation (*HEC Montreal*. 1996).
- 【454】 Smalter, D. J., and Ruggles, R. L., Jr. "Six Business Lessons from the Pentagon." *Harvard Business Review* (March-April 1966:64–75).
- 【455】 Smith, W. "3 Years After Apple Went Sour, Steve Jobs Has Returned." *The Orange County Register* (November 13, 1988:3).
- 【456】 Smircich, L., and Stubbart, C. "Strategic Management in an Enacted World." *Academy of Management Review* (10, 4, 1985:724–736).
- 【457】 Snodgrass, C. R. "Cultural Influences on Strategic Control System Requirements." (Ph.D. dissertation, University of Pittsburgh, Graduate School of Business, 1984).
- 【458】 Spender, J.-C. *Industry Recipes* (Oxford: Basil Blackwell, 1989).
- 【459】 Spender. J.-C. "Strategy Theorizing: Expanding the Agenda." *Advances in Strategic Management* (8, 1992:3–32).
- 【460】 Sperry, R. "Messages from the Laboratory." *Engineering and Science* (1974:29–32).
- 【461】 Stacey, R. *Managing Chaos: Dynamic Business Strategies in an Unpredictable World* (London: Kogan Page, 1992). 石川昭監訳『カオスのマネジメント』NTT出版, 1995年.
- 【462】 Starbuck, W. H. "Organizational Growth and Development." In J. G. March, ed., *Handbook of Organizations* (Chicago: Rand-McNally, 1965).
- 【463】 Starbuck, W. H. "Unlearning Ineffective or Obsolete Technologies." *International Journal of Technology Management* (11, 1996:725–737).
- 【464】 Starbuck, W. H., and Hedberg, B. L. T. "Saving an Organization from a Stagnating Environment." In H. B. Thorelli, ed., *Strategy + Structure = Performance: The Strategic Planning Imperative* (Bloomington: Indiana University Press, 1977:249–258).
- 【465】 Starbuck, W. H., Greve, A., and Hedberg, B. L. T. "Responding to Crises." *Journal of Business Administration* (9, 2, 1978:107–137).
- 【466】 Staw, B. M. "Knee Deep in the Big Muddy: A Study of Escalating Commitment to a Chosen Course of Action." *Organizational Behaviour and Human Performance* (16, 1976:27–44).
- 【467】 Steinbruner, J. D. *The Cybernetic Theory of Decision: New Dimensions of Political Analysis* (Princeton, NJ: Princeton University Press, 1974).
- 【468】 Steiner, G. A. *Top Management Planning* (New York: Macmillan, 1969).
- 【469】 Steiner, G. A. *Strategic Planning: What Every Manager Must Know* (New York: Free Press, 1979).
- 【470】 Steiner, G. A., and Kunin, H. E. "Formal Strategic Planning in the United States Today." *Long Range Planning* (16, 3, 1983:12–17).
- 【471】 Stevenson, H. H., and Gumpert, D. E. "The Heart of Entrepreneurship." *Harvard Business Review* (March-April 1985:85–94).
- 【472】 Stewart, R. F. *A Framework for Business Planning* (Stanford, CA: Stanford Research Institute, 1963).
- 【473】 Summers, H. G., Jr. *On Strategy: The Vietnam War in Context* (Washington, DC: GPO, Strategic Studies Institute, U.S. Army War College, Carlisle Barracks, PA, 1981).
- 【474】 Sun Tzu, *The Art of War* (New York: Oxford University Press, 1971).〈参考〉金谷治訳注『孫子』岩波書店(岩波文庫)(新訂), 2000年, 守屋洋著『孫子の兵法』産業能率大学出版部, 2011年(新装版).
- 【475】 Taylor, S. S. "Overcoming Aesthetic Muteness: Research In Organizational Members' Aesthetic Experience." *Human Relations* (55, 7, 2002:755–766).
- 【476】 Taylor, W. D. "Strategic Adaptation in Low-Growth Environments" (Ph.D. thesis, Ecole des

Hautes Etudes Commerciales, Montreal, 1982).

【477】 Tichy, N. M., and Sherman, S. *Control Your Destiny or Someone Else Will: How Jack Welch Is Making General Electric the World's Most Competitive Corporation* (New York: Doubleday, 1993). 小林陽太郎監訳、小林規一訳『ジャック・ウェルチのGE革命　世界最強企業への選択』東洋経済新報社, 1994年.

【478】 Toynbee, A. J. *Study of History. Abridgement of Vol. I -X* (New York: Oxford University Press, 1946-57). 桑原武夫〔ほか〕訳『図説　歴史の研究』学習研究社, 1976年 (*A Study of History: the new one-volume edition illustrated*; Oxford University Press, 1972の全訳).

【479】 Tregoe, B. B., and Tobia, P. M. "An Action-Oriented Approach to Strategy." *Journal of Business Strategy* (January-February 1990:16-21).

【480】 Tregoe, B. B., and Zimmerman, J. W. *Top Management Survey* (New York: Simon & Schuster, 1980).

【481】 Trigeorgis, L. "A Real Options Application in Natural Resource Investments." *Advances in Futures and Options Research* (4, 1990:153-164).

【482】 Trigeorgis, L. "Real Options and Interactions with Financial Flexibility." *Financial Management* (22, 3, 1993:202-224).

【483】 Tripsas, M., and Gavetti, G. "Capabilities, Cognition and Inertia: Evidence from Digital Imaging." *Strategic Management Journal* (21, 2000:1147-1161).

【484】 Tung, R. L. "Strategic Management Thought in East Asia." *Organizational Dynamics* (22, 4 [Spring] 1994:55-65).

【485】 Tversky, A., and Kahneman, D. "Judgment Under Uncertainty: Heuristics and Biases." *Science* (185, 1974:1124-1131).

【486】 Van de Ven, A. H. "Review of Howard E. Aldrich's Organizations and Environments." *Administration Science Quarterly* (24, 2, June 1979:320-326).

【487】 Van Maanen, J. "Style as Theory." *Organization Science* (6, 1, 1995a:132-143).

【488】 Van Maanen, J. "Fear and Loathing in Organization Studies." *Organization Science* (6, 6, November-December 1995b:687-692).

【489】 Van Putten, A. B., and MacMillan, I. C. "Making Real Options Really Work." *Harvard Business Review* (82/12 December 2004:134-141).

【490】 Venkatesan, R. "Strategic Sourcing: To Make or Not to Make." *Harvard Business Review* (November-December 1992:98-107).

【491】 Venkatraman, N., and Camillus, J. "Exploring the Concept of 'Fit' in Strategic Management." *Academy of Management Review* (9, 3, 1984:513-526).

【492】 Venkatraman, N., and Prescott, J. "Environment-Strategy Coalignment: An Empirical Test of its Performance Implications." *Strategic Management Journal* (11, 1, 1990:1-23).

【493】 Volberda, H. W., and Elfring, T., eds. *Rethinking Strategy* (Sage Publications, 2001).

【494】 von Neumann, J., and Morgenstern, O. *Theory of Games and Economic Behavior*, 2nd edition (Princeton, NJ: Princeton University Press, 1947). 銀林浩・橋本和美・宮本敏雄監訳『ゲームの理論と経済行動』〈Ⅰ〉～〈Ⅲ〉, 筑摩書房（ちくま学芸文庫）, 2009年.

【495】 Vorhies, D. W., and Morgan, N. "Benchmarking Marketing Capabilities for Sustainable Competitive Advantage." *Journal of Marketing* (69, 1, 2005:80-94).

【496】 Wack, P. "Scenarios: Uncharted Waters Ahead." *Harvard Business Review* (September-October 1985:73-89).

【497】 Waterman, R. H., Jr., Peters, T. J., and Phillips, J. R. "Structure Is Not Organization." *Business Horizons* (23, 3 [June] 1980:14-26).

【498】 Weber, M. *Economy and Society* (Berkeley, CA: University of California Press, 1978).

【499】 *Webster's New World Collegiate Dictionary*, 2nd College Edition. 1984. Simon & Schuster, New York.

【500】 Weick, K. E. *The Social Psychology of Organizing* (Reading, MA: Addison-Wesley, first edition 1969, second edition 1979). 広田君美監修，金児暁嗣訳『組織化の心理学』誠心書房，1980年（first edition 1969）．遠田雄志訳『組織化の社会心理学』文眞堂，1997年 (second edition 1979).
【501】 Weick, K. E. "Cartographic Myths in Organizations." In A. S. Huff, ed., *Mapping Strategic Thought* (New York: Wiley, 1990:1-10).
【502】 Weick, K. E. *Sensemaking in Organizations* (Thousand Oaks, CA: Sage Publications, 1995:54). 遠田雄志・西本直人訳『センスメーキング　イン　オーガニゼーションズ』文眞堂，2002年.
【503】 Wernerfelt, B. "A Resource-based View of the Firm." *Strategic Management Journal* (5, 1984:171-180).
【504】 Wernerfelt, B. "The Resource-based View of the Firm: Ten Years After." *Strategic Management Journal* (16, 1995:171-174).
【505】 Westley, F. "Middle Managers and Strategy: Microdynamics of Inclusion." *Strategic Management Journal* (11, 1990:337-351).
【506】 Westley, F., and Mintzberg, H. "Visionary Leadership and Strategic Management." *Strategic Management Journal* (10, 1989:17-32).
【507】 Whittington, R. "Strategy as Practice." *Long Range Planning* (29, 1996:731-735).
【508】 Whittington, R. "Completing the Practice Turn in Strategy." *Organization Studies* (27(5): 2006:613-634).
【509】 Wilkinson, L. "How to Build Scenarios: Planning for 'Long Fuse, Big Bang' Problems In an Era of Uncertainty." *Scenarios: The Future of the Future* special issue of *Wired*, 1995.
【510】 Wilson, I. "Strategic Planning Isn't Dead—It Changed." *Long Range Planning* (27, 4 [August] 1994:12-24).
【511】 Wischnevsky, J. D., and Damanpour, F. "Organizational Transformation and Performance: An Examination of Three Perspectives." *Journal of Managerial Issues* (28, 1, 2006:104-128).
【512】 Wrapp, H. E. "Good Managers Don't Make Policy Decisions." *Harvard Business Review* (September-October 1967:91-99).
【513】 Wright, J. P. *On a Clear Day You Can See General Motors: John Z. de Lorean's Look Inside the Automotive Giant* (Grosse Pointe, MI: Wright Enterprises, 1979). 風間禎三郎訳『晴れた日にはGMが見える　世界最大企業の内幕』新潮社（新潮文庫），1986年.
【514】 Wright, P., Pringle, C., and Kroll, M. *Strategic Management Text and Cases* (Needham Heights, MA: Allyn and Bacon, 1992).
【515】 Yelle, L. E. "The Learning Curve: Historical Review and Comprehensive Survey." *Decision Sciences* (10, 1979:302-328).
【516】 Yukl, G. A. *Leadership in Organizations* (Englewood Cliffs, NJ: Prentice-Hall, 1989).
【517】 Zajac, E. J., Kraatz, M. S., and Bresser, R. K. F. "Modelling the Dynamics of Strategic Fit: A Normative Approach to Strategic Change." *Strategic Management Journal* (21, 2000:429-453).
【518】 Zald, M. N., and Berger, M. A. "Social Movements in Organizations: Coup d'Etat, Insurgency, and Mass Movements." *American Journal of Sociology* (83, 4, January 1978:823-861).
【519】 Zan, L. "What's Left for Formal Planning?" *Economia Aziendale* (6, 2 [March] 1987: 187-204).

注

参考文献の頭についている番号は，本文中の【　】のついた番号と対応している．
邦訳の記載にあたっては，基本的には発行年の新しいものを記載している．

事項索引

【A～Z】

BCG　　112-114, 116, 118, 133, 135, 139, 216, 238-239, 241-244, 299
C&NW　　198
GM　　130, 132, 160, 384
HPウェイ　　315
IBM　　37, 50, 320, 384
ICI　　319, 389-390
「KISS（Keep It Simple, Stupid）」　　421
PIMS　　117-118, 135
SIAR　　324, 326
SWOT分析　　24, 26, 28, 31-32, 44, 56, 59, 73, 337
win-win　　132

【あ行】

アウトソーシング　　126, 142, 275, 302, 303, 386, 404
アクション・プランニング　　65, 67
アップル　　151, 169, 384
アドホクラシー組織　　269, 371, 373, 377, 381, 383, 387, 410, 426, 433-437
アナロジー　　186, 187, 227, 254
アメリカ合衆国の戦争の原則　　108
アライアンス　　122, 275, 277, 300, 303-304, 306-307, 310, 358, 390
アンブレラ戦略　　13, 237
暗黙知　　199, 217, 254-255, 336
アンラーニング　　193
イカロスのパラドックス　　383, 413
イケア　　249, 435
意思決定スタイル　　316, 320
異種同型化　　356-357
イデオロギー　　316, 319, 326, 340, 349, 389
移動障壁　　127-128, 135
意図された戦略　　11-12, 19, 49, 51, 77, 92, 279, 284
イナクト（想造）　　207, 213, 214, 235, 271, 347, 358

イントラプレナーシップ　　159, 229
ヴァージン・グループ　　158-159
ウォルト・ディズニー・プロダクション　　384
ウォルマート　　435
受身型（リアクター）　　387
売り手（供給業者）の交渉力　　120-122
エアバス　　130, 132
影響力の行使　　274, 276
エクスペリエンス・カーブ　　→　経験曲線
『エクセレント・カンパニー』　　323
エコサイクル　　391
温室モデル　　234, 236

【か行】

回顧的意味づけ　　232, 234, 237
解釈　　256
外的監査ステージ　　61
外的コントロール　　291-292
外的評価　　28, 30, 48, 101
買い手（顧客）の交渉力　　120-121
概念の達成　　199, 202
下位の戦略　　60, 63
外部環境　　7, 26, 28, 30, 35, 42-43, 48-49, 78, 116, 119, 122, 146, 291-293, 344-345, 364
カオス理論　　8, 217, 220, 253, 261-264
学習する組織　　252, 257-259, 268
カシオ　　247
寡占理論　　156
カナダ航空　　360, 375, 380
カナデール　　172-173
カリスマ　　9, 160, 163, 178-179, 333
カリスマ的リーダーシップ　　392
カルチャーの衝突　　310, 323
カルチャーの本質　　314-315
機械的組織　　371, 372, 377, 381, 383, 387, 433-435, 437-439
起業化軌跡　　383
起業家精神　　6, 150-151, 158, 160, 163, 164, 171, 176-177, 179, 217, 231, 232, 265

起業家的人格　　　　　150-151, 160-162, 182
起業家的組織　　　163, 173, 367, 371, 372,
　　377, 426, 433-435
『企業戦略論』　　　　　　　　　58, 79, 82
企業内起業家　　　　150-151, 159, 229, 231
企業内ベンチャリング　　　　　　　229-232
キャタピラー　　　　　　　　　124, 248, 379
客観的な流派　　　　　　　　185, 210, 213
キャッシュ・フロー　　　　　　　　　113, 118
キヤノン　　　　　　　　　　　130, 247, 248
境界のシステム　　　　　　　　　　　　77
競合　　16, 19, 52, 99-101, 109, 116, 128,
　　136, 139, 145, 174, 297, 300, 333-334,
　　407
競争行動　　　　　　　　　　　　　　296
『競争の戦略』　　62, 96, 98-99, 119, 134-135,
　　296
競争優位　　89, 110, 113, 122-123, 127-128,
　　247, 274, 318, 323, 329, 379
『競争優位の戦略』　　　　　　　96, 120, 124
共同体エコロジー　　　　　　　　　　355
協力の戦略作成　　　　　　　　　　　300
草の根モデル　　　　　　　　　　234-235
クライスラー　　　　　　　　　　　　384
クルト・レヴィンの三段階変遷モデル　　172
軍事格言　　　　　　　　　102, 109, 111
軍事戦略　　　44, 96, 99, 105, 110-111, 142
軍事組織　　　　　　　　　　　　　　47
計画システム　　　　　　　　　　　63-64
計画的コントロール　　　　　217, 234, 236
計画的戦略　　　12, 13, 216-217, 232, 239, 245
経験曲線　　　　112-113, 116-117, 140, 239
形式化　　　35, 56-57, 61-63, 68, 70, 87, 90,
　　133, 428
形式化の境界線　　　　　　　　　　87-88
形式知　　　　　　　　　　　217, 254-255
形式的な分析　　　35, 56, 58, 70, 89, 133, 135
ゲーム理論　　　　　　　　128, 131-132, 270
ケプナー・トリゴー　　　　　　　　　　32
原型（アーキタイプ）　　　　　　　　　378
権限委譲　　　　　　　　　　401, 403-404
コア・コンピタンス　　130, 216, 246-247, 271,
　　275, 303, 311, 379, 386
『コア・コンピタンス経営』　　　　　　　246
構成主義　　202, 208, 211, 212, 235, 435, 439
合理的行為者モデル　　　　　　　　　388
コーペティション（協力）　　　144, 275, 304
コカ・コーラ　　　　　　　　　　130, 336
コスト・リーダーシップ　　97, 122-124, 133,
　　142
個体群生態学　　　　　　　　　　344, 351
固定環境収容力　　　　　　　　　345, 352
小松製作所　　　　　　　　　　　248, 379
コラボレイティブ・アクション（共創的行動）
　　　　　　　　　　　　　　　　　　300
コラボレーション　　　　　　275, 301, 305
コラボレーション・アドバンテージ　　　305
コンセプト構想　　　　　　　　　　5-6, 39
コンピタンスの木　　　　　　　　　　247
コンフィギュレーション　　6-7, 129, 364-369,
　　370, 371, 372-374, 377-389, 409-413, 418,
　　420, 426, 439-441, 443
コンフィギュレーションの研究　　　369, 371

【さ行】

再活性化　　　　　　　367, 392, 395, 397, 407
最小多様度の法則　　　　　　　　　　421
財政コントロール　　　　　　　　　　　75
再凍結　　　　　　　　　　　　　172, 173
細分派　　　　　　　　　　　368, 392, 430
サウスウエスト航空　　　　　　　37, 249-250
サブ・システム　　　　　　　　223-224, 228
差別化　　　38, 97, 100, 122-124, 133, 142,
　　217, 357
ザ・ボディショップ　　　　　　　　　　249
産業組織論　　　　　　　　　　99, 119, 131
産業の処方箋　　　　　154, 173, 316, 321, 352
参入障壁　　　　120, 127, 134-135, 311, 331
シアーズ　　　　　　　　　　　　240, 369
ジェネリック（包括的）　　　　　97, 100, 423
シェル　　　　　　　　　　　69-70, 73, 84
シグナル　　　　　　　　　128, 135, 296, 347
思考と行動　　　36, 43, 45, 48-49, 84, 133,
　　184, 220, 234, 237, 428
持続的競争優位　　　141, 146, 209, 257, 334-337
実現された戦略　　　11-12, 19, 49, 76, 77-78
実践としての戦略　　　　　　311, 313, 327-329
シナジー　　　　　　　　　89, 311, 379, 422
シナリオ・プランニング　　　　　57, 69-71, 73
資本支出予算編成　　　65, 88-89, 112, 229, 422
社会構成主義　　　　　　　　　　203, 206
周期的隆起　　　　　　　　　　　375, 377
集合の学習　　　　　　　260, 266, 269, 345, 433
集合的戦略　　　　　　　300-301, 303, 306-307

集合的認知	237, 341
囚人のジレンマ	131
集団思考	17, 189, 203, 205, 210, 267
集中	97, 100, 122, 124, 133, 142, 249
集中軌跡	383
主観的な流派	185, 210, 213
ジョイント・ベンチャー	159, 300, 302, 358
条件適応理論	344-345, 348-351, 357, 378, 411
進化した変革	396, 397-398
進化論	220, 224, 227, 287, 345
新規参入の脅威	120
シングル・ループ学習	253
信条のシステム	77
信念	193-194, 270, 279, 310, 314-316, 318, 320-323, 326-330, 384, 391, 441
神話	326
水平思考	155
スウェーデン派	324, 338
スウォッチ	249
スカンジナビア経営研究所	324
スキーマ	195, 198, 204-205, 210
スタインバーグ	170-172, 360, 375-376, 380
スタンダード石油	369
スタンフォード研究所	63-64, 85
ステークホルダー	280, 292, 295-296, 319
ステークホルダー分析	79, 294, 295
ストラテジック・プログラミング	90
ストレッチ	249, 403
ストレッチとレバレッジ	246, 249
3M	130, 141
政治ゲーム	279-280, 287, 306-307, 438, 441
政治的戦略	284, 293
政治的組織	371, 374
政治的なプロセス	279
成熟化	100, 367, 435-437
成熟期	7, 127, 353, 361, 377
生態学	344-345, 348, 351, 354-355, 359, 361
生態学的ニッチ	344, 348-349
生態学モデル	235
成長率・市場占有率マトリックス	112, 114, 117, 422
静的クラスター型	126
静的単一型	126
制度化	256
制度主義者	349
制度上の異種同型化	356
制度理論	355-356
政府内の政治モデル	388
ゼネラル・エレクトリック	65-66, 78, 109, 117, 401
ゼネラル・モーターズ	132, 320, 328, 369, 384, 385
ゼロックス	248
漸進主義	221-224, 264-265
漸進的変化	378, 411, 426
『戦争論』	104-105, 109
先手必勝	103, 128, 135
戦略運用ステージ	62
戦略概念	52
戦略概念の再構築	51
戦略家としてのCEO	37
戦略グループ	126-129, 138, 147, 277, 384, 423
戦略計画	56, 58-61, 63, 64, 65, 67, 68, 74-75, 76, 78-90, 133, 393, 397, 414
『戦略計画』	79
戦略コントロール	69, 74-77
戦略策定と実行	25, 36, 43, 48-49, 219-220
戦略的アライアンス	300, 302-303
戦略的意思決定	19, 80, 209, 289, 323
戦略的意図（ストラテジック・インテント） 237, 246, 248
戦略的イニシアチブ	228-229, 233
戦略的画策	132, 294, 296-297, 299, 306
戦略的革命	106, 364, 381
戦略的思考	75, 85-88, 92, 128, 153-156, 177, 185, 243, 262, 347, 428, 440, 443
戦略的選択	57, 192, 345, 346-349, 357-358, 361, 427
戦略的ソーシング	300, 302
戦略的漂流	266, 322, 390
戦略の5つのP	10
戦略の建築家	68
戦略ビジョニング	16
戦略評価ステージ	62
戦略プランニング	16, 328, 437, 440, 445
戦略ベンチャリング	17, 216, 228
戦略ラーニング	17, 84, 133, 141, 220, 233, 241, 245, 320, 398, 414, 420, 425, 439
創造的破壊	150, 157, 392, 402
創発的学習	5, 217, 234-235, 446
創発的戦略	12-13, 36, 39, 76, 216, 232-235, 237, 245, 257, 283-284, 364, 381, 397, 429, 437

組織エコロジー　344, 351, 353, 354, 359, 361
組織エコロジスト　348, 351-352, 354, 358-359, 361
組織学習　9, 25, 216-217, 220, 231, 247, 252-253, 256, 258-259, 261, 267, 325, 389
組織構造は戦略に従う　36, 41
組織のライフサイクル　7, 361, 367, 370
『組織は戦略に従う』　369
組織プロセスモデル　388
組織理論　7, 346, 355
『孫子の兵法』　102

【た行】

ターンアラウンド　8, 128, 158, 173-174, 179, 319, 325, 341, 367, 369, 377, 384, 392, 395, 399, 436, 438, 439
代替品の脅威　120-122
ダイナミック・ケイパビリティ　257, 260-261, 332, 420
ダイナミック・ケイパビリティ・アプローチ　217, 220, 253, 332
ダイナミック・ストラテジック・フィット　246
多角化組織　371, 373
卓越したコンピタンス　27, 35, 40, 43-44, 62, 417
ダブル・ループ学習　253
探索型（プロスペクター）　386-387
断続平衡　8-9, 354, 381
知識創造　216, 220, 253, 254, 336
『知識創造企業』　254
地図（マップ）　195, 197-199, 203, 210, 396
チャールズ・シュワブ　249
超優良（エクセレント）　323, 382-383
直感　7, 34, 52, 86, 150, 152, 174-176, 199-202, 212, 248, 254, 256, 428
ツール主義　91
強みと弱み　24-26, 28, 39-40, 62, 236, 328, 337
提携関係　279-280
定常的進展　377
適応　7, 8, 325, 341, 353, 354-355, 357, 375, 423
適応（文化変容）　318
適合　24, 26, 28, 37, 52, 70, 74, 246, 320, 323, 325, 338, 345, 352-353, 381, 386
テキサス・インスツルメンツ　68, 88, 384
撤退障壁　135
鉄の檻　349, 355
デュポン　369, 385
デルコンピュータ　249
伝道的組織　371, 374
統合化　256, 422
洞察力　5, 9, 70, 142, 150, 200-201, 212, 221, 428
動的クラスター型　129
動的単一型　128
トップ・ダウン　401, 404
トップ・ダウン型変革　401, 405, 407, 408
トヨタ　124, 142, 315
トランスフォーメーション　7, 364-370, 374-375, 377, 381, 384-385, 389, 399, 401, 404-405, 408, 420, 431, 438-439, 443, 446

【な行】

内的評価　30
7つの大罪　4, 79-80
ニッチ　8, 20, 38, 51-52, 112, 129, 135, 152, 158, 164, 174, 179, 213, 344, 348, 361, 378, 380, 425, 433
『人間感覚のマネジメント』　280, 372
認知　5, 9, 18, 137, 183-185, 189-190, 192, 195, 199, 200, 202-203, 208-210, 212-214, 252, 370, 422, 427-429, 443, 446
認知心理学　6, 42, 182-184, 198-199, 202, 212, 214, 270
認知のバイアス　185
ネットワーク　130, 300-306, 321, 359, 386

【は行】

バーガーキング　139, 316

パースペクティブ 13-16, 20, 36, 38-39, 47, 51, 100, 138, 141-142, 144, 147, 151-152, 168, 172, 174, 201, 210, 232, 245, 251, 266-267, 274, 285, 306, 313, 318-319, 321, 323, 326, 329, 331-332, 336, 341, 365, 370, 380, 395, 416, 422, 423, 428, 437, 439-441
パースペクティブとしての戦略 13-15
ハード・データ 84-85, 87, 96, 101, 133, 135, 139, 144, 297
ハーバードMBA 26
バイアス 133, 182, 185-188, 190, 192, 202, 289
ハイパー・コンペティション 183, 209-210
バウンダリー・スクール(境界スクール) 300
パターン 10-13, 16, 77-78, 82-84, 86, 104, 139, 173, 233, 245, 248, 263, 318, 350, 360, 366, 370, 381, 383, 412, 417, 424, 425-426
パターンとしての戦略 10
発明的軌跡 384
引き起こされた変革 397-398, 408
ビジョナリー 21
『ビジョナリー・カンパニー』 151, 166-167, 178
ビジョナリー・リーダー 168
ビジョナリー・リーダーシップ 164, 167, 169-170, 177
ビジョン 4-7, 9, 15, 38, 47, 84, 139, 145, 150-153, 157-158, 160, 165-169, 171-174, 176-179, 182, 184, 208, 223, 233, 248, 268, 286, 322-323, 370, 395, 406-407, 414, 422-423, 433, 435, 439, 441, 443, 446
ヒューレット・パッカード 315
非連結的漸進主義 216, 221-222, 264
フォード 248
プラン 7, 10-11, 13, 16, 75-76, 79, 81, 100, 146, 153, 164, 168, 245, 370, 417, 422, 424-425
プランとしての戦略 10
振り子的変化 377, 381
ブリンクマンシップ 299
フレーム 195, 203-205, 210, 214, 443
プロイ(策略) 16, 103, 128, 274, 286, 297, 306, 371
プロクター・アンド・ギャンブル 244, 384
プロスペクト理論 186

プロセス戦略 237
プロフェッショナル組織 268, 307, 371, 372, 377, 433-436
分析型(アナライザー) 387
分断的軌跡 384
併合(統合)派 368
『ベトナム戦争における戦略』 106
ベネトン 124
変異・淘汰・保持モデル 352
変革キューブ 393-395, 399, 414
変革のマッピング 396
変革のリーダーシップ 402
変遷期 389
ベンチマーキング 138, 142, 356, 404
ベンチマーク 96, 259, 321
ボウアーとバーゲルマン・プロセス・モデル 229
防衛型(ディフェンダー) 386-387
包括的戦略 97, 101, 103, 112, 116, 122, 126, 139, 140, 147, 277, 295, 423
ボーイング 130, 132
ポーターの価値連鎖 120, 124-126
ポーターの基本戦略 97, 120, 122-123
ポーターの競争分析モデル 120
ポートフォリオ・プランニング 112
ポジション 6, 8, 13-16, 37, 38, 41, 47, 52, 96, 99-102, 112-113, 117, 138, 141, 144-147, 274, 277, 285, 296-298, 306, 318, 319, 370, 395, 398, 417, 423, 431, 435, 442-444
ポジション障壁 331
ポジションとしての戦略 13-15
ボストン・コンサルティング・グループ → BCG
ボトム・アップ 89, 401, 405
ボトム・アップ型変革 405-406, 408
ポラロイド・カメラ 168, 200-201
ホンダ 139-140, 216, 238-241, 243-244, 248, 268, 270

【ま行】

マーケティング近視眼 45, 47
マイヤーズ-ブリッグス法 189
マギル大学 166, 232, 360, 371, 375, 377
マクドナルド 13-15, 130, 139, 316
マクロ・パワー 274-275, 277, 291-293, 296, 300, 306-307

摩擦	105-107, 109
マジック・ナンバー7	4-5
マス・ムーブメント	279
マッキンゼー	400, 408
マッキンゼーの7-S	323-324
マッキンゼーの変革プログラム	365, 400
マッピング	22, 195, 326, 396-397, 410, 431, 433
ミー・ツー	130, 176, 384, 423
見えざる資産	246
ミクロ・パワー	274, 277-278, 306-307
無形の資源	329, 333
メタ・システム	326
メタファ	153, 154, 168, 171, 186, 208, 254, 256, 261, 285, 353
目標設定ステージ	61

【や行】

融解	172-173
有形の資源	329, 333, 336
4つの知識変換モード	254

【ら行】

ライフサイクル	7, 129, 178, 361, 367, 377, 385, 392
乱気流	261, 337
リアル・オプション	57, 69, 73-74
リーダーシップ	152, 158-159, 165, 169, 172, 176, 179, 287, 344, 346, 401, 408, 428-429, 435, 439, 443
リストラクチャリング	80, 397, 403, 404, 444
リソース・ベースト・セオリー	331-332, 340
リソース・ベースト・ビュー	119, 313-314, 332, 334, 336-337
リトル・ブラック・ドレス	32-33
リフレーム	205, 247, 325, 341, 384
量子的飛躍	378, 390, 410
量子的飛躍理論	364, 381, 426
量子的変化	378, 411, 439
ルーチン	19, 192, 201, 224, 227-228, 257, 258, 262, 380, 390, 436
レバレッジ	249, 403
ロック・アイランド	198
論理的漸進主義	216, 219, 222-223, 225, 271, 390

人名索引

【あ行】

アージリス, C.	252, 253
アイゼンスタット, R. A.	406
アイゼンハート, K. M.	209, 257, 262
アイルランド, R. D.	260
アゴール	175
アシュビー, W. R.	421
アストリー, W. G.	301, 354, 355, 450
アブラハムソン, E.	321, 386
アマル, D.	62
アラン	400
アリオ, R.	303
アリストテレス	152
アリソン, G. T.	283, 387, 388
アルバレス, L.	218
アルベルツ, S. A.	441
アレン, W.	58
アンゾフ, H. I.	58, 61, 79, 82, 271
アンドルーズ, B.	143
アンドルーズ, K. R.	24, 27-28, 30-31, 32, 34-36, 52, 264, 421, 442, 448
イアンシティ, M.	145
伊丹敬之	246-247
ヴァン・マネン, J.	447
ウィティングトン, R.	327
ウィルキンソン, L.	70, 71
ウィルソン, I.	79-81

ウィルダヴスキー，A.	283
ウィンター，S. G.	224
ウールドリッジ，B.	290
ウェーバー，マックス	355
ウェストブルック，R.	44
ウェスリー，F.	167, 291
ウェルチ，J.	79-80, 109, 401
ヴェンケイトサン，R.	302
ウォーターズ，J. A.	196, 435
ヴォルバーダ，H. W.	300
ウォータマン，R. H.	323, 383, 421
ウルリヒ，D. O.	401, 403
エイソス，A. G.	239
エドワーズ，J.	315
エマソン，R. W.	18
エリオット，J.	276
エル・ソウィー，O. A.	204-205
エルファーズ，J.	284
エルフリング，T.	300
オーンスタイン，R.	416
オリバー，C.	357
オリビエ，K. O.	168

【か行】

カーツナー，I.	158
ガートナー，J.	160
カーネマン，D.	186
カールソン，P.	386
ガヴェッティ，G.	184, 441
カッソン，M.	158
カッツ，R.	110
カンドゥワラ，P. N.	371
ガンパート，D. E.	150, 161-162
キーシェル，W.	219
キースラー，C. A.	42, 189
キーツ，B. W.	191
ギャディス，P. O.	265
キャンベル，A.	75
ギルバート，X.	124
クイン，J. B.	42, 110, 219, 222-228, 233, 269, 276, 381-382, 450
クイン，J. J.	76
グールド，M.	75-76, 241, 243-244, 271
グールド，S. J.	354-355, 366, 381-382
クラインディエスト，I.	441
クラヴェル，J.	312
クラウゼヴィッツ，C. von	96, 102, 104-109, 122, 137, 296
グリーン，R.	284
クリステンセン，C. R.	27, 34
クレマー，J.	393
クロック，R.	211
クロッサン，M.	256
ケーラー，W.	201
ケッツ・ド・ブリース，M. F. R.	160
ケニッキ，A. J.	191
ケラー，M.	321
ゲルハルト，D.	369
コーナー，P. D.	191
ゴーフィー，R.	316-317
コール，A. H.	150, 158, 170, 449
ゴールドウィン，S.	421
コーンフォード，F. M.	287-288
コグート，B.	336
コッター，J. P.	405, 407, 408
コトラー，P.	45, 47
コナー，K. R.	336
コノリー，T.	267
コリス，D.	41
コリンズ，J. C.	151, 166, 178-179
コリンズ，O.	161, 163

【さ行】

サーモン，D. G.	260
サイアート，R. M.	252, 284, 293, 450
サイモン，H. A.	182, 185, 199, 200, 449
サイモンズ，R.	74, 77-78
サックス，J. G.	2
サマーズ，H. G., Jr.	106-109
サラザン，J.	278
サランシク，G. R.	291-292, 450
サル，D. N.	209
ザルド，M. N.	279
ザン，L.	88
サン=テグジュペリ	427
ザンダー，U.	336
シーガー，J. A.	116
ジェームズ，B. G.	109
シェフラー，S.	118
ジェリネック，M.	62, 68, 83
シェンデル，D. E.	61, 99, 449
ジマーマン，J. W.	44

索引　485

清水龍瑩	201
シャーマン, S.	402
ジャイクマー, R.	265
シャネル, C.	32-33
シャムジー, J.	337
シュウェンク, C.	186
シュルツ, M.	253
シュワルツ, P.	71
シュンペーター, J.	150, 156-158, 449
ショーン, D. A.	252, 253
ジョーンズ, G.	316-317
ジョブズ, S.	151, 168-169
ジョンソン, G.	214, 315, 327, 341, 390-391
シン, R.	45, 47
シンガー, I. B.	346, 359
スターバック, W. H.	8, 193-195
スタイナー, G. A.	46, 59, 60, 63, 325
スタインバーグ, S.	170, 171, 360, 375, 380
スタバート, C.	206-208, 211
スティーブンソン, H. H.	150, 161-162
ステイシー, R.	177, 262
ストウ, B. M.	188, 267
ストップフォード, J. M.	124, 403
ストレベル, P.	124
スネホタ, I.	300
スノー, C. C.	386-387
スピロス, G.	187
スペクター, B.	406
スペリー, R.	202
スペンダー, J. C.	21
スミス, F.	107
スミス, J.	160
スミリッヒ, L.	206-208, 211
スローン, A.	320
スローン, P.	441, 442
セルズニック, P.	24, 27-28, 30, 448
センゲ, P.	216, 252
孫子	96, 102-104

【た行】

ダーウィン, C.	287, 345, 352, 354, 368, 381
ダイク, B.	388
ダウニング, S.	169

竹内弘高	216, 254-256
ダス, T. K.	188
ダットン, J. E.	291
ダベニー, R. A.	209
ダンカン, I.	168
タンハイザー, H.	398, 404
チャーチル, W.	169
チャフィー, E. E.	19, 214
チャンドラー, A. D.	24, 27, 41, 129, 369, 385-386, 390, 392, 451
デ・グース, A. P.	84
ディール, T.	205, 279
ディズニー, W.	249
ディックハウト, R.	400, 408
テイラー, F.	68, 83, 86
テイラー, W. D.	360
デーン, E.	174-176, 202
デュギド, P.	327
デュハイム, I. M.	186
デロリアン, J.	320, 328
テング, B.	188
デンハム, M.	400
トインビー, A. J.	369
トヴェルスキー, A.	186
ドーズ, Y. L.	278, 305, 397, 404
トーマス, H.	184, 292
ドナルドソン, L.	349, 409-411
ドラッカー, P. F.	14, 158, 163
トリゴー, B. B.	44
トリパス, M.	184
ドリンジャー, M. J.	301

【な行】

ナイト, K. E.	158
ナドラー, L.	172-173
ナナス, B.	165
ナポレオン	105-106, 139
ネイルバフ, B. J.	132, 144, 304
ネルソン, R. R.	224
ノーマン, R.	252, 324, 451
野田智義	229-230
野中郁次郎	216, 254-256, 262, 291

【は行】

バー, P. S. 198, 209
バーゲルマン, R. A. 229-232
ハーシュ, P. M. 299-300
ハースト, D. K. 391-392, 397
パーチャント, T. C. 204-205
ハート, S. 21
バーニー, J. B. 162, 311, 319, 332-337
ハカンソン, H. 300
バグビー, R. D. 162
パスカル, R. T. 238-239, 243, 270, 421, 428
ハッツシェンルーター, T. 441
ハッテン, K. 99, 449
ハナン, M. T. 344, 351, 353-354, 359, 451
バハーラ, A. 303
ハフ, A. S. 184, 197, 327
ハムブリック, D. C. 30, 52, 289
ハメル, G. 34, 133, 216, 245-253, 260, 304-305, 332, 439
パリッチ, L. E. 162
ハルバースタム, D. 321
パワー, D. J. 31, 32
バンスイル, R. F. 65
ハント, M. S. 127
ハンニバル 265
ビア, M. 405-406, 408
ピーターズ, T. J. 173, 219, 323, 344, 383, 398, 421
ビーティ, R. W. 401, 403
ヒット, M. A. 260
ビヒデ, A. 164
ヒュイ, Q. 291
ピュー, D. S. 451
ビョルクマン, I. 322
ヒル, T. 44
ファーサロトゥ, M. 319, 369
ファージュン, M. 441
ファディマン, C. 346
ファン・デ・フェン, A. H. 354
フィッツジェラルド, F. S. 21
フィンケルスティーン, S. 289
フェアチャイルド, G. 386
フェファー, J. 291-292, 447, 450
フェルド, M. D. 47
フェルドマン, M. S. 227
フェルドマン, S. P. 319
フォムブラン, C. J. 301, 321
フォン・ノイマン, J. 131
ブゼニッツ, L. W. 162, 441
ブラウン, J. S. 327
ブラウン, S. L. 262
ブラックウェル, N. 400
プラット, M. 174-176, 202
プラハラード, C. K. 34, 216, 245, 247-249, 253, 260, 305, 332, 336
ブランソン, N. 137, 327
ブランソン, R. 158-159
ブランデンバーガー, A. M. 132, 144, 304
フリーセン, P. H. 378, 381
フリーマン, J. 344, 351, 353, 354, 359, 451
フリーマン, R. E. 295
ブリントン, C. 369
ブルック, P. 167
フレーリー, F. 441
フレドリクソン, J. W. 30, 52
フロイド, S. W. 290
ブロウデル, F. 369
ヘイグ, J. 360
ヘイズ, R. H. 34, 81, 265
ベイトソン, G. 203-204
ベイドン-フラー, C. 124, 403
ヘーゲル, G. 195
ペッカー, P. Jr. 303
ベックハード, R. 397
ペティグリュー, A. M. 278, 314, 319, 389, 390
ヘドバーグ, B. 326
ペトラフ, M. A. 334
ベニス, W. 150, 165
ベルガー, M. A. 279
ヘンダーソン, A. D. 353
ヘンダーソン, B. D. 113-115, 299
ペンローズ, E. T. 330-331
ボイスト, M. H. 248
ホイットニー, J. O. 379
ボウアー, J. L. 229-230, 278
ポーター, M. E. 28, 34, 37, 62, 69, 96, 98-99, 101, 119-127, 133-136, 138, 141-143, 274, 277, 292, 296-298, 325, 337, 383, 449
ボーマン, E. H. 22
ボーモル, W. J. 161

ボールディング, K. E.　　　　　　　422
ボグナー, W. C.　　　　　　　184, 209
ポコラ, T.　　　　　　　　　　　369
ホスキッソン, R. E.　　　　　　　441
ホッファー, C. H.　　　　　　　　 61
ホップウッド, B.　　　　　　　　271
ポペスク, O.　　　　　　　　　　369
ポラス, J. I.　　　　151, 166, 178-179
ポラニー, M.　　　　　　　　　　254
ボルマン, L. G.　　　　　　205, 279
ホワイト, R.　　　　　　　　　　256
ホワイトヘッド, A. N.　　　　413, 431
本田宗一郎　　　　　　　　　239-240

【ま行】

マーシュ, P.　　　　　　　　　　 89
マーチ, J. G.　　　252, 284, 293, 449, 450
マーチン, J. A.　　　　　　　　　257
マイルズ, R. E.　　　　　　　386, 387
マクガーハン, A.　　　　　　　　136
マクナマラ, R.　　　　　　　　　 44
マクミラン, I. C.　　　　　　　 278
マクリダキス, S.　　　　　　82, 186
マクレランド, D. C.　　　　 161, 163
マヒュー, A.　　　　　　　　　　381
マルクス, C.　　　　　　　　　　156
マルティネット, A. C.　　　　　　 22
ミッチェル, R. K.　　　　　　　　162
ミラー, D.　　124, 337, 351, 371, 377-379,
　381-384, 390, 413, 451
ミラー, G. A.　　　　　　　　　4, 22
ミンツバーグ, H.　　24, 45, 77, 79, 85, 89,
　96-97, 129, 153-156, 163, 167, 196,
　235-236, 241, 243, 271, 274, 280, 294,
　310, 339, 345, 350-351, 364, 371-372,
　381, 382, 394, 435, 437, 451
ムーア, D. G.　　　　　　　 161, 163
メイジョーン, G.　　　　　　　　283
メイソン, P.　　　　　　　　　　289
メイヤー, J. W.　　　　　　　　　356
メリン, L.　　　　　　　　　　　327
モールトン, W. N.　　　　　　　 292
モルガン, G.　　　　　　　　　　205
モルゲンシュテルン, O.　　　　　131
モンゴメリー, C.　　　　　　144-145

【や行】

ユング, C.　　　　　　　　　　　189
ヨンソン, S. A.　　　　　　　　 326

【ら行】

ライルス, M. A.　　　　　　　　 184
ラウリオル, J.　　　　　　　　　 22
ラッセル, C. J.　　　　　　　　 411
ラップ, H. E.　　　　　　　218, 264
ラピエール, R.　　　　　　　　　218
ラファエリ, A.　　　　　　　　　227
ラファエル, R.　　　　　　　　　412
ラングレー, A.　　　　　　 196, 327
ランド, E.　　　　　　　168, 200-201
ランペル, J.　　　　131, 258-259, 303
リーガー, F.　　　　　　　 316, 319
リーコック, S.　　　　　　　　　264
リグビー, D. K.　　　　　　　　　 91
リックス, D. A.　　　　　　　　 316
リドカ, J.　　　　　　　　　 32, 33
リビングストン, J. S.　　　　　　 45
リンカーン, A.　　　　　　　　　394
リンドブロム, C. E.　　218, 221-222, 224,
　233, 264, 268, 276, 283, 450
ルクスタッド, M. G.　　　　　　　 41
ルメルト, R. P.　　30, 90, 136, 138-140,
　338, 386
レヴィ, D.　　　　　　　　 263, 264
レヴィン, K.　　　　　　　　　　172
レヴィン, R.　　　　　　　　　　145
レヴィンサル, D. A.　　　　　　 441
レーン, H.　　　　　　　　　　　256
レジェ, R. K.　　　　　　　　　 184
レビット, T.　　　　　　　　45, 46-47
レンマン, E.　　　　　　324, 325, 451
ローシュ, J. W.　　　　　　 321-322
ローランジ, P.　　　　59, 61, 65, 86-87
ローレンツ, E. N.　　　　　　　 261
ローワン, B.　　　　　　　　　　356
ロス, K.　　　　　　　　　　　　316
ロストウ, W. W.　　　　　　　　 369

【わ行】

ワーナーフェルト, B.　　　　　331-332
ワイク, K. E.　　195, 196, 214, 234-236,
　321, 428, 450
ワック, P.　　　　　　　　　　69, 70
ワトソン, T.　　　　　　　36, 50, 244

訳者紹介

◉監訳者：齋藤　嘉則（さいとう　よしのり）
　（株）ビジネスコラボレーション代表。東京大学工学部卒業。英国ロンドン大学ロンドン・スクール・オブ・エコノミクス（LSE）校にて経済学修士（MSc）を取得。マッキンゼー・アンド・カンパニーの経営コンサルタント、米国大手家庭用品メーカーのゼネラル・ディレクター等を経て、1996年より現職。大手企業を中心に経営戦略やマーケティング戦略のコンサルティング、企業の戦略プラットフォーム強化のための戦略スキル開発、新規事業開発のためのナビゲーション、幹部教育、問題解決技法や状況マネジメント力強化のトレーニングなどの指導を行う。著書に『戦略シナリオ　思考と技術』（東洋経済新報社、1998年）、『新版　問題解決プロフェッショナル　思考と技術』（ダイヤモンド社、2010年）、『問題発見プロフェッショナル　構想力と分析力』（ダイヤモンド社、2001年）等がある。

◉企画・構成・第2版翻訳：（株）ビジネスコラボレーション
　企業が抱える経営上の課題に対し、ビジョン達成のため、企業と共に働く"コラボレーション"による解決を目指す経営コンサルティング会社。企業ビジョン、経営戦略、新規事業、マーケティング、販売戦略の構築サポートを行う。また、戦略構想トレーニングや問題解決トレーニングなどを通して、企業の戦略プラットフォーム構築、および人的資源のスキルアップをサポートしている。

第1版翻訳者：木村　充、奥澤　朋美、山口　あけも

著者紹介

ヘンリー・ミンツバーグ（Henry Mintzberg）
カナダのマギル大学クレグホーン寄付講座教授．トム・ピーターズをして「世界で最高の経営思想家であろう」と言わしめた経営学の権威．『マネジャーの仕事』『戦略計画　創造的破壊の時代』『人間感覚のマネジメント』『MBAが会社を滅ぼす』など独創性に富んだ著書がある．

ブルース・アルストランド（Bruce Ahlstrand）
カナダ・オンタリオ州のトレント大学経営学教授．オックスフォード大学で博士号を，ロンドン・スクール・オブ・エコノミクスで経済学修士を取得．著書に *The Quest for Productivity* がある．

ジョセフ・ランペル（Joseph Lampel）
ロンドン・シティ大学カス・ビジネススクール教授（専門は戦略）．*The Business of Culture : Strategic Perspectives on Entertainment and Media* の共著者であり，同大学の「フィルム，メディア＆エンターテインメント・リサーチ・センター」のディレクターである．

戦略サファリ　第2版

2013年1月3日　第1刷発行
2025年7月3日　第10刷発行

著者	ヘンリー・ミンツバーグ／ブルース・アルストランド／ジョセフ・ランペル
監訳者	齋藤嘉則
発行者	山田徹也

発行所　〒103-8345　東京都中央区日本橋本石町1-2-1　東洋経済新報社
電話　東洋経済コールセンター03(6386)1040

印刷・製本　丸井工文社

本書のコピー，スキャン，デジタル化等の無断複製は，著作権法上での例外である私的利用を除き禁じられています．本書を代行業者等の第三者に依頼してコピー，スキャンやデジタル化することは，たとえ個人や家庭内での利用であっても一切認められておりません．
〈検印省略〉落丁・乱丁本はお取替えいたします．

Printed in Japan　ISBN 978-4-492-53319-2　　https://toyokeizai.net/

東洋経済新報社の好評既刊

戦略シナリオ
［思考と技術］
STRATEGIC SCENARIO
Core skills and techniques

（株）ビジネスコラボレーション代表　**齋藤 嘉則** 著
A5判・上製 248ページ　　定価（本体**2400円**＋税）

これが時代を拓く思考だ!

思考のモラルハザードを打破し、自ら戦略シナリオを創造するための最強の実践的テキスト！リスクをチャンスに変換させる戦略構想の道標になること間違いなし。

主要目次

第1部　〈思考編〉戦略思考の本質
　　　　　戦略思考を身につける
第 1 章　思考のモラルハザードが始まっている
第 2 章　思考のモラルハザードを打開する戦略思考
第 3 章　《戦略思考》トレーニング

第2部　〈技術編〉戦略シナリオ構想のコア
　　　　　戦略エンジンを創る
第 4 章　戦略構想の基本的考え方
第 5 章　コア 1）「3C＋3S」によって戦略の構造を洞察し、具体的方向性を出す
第 6 章　コア 2）顧客にとっての最も重要な「コア・バリュー」を創造する
第 7 章　コア 3）収益基準と価値基準によってリスクを伴う判断・評価を行う